Wege aus der Moderne

Herausgegeben von
Wolfgang Welsch

VCH
Acta humaniora

Dieser Sammelband mit Schlüsseltexten der Postmoderne-Diskussion erscheint zu einem Zeitpunkt, da Grabenkämpfe und Polemik zurücktreten und die Stunde der sachlichen Auseinandersetzung gekommen ist. Die bisherige Debatte krankte daran, daß sie weithin ohne Kenntnis der entscheidenden Texte geführt wurde. Gerade dadurch konnte der Eindruck entstehen, daß dem Postmoderne-Diskurs etwas Nebulöses anhaftet. Hier sucht dieser Band Abhilfe zu schaffen, indem er die zum Teil schwer zugänglichen und verstreuten „musts" der Diskussion vorstellt.
Es handelt sich um Texte, die den Verlauf der internationalen Diskussion seit den sechziger Jahren maßgeblich bestimmt haben. Sie enthalten argumentative Potentiale, die es heute einzulösen gilt. „Klassische" Beiträge von Fiedler, Eco, Venturi, Jencks, Klotz, Oliva, Baudrillard und Lyotard werden vierfach ergänzt, um das gesamte Spektrum der Debatte zu dokumentieren: durch Haupttexte zu den Stichworten „Posthistoire" (Gehlen) und „postindustrielle Gesellschaft" (Bell); durch kritische Stellungnahmen von Verteidigern der Moderne (Habermas, Wellmer); durch neuere Beiträge prominenter Autoren (Hassan, Vattimo, Kamper, Sloterdijk) sowie durch erstmals in deutscher Sprache erscheinende jüngste Interventionen von Protagonisten postmodernen Denkens (Lyotard, Derrida).
Im Unterschied zu anderen Aufsatzsammlungen, die nur spezielle Standpunkte dokumentieren, und im Gegensatz zum feuilletonistischen „small talk" präsentiert dieses Buch herausragende Texte der unterschiedlichsten Positionen. Von ihnen steht zu erwarten, daß sie für die künftige Diskussion obligatorisch sein werden.

Wege aus der Moderne

Schlüsseltexte der Postmoderne-Diskussion

Herausgegeben von
Wolfgang Welsch

Mit Beiträgen von
J. Baudrillard, D. Bell, J. Derrida, U. Eco
L. A. Fiedler, A. Gehlen, J. Habermas
I. Hassan, Ch. Jencks, D. Kamper, H. Klotz
J.-F. Lyotard, A. Bonito Oliva, P. Sloterdijk
G. Vattimo, R. Venturi, A. Wellmer

VCH
Acta humaniora

Professor Dr. Wolfgang Welsch
Universität Bamberg
Fakultät für Pädagogik, Philosophie,
Psychologie
8600 Bamberg

CIP-Titelaufnahme der Deutschen Bibliothek
Wege aus der Moderne: Schlüsseltexte d. Postmoderne-Diskussion / hrsg. von
Wolfgang Welsch. Mit Beitr. von J. Baudrillard... – Weinheim: VCH, Acta Humanoria, 1988
ISBN 3-527-17619-5
NE: Welsch, Wolfgang [Hrsg.]; Baudrillard, Jean [Mitverf.]

© VCH Verlagsgesellschaft mbH, D-6940 Weinheim (Bundesrepublik Deutschland), 1988

Alle Rechte, insbesondere die der Übersetzung in andere Sprachen, vorbehalten. Kein Teil dieses Buches darf ohne schriftliche Genehmigung des Verlages in irgendeiner Form – durch Photokopie, Mikroverfilmung oder irgendein anderes Verfahren – reproduziert oder in eine von Maschinen, insbesondere von Datenverarbeitungsmaschinen, verwendbare Sprache übertragen oder übersetzt werden.

Satz: Filmsatz Unger & Sommer GmbH, D-6940 Weinheim
Druck und Bindung: Konrad Triltsch, Druck- und Verlagsanstalt, D-8700 Würzburg
Printed in the Federal Republic of Germany

Vorwort

Ob modern oder postmodern – Dankbarkeit bleibt eine Tugend, und zu danken besteht bei diesem Band reichlich Anlaß:

Vorab den Autoren und Verlagen, die Texte und Rechte (zum Teil unentgeltlich) zur Verfügung stellten. Manche waren darüber hinaus so freundlich, Kürzungen und Neuarrangements des Herausgebers zu akzeptieren. Nur dank solchen Entgegenkommens kann der Band in der vorliegenden Form erscheinen.

Mein ganz besonderer Dank gilt Herrn Dr. Gerd Giesler, der als Lektor den Band von Anfang an betreut und mich aufs freundlichste unterstützt – motiviert, erinnert, entlastet – hat.

Ferner danke ich Herrn Thomas Schröder, der die umfangreiche Bibliographie mit großer Sorgfalt erstellte.

Für besonders wertvolle Anregungen danke ich schließlich Frau Christine Pries.

Berlin, 27. Mai 1988　　　　　　　　　　　　　　　　　　　　Wolfgang Welsch

Inhaltsverzeichnis

Einleitung 1
Wolfgang Welsch

I. KUNST

1. LITERATUR

Postmoderne heute 47
Ihab Hassan

Überquert die Grenze, schließt den Graben! 57
Über die Postmoderne
Leslie A. Fiedler

Postmodernismus, Ironie und Vergnügen 75
Umberto Eco

2. ARCHITEKTUR

Komplexität und Widerspruch in der Architektur 79
Robert Venturi

Die Sprache der postmodernen Architektur 85
Charles Jencks

Moderne und Postmoderne 99
Heinrich Klotz

Moderne und postmoderne Architektur 110
Jürgen Habermas

3. MALEREI

Die italienische Trans-Avantgarde 121
Achille Bonito Oliva

II. SOZIOLOGIE

Über kulturelle Kristallisation 133
Arnold Gehlen

Die nachindustrielle Gesellschaft 144
Daniel Bell

Die Simulation 153
Jean Baudrillard

Nach der Moderne 163
Umrisse einer Ästhetik des Posthistoire
Dietmar Kamper

III. PHILOSOPHIE

Die Moderne — ein unvollendetes Projekt 177
Jürgen Habermas

Beantwortung der Frage: Was ist postmodern? 193
Jean-François Lyotard

Die Moderne redigieren 204
Jean-François Lyotard

Am Nullpunkt der Verrücktheit — Jetzt die Architektur 215
Jacques Derrida

Nihilismus und Postmoderne in der Philosophie 233
Gianni Vattimo

Kunst und industrielle Revolution 247
Zur Dialektik von Moderne und Postmoderne
Albrecht Wellmer

Nach der Geschichte 262
Peter Sloterdijk

Bibliographie zur Postmoderne-Diskussion 275

Bibliographische Notiz 317

Namenregister 321

Einleitung

Wolfgang Welsch

Zur Situation

„Postmoderne" ist ein Reizwort. Es schreckt, und es lockt. Für einige ist es libidinös besetzt, manche wollen es entzaubern, andere reagieren noch immer empört. Aber der Terminus ist nicht mehr auszutreiben, die Diskussion nicht mehr zu stoppen, auch das Gerede kaum noch aufzuhalten. Kuriose Verwendungen nehmen zu — vom postmodernen Patienten über die postmoderne Gefühlskultur bis zu den Saucen der Postmoderne —, doch auch die seriösen Anwendungen werden immer vielfältiger. „Postmoderne" ist ein Ausdruck, der nicht mehr nur auf Literatur, Architektur und andere Sparten der Kunst angewandt wird, sondern soziologisch so gut eingeführt ist wie philosophisch, ökonomisch so sehr wie theologisch, und er hat in Historie und Anthropologie, Jurisprudenz und Psychiatrie, Kulturtheorie und Pädagogik Eingang gefunden. Wenn halbjährlich neue Verwendungen hinzukommen, so geschieht das nicht bloß aus modischen, sondern auch aus triftigen Gründen, denn in der Tat lassen sich in schier allen Bereichen Momente entdecken, die man zu Recht als „postmodern" qualifizieren kann. „Postmoderne" scheint zum Fokus unseres Selbstverständnisses geworden, zur Grundvokabel der Gegenwart aufgerückt zu sein. Noch wer unsere Zeit lieber weiterhin als „Moderne" verstanden wissen möchte, kann nicht umhin, die Moderne, die er meint, zur Postmoderne in ein Verhältnis zu setzen; und dabei wird man meist finden, daß er die Moderne in einer Weise charakterisiert, wie er das früher schwerlich getan hätte: Er gibt ihr von vornherein auffallend postmoderne Konturen.

Bei diesem Vordringen hat der Ausdruck „Postmoderne" den Charakter einer Herausforderung zwar nicht verloren, er ist aber doch selbstverständlicher geworden, und vor allem: Die Diskussion hat dabei sachlichere Formen angenommen. Dabei zeigt sich, daß „Postmoderne" ein Reizwort noch in einem zweiten, besseren Sinn war und weiterhin sein kann. Hatte man anfänglich nur eine Herausforderung wahrgenommen, so ist mittlerweile eine therapeutische Wirkung zu erkennen. Die Provokation hatte gar nicht so sehr die Ausrufung eines neuen Zeitalters zum Ziel, sondern ihr Schwerpunkt und ihre beste Funktion lagen darin, ein selbstverständlich gewordenes Moderne-Bewußtsein aus seiner Lethargie wachzurütteln und zu den nötigen Klärungen zu bewegen. Die Diskussion um die Postmoderne ist im Kern eine Auseinandersetzung um die Moderne. Sie hat mittlerweile zu gewichtigen Korrekturen und Differenzierungen des Bildes geführt, das man sich von dieser zu machen gewohnt war.

Das Präfix „post" ist zudem listig, weil mehrdeutig. Keineswegs muß man es partout in seinem stärksten, dem Epochen-Sinn, nehmen. In seiner schwächeren Version – als Anzeige eines Zustandes, dessen Beschreibung noch unsicher ist – wirkt es sogar nachhaltiger. So genommen, hat es zu einer zweiten Irritation geführt. War man anfänglich über die Ausrufung eines neuen Zeitalters empört, so fand man sich jetzt dadurch irritiert, daß der Ausdruck solcherart „epochal" gar nicht gemeint sein sollte. „Postmoderne" entpuppte sich jetzt als Theorem, das die Moderne nicht tout court verabschieden, sondern befragen und ihren besseren Seiten nach auch starkmachen wollte. Einer solchen Befragung aber konnte man nicht mehr mit Geschrei begegnen, sondern nun galt es zu reflektieren und zu argumentieren. Die schwächere Version des Theorems – die fragende, nicht behauptende – erwies sich als die stärkere, eindringlichere und fruchtbarere. Sie bahnte den Weg von der Polemik zum Interesse, vom Lamento zur Prüfung und von den Schlagworten zur differenzierten Analyse.

Das Verhältnis von Postmoderne und Moderne ist verwickelter, als man oft angenommen hat. Die groben Alternativ-Raster von Fortsetzung oder Bruch, Verabschiedung oder Neubegründung, Negation oder Überholung sind zu seiner Bestimmung unbrauchbar. Ich will hier nicht meine eigene Auffassung in den Vordergrund rücken. Daß die Postmoderne die exoterische Einlösungsform der einst esoterischen Moderne dieses Jahrhunderts sei – diese Sicht wird nicht jedermann teilen wollen. Aber eines ist unbestreitbar: daß man im Begriff der Moderne selbst schon differenzieren und entsprechend jeweils fragen muß, nach *welcher* Moderne ein bestimmter Postmodernismus sich denn wähnt. Die „temps modernes" der Franzosen meinen das, was wir im deutschen „Neuzeit" nennen. Unsere „Moderne" aber – ein Terminus übrigens, der (in dieser substantivischen Form) erstmals 1889 auftaucht,[1] also neunzehn Jahre nach (!) dem mutmaßlichen Erstbeleg des Adjektivs „postmodern" – beinhaltet hochgradig differente Vorstellungskomplexe. Denn es macht doch schier einen Unterschied ums Ganze, ob man die Moderne des 18. Jahrhunderts – also das Projekt der Aufklärung – oder die Mo-

---

[1] Vgl. Eugen Wolff, „Thesen zur literarischen Moderne", *Allgemeine Deutsche Universitätszeitung*, Jg. 1, Nr. 1, 1. Januar 1887, S. 10; vgl. *Die literarische Moderne. Dokumente zum Selbstverständnis der Literatur um die Jahrhundertwende*, hrsg. von Gotthart Wunberg, Frankfurt a.M. 1971, S. 1f.

derne des 19. Jahrhunderts – also das Fortschrittsprogram des Industrialisierungsprozesses – oder die Moderne des 20. Jahrhunderts – und hier beispielsweise die künstlerischen Avantgarden oder die Grundlagenkrise der Wissenschaft oder, noch einmal ganz anders, politische Totalitarismen – zum Bezugspunkt nimmt. Seitdem sich niemand mehr an solchen Differenzierungen vorbeistehlen kann, ist die Diskussion komplexer, ergiebiger und schwieriger geworden. Die groben Klischees – angeblicher Epochenanspruch, Irrationalismus, Defaitismus der Postmoderne – sind zwar noch nicht verschwunden, aber sie haben an Glaubwürdigkeit eingebüßt und spielen im relevanten Teil der Debatte kaum noch eine Rolle.

Hält man sich an dieses Differenzierungsgebot, so vermag man das Verwirrspiel scheinbar einleuchtender Oppositionen sowie verwunderlicher Koalitionen aufzulösen. Man erkennt nämlich einerseits, daß viele der Globalattacken auf Moderne und Postmoderne nur dadurch zustandekommen, daß ein einziger Aspekt herausgegriffen und dann bezüglich dieses einen Aspekts zwar Treffliches festgestellt, in der Globalisierung aber doch ein unhaltbares Pauschalurteil daraus gemacht wird. So wird die Moderne manchmal wegen ihrer Fortschrittsgläubigkeit oder ihres Universalismus in toto verworfen – als ob in den romantischen und historistischen Moderne-Versionen nicht selbst schon Gegenstimmen gegen diese Merkmale laut geworden wären. Oder die Postmoderne wird der Beliebigkeit bezichtigt – als ob nicht namhafte Vertreter gerade solche Beliebigkeit scharf attackiert hätten. Man konzentriert sich auf eine Facette und nimmt diese fälschlich für das Ganze. So verfuhren übrigens schon dezidiert moderne Absagen an die Moderne, etwa wenn André Breton diese moderne Welt im Ersten Manifest des Surrealismus von 1924 zum Teufel wünschte.[2] Breton wetterte in Wahrheit nur gegen eine bestimmte Tendenz des modernen Menschen, nämlich alles hinzunehmen, anstatt sich auf ein Unbedingtes zu richten.

Nicht nur drastische Oppositionen, sondern auch scheinbare Koalitionen lösen sich im Licht gebührend differenzierender und auf die Gehalte, nicht bloß die Ausdrücke achtender Betrachtung auf. So können Kontrahenten wie Habermas und Marquard die Postmoderne gleichermaßen ablehnen und sich dafür jeweils auf die Moderne berufen – und doch haben selbst gleichlautende Sätze dabei jeweils völlig gegenteiligen Sinn. So hat zwar der Habermas-Satz, die These vom Anbruch der Postmoderne sei unbegründet,[3] ein exaktes Pendant im Marquard-Satz, die Nachricht vom Tode der Moderne sei – mindestens – stark übertrie-

---

[2] „Diese moderne Welt also, zum Teufel!" (André Breton, *Die Manifeste des Surrealismus*, Reinbek bei Hamburg 1969, S. 42).
[3] Vgl. Jürgen Habermas, „Die Krise des Wohlfahrtsstaates und die Erschöpfung utopischer Energien", in ders., *Die Neue Unübersichtlichkeit. Kleine Politische Schriften V*, Frankfurt a.M. 1985, S. 141–163, hier S. 145.

ben.⁴ Und beide geben als Grund ihrer Postmoderne-Kritik an, daß die Postmoderne neohistoristisch sei, womit sie sich selbst decouvriere, so daß man wieder zur Tagesordnung namens Moderne übergehen könne.⁵ Aber dabei wird offenbar jedesmal ein völlig unterschiedlicher Moderne-Begriff eingesetzt, weshalb auch der Sinn des Neohistorismus-Arguments und die jeweilige „Tagesordnung" genau konträr sind. Für Habermas decouvriert sich die Postmoderne qua Neohistorismus als antimodern im Sinn eines Abrückens von den Aufklärungspflichten der Moderne. Für Marquard hingegen erweist sie sich qua Neohistorismus als im besten Sinne modern, sofern Historismus die Essenz der Moderne ausmacht. Daher wird die Postmoderne bei Habermas durch Neohistorismus-Tadel verabschiedet, bei Marquard hingegen durch Neohistorismus-Belobigung eingemeindet. Das eine Mal verrät sie angeblich die Moderne, das andere Mal kongruiert sie vorgeblich mit ihr. Im einen Fall gilt es zum Projekt, im anderen zum Usualismus der Moderne zurückzukehren. Es ist dieser Grundunterschied im Moderne-Verständnis, der den Argumentationen bis in Einzelheiten hinein zugrunde liegt. Was für den einen die Moderne definiert – das Projekt einer Strukturierung der sozialen Wirklichkeit –, das gehört für den anderen zur Gegenseite der Moderne, zählt zur „Gegen-Neuzeit". Umgekehrt ist des letzteren Usualismus für den ersteren bloß vor-aufklärerisch. Der Gegensatz ist eindeutig, man muß ihn aber auch genau aufdecken und beachten, sonst führt die gemeinsame Berufung auf die Moderne und die gemeinsame Ablehnung der Postmoderne nur zur heillosen Verwirrung scheinbarer Einigkeit.

Wo das Argumentationsniveau durch die erforderlichen Differenzierungen bestimmt ist und wo nicht Lagerdenken und Polemik im Vordergrund stehen, da kann man sagen, daß die gröbsten Auseinandersetzungen vorbei sind und die Zeit der nüchternen Prüfung gekommen ist. Viele erkennen heute, daß die pauschale Entgegensetzung von Moderne und Postmoderne dort, wo sie noch immer praktiziert wird, nur mehr als Ritual repetiert wird. Die gegenseitige Denunziation ist anachronistisch. In Wahrheit hat „Postmoderne" den Schrecken des rhetorischen Novum längst verloren, und die mit diesem Begriff verbundenen Inhalte sind zunehmend plausibel und bedenkenswert geworden.⁶

---

⁴ Vgl. Odo Marquard, „Nach der Moderne. Bemerkungen über die Futurisierung des Antimodernismus und die Usance Modernität", in *Moderne oder Postmoderne? Zur Signatur des gegenwärtigen Zeitalters*, hrsg. von Peter Koslowski, Robert Spaemann, Reinhard Löw, Weinheim 1986, S. 45–54, hier S. 45.

⁵ Vgl. Jürgen Habermas, „Die Moderne – ein unvollendetes Projekt", in diesem Band S. 177; Odo Marquard, a.a.O., S. 53.

⁶ Man kann diese Entwicklung beispielsweise bei Hans Robert Jauß ablesen. Hatte er bei der Adorno-Konferenz 1983 die Postmoderne noch als „Gespenst" bezeichnet („Ein Gespenst geht um in Europa – das Gespenst der Postmoderne"; Hans Robert Jauß, „Der literarische Prozeß des Modernismus von Rousseau bis Adorno", in *Adorno-Konferenz 1983*, hrsg. von

Allerdings: Was für den relevanten Teil der Debatte gilt, trifft damit noch lange nicht für die gesamte Breite des Disputs zu. Seit die Auseinandersetzung um die Postmoderne in die Feuilletons eingedrungen ist, sank der Klärungskoeffizient, und noch immer lösen diffuse Stellungnahmen einander ab, die kaum mehr als Wortnebel produzieren. Die mögliche Klarheit wird von schwadronierendem Gerede konterkariert. Am ärgerlichsten ist dabei das Falschspiel mancher Kritik. Postmoderne wird von manchen — im Sinn eines Vorwurfs — mit Beliebigkeit, „anything goes", Preisgabe von Allem und Jedem gleichgesetzt. Und doch ist offensichtlich, daß niemand dermaßen in Beliebigkeit schwelgt und elementarste Ansprüche von Redlichkeit und Information mißachtet wie diejenigen, die dieses Zerrbild von Postmoderne kolportieren — und das auch noch mit scheinkritischer Attitüde tun. Sie praktizieren, was sie der Postmoderne vorwerfen, selbst in vollmundigster Impertinenz. Das ist fahrlässig und scheint seine Erklärung darin zu haben, daß man, indem man auf die Postmoderne eindrischt, an ihr stellvertretend das denunzieren möchte, was man längst selbst betreibt, aber — gewiß mit Recht — nicht schätzen kann. Man hofft, durch die Zuschreibung an den Gegner von der eigenen schlechten Praxis ablenken, von ihr sich distanzieren zu können. Je deutlicher es sich dabei offenbar um eine rhetorische Verlagerung handelt, desto drastischer und unglaublicher werden die Vorwürfe und Unterstellungen, eben weil man an einem Popanz von Postmoderne auf das einschlägt, was man an sich selbst als unerträglich empfindet. Diese Schere von Reden und Handeln nimmt manchmal schizophrene Züge an. Über kurz oder lang wird die Selbstdecouvrierung nicht zu vermeiden sein. Dem Falschspiel solcher Kritik und dem von ihr lebenden small talk in Sachen Postmoderne sähe man lieber heute als morgen Einhalt geboten.

Der vorliegende Band versammelt Texte, die man zum größten Teil als Schlüsseltexte der Postmoderne-Diskussion bezeichnen kann. Diese gewichtigen Texte sollen fortan ebenso leicht zugänglich sein, wie die Produkte des small talk es auf absehbare Zeit wohl bleiben werden. Der Band wurde primär unter dem Gesichtspunkt konzipiert, daß heute — nach langen Grabenkämpfen — die Zeit der sachlichen Auseinandersetzung gekommen ist. Für eine solche Auseinandersetzung bieten die nachstehenden Texte ausgezeichnete Ausgangspunkte und Argumente.

Ludwig von Friedeburg u. Jürgen Habermas, Frankfurt a.M. 1983, S. 95–130, hier S. 95), so forderte er vier Jahre später beim Kongreß „Die Zukunft der Aufklärung" dazu auf, „die Postmoderne nicht länger als Mythologem einer neokonservativen Gegenaufklärung anzusehen, sondern den Anbruch eines neuen Epochenbewußtseins ernst zu nehmen" (Hans Robert Jauß, „Das kritische Potential ästhetischer Bildung", in *Die Zukunft der Aufklärung*, hrsg. von Jörn Rüsen, Eberhard Lämmert u. Peter Glotz, Frankfurt a.M. 1988, S. 221–232, hier S. 228).

Sie werden in einem Augenblick präsentiert, da die Polemik zunehmend Geschichte, die Problematik aber weiterhin Aufgabe ist.

Schlüsseltexte der Postmoderne-Diskussion

Die folgenden Aufsätze haben z. T. geradezu kanonischen Charakter. Das gilt mit Sicherheit von einem Essay wie dem Fiedlerschen, der in den USA schon früh ein Bewußtsein von Postmoderne propagiert und ein bestimmtes Konzept derselben lanciert hat. Es gilt ebenso von einer Abhandlung wie Lyotards „Beantwortung der Frage: Was ist postmodern?", die — als Antwort auf eine Attacke von Habermas — den Begriff für die europäische Debatte neu gefaßt und präzisiert hat. Es gilt aber ebenso für diese Habermassche Attacke selbst, für den Vortrag „Die Moderne — ein unvollendetes Projekt", wo Habermas nachdrücklich Einspruch gegen postmoderne Tendenzen erhoben und statt dessen auf uneingelöste Potentiale der Moderne hingewiesen hat. Die drei Beispiele geben zugleich zu erkennen, daß es mir nicht nur darum geht, sehr unterschiedliche Stellungnahmen innerhalb des Postmoderne-Spektrums zu belegen, sondern auch Einsprüche von Vertretern der Moderne zur Geltung zu bringen. Nur so wird der Hintergrund verständlich, gegen den die postmodernen Autoren sich absetzen, und nur so ist es möglich, nicht bloß Positionen vorzustellen, sondern wirklich die *Debatte* um die Postmoderne zu dokumentieren.

Dabei sind Vielfalt und Breite geboten. Die Zahl betroffener Sektoren wächst heute ständig, aber schon retrospektiv gilt, daß sie größer war, als die Fama suggerierte. Noch immer meinen manche, Postmoderne sei primär eine Angelegenheit der Architektur. Und doch stand diese nicht einmal am Anfang. Vielmehr bildete eine Literaturdebatte den Ausgangspunkt der Diskussion. Bevor der Ausdruck dann in die Architekturtheorie Eingang fand, wurde er in der Soziologie rezipiert, und nachher hat er in der Philosophie eine ebenso prominente Stellung wie in der Architektur gewonnen. Wollte man die gegenwärtige Diskussion vollständig dokumentieren, so wären noch zahlreiche andere Sektoren hinzuzunehmen, beispielsweise Musik, Theater oder Ökonomie.

Der Band hat demgegenüber eine Auswahl vorzunehmen. Er konzentriert sich auf vergleichsweise kanonische Texte aus der Geschichte der Diskussion und daher auf die genannten Bereiche: auf Literatur, Soziologie, Architektur (unter Hinzunahme der Malerei) und Philosophie. Dabei wäre es unangebracht, für die Zugehörigkeit eines Autors zur Postmoderne-Diskussion die Tatsache, ob er den Ausdruck „Postmoderne" verwendet oder nicht, zum alleinigen Kriterium zu machen. Vielmehr gilt es, auch andere, für die Diskussion insgesamt unverzichtbare Schlüsseltermini wie „postindustriell" oder „Posthistoire" einzubeziehen. Selbst Texte, in denen keiner dieser Ausdrücke auftaucht, konnten exemplarische Bedeutung für die Diskussion gewinnen, so beispielsweise Venturis Manifest, das Grundsätze postmodernen Bauens längst vor der Einführung dieses Terminus in die Architektur formuliert hat. Ähnliches gilt von einem Autor wie Derrida, der den Ausdruck „Postmoderne" auch im nachhinein, als er längst in die Philosophie eingeführt war und weithin als Etikett gerade auch für sein eigenes Denken gebraucht wurde, selbst nicht benutzen mochte. Terminologische Kleinlichkeit wäre gerade in Sachen Postmoderne fehl am Platz; derart unbeeindruckt von den postmodernen Entgrenzungsphänomenen sollte niemand sich zeigen.

Der Band präsentiert in erster Linie Schlüsseltexte des Debattenverlaufs, die zudem den Vorteil haben, hochkarätig zu sein. Anders als die second-hand-statements, die derzeit die Zeitschriften-Kultur überschwemmen, geben sie nicht nur ein reicheres und korrekteres Bild von der Geschichte der Auseinandersetzung, sondern sie enthalten auch argumentative Potentiale, die noch kaum abgegolten oder eingelöst, geschweige denn übertroffen sind. Ihre Wirkung steht — so ist zu hoffen — noch bevor. Dazu will dieser Band beitragen.

Zur Geschichte des Terminus „Postmoderne"

Heute sollte bekannt sein, daß der Gemeinplatz, der Ausdruck „Postmoderne" entstamme der Architektur-Diskussion, eine Legende ist. Er entstammt vielmehr — während er in der Architektur erst seit 1975 gebräuchlich wurde — einer Literaturdebatte, die gegen Ende der 50er Jahre in den USA begann.[7] Freilich: Das war zwar der Anfang des Diskussionsstranges, in dem wir heute stehen und den dieser Sammelband dokumentiert, aber es handelt sich dabei — und das ist weniger bekannt — keineswegs um das erste Auftauchen des Ausdrucks als solchen. Dafür muß man vielmehr ein ganzes Stück weiter zurückgehen — erstaunlich weit: um mehr als ein Jahrhundert.

Erstmals tritt das Adjektiv „postmodern" um 1870 auf. Da spricht der englische Salonmaler Chapman davon, daß er und seine Freunde zu einer postmodernen Malerei vorstoßen wollten.[8] Dieses Vorhaben ist mit einer Kritik an der damals „avanciertesten" Malerei, dem französischen Impressionismus, verbunden. Durch die Verwendung des Adjektivs „post-modern" will Chapman dabei klarmachen, daß es ihm nicht um die übliche reaktionäre, sondern um eine progressive Kritik an der impressionistischen Malerei geht. — Dieses erste Auftreten des Terminus blieb, soweit wir heute wissen, freilich ohne Nachwirkung.

---

[7] Für eine ausführliche Darstellung der Geschichte des Terminus erlaube ich mir auf das erste Kapitel meines Buches *Unsere postmoderne Moderne* (Weinheim 1987, 2. Aufl. 1988) hinzuweisen.

[8] Vgl. Dick Higgins, *A Dialectic of Centuries. Notes Towards a Theory of the New Arts*, New York 1978, S. 7.

Das gilt ebenso vom nächsten Vorkommen, auch wenn der Terminus dabei bereits als Nachfolge-Ausdruck eines anderen Terminus auftritt. Wiederum wird vorerst nur das Adjektiv verwendet. Rudolf Pannwitz spricht 1917 – in *Die Krisis der europäischen Kultur* – vom „postmodernen Menschen". Dieser ist bei ihm so allerlei: „der sportlich gestählte nationalistisch bewusste militärisch erzogene religiös erregte postmoderne mensch ist ein überkrustetes weichtier ein juste-milieu von décadent und barbar davon geschwommen aus dem gebärerischen strudel der groszen décadence der radikalen revolution des europäischen nihilismus."[9] Dieser postmoderne Mensch soll die Figur sein, welche die Krise der Moderne überwindet. Dabei ist unschwer zu erkennen: Es handelt sich um einen Nietzsche-Aufguß (der die Grenze zum Nietzsche-Kitsch leider allzu oft überschreitet). Pannwitz' „postmoderner Mensch" ist eine wortschöpferische Neufassung von Nietzsches „Übermensch", so wie Nietzsches Diagnose der Pathologien der Moderne und sein Programm zu deren Überwindung insgesamt die Folie von Pannwitz' Darlegungen bilden. – Auch hier tritt „postmodern" nur sporadisch auf, ein einziges Mal bloß im gesamten Werk und ohne jede Nachwirkung. Gleichwohl ist es von der heutigen Diskussion aus interessant festzustellen, daß sich der Ausdruck so früh in der Nietzsche-Nachfolge findet, denn Nietzsche gilt mittlerweile weithin – ob zu Recht oder zu Unrecht, bleibe dahingestellt – als die Vaterfigur der Postmoderne schlechthin.

Ein drittes Mal taucht der Ausdruck – und jetzt erstmals in substantivischer Form – 1934 bei dem Literaturwissenschaftler Federico de Oníz auf, der die Phasen der neueren spanischen und hispano-amerikanischen Dichtung in „modernismo" (1896–1905), „postmodernismo" (1905–1914) und „ultramodernismo" (1914–1932) einteilt.[10] „Postmoderne" bezeichnet dabei ein kurzes – reaktives – Zwischenspiel zwischen einem ersten, moderaten und einem zweiten, gesteigerten Modernismus. Auch diese Verwendung des Ausdrucks scheint ohne nachhaltige Wirkung geblieben zu sein.[11]

Erst 1947 kommt es zu demjenigen Auftreten des Ausdrucks, das zwar noch immer nicht zu dem unmittelbaren Kontext der gegenwärtigen Debatte zugehört, von dem man aber doch annehmen darf, daß es für die spätere Begriffsverwendung bestimmend wurde. In der von D. C. Somervell besorgten einbändigen Kurzfassung der ersten sechs Teile von Arnold Toynbees enzyklopädischem Hauptwerk *A Study of History* wird die gegenwärtige Phase der abendländischen Kultur

---

[9] Rudolf Pannwitz, *Die Krisis der europäischen Kultur*, Werke, Bd. 2, Nürnberg 1917, S. 64.
[10] Federico de Oníz, *Antologia de la Poesia Espanola e Hispanoamericana*, Madrid 1934, S. XVIII.
[11] Von diesem – insgesamt dritten – Auftreten des Ausdrucks an informiert Michael Köhler, „,Postmodernismus': Ein begriffsgeschichtlicher Überblick", *Amerikastudien*, 12, 1977, Heft 1, S. 8–18.

als „post-modern" bezeichnet.¹² Wiederum ist der Bezugspunkt des Terminus sachlich wie zeitlich ein anderer als bisher. Das Stichjahr von Toynbees „Postmoderne" ist 1875, und als ihr Kennzeichen gilt der Übergang der Politik von nationalstaatlichem Denken zu globaler Interaktion. „Postmoderne" ist hier zwar offensichtlich in ganz anderem Sinn gebraucht als danach in der uns bekannten Diskussion, aber angesichts der großen Verbreitung des Toynbeeschen Werkes ist es gleichwohl wahrscheinlich, daß die spätere Verwendung des Ausdrucks von hier ihren Ausgang genommen hat.

Die bislang zu konstatierende Unsicherheit und Disparatheit des Ausdrucks — mal betrifft er die Malerei, mal die gesamte Kultur, dann wieder nur die Literatur, schließlich die Politik — macht in dem Moment einer gewissen Konsolidierung Platz, als der Ausdruck zur Leitvokabel einer kontinuierlichen Diskussion aufrückt. Das geschieht in den späten 50er Jahren in den USA. Ausgangsfeld ist die Literatur, aber sie ist es nicht spezialistisch, sondern als Medium einer generellen Verständigung über Gegenwart und Zukunft. Daher kann es nicht überraschen, wenn der Postmoderne-Diskurs anschließend zu einem Gesamt-Diskurs über die moderne Kultur wurde, da er schon in seiner Anfangsphase Impulse solcher Reflexionen aufnahm.¹³

Die postmoderne Literaturdebatte beginnt 1959 und 1960 mit Irving Howe und Harry Levin, die konstatieren, daß die Literatur ihrer Gegenwart im Unterschied zur großen Literatur der Moderne — der Literatur der Yeats, Eliot, Pound und Joyce — durch Erschlaffung, durch ein Nachlassen der innovatorischen Potenz und Durchschlagskraft gekennzeichnet ist.¹⁴ In diesem Sinn sprechen sie von „post-moderner" Literatur. Ihre Diagnose hat einen nostalgischen und resignativen Beigeschmack. Sie geben jedoch plausible Gründe für den Niedergang an, die zugleich zu Entschuldigungen werden: Es sei ganz natürlich, wenn dem Aufbruch der Moderne eine Phase der Konsolidierung folge; wenn durch den Erfolg der Moderne tabuloser gewordene Zeiten nunmehr weniger Profilierungschancen böten; wenn die neue Massengesellschaft in nivellierten Formen ihren

---

[12] Arnold Toynbee, *A Study of History*, Abridgement of Volumes I–VI by D.C. Somervell, Oxford 1947, S. 39.

[13] Insbesondere ist auf Peter F. Druckers *The Landmarks of Tomorrow* hinzuweisen. Drucker sucht deutlich zu machen, wie weit man sich — ohne sich dessen genau bewußt zu sein — faktisch bereits von den Idealen der Moderne entfernt hat, wie „postmodern" man also schon geworden ist, wobei die Gestalt der neuen Zeit freilich noch weithin im unklaren liegt, so daß man gut daran tut, sich mit dem vorsichtigen Terminus „post-modern" zu begnügen, der nur einen Abschied indiziert, ohne das Neue schon festzuschreiben (vgl. Peter F. Drucker, *The Landmarks of Tomorrow*, New York 1957, insbes. Introduction, S. IX–XII).

[14] Irving Howe, „Mass-Society and Postmodern Fiction", *Partisan Review* XXVI, 1959, S. 420–436 u. Harry Levin, „What was Modernism?", *Massachusetts Review*, I, S. 609–630.

adäquaten Ausdruck finde. Eine positive Bewertung der neuen Tendenzen ließ dann nicht lange auf sich warten. Literaturkritiker wie Leslie Fiedler und Susan Sontag gaben die Orientierung am Maßstab der klassischen Moderne auf, wurden damit die kulturpessimistischen Töne los und entdeckten und verteidigten die genuinen Qualitäten der neuen Literatur. Sie sahen die entscheidende Leistung von Autoren wie Boris Vian, John Barth, Leonard Cohen und Norman Mailer in der neuen Verbindung von Elite- und Massenkultur. So hat es vor allem Fiedler dargelegt. Postmoderne Literatur berücksichtigt – zumindest idealiter – alle Sphären der Wirklichkeit und spricht alle sozialen Schichten an. So verbindet sie beispielsweise Realismus und Phantastik, Bürgerlichkeit und Outsidertum, Technik und Mythos. Nicht Uniformierung, sondern Mehrsprachigkeit ist ihr Königsweg. Semantisch ist sie durch derartige Verbindungen, soziologisch durch die Koppelung von elitärem und populärem Geschmack gekennzeichnet.

Damit war 1969, 10 Jahre nach Beginn der postmodernen Literaturdebatte, eine sich fortan durchhaltende und bald auch für andere Bereiche verbindlich werdende Grundformel erreicht: Postmoderne Phänomene liegen dort vor, wo ein grundsätzlicher Pluralismus von Sprachen, Modellen und Verfahrensweisen praktiziert wird, und zwar nicht bloß in verschiedenen Werken nebeneinander, sondern in ein und demselben Werk. „Postmoderne" hat in der Literaturdebatte die Konturen eines veritablen Begriffs gewonnen und ist dabei von einer Negativ-Vokabel, die Erschlaffungsphänomene registrierte, zu einer Positiv-Vokabel aufgestiegen, die gegenwärtige und künftige Aufgaben benennt und einen entschiedenen Pluralismus zum Inhalt hat.

Am bekanntesten ist die Postmoderne dann in der Architektur geworden. Gleichwohl hat sich in diesem Sektor der Ausdruck erst relativ spät eingebürgert und durchgesetzt, ab 1975 nämlich, als Robert Stern und Charles Jencks – der dann zum maßgeblichen Propagator des Begriffs wurde – ihn etwa gleichzeitig gebrauchten. Dem gingen allerdings sporadische Verwendungen und eine Architektur-Debatte voraus, in der der Sache nach längst Grundzüge postmodernen Bauens thematisch waren. So hat Joseph Hudnut den Ausdruck 1949 im Titel eines Aufsatzes über „the post-modern house" verwendet; und polemisch hat ihn Nikolaus Pevsner, der Papst der angelsächsischen Architekturkritik und engagierte Vertreter der Moderne, 1966/67 eingesetzt, um den Abfall mancher Architekten von der Moderne zu brandmarken.[15] Zudem bestand seit den 70er Jahren eine intensive Debatte um ein Bauen, das nicht mehr ausschließlich den Auflagen der Moderne oder gar nur des Internationalen Stils folgen wollte. Auch Exem-

---

[15] Joseph Hudnut, „the post-modern house", in *Architecture and the Spirit of Man*, Cambridge 1949; Nikolaus Pevsner, „Architecture in Our Time. The Anti-Pioneers", *The Listener*, 29. Dezember 1966 u. 5. Januar 1967.

pel eines solch anderen, heute „postmodern" genannten Bauens traten zunehmend hervor. Bei Robert Venturi kann man beides, die theoretische wie die praktische Neuerung, feststellen. Selbst in Deutschland, wo die Architektur-Diskussion — an der internationalen Entwicklung gemessen — retardiert war, begann schon vor 1975 eine öffentliche Auseinandersetzung um eine nicht mehr funktionalistische Architektur. Ausgangspunkt war hier eine von François Burkhardt und Heinrich Klotz initiierte Veranstaltung am Internationalen Design-Zentrum in Berlin 1974, an der internationale Repräsentanten der neuen Architektur-Tendenzen wie Robert Venturi, Denise Scott Brown und Aldo Rossi teilnahmen. Eine mehr ins Detail gehende Darstellung vermöchte zu zeigen, von welchen Vorbereitungen Jencks' dann so erfolgreiche Fokussierung der Phänomene unter dem Terminus „Postmoderne" profitierte. Jencks hat die ganze Diskussion unter diesem Rubrum gebündelt und die Architektur zum bevorzugten Feld der Auseinandersetzung um Moderne und Postmoderne gemacht.

Gemeinsamkeiten dieser Architektur-Debatte mit der vorausgegangenen Literatur-Diskussion werden evident, sobald man den Begriff untersucht. Jencks hat sein Postmoderne-Verständnis offenbar von Fiedler her konturiert. Wenn Fiedler von der Verbindung von Elite- und Massenkultur sprach und dazu künstlerische Doppel-, ja Mehrfachsprache empfahl, so kehrt sowohl jenes soziologische wie dieses semantische Programm bei Jencks wieder, wenn er postmoderne Architektur als eine Sprache definiert, die sowohl die Elite als auch den Mann auf der Straße anzusprechen vermag und zu diesem Zweck doppel- oder sogar mehrfachkodiert sein muß. — Diese Kongruenz lehrt, daß „Postmoderne" in den unterschiedlichen Artikulationssektoren bei aller Verschiedenheit eine kohärente Struktur aufweist. Zu Unrecht wird manchmal das Gegenteil behauptet. Die Spezifität der Gattungen modifiziert diese allgemeine Struktur zwar, hebt sie aber nicht auf.

Das bestätigt sich auch an Sektoren jenseits der Künste, so etwa an der Soziologie. In diese hat der Ausdruck „Postmoderne" 1968 durch Amitai Etzioni Eingang gefunden.[16] Ihm zufolge ist die postmoderne Gesellschaft durch eine Steigerung der Kommunikations-, Wissens- und Energietechnologien bestimmt. Im speziellen geht es Etzioni darum, daß diese Entwicklung zu einer „aktiven Option" führt, d.h. zu einer Gesellschaft, die nicht technokratischer Fremdbestimmung folgen, sondern autonom, dynamisch und plural sein wird. Auch soziologisch also zielt das Stichwort „Postmoderne" primär auf die Ausfaltung eines entschiedenen Pluralismus. Wenn sich später — vor allem durch Daniel Bell — gegenüber der Rede von einer „postmodernen Gesellschaft" die Bezeichnung „postindustrielle

---

[16] Amitai Etzioni, *The Active Society. A Theory of Societal and Political Processes*, New York 1968. Dt.: *Die aktive Gesellschaft. Eine Theorie gesellschaftlicher und politischer Prozesse*, Opladen 1975.

Gesellschaft" durchgesetzt hat, so deutet das zwar eine Akzentverschiebung zugunsten des technologischen Pols an, aber auch bei Bell gilt, daß das Design dieser postindustriellen — oder postmodernen — Gesellschaft grundsätzlich plural ist.

In der Philosophie schließlich taucht der Ausdruck „Postmoderne" erst spät auf: 1979, als Jean-François Lyotard seine Schrift *La Condition postmoderne* (dt. *Das postmoderne Wissen*) publiziert, die mittlerweile zum wohl bekanntesten Buch der Postmoderne geworden ist. „Postmoderne" wird dort vor allem durch das „Ende der Meta-Erzählungen" definiert. Die Moderne war Lyotard zufolge durch die Herrschaft von Meta-Erzählungen charakterisiert, die jeweils eine Leitidee vorgaben, die alle Wissensanstrengungen und Lebenspraktiken einer Zeit bündelte und auf ein Ziel hin versammelte: Emanzipation der Menschheit in der Aufklärung, Teleologie des Geistes im Idealismus, Hermeneutik des Sinns im Historismus, Beglückung aller Menschen durch Reichtum im Kapitalismus, Befreiung der Menschheit zur Autonomie im Marxismus etc. Doch derartige Meta-Erzählungen sind mittlerweile infolge schmerzlicher Erfahrungen mit ihnen unglaubwürdig geworden. Auf diesen Verlust reagiert man heute jedoch nicht mehr mit Trauer und Melancholie, denn man ist der Kehrseite solcher Ganzheiten gewahr geworden und hat erkannt, daß dieser „Verlust" eher ein Gewinn ist. Denn die Kehrseite von Ganzheit lautet Zwang und Terror, ihr „Verlust" hingegen ist mit einem Gewinn an Autonomie und einer Befreiung des Vielen verbunden. Diese Umstellung ist entscheidend. Schätzung des Differenten und Heterogenen bestimmen die neue Orientierung. Erst wenn man eine solch positive Vision der Vielfalt unterschiedlicher Sprachspiele, Handlungsformen, Lebensweisen, Wissenskonzepte etc. teilt, bewegt man sich in der Postmoderne. Für diese ist — das kann man Lyotard als Quintessenz entnehmen — die Irreduzibilität des Differenten essentiell und dessen Förderung angezeigt.

Postmoderne Philosophie ist freilich ein Anwalt der Pluralität nicht nur in dem Sinn, daß sie deren Verfassung möglichst radikal exponiert und verteidigt, sondern sie muß sich dann auch den Problemen dieser — offensichtlich ja höchst konfliktträchtigen — Pluralität zuwenden und nach neuartigen Lösungsmöglichkeiten Ausschau halten. Hier zeichnen sich — jenseits aller Klischees — fruchtbare Auseinandersetzungen mit Vertretern erklärtermaßen „moderner" Positionen ab.

Dabei erweisen sich die Dinge generell als komplizierter, als den Liebhabern simpler Muster willkommen ist. Lyotard hat sich früh schon gegen das banale — jedoch schier unausrottbare — Verständnis der Postmoderne als einer Epoche gewandt. „Postmoderne" bezeichnet für ihn eher „einen Gemüts- oder vielmehr einen Geisteszustand",[17] der jenseits von Einheitsobsessionen der irreduziblen

---

[17] Jean-François Lyotard, *Philosophie und Malerei im Zeitalter ihres Experimentierens*, Berlin 1986, S. 97.

Vielfalt der Sprach-, Denk- und Lebensformen Rechnung trägt und mit ihr umzugehen weiß; und ein solcher Geisteszustand ist offenbar schon vor Postmoderne und Moderne möglich gewesen. Das heißt: Dieses Verständnis von „Postmoderne" sprengt die Schemata der Chronologie, der Epochen, des Fortschritts, der Überholung und Überwindung. Gerade darin unterscheidet sich die postmoderne Einstellung essentiell von der modernen. Das läßt sich gerade am Fokus der Postmoderne, am Motiv der Pluralität, noch einmal verdeutlichen.

Fokus Pluralität — Gegentendenz Uniformierung

Pluralität ist nicht nur der Kampfruf, sondern auch das Herzwort der Postmoderne. Das läßt sich gerade an Sektoren studieren, die nicht Paradebeispiele von Postmoderne sind. In der Ästhetik weiß heute jedermann, daß man mit einem pluralen Set von Maßstäben operieren, mit einem Kriterien-Mix arbeiten muß, wenn man nicht banausisch urteilen will. Surrealismus und Konstruktivismus beispielsweise kann man offenbar nicht über ein und denselben Leisten schlagen. Analog hat man derartige Unterscheidungsnotwendigkeiten inzwischen auch in anderen Bereichen erkannt, wo dies bislang weniger geläufig war. So arbeitet man heute in der psychopathologischen Diagnostik nicht mehr mit festen Krankheitsbildern (Paranoia, Schizophrenie usw.), sondern mit einer breiten Skala von Merkmalen, denen man gerade dort noch Aussagekraft und praktische Relevanz attestiert, wo sie sich nicht zu einem Gesamtbild fügen. Man diagnostiziert nicht mehr generell und uniform, sondern spezifisch und plural. Ähnliches gilt in Jurisprudenz oder Soziologie. Und neuere Ansätze in der Biologie, der Ökonomie, der Politikwissenschaft oder der Theologie weisen in die gleiche Richtung. Unser Wirklichkeitsbild und unsere Erwartungen an Erkennen und Handeln stehen heute insgesamt im Zeichen von Spezifität, Differenz und Mehrdimensionalität. Pluralität ist *das* gegenwärtige Paradigma.

Solche Pluralität betrifft — und das ist neu und wichtig — nicht mehr nur die „abgehobenen" Niveaus unserer Selbstauslegung, sondern schon die Elementarzonen unserer Selbstorganisation. Sie gilt nicht erst „oben", sondern schon „unten". Die Biologie beispielsweise baut das Verständnis von Lebensvollzügen auf die Interferenz von unterschiedlichen, im Ansatz heteromorphen Rhythmen auf, und auch in gesellschaftlichen Elementarfragen wie der Ökonomie dringt heute Pluralität offenkundig vor, beispielsweise in postmodernen Wirtschaftskonzepten der Diversifikation, der Anpassung an Sonderbedingungen, der Pluralisierung von Organisationsformen; das ist nicht nur eine Frage der Theorie, sondern betrifft auch die Praxis, wo heute hochgradig unterschiedliche Wirtschaftskonzeptionen nebeneinander existieren: postmoderne, spätmoderne, moderne, alternative und zum Teil sogar traditionelle. Insgesamt betrifft die postmoderne Pluralisierung also keineswegs, wie manche Kritiker behaupten, nur den „Überbau" oder die Oberfläche der Gesellschaft. Sie ist vielmehr auch in die Basis und in Elementardefinitionen der Gesellschaft eingedrungen. Das gilt noch für Grundbestimmungen der Individuen, beispielsweise in puncto Geschlechtlichkeit. So hat der Feminismus scheinbare Selbstverständlichkeiten aufgebrochen; und im allgemeinen Bewußtsein werden zunehmend höchst unterschiedliche Formen von Partnerschaft anerkannt – und das nicht etwa aus Gründen der Permissivität, sondern ob der Einsicht, daß auch sie Formen gelingenden menschlichen Lebens sein können.

Wer heute noch sagt, Postmoderne sei ein bloß kulturelles Phänomen oder Theorem, ist doppelt antiquiert. Er hat weder die gegenwärtige Funktion von Kultur noch die heutige Verfassung der Gesellschaft verstanden. Kultur betrifft – in einer Gesellschaft, die zunehmend (und nicht nur von Anhängern der Postmoderne) als „Kulturgesellschaft" bezeichnet wird – nicht mehr bloß den Überbau, sondern ist zum entscheidenden Faktor der Selbstreproduktion der Gesellschaft geworden. Kulturelle Veränderungen geben die Matrix aller Entwicklungen vor. Daher vermag ein zunächst „kulturelles" Unterfangen wie die Postmoderne den Gesamtkurs einer Gesellschaft zu durchdringen.

Gewiß ist diese Pluralisierung mit Problemen verbunden. Aber zur Dynamik der postmodernen Tendenzen gehört sowohl, daß diese Pluralisierung nicht aufzuhalten, sondern in ihrer Faktizität anzuerkennen und in ihrer Normativität zu entwickeln ist, wie auch, daß die sich ergebenden Probleme nur auf dem Boden dieser Pluralität – mit neuen, erstmals wirklich auf sie zugeschnittenen Strategien – zu lösen sind.

Die entscheidende Neuerung liegt darin, daß Pluralität radikal wird bzw. gegenwärtig in ihrer Radikalität erstmals wirklich wahrgenommen wird. Die Pluralität, die unter postmodernen Bedingungen entdeckt, favorisiert und verteidigt wird, ist gerade die an die Wurzeln gehende, die radikale. Eben deshalb darf sie für ununterlaufbar und unüberbietbar gelten. Indem die Postmoderne nicht nur unsere Höhen, sondern auch unsere Tiefen betrifft, entfaltet sie eine Pluralität, die – anders als im lauen herkömmlichen Pluralismus – auf Elementarfragen durchschlägt. Sie ist nicht mehr durch den Boden einer gemeinsamen Übereinstimmung getragen und entschärft, sondern tangiert die Definition noch eines jeden solchen Bodens. Gerade das macht das Dramatische und Prekäre der Postmoderne aus und bezeichnet einen ihrer wesentlichen Unterschiede von der Moderne.

Denn Pluralität war zwar ein Stichwort schon der Moderne, aber erst ihre Radikalisierung führt zur Postmoderne. Autoren wie Max Weber und Paul Valéry haben uns längst erkennen lassen, wie sehr Pluralität zur Moderne gehört. So hat Weber darauf hingewiesen, daß die Moderne durch einen grundsätzlichen „Polytheismus der Werte" gekennzeichnet und der moderne „Alltag" vom „Kampf zwischen einer Mehrheit von Wertreihen" geprägt ist.[18] Weber betrachtete die rückhaltlose Einübung in diesen Polytheismus — und umgekehrt: die Desillusionierung der antiquierten Einheitswünsche — als Aufgabe des Wissenschaftlers in dieser Zeit. Paul Valéry ging noch einen Schritt weiter. Er wies darauf hin, daß die verschiedenen Wertordnungen nicht nur im Makroraum der Gesellschaft koexistieren, sondern „sogar in den gleichen Individuen nebeneinander bestehen und wirksam sind".[19] Diese in die Köpfe und Herzen der Individuen eingedrungene Pluralität macht ihm zufolge geradezu „die Essenz der Moderne" aus.[20] Heute ist, was sich solcherart in den ersten Jahrzehnten dieses Jahrhunderts für klarsichtige Diagnostiker abzeichnete, Allgemeingut geworden. Die emotionale wie mentale Dynamik zielt auf Pluralisierung.[21]

Auch die zuvor erwähnte Lyotardsche Bestimmung der Postmoderne durch das „Ende der Meta-Erzählungen" verleiht dieser Absage an Einheitsbande Ausdruck, umgekehrt gesagt: Sie bringt die rückhaltlose Akzeptation und Bejahung der Pluralität — und ihrer Radikalisierung — auf den Begriff. Dabei würde der Einwand gegenüber Lyotard, schon die Moderne habe an solche Meta-Erzählungen nicht mehr unbedingt geglaubt, sondern sei mindestens durch die Konkurrenz mehrerer Meta-Erzählungen geprägt und von daher in puncto Einheit längst einer grundsätzlichen Pluralität überantwortet gewesen, allenfalls einen Akzent der Diagnose verändern, denn gleichwohl würde unverändert gelten, daß die Postmoderne von solchen Meta-Erzählungen weit definitiver abgerückt ist, als die Moderne es je versuchte, denn die Moderne reagierte auf den Verlust des Ganzen mit Trauer, Melancholie oder Heroismus, erst die Postmoderne sieht darin einen — begrüßenswerten — Freiheits- und Wahrheitsfortschritt.

Die entscheidende Frage ist nicht, ob das Motiv der Pluralität als solches neu ist. Ausschlaggebend ist vielmehr, daß es jetzt ins Zentrum der Aufmerksamkeit rückt und radikal gefaßt wird. Dies ist selbst schon Indiz einer Umstellung der gesamten Optik. Ein Postmoderner beschreibt die Situation bereits auf der Basis einer solchen Veränderung. Daher wird, wer die Pluralität noch immer im klassischen Stil der Moderne, also aus dem Horizont von Einheit sieht, diese Beschreibung schwerlich anerkennen können, sondern verkennen müssen. Die Radikalität

---

[18] Max Weber, „Vom inneren Beruf zur Wissenschaft", in ders., *Soziologie — Universalgeschichtliche Analysen — Politik*, mit einer Einl. von Eduard Baumgarten, hrsg. u. erläut. von Johannes Winckelmann, Stuttgart [5]1973, S. 311–339, hier S. 330, sowie ders., „Zwischen zwei Gesetzen", in *Gesammelte Politische Schriften*, Tübingen [4]1980, S. 142–145, hier S. 145.
[19] Paul Valéry, „Triomphe de Manet", in *Œuvres*, II, Paris 1960, S. 1326–1333, hier S. 1327.
[20] Paul Valéry, „La politique de l'esprit", in *Œuvres*, I, Paris 1957, S. 1014–1040, hier S. 1018.
[21] Vgl. Wolfgang Zapf, „Die Pluralisierung der Lebensstile", in ders. u.a., *Individualisierung und Sicherheit. Untersuchungen zur Lebensqualität in der Bundesrepublik Deutschland*, München 1987, S. 16–30.

der Pluralität wird — Entsprechendes gilt von allen originären Wahrnehmungen — erst dann sichtbar, wenn man in ihre Perspektive bereits eingetreten ist, in sie schon genötigt wurde.

Diese Veränderung — die zunehmend allgemein genannt werden kann — ist beileibe nicht aus Willkür, sondern aufgrund von Erfahrungen geschehen. Die Ablehnung der Einheit hat massive Gründe. Nicht eine Vorliebe oder ein modisches Faible für Differenz und Pluralität liegen zugrunde, sondern die Einsicht in das irreduzible Eigenrecht und die Unüberschreitbarkeit des Vielen haben eine neue Gesamtkonzeption nötig gemacht. Parallel dazu ist die Misere des Ganzen durchschaubar geworden. Konventionell pflegte man angesichts von Defiziten einer an Ganzheitsidealen orientierten Realität zu sagen, es sei eben nicht ganz gelungen, diese Idee zu realisieren oder ihren umfassenden Anspruch einzulösen. Das liege an unserer — leider immer wieder hinderlichen — Endlichkeit. Die postmoderne Reflexion sieht das gerade umgekehrt: Die Einlösung der Idee, deren vollendete Realisation brächte das vollendete Desaster. Das Nichtgelingen ist unser Glück. Denn die Heilsvorstellungen, die auf Ganzheit zielen, sind in Wahrheit Unheilsvorstellungen. In ihrer Einlösung münden sie nicht wegen irgendeines Umschlags ins Gegenteil, sondern weil ihr wahres Gesicht offenbar wird. Endlichkeit ist nicht unsere Behinderung, sondern unsere Rettung und Chance. Das manifeste Ganze, die realisierte kosmische Heilsvision wäre gleichbedeutend mit Exitus und Totenstarre.[22]

Allerdings wäre es ein Mißverständnis, wenn man meinte, die postmoderne Option für Vielheit gebe Einheit und Ganzheit einfach preis. Genauer besehen verhält es sich vielmehr so, daß sie Einheit in gewissem Sinn wahrt — allerdings in einer Form, die paradox formuliert, nicht die der Einlösung, sondern der Offenhaltung ist. Dies ist aus postmoderner Perspektive aber die einzig legitime — weil die einzige nicht-unterdrückende — Form von Einheit. Postmodern gilt es gerade nicht irgendeine Realwerdung von Einheit zu betreiben, sondern dafür

---

[22] Musil hat das unübertrefflich beschrieben: „Stell dir Ordnung vor. Oder stell dir lieber zuerst einen großen Gedanken vor, dann einen noch größeren, dann einen, der noch größer ist, und dann immer noch einen größeren; und nach diesem Muster stell dir auch immer mehr Ordnung in deinem Kopf vor. Zuerst ist das so nett wie das Zimmer eines alten Fräuleins und so sauber wie ein ärarischer Pferdestall; dann großartig wie eine Brigade in entwickelter Linie; dann toll, wie wenn man nachts aus dem Kasino kommt und zu den Sternen ‚Ganze Welt, habt acht; rechts schaut!' hinaufkommandiert. Oder sagen wir, im Anfang ist Ordnung so, wie wenn ein Rekrut mit den Beinen stottert und du bringst ihm das Gehen bei; dann so, wie wenn du im Traum außer der Tour zum Kriegsminister avancierst; aber jetzt stell dir bloß eine ganze, universale, eine Menschheitsordnung, mit einem Wort eine vollkommene zivilistische Ordnung vor: so behaupte ich, das ist der Kältetod, die Leichenstarre, eine Mondlandschaft, eine geometrische Epidemie!" (Robert Musil, *Der Mann ohne Eigenschaften*, Hamburg 1952, S. 464).

Sorge zu tragen, daß nicht eine einzelne Konzeption mit ihrer Partikularität (und es gibt keine wirklich transpartikularen Konzeptionen, sondern jedem solchen Anspruch kann man seine faktische Partikularität schnell nachweisen) die Position des Ganzen für sich beansprucht – mit all den unterdrückenden, terroristischen und vernichtenden Konsequenzen, die das zu haben pflegt. Ganzheit – die nur offene Ganzheit sein kann – vermag aus Strukturgründen einzig durch ein plurales Denken gewahrt zu werden. Hier liegt eine geschichtliche Rechtfertigung und Überlegenheit postmodernen Denkens. Es hat aus realen Erfahrungen mit Ganzheit die Konsequenz gezogen.[23]

Dieses Plädoyer für Pluralität erweist sich noch gegenüber gegenwärtigen Denkbewegungen als stichhaltig, die nach Auffassung mancher ebenfalls zur Postmoderne gehören, obwohl sie dem geschilderten Konzept der Pluralität geradezu entgegengesetzt sind. Gemeint sind Konzeptionen, die auf neue Einheit setzen. Solch holistische Konzeptionen haben derzeit Konjunktur, am bekanntesten ist die Vorstellung von einem New Age.

Unter mindestens zwei Aspekten gilt, daß derlei Positionen dem Konzept der Pluralität nicht entkommen, sondern daran gebunden bleiben. Erstens sind die Ganzheitsvorstellungen, die dabei propagiert werden, jeweils ersichtlich spezifisch geprägt. Sie haben z.B. physikalische, biologische oder religiöse Ausgangspunkte. Von diesen aus meint man dann jedoch, nicht bloß Teilganze, sondern das große Ganze, die Totalität des Kosmos – vom Anorganischen bis zum Menschen (und vielleicht noch darüber hinaus) – strukturieren und in seiner Gesamtheit bestimmen zu können. Damit übernehmen sich diese Konzeptionen offenbar. Plausibel sind sie für Teilbereiche, den Begriff des Ganzen aber vermögen sie nur um den Preis offenkundiger Einseitigkeiten auszufüllen. Vor solch universalistischem Selbstmißverständnis gälte es sie und uns zu bewahren. Teilintegrationen sind sicherlich sinnvoll, bleiben aber selbst einer pluralen Verfassung eingeschrieben, denn angrenzend braucht man offenbar andere Modelle, und schon im jeweiligen Integrationsbereich herrscht im allgemeinen eine Konkurrenz mehrerer Paradigmen.

Zweitens ist die Propagierung von Ganzheitsmodellen motivational stark an die Situation der Pluralität gebunden. Unbefriedigtsein mit Pluralität, Wahrnehmung der mit ihr verbundenen hohen und unbequemen Ansprüche zählen zu den verständlichsten Motiven der Ganzheitsoptionen. Eben deshalb treten diese ja gerade in Situationen gesteigerter Pluralität auf. Das ist eine Gesetzlichkeit, die man bereits aus der Geschichte der Moderne kennt. Schon in dieser gilt, daß eine Diagnose, welche den Grund der Krise in Fragmentierung erkennen zu können glaubt, zu Einheitsoptionen bis hin zu Totalitätssetzungen führt (so wie man um-

---

[23] Philosophisch zeichnet sich hier – in Nachfolge der Kantischen „Kritik der reinen Vernunft" und der Diltheyschen „Kritik der historischen Vernunft" – die Aufgabe einer „Kritik der pluralen Vernunft" ab.

gekehrt dort, wo man die Misere der Moderne aus Uniformierungsprozessen resultieren sieht, auf Pluralisierungsstrategien setzt). Überhaupt verhalten sich Moderne-Diagnose und Postmoderne-Therapie spiegelbildlich zueinander. Daher kann es nicht verwundern, daß in der postmodernen Situation gesteigerter Pluralität auch Einheitsoptionen auftreten; man greift hier, wie gesagt, auf ein gut eingeführtes, schon seit der Romantik vertrautes Reaktionsmuster zurück.

Die Versuche, Situationen, die man als solche schwer erträglicher Fragmentierung erlebt, durch eine neue Synthese zu überwinden, bleiben also nicht nur motivational an die Situation der Pluralität zurückgebunden, sondern sie entkommen ihr vor allem strukturell nicht. Die propagierten Einheitsformen sind unweigerlich ihrerseits spezifisch und partikular und vermögen ihr großes Versprechen nicht einzulösen — jedenfalls nicht in legitimer Form. Die Aussicht auf eine neue Synthese mag für viele die Pluralität lebbarer machen, beseitigen kann sie sie nicht, dazu bleibt sie ihr zu sehr verhaftet. Ganzheitsoptionen tragen am Ende zu der Pluralität, die sie allenfalls scheinhaft überwinden, ihrerseits bei.

Ist man dieser ungewollten und unaufhebbaren Rückbindung der Einheitskonzeptionen gewahr geworden, so muß man gegenüber ihrem Postmodernitäts-Anspruch — sofern dieser an die Überwindung der Pluralität geknüpft ist — skeptisch werden. Auch ist die Inspiration solcher Versuche erkennbar eher prämodernen als postmodernen Geistes. Sie greifen auf Modelle der Antike, des Mittelalters, der Renaissance zurück. Vor allem aber ist ihr Einheitsanspruch allenfalls mit der zweifelhaftesten Bedeutungsfacette von „Postmoderne" verbindbar: mit dem griffigen — anders gesagt: dem naiven und von den reflektierten Vertretern des Postmoderne-Theorems nie geteilten — Epochenanspruch. Wer daher den Begriff der „Postmoderne" weiterhin einigermaßen sinnvoll verwenden und brauchbar erhalten will, der tut gut daran, ihn von derlei prämodernen Optionen und allzu simplen Ansprüchen nicht okkupieren zu lassen. Wenn dieser Sammelband keine Texte holistischer Option und keine New-Age-Programme abdruckt, so aus Gründen solcher Klarheit und Redlichkeit. Es geht hier um *Postmoderne* — zwar ohne Einseitigkeit, aber auch ohne Freibrief für terminologische Beliebigkeit und semantische Fremdokkupation.

Taucht Einheit innerhalb wirklich postmoderner Konzeptionen auf, so anders: negativ. Manifeste Einheit löst heute keine Euphorie mehr aus. Vielmehr ist ihre Wahrnehmung mit Grauen verbunden. Als reale — als Uniformität — zeigt sie zwanghafte und bedrohliche Züge. Das ist seit der *Dialektik der Aufklärung* bekannt und ist dort, wo man heute Anlaß zur Wiederholung dieser Diagnose sieht, nicht anders.

Exemplarisch ist das an derjenigen Postmoderne-Version abzulesen, für welche die Züge universeller Simulation, wie sie in einer medienbestimmten Welt herrschen, im Vordergrund stehen und die, wenn man einen Autor nennen will, durch den Namen Baudrillard, wenn man die Position typologisch näher bezeichnen möchte, durch das Stichwort „Posthistoire" gekennzeichnet werden kann. Dazu wird im nächsten Abschnitt, bei der Vorstellung der Texte, noch Näheres auszuführen sein. Im Moment sei der diagnostische Kernpunkt festgehalten: daß Einheit bzw. Ganzheit gegenwärtig als Uniformierung real wird und daß dies ein Vorgang ist, den nur Toren begrüßen könnten, während Postmodernisten – welcher Couleur auch immer – ihn zwar konstatieren, dies aber ohne Sympathie tun. Selbst wenn manche – wie gerade Baudrillard – gegen diesen Prozeß nicht mehr die Stimme der Kritik erheben, so tun sie das nicht, weil sie mit ihm einverstanden wären, sondern weil sie der Auffassung sind, daß noch jegliche Kritik von diesem Vorgang der Uniformierung affiziert ist und ihm durch ihr Entgegentreten am Ende nur zugearbeitet würde. Es ist die harte These Baudrillards, daß alle Sekundärinstanzen – Theorie, Abbildung, Kritik etc. – heute selbst schon Bestandteil der Realität und damit in den Strudel der Simulation hineingerissen sind.

Noch schärfer ist nur die andere These, die man aus Baudrillard herausholen kann, vielleicht auch extrapolieren muß: die pluralisierungskritische These. Ihr zufolge ist Pluralisierung heute ihrerseits nur noch ein Modus der Uniformierung, nämlich eine – von ihren Anwälten bloß undurchschaute – Weise der Erzeugung von Indifferenz. Denn je mehr Möglichkeiten man schafft und je größer die Freiheit der Optionen wird, um so weniger Bedeutung haben die einzelnen Optionen, bis sie am Ende überhaupt nichts mehr bedeuten. Die vielen Möglichkeiten konsonieren schließlich im weißen Rauschen der Beliebigkeit.

Diesen Gedanken Baudrillards wird man begrüßen können, sofern er eine Kritik dessen enthält, was – vornehmlich in manchen Feuilletons – sehr zu Unrecht als typisch für die Postmoderne ausgegeben wird: der Hang und Zwang zu Beliebigkeit. Offenkundig handelt es sich bei derlei Beliebigkeits-Propaganda zwar um eine Mißdeutung der Pluralität: Man nimmt sich nur die eine Seite, die der Vielfältigkeit, ohne auch die andere zu beachten, die der Präzisierung der vielen Möglichkeiten; man erkennt nicht, daß die Preisgabe der letzteren zwangsläufig zum Verlust der ersteren führt, sofern genau dann, wenn die unterschiedlichen Möglichkeiten nicht in ihrer Eigenheit verfolgt, sondern zu einem Potpourri vermischt werden, in der Tat statt der beanspruchten Pluralität nur ein indifferenter Einheitsbrei entsteht. Aber nicht nur faktisch ist solche Beliebigkeit beliebt geworden, sondern auch ideologisch beliebt es manchen Kritikern offenbar, die Postmoderne auf solche Beliebigkeit, die doch nur eine Verfalls- und Zerrform ihrer darstellt, herabzubringen. Man beruft sich dann auch noch auf das bekannte Schlagwort „anything goes" – das bei Feyerabend freilich anders gemeint war, nur eben: auf Genauigkeit soll es ja nicht ankommen, Beliebigkeit regiert gerade in derlei pseudokritischen Attacken. Niemand wird die Gefahr der Beliebigkeit verkennen dürfen, gleichwohl sollte auch niemand fahrlässig diese Gefahr der Postmoderne – gegen die sich prominente Theoretiker wie beispielsweise Jencks und Lyotard denn auch mehrfach vehement ausgesprochen haben – für das Ziel der Postmoderne ausgeben dürfen.

Baudrillards Hinweis, daß Pluralisierung Indifferenz zu erzeugen droht – und das scheint mir, wie gesagt, der kritischste und aggressivste Gehalt von Baudrillards Denken zu sein –, enthält freilich nicht nur eine Kritik solch oberflächlicher Beliebigkeits-Tendenzen, sondern impliziert eine gewichtige Mahnung auch noch an die Adresse der ernsthaften Vertreter des Pluralisierungs-Theorems. Jeder Verteidiger solcher Pluralisierung ist heute gehalten, sich mit dieser Infragestellung der Pluralisierungs-Strategie auseinanderzusetzen, auf sie eine Antwort finden.

An den gegenwärtigen Realtendenzen zur Uniformierung kommt kein Theoretiker vorbei. Man muß diese jedoch nicht mit dem Gestus salopper Beliebigkeit hinnehmen, und ebensowenig muß man sie im Stil einer spätmodernen Einstellung, die technologie-gläubig ist und Vereinheitlichung allenthalben begrüßt, aufnehmen oder im Sinn der Posthistoire-Diagnose verbuchen, die auf Unsteuerbarkeit und endgültige Geschichtslosigkeit setzt, sondern man kann sie auch so zu beantworten suchen, wie es einer spezifisch postmodernen Position entspricht, die von der Pluralität her denkt und gegen Uniformierungstendenzen Pluralisierung einzubringen sucht. Eine solche Position wird exemplarisch durch Lyotard vertreten. Ihre Option ist weder blauäugig noch defaitistisch. Denn sie denkt nicht unter Ausblendung der Uniformierungsprozesse, sondern gerade unter dem Druck von deren drastischer Wahrnehmung. Aber sie ist andererseits auch weder vom Chic der Beliebigkeit fasziniert noch von der Schlange der Wiederkehr des Gleichen – die sich auch als Neuproduktion tarnen kann – dermaßen gebannt, daß sie ihr gänzlich verfallen wäre und ihr nichts entgegensetzen zu können glaubte. Euphorisch ist das Pluralisierungskonzept von Postmoderne gewiß nicht, aber es ist auch nicht krisenstarr. Es meint vielmehr, bestehende und entwickelbare Pluralität in die Waagschale der Zukunft werfen zu können. Es tritt für die Pluralität der Wissensweisen, Lebensformen und kulturellen Orientierungen ein. Es hat scharfgeschnittene und auch aggressive Züge.

Blickt man auf das Panorama von Postmoderne insgesamt, so erkennt man, daß sich – idealtypisch und real zugleich – zwei Diagnosen und Optionen gegenüberstehen: die der Uniformierung und die der Pluralisierung. Das eine Mal wird eine Bewegung zu gesteigerter Indifferenz diagnostiziert, das andere Mal wird eine wachsende Entfaltung oder Verteidigung möglicher Vielfalt propagiert. Bei genauerer Betrachtung erweisen sich die Vorgänge, die je in die eine oder andere Richtung weisen, freilich als miteinander verkreuzt. Uniformierung kann zugleich Pluralität, Pluralisierung kann Indifferenz erzeugen. Dafür, daß sich inmitten von Indifferenzprozessen neue Pluralität bilden kann, zeugen heute vornehmlich Hybrid-Bildungen, also Kombinationen von Heterogenem. So finden sich beispielsweise in der Pop-Kultur Verbindungen von Underground-Motiven und indischen Heilslehren (bei Nina Hagen); politisch kennen wir außerparlamentarische Opposition mittlerweile auch innerhalb des Parlaments (in Gestalt der

„Fundis"); und eine ähnliche Hybrid-Bildung ist in der Wissenschaftstheorie zu konstatieren, wo Artistik nicht mehr nur ein Programm der Kunst, sondern (seit Feyerabend) nun auch ihres Gegenpols, der Wissenschaft, ist. Inmitten der posthistorischen Uniformierungstendenz entsteht auf solchen Wegen neue, postmoderne Pluralität. Ebenso ist aber auch das Umgekehrte festzustellen: Pluralisierung kann der Uniformierung zuarbeiten. Die Medienkultur mit ihrer Steigerung dessen, was sie Vielfalt bloß nennt, stellt das drastischste Beispiel dafür dar.

In dieser Ambivalenz liegt vielleicht das Grundproblem der Gegenwart, ihr Gordischer Knoten, den es zu lösen oder zu durchschlagen gälte. Jede Deutung der Postmoderne, die sich schlicht für die eine oder die andere Seite — für die der Uniformität oder die der Pluralität — entscheiden zu können glaubt, ist ungenügend. Die beiden Bewegungen scheinen zusammenzugehören, auch wenn niemand anzugeben weiß, wie ihre Filiationen genau zu buchstabieren und ihre Verbindungen im einzelnen zu verstehen sind. In dieser Situation geht es um Beschreibungen und Diagnosen, die sich vor dieser Komplexion nicht davonstehlen, sondern ihr sich aussetzen. Es gilt, inmitten der Komplementarität der beiden Positionen zu operieren. Man begriffe die Gegenwart, man löste die Aporie, die man durch das Stichwort „Postmoderne" angezeigt sehen kann, vermutlich genau dann, wenn man diese Gegenwendigkeit zu begreifen und aufzulösen vermöchte. Der letzte Abschnitt dieser Einleitung wird versuchen, dazu einige weiterführende Hinweise zu geben. Zuvor aber sei in einem überblickshaften Durchgang der Texte die Gesamtsituation noch einmal Facette für Facette vor Augen gebracht.

Überblick über die Texte

Die Textsammlung beginnt mit einem Überblick, den *Ihab Hassan*, einer der Protagonisten der Debatte, 1985 gab. Hassan will nicht Bilanz ziehen, sondern eine Vielfalt von Aspekten aufblättern — postmodern kategorisiert man nicht hierarchisch, sondern parataktisch. Er betrachtet die Postmoderne in Theater, Tanz, Musik, bildender Kunst, Architektur, Literatur und Literaturkritik, Philosophie, Psychoanalyse und Geschichtsschreibung, ja selbst in der Kybernetik und den Naturwissenschaften. Und er gelangt zu einer Liste von elf Merkmalen: Unbestimmtheit, Fragmentarisierung, Auflösung des Kanons, Verlust von „Ich" und „Tiefe", Nicht-Zeigbares und Nicht-Darstellbares, Ironie, Hybridisierung, Karnevalisierung, Performanz und Teilnahme, Konstruktcharakter, Immanenz. Am Ende steht nicht die Bündelung in einer Definition, sondern die Vielfältigkeit (zu der auch Überschneidungen der diversen Merkmale gehören), die einen Raum von „Indetermanenzen" beschreibt. Der Theoretiker der Postmoderne operiert hier offensichtlich selber postmodern. Auch insofern herrscht Immanenz, und doch ergibt diese kein Spiel bei geschlossenen Türen, denn die Vielheit der Perspektiven führt immer wieder zu Verschiebungen der Stellwände. Die Wege aus der Moderne konstellieren eine sehr offene und bewegliche Postmoderne.

Leslie A. Fiedlers berühmter Text „Cross the Border – Close the Gap" enthält – auch wenn das manchen Lesern erst spät aufging – weit mehr als ein Plädoyer nur für Pop (and Porn): Fiedler entwickelt ein Programm von Postmoderne. Er sagt das gleich auf der ersten Seite, und es gilt bis zum Schluß. Hätte Fiedler bloß für Pop plädiert, so hätte er nur eine Gegenthese zur elitären Kunst vertreten; er hat sich aber für eine Verbindung beider Richtungen ausgesprochen.[24] Gewiß war dafür eine Aufwertung auch von Pop nötig, aber ebenso eine Apologie der romantischen, sentimentalen, onirischen, visionären Tendenzen insgesamt. Fiedler zielte nicht auf eine neue Einseitigkeit, sondern auf eine neue Integration. Er hat dafür die Formel vom postmodernen Künstler als Doppelagenten geprägt. Dieser soll Elitäres und Populäres, Wahrscheinliches und Wunderbares, Wirklichkeit und Mythos, Bürgerlichkeit und Phantastik, Professionalität und Amateurstatus verbinden. Ein postmodernes Werk enthält eine Vielfalt von Sprachen und Kodes. Integrativ ist es nicht durch Setzung, sondern auf dem Weg solcher Pluralität und Mehrdimensionalität.

Umberto Eco, der mit dem *Namen der Rose* ein fulminantes Beispiel postmodernen Schreibens geliefert hat – nicht nur sind darin verschiedenste Stränge und Ebenen miteinander verwoben, sondern noch einzelne Passagen sind mehrfach registriert, handeln beispielsweise (ohne daß eine der Personen namentlich genannt würde) zugleich vom Denkverfahren eines Wilhelm von Ockham und der Entführung Aldo Moros –, problematisiert in der *Nachschrift* zu diesem Roman den Begriff der Postmoderne, um seine eigene Version vorzuschlagen. Postmoderne ist Eco zufolge als metahistorische Kategorie zu verstehen. Sie drückt die stets neue Notwendigkeit aus, sich von einer Vergangenheit, die zur Last geworden ist, zu distanzieren. Jede der Avantgarden der Moderne hat dies auf ihre Weise getan, hat Vergangenheit destruiert. Schließlich mündeten diese Avantgarden aber in die Sackgasse ihres eigenen Verstummens. Daraus führt die Postmoderne heraus: Sie vermag wieder zu sprechen – tut es jedoch durch die Maske vergangener Gestalten; und sie kann die Vergangenheit wieder thematisieren – jedoch nur im Modus der Ironie. Am Ende kommt Eco auf Fiedler zu sprechen: Eigentlich sei es diesem darum gegangen, die moderne Schranke zwischen Kunst und Vergnügen aufzuheben – was natürlich gerade Eco glänzend gelungen ist. Andererseits deu-

---

[24] Übrigens erschien der Aufsatz zuerst im *Playboy* – Grenzüberschreitung, ein Charakteristikum der postmodernen Literatur, war zugleich ein Verfahren der sie propagierenden Kritik.

Einleitung 23

tet sich in seiner These vom ironischen Vergangenheitsverhältnis schon ein Problem der Postmoderne insgesamt und der postmodernen Architektur im besonderen an: Kann sie zu anderem als einem — erst ironischen, dann demonstrativen, schließlich vielleicht bloß noch konsum-orientierten — Eklektizismus führen?

*Robert Venturi*s Schrift *Komplexität und Widerspruch in der Architektur* von 1966 entfaltet ein Programm postmodernen Bauens avant la lettre. Venturi legt dar, daß die moderne Architektur zunehmend hinter der zeitgenössischen Erfahrungslage zurückblieb. „Überall wurde das Prinzip von Vielfalt und Widerspruch anerkannt, nur nicht in der Architektur." Diese Abschottung gegenüber der aktuellen Lebenserfahrung und den Bedürfnissen der Gesellschaft gilt es zu überwinden. Die Architektur soll sich dem Reichtum und der Vieldeutigkeit der Wirklichkeit stellen, sie muß sich auf Komplexität, Paradoxie und Gleichzeitigkeit einlassen: „Gute Architektur spricht viele Bedeutungsebenen an und lenkt die Aufmerksamkeit auf eine Vielfalt von Zusammenhängen: ihr Raum und ihre Elemente sind auf mehrere Weisen gleichzeitig erfahrbar und benutzbar." Venturi argumentiert dabei vorbildlich differenziert. Er zeichnet kein Zerrbild der Moderne, sondern weiß zwischen Ideologie und Leistung zu unterscheiden.

Besonders interessant ist zudem, daß man schon bei Venturi drei der heute gängigsten Vorurteile gegenüber postmoderner Architektur widerlegt finden kann. Erstens: Nicht die postmoderne Architektur folgt einer Ästhetisierungsstrategie, sondern dies war die crux der modernen, sogenannt „funktionalistischen" Architektur, die unter dem Etikett des Funktionalismus in Wahrheit das genaue Gegenteil davon betrieb, nämlich einen selbstherrlichen Formalismus praktizierte. Zweitens erklärt sich schon Venturi — anhand der Reizworte des „Pittoresken" und der „falschen Vielfalt" — gegen die Gefahren eines willkürlichen Eklektizismus. Und drittens spricht er keineswegs nur von Vielfalt und Komplexität, sondern betont, daß gerade eine Architektur der Komplexität und des Widerspruchs das Problem des Ganzen nicht aus den Augen verlieren dürfe, sondern sogar eine besondere Verpflichtung für es besitze — freilich für ein „schwieriges" Ganzes, das nicht durch den Ausschluß von Komplexität erkauft werden dürfe, sondern diese Komplexität erhalten und „Ungelöstes" zulassen müsse.

Trotz eines ähnlichen Ausgangspunktes vertritt *Charles Jencks* — der bekannteste Architekturtheoretiker der Postmoderne — in der Frage der Ganzheit eine andere Option. Auch Jencks knüpft an die Realität heutigen Lebens an. Als basales Faktum für ästhetische Fragen gilt ihm dabei die „Diskontinuität der Geschmackskulturen". Sie bildet ihm zufolge das wichtigste Motiv der postmodernen „Doppelkodierung" bzw. „Mehrfachkodierung". Ein postmodernes Gebäude muß mehrsprachig angelegt sein, um in einer Gesellschaft, die durch eine gravierende Pluralität von Erwartungshaltungen geprägt ist, als Sprache wirksam werden zu können —

diesen Gedanken einer wiedergefundenen Sprachlichkeit der Architektur macht Jencks zum Leitfaden seiner Darstellung. Eine solche Postmoderne ist dann der Moderne nicht mehr abstrakt entgegengesetzt, sondern schließt deren Sprache — als eine ihrer Möglichkeiten — ein. Der Unterschied von moderner und postmoderner Architektur ist vor allem einer des Ausgriffs und der Vielfalt: Während die Moderne strikt exklusiv war, nämlich einzig ihr eigenes Modell anerkannte, ist die Postmoderne total inklusiv: sie läßt potentiell alle Architektursprachen zu.

Am Ende freilich will sich Jencks mit solcher Inklusion und Integralität nicht begnügen. Er geht die verbliebene Frage des Ganzen nicht behutsam und im Sinne einer Konstellation des Differenten an wie Venturi, sondern möchte sie zuletzt griffig gelöst wissen. Er plädiert für die Erzeugung eines „rhetorischen Ganzen", das „einem überzeugenden sozialen oder metaphysischen Inhalt" entspräche. Jencks träumt von einem postmodernen Äquivalent zum Barock. Er weiß allerdings, daß das — zumindest vorerst — nur Wünsche sind, und vielleicht plädiert er deshalb so offen dafür, weil er ahnt, daß es für immer Wünsche bleiben werden, umgekehrt gesagt: daß man den Zwangscharakter solch manifester Einheit deshalb nicht fürchten muß, weil eine derartige Einheit in der postmodernen Pluralität, von der gerade auch Jencks' Analyse ausgeht und lebt, nicht mehr möglich ist.

Heinrich Klotz plädiert weder für eine Entgegensetzung von Postmoderne und Moderne noch für eine große Umarmungsgeste à la Jencks, sondern regt an, die Postmoderne als die jetzige Form der Moderne zu begreifen. Die Moderne bedürfe der postmodernen Revision, um sich von ihren Selbstverengungen und Verfallsformen zu befreien und ihr Projekt „mit neuen, jedoch nicht gänzlich anderen Mitteln" zeitgemäß fortzusetzen. Insbesondere weist Klotz auf den wiedergewonnenen Kunstcharakter der Architektur und das Moment der Fiktion hin. Schon Jencks hatte die Wiederkehr metaphorischer Qualitäten der Architektur betont. Bei Klotz wird daraus unter dem Stichwort „Fiktion" geradezu der Definitionskern der Postmoderne. „Nicht nur Funktion, sondern auch Fiktion", so lautet seine Postmoderne-Formel. Am Ende deutet Klotz an, daß die gegenwärtigen Erscheinungsformen postmoderner Architektur — insbesondere was ihre narrativen Akzente (manchmal auch Hypertrophien) angeht — vermutlich nur eine Übergangsphase darstellen. Wir stünden vermutlich eher einer Antithese zur Moderne als schon der Endform postmoderner Gestaltung gegenüber, und man dürfe auf die weitere Entwicklung gespannt sein, die wohl zu Bauten führen werde, die der Moderne wieder näher sein werden, ohne dabei in den Einheitslook des Funktionalismus zurückzufallen.

Jürgen Habermas hat eine Verteidigung der modernen Architektur versucht, dabei aber zugleich Kritik an ihr geübt. Die moderne Architektur wollte der Herausforderung durch den Industriekapitalismus begegnen. Ihre Antwort bestand im Funktionalismus. Dieser nahm die neuen Materialien auf, gestaltete sie jedoch

— und das ist für Habermas entscheidend positiv — mit „ästhetischem Eigensinn". Allerdings war diese Architektur nicht in der Lage, sich den systemischen Abhängigkeiten zu entziehen, vielmehr hat sie sich durch diese bereitwillig überfordern lassen, strebte sie doch bereits von sich aus zu einer systemnahen Totalplanung. Das Schicksal der modernen Architektur ist insgesamt ein Beispiel dafür, wie ein Impuls moderner Rationalität — hier der ästhetischen — durch Systemimperative von seinen besseren Möglichkeiten abgelenkt wird.

Habermas glaubt nicht, daß die postmoderne Architektur die Probleme lösen könne, an denen die moderne Architektur gescheitert ist. Sie könne dies um so weniger, als sie hinter die entscheidende Errungenschaft der modernen Architektur zurückfalle, hinter die Einheit von Form und Funktion. Postmoderne Architektur sei bloße Kulissenarchitektur, werde zum Formzauber.

Dem haben Architekturtheoretiker wie beispielsweise Klotz heftig widersprochen. Nur ihrer eigenen Ideologie zufolge habe die moderne Architektur die Einheit von Form und Funktion vertreten, praktisch jedoch — das klang schon bei Venturi an — habe sie einen entschiedenen Formalismus auf Kosten der Funktion verfolgt. „Funktionalismus" sei bloß der Deckname dieses ästhetischen Formalismus, und der „ästhetische Eigensinn", den Habermas als die positive Errungenschaft der Moderne herausstellt, sei in Wahrheit der Grund der Übel der modernen Architektur. — Das ist eine der Kontroversen, die noch ungelöst sind und im Ausgang von diesen Texten weiterzuführen wären.

Auf die Dokumente zur Literatur- und Architekturdebatte folgt ein Text aus dem Bereich der Malerei. *Achille Bonito Oliva* spricht nicht von Postmoderne, sondern gebraucht den Ausdruck „Trans-Avantgarde". Dieser Ausdruck stellt offensichtlich ein Äquivalent zu „Postmoderne" dar. Denn wenn die Moderne am entschiedensten durch ihre Avantgarde-Bewegungen charakterisiert war, so intendiert die Ausrufung einer Trans-Avantgarde eine Überwindung der Moderne und die Proklamation einer Post-Moderne. Olivas Text enthält denn auch zahlreiche Topoi postmodernen Denkens. Das reicht von der Auflösung der Einheit des Subjekts über die Kritik am abendländischen Logozentrismus bis zu Plädoyers für Diskontinuität, Fragmentierung und die Gleichzeitigkeit des Ungleichzeitigen. Auch zahlreiche „atmosphärische" Ingredienzen der postmodernen Situation finden sich hier. So bilden die Erfahrung der Krise, die Erwartung einer Katastrophe, das Plädoyer für subjektive Auswege und eine neue Zuwendung der Malerei zur Lust Leitmotive von Olivas Darstellung.

Interessant ist, daß all diese Motive, die vordergründig eine Absage an den Sozialauftrag der Kunst ausdrücken, hintergründig doch wieder mit einer sozialen Funktion der Kunst verbunden werden. Auch wenn die Kunst per definitionem „eine asoziale Praxis" ist, soll sie doch fähig sein, Auswege aufzuspüren. Gerade als Praxis der Krise bilde sie einen „Raum des Überlebens ... unter nicht lebbaren

Bedingungen". — Diese Argumentation ist nicht widersprüchlich, sondern signifikant: In der Postmoderne wird eine „asoziale" Praxis der Abweichung zu einem sozial relevanten Phänomen, weil sich die postmoderne Gesellschaft grundlegend plural, und das heißt in Abweichungen und via Dissens konstituiert.

Die Reihe der soziologischen Beiträge beginnt mit einem Schlüsseltext von *Arnold Gehlen*, dem Theoretiker des Posthistoire. Bekanntlich glaubte Gehlen, diesen Terminus von Cournot übernommen zu haben, vermutlich hat ihn jedoch erst Bouglé nachträglich unter Rückbezug auf die Werke Cournots geprägt. Gehlen hat den Ausdruck seit 1952 verwendet. Zunächst bezeichnete er das Vorhaben, „die Zukunft in Ketten zu legen". Es gibt keine geschichtliche Innovation mehr, sondern nur noch die planvolle Ausarbeitung des erreichten Zustandes. Ein Jahrzehnt später, im wiedergegebenen Text, ist hingegen ein anderer, ein zynisch-objektiver Ton dominant geworden. Nicht die endgültige Erfüllung von Intentionen, sondern die Herrschaft eines intentionen-resistenten Prozesses wird konstatiert. Die Moderne geht weiter, aber nicht durch Projekte und Programme, sondern kraft der selbstläufig gewordenen Institution der Industriegesellschaft. Alles andere ist bloß noch Einbildung und überholte Attitüde. Die Zeit der Globalideologien ist vorbei und das Ende der Philosophie gekommen, denn in einer prinzipienpluralistischen Gesellschaft und angesichts einer Fülle heterogener Wissensbestände gibt es keinen archimedischen Punkt mehr, von dem aus man alles überblicken und organisieren könnte. Ideen bewegen nichts mehr — gegen derlei anachronistische Erwartungen ist Zynismus zu richten. Die Geschichte ist zu Ende, es wird nichts grundsätzlich Neues mehr geben. Die Nach-Geschichte besteht nur noch aus der (möglicherweise endlosen) Abspulung des Pensums, aus Entwicklung auf stationärer Basis.

In der Postmoderne-Diskussion spielt dieses Thema des Posthistoire vor allem unter Gesichtspunkten der Unsteuerbarkeit und Ausweglosigkeit sowie hinsichtlich der Doppelung von geistigem Oberflächenzirkus und realer Prozeßkontinuität eine wichtige Rolle. Es wäre jedoch fahrlässig, die Postmoderne — wie das leider manchmal geschieht — einfachhin mit dem Posthistoire gleichzusetzen. Typologisch ist der Unterschied ohnehin gravierend. Posthistoire besagt ja gerade, daß die Moderne unaufhörlich weitergeht. Eine solche Ewigkeitserklärung der Moderne behauptet aber der Sache nach die Unmöglichkeit einer Post-Moderne. Der Anhänger des Posthistoire meint mit der Aussage, daß wir uns nach der Geschichte befinden, ja genau, daß wir uns in der Unaufhörlichkeit einer verselbständigten Moderne bewegen. Dazu stehen die wirklichen Postmoderne-Versionen in Opposition. Sie halten Veränderungen für möglich und betrachten die Basisbehauptung des Posthistoire-Theorems, daß am Grundprozeß nichts zu ändern sei, als fraglich, ja angesichts neuerer Erfahrungen als faktisch widerlegt. Wir haben seit Gehlen zahlreiche an die Wurzeln gehende Infragestellungen der ökonomischindustriellen Entwicklung erlebt, also genau das, was diesem Konzept zufolge prinzipiell ausgeschlossen sein müßte.

Im übrigen ist nicht zu übersehen, daß der Ton der beiden Konzeptionen höchst unterschiedlich ist: Während die Posthistoire-Diagnose passiv, bitter oder zynisch und tendenziell grau ist, hat die Postmoderne-Prognose eher aktive, optimistische und jedenfalls bunte Akzente. Überschneidungen mögen bestehen, eine Verwechslung sollte ausgeschlossen sein.

Von *Daniel Bell* wird ein Text abgedruckt, der seine Konzeption der „postindustriellen Gesellschaft" vorstellt. Man kann darin eine aktualisierte Version der Gehlenschen Diagnose sehen, sofern auch Bell von der Verbindlichkeit der spätmodern-technologischen Entwicklung ausgeht und deren Strukturen darlegt. Als Merkmale der postindustriellen Gesellschaft nennt er: das Anwachsen des Dienstleistungssektors, den Vorrang technisch qualifizierter Berufe, die Zentralität theoretischen Wissens, das Bündnis von Wissenschaft und Technologie und die Prominenz neuer intellektueller Technologien. Wes Geistes und welcher Moderne Kind diese postindustrielle Gesellschaft ist, wird deutlich, wenn Bell ihr Hauptziel angibt: die vollständige Kontrolle über die natürliche und soziale Realität. In diesem Sinn bezeichnet Bell die Leitintention dieser postindustriellen Gesellschaft als technokratisch. In ihr kulminiert spätmodern, was frühneuzeitlich schon erträumt wurde, nur daß das altbekannte Herrschaftsziel jetzt mit noch größerem Nachdruck und effizienteren Mitteln verfolgt wird. Die neue Version des alten Traumes zielt darauf ab, „die Massengesellschaft zu ‚ordnen'".

Bell nennt allerdings auch Klippen, an denen dieses postindustrielle Traumschiff zerschellen könnte. Die Rationalität, der es folgt, ist — bei aller immanenten Entfaltung — insgesamt ohne vernunftbegründete Rechtfertigung. Hier liegt nicht nur ein Manko, sondern eine Angriffsstelle. Bell selbst meint, daß es fraglich sei, ob die Menschen diese technokratische Orientierung auch weiterhin mitmachen werden — hierin sieht er die Offenheit der Geschichte. Bei Bell ist also die spätmodern-technologische Orientierung labiler geworden, als es für Gehlen denkbar war. Erfahrungen der jüngeren Vergangenheit, wie sie soeben gegen Gehlen namhaft gemacht wurden, haben hier bereits ihre Spuren hinterlassen. Tatsächlich ist ja die gesamtgesellschaftliche Zustimmung zur technokratischen Zielrichtung immer fraglicher geworden. Dazu trug auch bei, daß die programmatisch beabsichtigte Kontrolle objektiv immer weniger gelingt und somit das große Versprechen der postindustriellen Gesellschaft immer weniger glaubwürdig wird. Beides zusammen, der Dissens vieler Herzen und Köpfe und die Diskrepanz zwischen Versprechen und Wirklichkeit, bedingt eine Erosion des Konzepts, die auch politisch folgenreich ist. Denkt man diese Veränderung ein Stück weiter, so zeichnet sich „das Ende des Politischen" ab, also eine vom nächsten Autor, von Baudrillard, vertretene These.

Jean Baudrillard zeigt, wo die Herrschaft der Neuen Technologien wirklich hinführt: keineswegs zur effektiven Kontrolle, sondern zur Auflösung aller geläufigen Unterschiede bis hin zum Ununterscheidbarwerden von Realität und Fiktion. Kontrolle wird bloß noch simuliert, die Politik gerät zum Schein, und das Soziale existiert nur mehr als Metapher. Durch die elektronischen Medien gelangt in der Gesellschaft allenthalben die binäre Logik des Bit zur Herrschaft. Die neue Ontologie ist daher die des Doubles. Als real wird nur noch das bewertet, wovon man eine äquivalente Reproduktion herstellen kann. Das gilt logisch, nämlich informationstheoretisch; es gilt biologisch, denn genau dies lehrt die Entschlüsselung der DNS; und es gilt soziologisch, denn in nichts anderem als dem Zwang zu solcher Reproduktion besteht heute die Form der Gesellschaft. Es geschieht eine Wiederholung des Gleichen im scheinbar Ungleichen, es kommt zur spiralartig voranschreitenden Auslöschung aller Gegensätze. Heutige Wirklichkeit ist Hyperrealität: In ihr ist der Unterschied von Realität und Reproduktion, Wirklichkeit und Kunst überschritten. Heute geht die Reproduktion – als ihr Strukturprinzip – der Wirklichkeit schon voraus.

Das ist eine Position, die offensichtlich dem Posthistoire nahesteht, aber aus einem Blick auf gegenwärtigste Verhältnisse entwickelt ist. Zugleich stellt sie eine Diagnose der postindustriellen Gesellschaft dar, nur wird diese dabei nicht vom ursprünglichen Konzept, sondern von den Folgen, nicht vom Ausgangspunkt, sondern von den wirklichen Verhältnissen aus betrachtet. Bei Baudrillard werden die zynischen Akzente Gehlens und die optimistischen Züge Bells in eine graue Diagnose gewendet, deren Weiß-Anteile allenfalls blendend sind, während die schwarzen Pigmente die eigentliche Tendenz markieren und den Sog der Zukunft anzeigen. Baudrillard zufolge befinden wir uns jetzt schon jenseits aller Optionen in der Stabilität der Unterschiedslosigkeit. Ein Perennierungstheorem ist Posthistoire auch hier geblieben – aber mit gänzlich schalem Geschmack (bis eines Tages auch dieser noch ob seiner endlosen Reproduktion unwahrnehmbar geworden sein wird).

Dietmar Kamper weist auf das für die gegenwärtige Situation so überaus wichtige Motiv des Ästhetischen hin. Wo Wirklichkeit ununterscheidbar von Fiktion geworden ist, da wird Wahrnehmung zur privilegierten Zugangs- und Erkenntnisweise zu Wirklichkeit. Wir bedürfen primär nicht einer Theorie, sondern einer Wahrnehmung der Gegenwart. Kamper zufolge entdeckt eine solche Wahrnehmung als universellen Grundzug heutiger Verhältnisse: Unbestimmtheit bzw. die Ambivalenz von Bestimmtheit und Unbestimmtheit. Daraus erklären sich die Schwierigkeiten der Gegenwartsdiagnose, auf die sich auch die – traditionell der Eindeutigkeit verpflichtete – Theorie neu einstellen müßte. Für eine solch fundamentale Ambivalenz spricht beispielsweise, daß die Menschheit im Rahmen ihrer Heils- und Fortschrittsgeschichte anscheinend zugleich ihren Untergang will und betreibt; daß die postmoderne Architektur sowohl als Fortsetzung der Moderne wie als Verrat an ihr aufgefaßt werden kann; daß noch die gegenwärtige Ästhetisierung von einer ebenso starken Tendenz zur Anästhetisierung begleitet ist.

Noch einmal liegt ein Rückgriff auf Gehlen vor (Kamper ordnet seine Position denn auch eher dem Posthistoire als der Postmoderne zu), und zwar auf dessen Rede von der „objektiven Unbestimmtheit der Ereignisse". Das wird bei Kamper durch Äußerungen prominenter Vertreter des Postmoderne-Diskurses (Baudrillard, Serres, Lyotard, Derrida) ergänzt. Zugleich besteht eine Kongruenz dieser Auffassung der Gegenwart mit Tendenzen der aktuellen Kunst. Dort werden heute Werke von konstitutiver Unschärfe hervorgebracht. Analog gälte es in der Wissenschaft zu verfahren. Es käme darauf an, eine Logik des Unscharfen zu entwickeln.

Kamper betont den katastrophischen Pol – aber nicht, um die Katastrophe zu propagieren, sondern um die Wahrnehmung katastrophischer Tendenzen zu stärken, so daß vielleicht doch noch Auswege gefunden werden können oder zumindest eine Dehnung des tendenziell katastrophischen Zustandes erreicht wird. Für Wege in die Zukunft wird es vor allem wichtig sein, das Inkommensurable schätzen und ertragen zu lernen. Dieses – von Lyotard übernommene – Motiv unterscheidet in der Tat die postmoderne Einstellung von der modernen.

Einen Angriff auf die Postmoderne von einer dezidiert modernen Position aus hat *Jürgen Habermas* in seiner Adorno-Preis-Rede von 1980 vorgetragen. Habermas räumt zwar ein, daß die Moderne gravierende Probleme hervorgebracht hat, er spricht sogar von „Aporien". Er meint aber, daß diese nicht durch einen Paradigmenwechsel zur Postmoderne aufgehoben werden könnten (sondern dabei allenfalls verdrängt würden). Vielmehr seien sie nur zu lösen, indem man die in der Moderne selbst angelegten Heilungspotentiale fruchtbar macht. Habermas geht in seiner Diagnose vom modernen Differenzierungsprozeß aus. Die Entwicklung der Rationalität hat sich von der Lebenswelt abgekoppelt und ist in die eigensinnige Entfaltung kognitiver, moralischer und ästhetischer Vernünftigkeit auseinandergetreten. Dadurch ist es zu Prozessen der Abspaltung, Autonomisierung und Auszehrung gekommen, die der Kolonialisierung der Lebenswelt durch Systemimperative vorarbeiten. Dem gälte es primär durch eine Rückkoppelung der Expertenkulturen mit der Lebenswelt bzw. durch eine „Aneignung der Expertenkultur aus dem Blickwinkel der Lebenswelt" zu begegnen. Sekundär wäre dabei auch eine Kommunikation der Vernunftmomente zu erzielen.[25]

---

[25] Am Ende seiner Ausführungen kommt Habermas auf die Notwendigkeit institutioneller Veränderungen zu sprechen. Dabei wird in diesem Sammelband erstmals ein Fehler korrigiert, der in allen bisherigen Ausgaben den Sinn von Habermas' Argumentation ins Gegenteil verkehrte. Natürlich soll nicht, wie bisher immer zu lesen stand, „die systemische Eigendynamik des wirtschaftlich-administrativen Handlungssystems" die Institutionen, welche die Lebenswelt aus sich entwickelt, begrenzen, vielmehr sollen gerade umgekehrt diese Institutionen jene systemische Eigendynamik begrenzen!

Die strukturierende Kraft dieser Konzeption ist beeindruckend. Deutlich ist aber auch, daß ihr Unterschied zu postmodernen Tendenzen schwerlich einer ums Ganze sein kann. Auch für Habermas ist Pluralität indispensabel. Nur glaubt er, daß man deren Folgeprobleme noch einmal durch Vermittlungen auffangen könne. Noch in seiner Kritik an den Postmodernen einerseits und an Bell andererseits tritt Habermas als Anwalt von Pluralität auf: Der Fehler Nietzsches (und der ihm folgenden Väter der Kritischen Theorie sowie der Sprößlinge des Postmodernismus) sei gewesen, *einen* Typus von Rationalität – den ästhetischen – über alle anderen herrschen zu lassen; Bells Fehler liege darin, einseitig die kulturelle Moderne unter Freisprechung der gesellschaftlichen Moderne zum Sündenbock für unsere gegenwärtigen Probleme zu stempeln. Auch Habermas will also keineswegs ein starker, sondern ein moderater Vertreter von Einheit sein; im Ansatz versteht auch er sich als Anwalt von Pluralität. – Die Frage ist nur, ob die Pluralität dabei so grundsätzlich gedacht ist, wie es für die Anhänger postmoderner Positionen ausschlaggebend ist, und ob eine – wenn auch schwache – Einheitsvorstellung dann überhaupt noch vertretbar ist.

Das ist der kritische Punkt, den *Jean-François Lyotard* in dem programmatischen Text „Beantwortung der Frage: Was ist postmodern?" ins Visier genommen hat. Dieser Text stellt Lyotards Antwort auf Habermas' Adorno-Preis-Rede dar. Er ist auch darüber hinaus eminent aufschlußreich. Hätte man ihn genauer beachtet, so wären der Debatte etliche Mißverständnisse erspart geblieben und man hätte von manchen Klischees schon weit früher Abstand nehmen müssen. Bereits der Titel ist signifikant: Die Analogie zu Kants Formulierung „Beantwortung der Frage: Was ist Aufklärung?" deutet an, daß Lyotards Postmoderne-Konzeption eine aktuelle Version von Aufklärung darstellt – eine nicht wie bei den Erblassern erstarrte, sondern unter heutigen Bedingungen weitergedachte. Der Text macht zudem deutlich, daß es Lyotard – wie er später in seinem philosophischen Hauptwerk *Der Widerstreit* betont hat[26] – im Unterschied zu grassierenden Beliebigkeits-Szenarien um eine „achtenswerte Postmoderne" geht; daß ferner die Postmoderne mit der Moderne tief verbunden ist; und daß sie gegenüber der aktuellen Anpassung und Erschlaffung eine entschieden kritische Position einnimmt und eine politische Dimension einschließt.

Lyotard wendet sich generell gegen Habermas' Suche nach soziokulturellen Vereinheitlichungsstrategien, handle es sich dabei um das starke Konzept der Vermittlung oder das schwächere der Kommunikation oder – dem von Habermas aufgegriffenen Vorschlag Wellmers entsprechend – um den Gedanken eines ästhetischen Brückenschlags zwischen den verschiedenen Rationalitätssphären.

---

[26] Vgl. Jean-François Lyotard, *Der Widerstreit*, München 1987, S. 12.

Lyotard argumentiert gegen all solche Ansinnen einer Synthese und speziell gegen deren scheinbar unschuldigste: die ästhetische. Die Synthese-Versuche laufen nämlich stets auf eine Funktionalisierung bzw. Unterdrückung des Partikularen hinaus. Sie sollen genau den Stachel eliminieren, der ihren wunden Punkt ausmacht: daß es ein Nicht-Darstellbares, ein Unfaßliches, daß es Brüche und Abgründe gibt. Gegen solch vermittelnde Funktionalisierung des Ästhetischen greift Lyotard auf die künstlerischen Avantgarden der Moderne zurück. Gerade diese haben nämlich deutlich gemacht, daß es ein Nicht-Darstellbares gibt, das sich den Mühen der bildlichen Darstellung und den Mühlen der sprachlichen Kommunikation konstitutiv entzieht. In diesem Sinn ist das Erhabene Lyotard zufolge das eigentliche, wenn auch häufig geheime Thema der Avantgarden. Aus ihm beziehen sie ihre Sprengkraft. Und wegen solchen Bezugs auf Inkommensurables bleibt ästhetische Erfahrung weiterhin, ja wird sie gerade unter Bedingungen der Postmoderne vorbildlich.[27] Der Unterschied zwischen der postmodernen und der modernen Haltung gegenüber dem Erhabenen und Inkommensurablen ist nur einer des Akzents oder Tons. Während die Moderne das Scheitern der Darstellung betont, akzentuiert die Postmoderne die dazu komplementäre Erfahrung, daß es ein Nicht-Darstellbares gibt. An die Stelle der Trauer tritt das Wagnis. Das ist – bezüglich des Erhabenen – noch einmal derselbe Unterschied, der schon im *Postmodernen Wissen* für den Übergang in die Postmoderne entscheidend war, galt es doch auch dort, das Ende der Meta-Erzählungen nicht mehr melancholisch als Verlust zu beklagen, sondern in seinen Gewinnen zu erfassen und voranzutreiben. Insgesamt wird gerade durch diesen Rückbezug auf die Avantgarden deutlich, wie sehr Lyotards Postmoderne-Konzeption mit der avancierten Moderne des 20. Jahrhunderts im Bund ist. Im speziellen könnte man geradezu von einer Geburt der postmodernen Philosophie aus dem Geist der modernen Kunst sprechen.

Postmodernes Denken ist diesen Ansprüchen der Differenz und dieser Erfahrung des Inkommensurablen verbunden, die in allen Einheitsansinnen unterdrückt werden. Daher wendet sich Lyotard am Ende der Schrift entschlossen und geradezu pathetisch gegen Habermas' Einheitseinklage: „Wir haben die Sehnsucht nach dem Ganzen und dem Einen, nach der Versöhnung von Begriff und Sinnlichkeit, nach transparenter und kommunizierbarer Erfahrung teuer bezahlt. ... Die Antwort darauf lautet: Krieg dem Ganzen, zeugen wir für das Nicht-Darstellbare, aktivieren wir die Widerstreite." Dieses Pathos ist die Stimme prognostizierbaren Leidens. Sein Atem ist politisch.

Lyotard wendet sich aber nicht nur gegen Habermas, der sich auf die Moderne beruft, sondern er tritt ebenso anderen Postmoderne-Versionen entgegen, bei-

---

[27] Zum Thema des Erhabenen wird 1989 in der Sparte Acta humaniora der VCH Verlagsgesellschaft, Weinheim, ein von Christine Pries herausgegebener Sammelband erscheinen.

spielsweise denen von Jencks und Oliva, hinter deren Eklektizismus er eine vergleichbare Strategie der Konfliktverleugnung und gesellschaftlichen Beruhigung erkennt. Lyotards Konzeption richtet sich gegen all diese einlullenden Effekte der gegenwärtigen Kultur. Daher nimmt er auch zur Angleichung der Kunst an die Medienwelt kritisch Stellung. Die Kunst soll sich nicht anpassen, sondern soll kraft der Bezeugung des Erhabenen das ihr eigene Widerstandspotential in die Waagschale werfen. Gegen die Beliebigkeit des „anything goes" erklärt sich Lyotard nicht weniger entschieden als gegen das Ansinnen kommunikativer Einheit. – Gerade dieser Text bietet innerhalb dieses Sammelbandes Zündstoff nach etlichen Seiten.

Auch der folgende Vortrag „Die Moderne redigieren" verhält sich nicht nur gegenüber dem Klischee, sondern auch gegenüber konkurrierenden Versionen von Postmoderne äußerst kritisch. Zunächst wird der Gegensatz von Postmoderne und Moderne relativiert. Die Postmoderne kann der Moderne schon deshalb nicht schlechthin entgegengesetzt sein, weil die moderne Zeitform einen ständigen Antrieb zur Überschreitung enthält, so daß die Moderne ohnehin andauernd mit einer Postmoderne schwanger geht. Postmoderne in einem von dieser Selbstüberschreitung der Moderne unterschiedenen Sinn hätte dann die Aufgabe, die Moderne zu redigieren. Ein solches Redigieren ist etwas anderes als ein blankes Erinnern. Weder teilt es die Illusion, die Vergangenheit unverändert rekonstruieren zu können, noch verkennt es die Falle, die in solcher Erwartung steckt, pflegt man doch gerade durch sie das Schicksal, von dem man sich befreien möchte, zu erfüllen. Lyotard orientiert sich am Freudschen Modell der Durcharbeitung sowie an der Regel der freien und gleichschwebenden Aufmerksamkeit. Er weist zudem auf die Parallelität eines solchen Redigierens zu Kants Prinzip der produktiven Einbildungskraft hin. Lyotard umreißt damit eine Haltung, die offen für den Augenblick und frei für das Ankommende ist. Wiederum geht es also um eine Haltung, die mit dem Erhabenen rechnet – ohne es zu berechnen.

Derlei Berechnung widersetzt sich Lyotards Denken am entschiedensten. Damit tritt es genau derjenigen Art des Redigierens entgegen, wie sie gegenwärtig im Gefolge der Neuen Technologien praktiziert wird: als Purifikation der Sprache, als Elimination aller phantasievollen Assoziationen, als Reduktion auf die Logik des Bit für Bit. Ebenso wendet sich Lyotard gegen die geläufigen Formen des Postmodernismus, also gegen das, „was auf dem Markt der Ideologien von heute Postmoderne und Postmodernismus genannt wird". Er erklärt sich gegen die eklektizistische Postmoderne der Beliebigkeit ebenso wie gegen die traditionalistische Postmoderne einer vorgeblich neuen Substantialität, und er kritisiert auch Baudrillards Konzeption, die den Übergang zur Logik des Bit – der in diesem Sammelband abgedruckte Text Baudrillards zeigt das – als Übergang zu einem Netzwerk von Simulakren versteht, ohne zu bemerken, daß das Imaginative dabei gerade ausgetrieben wird und eine Welt reiner Kontrolle und Herrschaft zustande kommt. Zum Redigieren im Sinne der Neuen Technologien und zu den entsprechenden Formen von Postmodernismus steht das wirkliche Redigieren der Moderne, steht die Postmoderne, die Lyotard meint und für die er eintritt, in strikter Opposition. – Postmoderne gegen Postmodernismus, kritische Durcharbeitung der Moderne gegen Affirmation einer technologischen Spätmoderne – gerade das sind Oppositionen, die es im Spektrum der „Postmoderne" zu beachten gilt.

Auch für *Jacques Derrida,* der als weitere Emblemfigur postmodernen Denkens gilt, ist es geradezu selbstverständlich, seinen Text mit einer Kritik des „postistischen" Pathos zu beginnen. Wer dauernd „posters" klebt, der sortiert noch immer historisch nach vorher und nachher oder modernistisch im Sinn einer Fortschrittsideologie. Demgegenüber macht Derrida „Unveränderlichkeiten" zum Thema. Im besonderen untersucht er die Axiomatik der Architektur – und zwar zugespitzt auf die Analyse eines einzigen Werks, jedoch zugleich mit Blick über die Architektur hinaus aufs Ganze der Metaphysik. Es geht um die Architektur als „letzte Festung" der Metaphysik.

Diese Festung kann man nicht schleifen, ohne ein anderes Gebäude zu errichten. Die Dekonstruktion ist mit einer Rekonstruktion verbunden, sie führt wiederum zu einem Werk und einer neuen Konstellation von Sinn. Das ist es, was man diesem Aufsatz – als einem Lehrstück in Sachen Dekonstruktion – entnehmen kann. Dem simpel destruktivistischen Mißverständnis der Dekonstruktion wird eine Lektion erteilt.

Die Dekonstruktion deckt zunächst das Dispositiv der Architektur auf, also das Gebäude ihrer Axiome oder, wie Derrida sagt, die „Architektur der Architektur". Diese ist durch vier Marken bestimmt: Architektur dient dem Wohnen; sie macht – als Archi-Hieratik – das Fundament der Gemeinschaft ausdrücklich; sie arbeitet der herrschenden Zweckmäßigkeit zu; und sie ist den schönen Künsten verbunden. All diese Bestimmungen konvergieren in einer letzten und ersten: daß die Architektur einen Sinn haben muß.

Daher wird die Dekonstruktion zu einer Verhandlung über diesen Sinn. Eine dekonstruktive Architektur (wie die hier analysierte von Bernard Tschumi) exponiert und ver-rückt das Dispositiv der Architektur, indem sie deren Schrift mit anderen Schriften kreuzt. Ihr Verfahren ist also – wie in der Postmoderne überhaupt – eklatant plural. Es entsteht ein Text aus vielen Schriften, die einander durchdringen, umschreiben, hybridisieren und überschreiten. Nicht Architektur oder Anarchitektur ist das Ziel, sondern Transarchitektur: eine Verfassung der Transitivität und Permeabilität.

Eine solche Architektur zeigt den Sinntypus, der für Derridas Denken insgesamt charakteristisch ist, denn sie konstelliert Sinn jenseits der Präsenz inmitten von Spaltungen, Verkreuzungen, Übergängen. Derridas Analyse deckt somit anhand dieses Werks exemplarisch das zentrale Verfahren und die spezifische Sinnperspektive seines eigenen Denkens auf. (Daher wurde dieser Text, den man vordergründig auch der Architektur hätte zuordnen können, hier zur Philosophie gestellt.) Eine solche plurale Architektur des Dissoziierten und seiner Assoziierung kann zudem als Ort des Ereignisses verstanden werden. Pluralität und Ereignis – Hauptmotive auch anderer postmoderner Denker – zeigen sich hier in ihrer für Derrida charakteristischen Verknüpfung.

*Gianni Vattimo*s Beitrag thematisiert das Verhältnis der Postmoderne zur Moderne am gründlichsten. Er widerlegt das gängige Klischee von der Überwindung der Moderne durch die Postmoderne. Vattimo rekurriert dabei auf Nietzsche und Heidegger – ohnehin zwei Autoren, die gemeinhin als Vaterfiguren der Postmoderne gelten. Vattimo macht jedoch klar, daß solcher Vorbildlichkeit je eine bestimmte interpretatorische Selektion zugrunde liegt. Das gilt sowohl für den Rückbezug auf Nietzsche, den Vattimo als den eigentlichen Initiator postmodernen Denkens versteht, als auch für den Rekurs auf Heidegger, dem Vattimo den Schlüsselterminus seiner eigenen Bestimmung des Verhältnisses von Postmoderne und Moderne entlehnt: „Verwindung".

Vattimo macht deutlich, daß der Gedanke einer Überwindung der Moderne typisch modern wäre, denn „Überwindung" ist gerade die Weise, wie die Moderne sich von Etappe zu Etappe fortzeugt. Daher wäre der scheinbar starke und konsequente Postmodernist, der die Postmoderne als strikte Ablösung und Überwindung der Moderne verstünde, in Wahrheit ein ganz üblicher Modernist und überhaupt kein Postmodernist. Nietzsche hat mit seinem Nihilismus den Gedanken der Überwindung prinzipiell aus den Angeln gehoben, denn wenn es keine Gründe und keine Wahrheit gibt, dann kann man auch nicht unter Berufung auf sie dergleichen wie Überwindung predigen, vielmehr muß man sich dann umgekehrt mit dem Gedanken einer Wiederkehr des Gleichen vertraut machen. Vattimo gibt Nietzsches Nihilismus dabei eine luzide Form, wie man sie selten antrifft. Wer hämisch von „fröhlichem Nihilismus" sprechen möchte, könnte hier zu seiner Beschämung die Tiefe eines Gedankens kennenlernen. Heidegger hat dann – so Vattimo weiter – unter dem Stichwort „Verwindung" einen anderen Ausweg aus der Metaphysik und der (als letzter Phase der Metaphysik verstandenen) Moderne gewiesen, der übrigens dem von Lyotard vorgeschlagenen „Durcharbeiten" bzw. „Redigieren" verwandt zu sein scheint: Man kann die Vergangenheit nicht abstoßen, man kann sich nur auf dem Weg eines „Andenkens" von ihr zu befreien suchen.

Von daher treten für Vattimo – unter den Stichworten Genuß, Kontamination, Ge-Stell – drei Merkmale eines postmodernen Denkens hervor: Es geht um eine – gerade auch ästhetisch erfolgende – Wiederaufnahme der Geistformen der Vergangenheit, die zugleich dem Ziel dient, sich von ihnen zu befreien. Des weiteren ist das postmoderne Denken grundlegend hermeneutisch und „unrein", sofern es verschiedenste Ansätze aufnimmt und verbindet. Und schließlich sucht es nach neuen, nicht mehr herrscherlichen Verhaltensmöglichkeiten in der technologisch-wissenschaftlichen Welt. Es geht um „die Chance eines neuen – eines schwach neuen – Anfangs". Eine solche Chance ist – so die Grundthese – nur dann gegeben, wenn man nicht einer Kritik und Überwindung der Moderne huldigt, sondern sich um eine andere Aneignung ihrer Möglichkeiten bemüht.

Auch *Albrecht Wellmer* äußert sich zum Verhältnis von Moderne und Postmoderne. Er plädiert für eine postmoderne Fortführung der Moderne. In dem hier abgedruckten Vortrag von 1982 (zum 75jährigen Bestehen des Werkbundes) hat Wellmer erstmals die These präsentiert, daß es sich bei der Postmoderne nicht um eine Gegenbewegung zur Moderne handeln müsse, sondern daß man sie auch als deren immanente Korrektur auffassen könne. Gerade im Aufgabenbereich des „Werkbundes" war von der Architektur bis zum Design offenkundig, daß sich die Moderne faktisch gegenüber ihren eigenen Ansätzen verengt hatte, daß sie bedauerlich starr geworden war und einer neuen Öffnung bedurfte. Wellmers These hat nicht nur bei den Verteidigern der Moderne, sondern auch unter den Anhängern der Postmoderne Aufsehen erregt. Wellmer sucht seine Auffassung durch Jencks zu belegen und mit Habermas zu stützen. Er bezieht sich auf die von Jencks herausgestellte Sprachlichkeit der Architektur und interpretiert diese im Sinn von Habermas' kommunikativer Rationalität. Da mögen sich Zweifel melden. Wellmer weist aber selbst auf die grundlegende Zweideutigkeit der postmodernen Tendenzen in allen Bereichen hin, von der soziologischen Dynamik über die Architektur und Wissenschaftstheorie bis hin zur Philosophie. Die Pointe seines Ansatzes: daß die Postmoderne genau diejenigen Veränderungspotentiale beinhalten könnte, deren eine erstarrte Moderne zu ihrer Weiterführung bedarf, dürfte auch unabhängig von manchen Details richtig bleiben.

Später hat Wellmer seine These ausgebaut und verfeinert, wobei sich, zusammen mit einer Kritik am Habermasschen Konzept kommunikativer Rationalität, erstaunliche Kongruenzen zu Lyotard ergaben. Wellmer hat dessen Idee der irreduziblen Pluralität von Sprachspielen aufgenommen und von daher nicht nur der Möglichkeit, sondern sogar der „Wünschbarkeit eines allgemeinen Konsenses" den Abschied gegeben.[28] Gegenwärtig kommt es gerade unter dem Eindruck von Wellmers Arbeiten zu einer Annäherung kritischer deutscher Theoretiker der Moderne an Positionen postmodernen französischen Den-

---

[28] Vgl. Albrecht Wellmer, *Zur Dialektik von Moderne und Postmoderne. Vernunftkritik nach Adorno*, Frankfurt a.M. 1985, S. 105.

kens.²⁹ Hier sind für die Zukunft fruchtbarere Auseinandersetzungen zu erwarten, als sie in der Vergangenheit stattfanden.

Im letzten Text umreißt *Peter Sloterdijk* gleichsam resümierend Sinn und Leistung der Rede von „Postmoderne". Besonders interessant ist dabei, daß er von der Relevanz dieses Begriffs keineswegs ausgeht, sondern über einige Reflexionsschritte bei ihr ankommt. „Postmoderne" — so Sloterdijk — mag zunächst ein Gerede gewesen sein, aber dann trat Wahrheit daran zutage und es wurde Ernst daraus. Der Postmoderne-Diskurs erwies sich insbesondere hinsichtlich des Geschichtsbildes der Moderne als aufschlußreich.

Der Moderne ist in ihrem Verlauf ein Moment abhanden gekommen, das für Geschichtsbewußtsein konstitutiv ist. Zunehmend verstand sich die Moderne nämlich nicht mehr, wie noch in der Aufklärung, als Zwischenzeit gegenüber einem Eschaton, sondern immer mehr als eine Ära, die ihrerseits schon die künftig unüberholbare Endform der Geschichte darstellen soll. Die Zeitform der permanenten Selbstüberbietung ist so konstruiert, daß sie sich als endgültig statuiert. Denn jedweder Versuch einer Überbietung der Moderne wäre gezwungen, seinerseits diese für die Moderne typische Form anzunehmen und mithin nur mehr Fortsetzung und Steigerung, nicht Verabschiedung derselben sein zu können. Damit setzt sich die Moderne als prinzipiell unüberholbar. Ihrem Zeitverständnis zufolge ist mit ihr die Möglichkeit von Geschichte zu Ende — die Moderne ist ihrer Konstitution nach Posthistoire.

Der Postmoderne-Diskurs war Sloterdijk zufolge gerade darin aufklärerisch, daß er diesen für die Moderne typischen Zug der Selbstverabsolutierung unerbittlich aufdeckte. Er hat dargetan, daß die Moderne wirkliche Zukunft nicht zu denken vermag. Mit den Gehalten der Postmoderne mag es sich im einzelnen verhalten wie immer — allein schon wegen dieser aufklärerischen Leistung hinsichtlich des nur scheinbar selbstverständlichen, in Wahrheit jedoch monströsen Selbstverständnisses der Moderne hätte sich die Debatte gelohnt. Wir sind dem Absolutismus der Moderne auf die Spur gekommen und seiner Selbstherrlichkeit entronnen — bislang theoretisch, vielleicht bald auch praktisch. Indem die Stillstellung der Geschichte qua Moderne, indem dieses Ende der Geschichte hinter uns liegt, wird — so meint Sloterdijk abschließend — eine „Reise in die Zukunft" vielleicht wieder möglich.

---

²⁹ Inzwischen schreibt beispielsweise auch Habermas Sätze wie „Jeder Diskurs ist sozusagen unmittelbar zu Gott" (Jürgen Habermas, „Entgegnung", in *Kommunikatives Handeln. Beiträge zu Jürgen Habermas' ‚Theorie des kommunikativen Handelns'*, hrsg. von Axel Honneth u. Hans Joas, Frankfurt a.M. 1986, S. 327–405, hier S. 343). Vielleicht kommt noch der Tag, wo seine Schüler diese Aussage nicht mehr als Motto der Gegner mißdeuten, sondern als Satz aus den eigenen Reihen erkennen.

Ausblicke

Zu drei Punkten sei abschließend Stellung genommen: zum Titel „Wege aus der Moderne"; zu einigen Problemen der Pluralität bzw. einer postmodernen Lebensform; schließlich zur eigentümlich ästhetischen Signatur der Postmoderne. Die erste Frage wurde bislang offengelassen; die beiden letzten betreffen Probleme, die auf absehbare Zeit Gegenstand der Diskussion bleiben werden.

„Wege aus der Moderne"

Der Titel des Bandes ist doppelsinnig. Die Wege aus der Moderne sind nicht nur solche, die aus ihr herausführen, sondern zugleich solche, die aus ihr kommen. Es geht nicht um eine reine Alternative, sondern um eine Transformation. „Die Moderne" – ohnehin eine mindestens ebenso fragwürdige Pauschalisierung wie „die Postmoderne" – ist nicht nur durch spezifische Obsessionen und geschichtliche Verengungen gekennzeichnet, sondern enthält auch Gegenmotive und Potentiale ihrer Überschreitung. Keiner der hier vorgestellten Texte plädiert für eine unveränderte Fortsetzung der Moderne. Umgekehrt machte aber auch für keinen der Autoren eine pauschale Absage an die Moderne Sinn. Die Sachprobleme und Zukunftsschritte bewegen sich dazwischen. Es sind aus der Moderne – aus ihrem Ansatz, ihren Fragestellungen und manchen ihrer ungenützten Potenzen – kommende Wege, die heute über ihre bekannte Gestalt hinausführen.

Pluralität, demokratische Politik und postmoderne Lebensform

Vor allem zwei Fragen werden gegenüber der postmodernen Radikalisierung der Pluralität immer wieder aufgeworfen. Wie soll angesichts ihrer Politik noch möglich sein? Man meint, sie werde hier geradezu unmöglich. Und wie sollen die Subjekte mit solcher Pluralität umgehen können? Man meint, sie zerstöre die für Subjekte unumgängliche Identität.

Zunächst sei, vorgreifend für beide Fragestellungen, ein ethischer Grundzug der Postmoderne in Erinnerung gerufen, der sich aus dem gesteigerten Pluralitätsbewußtsein ergibt. Den einzelnen Lebensformen, Wissenskonzepten und Weltanschauungen ist jetzt die folgenreiche Einsicht in ihre Spezifität abzuverlangen, umgekehrt gesagt: das Bewußtsein, daß es auch andere Wege, Modelle und Orientierungen von gleicher Legitimität gibt. Es geht dabei nicht um bloße Hinnahme, sondern um grundsätzliche Anerkennung des Anderen in seiner Andersheit. Eben dafür ist entscheidend, daß Pluralität als Grundverfassung der Wirklichkeit erkannt und bejaht wird. Nicht mehr die unbedingte Richtigkeit des Eigenen, sondern das prinzipielle Recht des Differenten – von dem das Eigene nur ein Fall ist – bildet die Basis der Weltsicht und des Handelns. Die moderne Toleranz gegenüber dem Anderen wird durch die postmoderne Anerkennung des Differenten überboten.

Von hier aus ist zu dem Einwand etlicher Kritiker Stellung zu nehmen, daß in der Postmoderne Politik nicht mehr möglich sei, daß die Postmodernisten jedenfalls unfähig seien, ein positives Konzept von Politik zu entwerfen. Die Postmoderne laufe im Grunde, so wird gesagt, auf die Zerstörung des Politischen hinaus, denn ihre radikale Befreiung des Vielen untergrabe den Minimalkonsens, ohne den Politik nicht auskomme. Der Vorwurf ist drastisch, auch gewichtig, vor allem aber prüfungsbedürftig.

Die Kritiker sehen die von ihnen vermutete crux der Postmoderne in der These vom Ende der Meta-Erzählungen geradezu emblematisch formuliert. Politik bedürfe – als Handeln im Sinn des Ganzen – einer übergreifenden Meta-Erzählung. Eben diese suche die Postmoderne zu destruieren. Also zerstöre sie die Möglichkeit von Politik. – Diese Argumentation ist klar, aber auch durchsichtig: Sie gibt ihre Grenze selbst zu erkennen. Ihr liegt offenbar eine bestimmte – übrigens ziemlich traditionelle – Vorstellung von Politik zugrunde, die unter der Hand zur Idee von Politik schlechthin erklärt wird. Gewiß muß Politik ein Anwalt des Ganzen sein. Aber warum soll das nur so geschehen können, daß das Ganze durch eine Meta-Erzählung erfaßt und dann dieser entsprechend gestaltet wird? Könnte nicht gerade dies der Fehler sein, der zu der langen Kette der Ungerechtigkeiten, zur Folge der Substitutionen von Meta-Erzählungen und zur postmodernen Absage an diesen Typ von Politik geführt hat? Die Postmoderne bedeutet keineswegs das Ende von Politik überhaupt, sondern nur die Verabschiedung dieses Typus von Politik und den Übergang zu einer anderen Politik, die sich nicht mehr primär als Einheitsgarant, sondern als Vielheitsanwalt versteht. Postmodern geht es um eine Instrumentierung des Differenten, will sagen: um eine Koexistenz des Unterschiedlichen und einander Widerstreitenden, die nicht mehr darauf angewiesen ist, den Widerstreitscharakter zu tilgen.

Hier gilt es offenbar, den Begriff des Politischen wieder – wie in älteren Konzeptionen – zweistufig zu verstehen. Die zuvor erwähnte ethische Dimension ist selbst schon die erste politische. Die Anerkennung des Differenten ist als solche bereits ein politischer Akt. Politik beginnt nicht erst auf der Ebene der Globalverwaltung der Gesellschaft, sondern ist schon im alltäglichen Umgang virulent. Man kann beides als Mikro- und Makroebene des Politischen unterscheiden. Die postmoderne Pluralität betrifft bereits die Mikroebene. Gerade darin erweist sich die Postmoderne als von Grund auf politisch.

Natürlich könnte man auch diese postmoderne Politik-Konzeption, die auf eine Koexistenz des Widerstreitenden setzt, als eine „Meta-Erzählung" bezeichnen. Aber dabei wäre genau zu beachten, daß diese sich von den bisherigen Meta-Erzählungen dadurch unterscheidet, daß sie nicht wieder eine bestimmte Einheitsvorstellung propagiert, sondern – im Unterschied zu allen bisherigen Meta-Erzählungen – von vornherein und prinzipiell auf die Wahrung und Entfaltung der Pluralität zugeschnitten ist. Sie verkündet nicht noch einmal ein inhaltlich bestimmtes – idealistisches, marxistisches, kapitalistisches etc. – Ideal, sondern setzt sich die Verteidigung der vielen Inhalte, unterschiedlichen Konzeptionen und mannigfachen Lebensformen zum Ziel. Sie weiß wohl, daß dies zu Konflikten führt, aber sie sieht ihre Aufgabe nicht in der Unterdrückung des Widerstreits, sondern in der Entwicklung von Formen, die den Konfliktpotentialen möglichst weitgehend Rechnung tragen. Auch diese Politik kümmert sich um das Ganze, aber sie tut es nicht namens einer maßgebenden Einheit, sondern im Sinn der Vielheit. Die Postmoderne legt von ihren ethischen Implikationen her diese neue Idee von Politik nicht bloß nahe, sondern macht sie obligat.

Dabei gilt es klar zu sehen, daß eine solche Politik grunddemokratischen Geistes ist. Genau sie löst die Intentionen – ja geradezu die Vision – der Demokratie ein. Denn es ist klar: Demokratie ist eine Organisationsform nicht so sehr für den Konsens als vielmehr für den Dissens von Ansprüchen und Rechten. Sie ist genau auf die Situation gravierender Pluralität zugeschnitten. Eine einheitliche Gesellschaft wäre mit anderen Staatsformen besser bedient. Zur Demokratie hingegen gehört die Präsumption, daß in der Gesellschaft unterschiedliche, gleichermaßen legitime, im letzten jedoch unvereinbare Ansprüche bestehen. Deren Koexistenz kann nur demokratisch gelingen. Was in den Augen vieler an der Postmoderne prekär und beunruhigend ist, daß nämlich zwischen den heterogenen Ansprüchen keine rechtlich begründete Entscheidung mehr getroffen werden kann, dieses irritierende Moment eines radikalen Pluralismus ist in der Demokratie prinzipiell akzeptiert und institutionalisiert. Die Demokratie ist die Organisationsform für eine derartige Heterogenität. Ihre konsensuale Basis, die aus geschichtlichen Erfahrungen erwachsen (und letztlich allein geschichtlich legitimierbar) ist,[30] hat in den Grundrechten ihre Kodifizierung gefunden, und diese Grundrechte beziehen sich gerade auf das Recht der Differenz und die Struktur der Pluralität. Die Grundrechte sind, genau besehen, Rechte zum Dissens. Eben als solche sucht die Demokratie sie zu sichern. Insofern gilt beides: Die Postmoderne ist so radikal plural, daß sie nur demokratisch gelingen kann. Und die Demokratie ist von ihrem Prinzip her so elementar auf die Situation der Pluralität zugeschnitten, daß gerade in der Postmoderne dieser ihr eigentlicher Nerv zum Tragen kommt. Wer in der Postmoderne die Zerstörung von Politik wittert, hat nicht nur von Politik einen antiquierten Begriff, sondern von Demokratie einen falschen.

Von Pluralität als dem Fokus der Postmoderne aus ist des weiteren die Frage nach einer spezifisch postmodernen Lebensform zu stellen. Hier kann als Leitlinie

---

[30] Vgl. zu dieser Legitimationsfigur Herbert Schnädelbach, *Vernunft und Geschichte. Vorträge und Abhandlungen*, Frankfurt a.M. 1987, S. 61f.

gelten, daß Individuen in Zukunft verstärkt nicht mehr bloß *eine* Existenzform verfolgen, sondern *mehrere* erproben werden. Postmoderne Subjektivität und Identität konstituieren sich nicht ausschließlich innerhalb einzelner Lebensformen, sondern gerade im Übergang zwischen ihnen. Postmoderne Subjekte verbinden unterschiedliche Paradigmen und sind zu Übergängen besonders befähigt. Transversalität wird zu ihrem ausgezeichneten Vermögen. Das ist im Alltag schon mannigfach abzulesen. Nur die offiziöse Orientierungsrhetorik will dem noch wenig Glauben schenken. Ihre Direktiven hinken der tatsächlichen Subjektverflüssigung – die keineswegs Subjektauflösung bedeutet – hinterher.

Postmoderne Wirklichkeit verlangt zunehmend, zwischen verschiedenen Sinnsystemen und Realitätskonstellationen überzugehen. Dies wird geradezu zur Bedingung gelingenden Lebens unter Auspizien der Postmoderne. Der Blick über das Gatter, der gekonnte Wechsel, das Bedenken auch anderer Möglichkeiten gehören zu den notwendigen Kompetenzen postmoderner Subjekte. Wer hierin noch immer bloß Permissivität sieht und beklagt, hat weder die gegenwärtige Wirklichkeit noch den Sinn der Veränderung erfaßt. Gefordert ist ein Operieren inmitten der Differenz. Dies hat durchaus ein normatives Fundament, nämlich die geschichtlich verbindlich gewordene Anerkennung des Differenten. Es geht nicht um Globalität, nicht um Indifferenz, nicht um Singularität. Der Mensch der Postmoderne ist kein uomo universale, kein verschwindendes Antlitz im Sand des Einerlei, keine Monade. Er ist vielmehr eine Figur des Übergangs und der Verknüpfung verschiedener Möglichkeiten. Weder kann er das Ganze sich anmaßen noch mit dem Singulären sich zufriedengeben. Er ist kein Proteus, aber auch kein Polyphem. Seine Individualität bildet sich in der Konstellation von Differentem. Ein Odysseus ohne Ithaka-Projekt könnte sein Urbild sein.

Ästhetische Signaturen der Postmoderne

Abschließend gilt es auf einen Zug hinzuweisen, der zuvor schon verschiedentlich anklang, aber so gewichtig ist, daß eine gesonderte Darstellung am Ende angebracht erscheint. Die Postmoderne zeigt eine besondere Affinität zu ästhetischen Phänomenen, man könnte geradezu von einer ästhetischen Prägung der Postmoderne sprechen. Das ist äußerlich schon im Alltag festzustellen, vom neuen Styling der Privat- und Konsumsphäre über die neue Rhetorik des Schönen bis hin zu ästhetischen Trends der Freizeitgestaltung. Eine solche Affinität war aber auch in der theoretischen Diskussion schon von Anfang an deutlich: Die Debatte um die Postmoderne hat ja gerade in den Künsten begonnen und dann über die Architektur allgemeine Resonanz gefunden. Besonders aufschlußreich ist jedoch, daß eine Verbindung von Postmoderne und Ästhetik auch noch in ästhetikfernen Sektoren zutage tritt, so beispielsweise in der Soziologie. Schon Gehlens Konzeption konnte als Prognose des Übergangs der Gesellschaft in ein ästhetisches Stadium gelesen werden, und bei Baudrillard und Kamper ging die soziologische Analyse dann selbst dazu über, einen dezidiert ästhetischen Zugang zur Wirklichkeit zu praktizieren: Ästhetisches scheint der heutigen Sozietät so tief eingeschrieben zu sein, daß ein ästhetischer Zugang die meisten Erkenntnis- und Erfolgsaussichten bietet.

Sogar noch im Stammland der Begriffe — gar der höchsten Begriffe —, in der Philosophie also, bestätigt sich diese Affinität von Postmoderne und Ästhetik. Nicht nur hat (parallel zum Museumsboom in der Kultur) die philosophische Disziplin Ästhetik derzeit besondere Konjunktur gewonnen, sondern insgesamt ist eine bislang unbekannte Dominanz genuin ästhetischer Denkweisen festzustellen. Postmodernes Denken scheint weithin ästhetisches Denken zu sein.

Das war schon beim philosophischen Hauptautor der Postmoderne, bei Lyotard, auffällig. Der Aufsatz „Beantwortung der Frage: Was ist postmodern?" rekurrierte exemplarisch auf die künstlerischen Avantgarden des 20. Jahrhunderts und las an ihrer Zuwendung zum Erhabenen eine Struktur ab, die für das postmoderne Denken so charakteristisch ist, daß man, wie gesagt, geradezu von einer Geburt der postmodernen Philosophie aus dem Geist der modernen Kunst sprechen könnte. Ähnlich deutlich war eine Verbindung zu ästhetischen Phänomenen bei Derrida; sie ist ebenso bei Vattimo, Wellmer und Sloterdijk festzustellen. Das gilt sogar über den Horizont der hier abgedruckten Texte hinaus. Bei Lyotard gewinnt das Ästhetische — jenseits von jeglichem Ästhetizismus — elementare Bedeutung für die Politik, sofern deren Grundproblem, der Widerstreit, primär einer besonderen Wahrnehmung und Sensibilität bedarf. Bei Derrida ist eine Prägung des ganzen Denkstils durch die Erfahrung der Literatur offenkundig. Und bei Sloterdijk meint man die musikalische Grundierung des Denkflusses geradezu hören zu können.

Solche Prominenz ästhetischen Denkens in der Gegenwart dürfte ihren Grund darin haben, daß heute fast nur noch ästhetisches Denken zum Begreifen der Wirklichkeit in der Lage ist. Es ist zum eigentlich realistischen Denken geworden. Denn Wirklichkeit ist in der heutigen Medienwelt wesentlich ästhetisch konstituiert. Seitdem Bilder und Imaginationen leitend geworden sind, stößt begriffliches Denken an eine Grenze und wird umgekehrt ästhetisches Denken kompetent. Der Wirklichkeitswandel — von einer Wirklichkeit der Konstruktion zu einer der Imagination — verlangt den Übergang zu einer anderen Form des Begreifens. Daraus erklärt sich die Dominanz ästhetischen Denkens.

Ein solches Denken geht von Wahrnehmungen aus. Daher vermag es auf eine Bilderwelt zu antworten — auf authentische ebenso wie auf kosmetische Bildlichkeit. Noch der tendenziellen Anästhetik einer uniformierten Medienwirklichkeit kann allein ästhetisches Denken diagnostisch wie therapeutisch begegnen.

Ästhetik hat primär mit Wahrnehmung zu tun; deren privilegierte Sphäre aber ist die Kunst. Auch in diesem engeren Bezug auf Kunst gewinnt ästhetisches Denken heute verstärkt an Bedeutung. Das läßt sich vom Fokus der Postmoderne, vom Motiv der Pluralität her, sehr gut verstehen. Denn Kunsterfahrung und ästhetisches Denken sind mit der Struktur der Pluralität in besonderer Weise vertraut, gilt doch in der Kunst generell, daß vergangene Gestalten zwar abgelöst, aber nicht überholt werden. Sie vermögen uns vielmehr, nachdem ihre geschichtliche Stunde abgelaufen ist, noch immer zu faszinieren. Chronos frißt seine Kinder, die Töchter der Kunst aber bleiben am Leben. Die Geschichte der Kunst steht deshalb von jeher mindestens tendenziell der postmodernen Zeiterfahrung der Gleichzeitigkeit näher als dem modernen Diktat des Fortschrittspfeils. Die Kunst ist diachron schon ein Medium der Pluralität.

Und zumal die moderne Kunst wurde dann geradezu zu einer Schule der Pluralität, des Nebeneinanders hochgradig differenter Gestaltungen. Denn diese Kunst sucht unterschiedliche Ansätze und Möglichkeiten in ihrer je eigenen Logik zu entfalten sowie hochgradig differente Werkformen und Anschauungsweisen zu generieren. Daher wird demjenigen, der für diese Kunst ein Sensorium hat, an ihr exemplarisch dreierlei klar, was für Pluralität insgesamt ausschlaggebend und damit gerade für die Postmoderne wichtig ist: daß es jeweils auf den spezifischen Ansatz zu achten gilt; daß man dessen eigentümliche Gestaltungslogik und besonderen Regeln beachten muß; und daß man von daher gegen banausische und beckmesserische Übergriffe allergisch zu sein hat, also gegen die Bemessung des einen Typus am Maß des anderen, gegen diesen Elementarfehler in einer Situation der Pluralität – gegen diesen kleinen Anfang von Terror, dessen Ende unabsehbar groß sein kann.

Von daher bietet Kunsterfahrung eine musterhafte Einübung in Pluralität. Sie begründet postmoderne Kompetenz. Denn genau derjenige, der mit der Verfassung und den Geboten der Pluralität von Grund auf vertraut ist, vermag sich in einer Situation radikaler Pluralität angemessen zu bewegen. Er muß sie nicht perhorreszieren, sondern ist in ihr aktionsfähig. Ästhetische Erfahrung plaudert aus der Schule postmoderner Einsicht und stellt ein Exerzitium unserer gegenwärtigen Lage und ihrer Aufgaben dar. Daher wird ästhetisches Denken in der Postmoderne zum probaten Orientierungsmedium. Seine Konjunktur ist Effekt nicht einer Mode, sondern einer normativen Lage.

Wenn wir zuvor unter dem Stichwort „postmoderne Lebensform" gesehen haben, daß es heute auf die Fähigkeit zum Übergang zwischen verschiedenen Handlungsformen und Wirklichkeitskonstellationen ankommt, so ist mittlerweile deutlich geworden, daß ästhetische Erfahrung solche Kompetenz in besonderer Weise vermittelt. Die gegenwärtige Zunahme pluraler Lebensformen einerseits und das Vordringen ästhetischer Akzentuierungen andererseits ist kein Zufall, sondern Ausdruck dieser Kongruenz. Man wird in Zukunft über das Ästhetische anders denken, wird verstärkt seine Bedeutung für Lebensvollzüge erkennen müssen. Darin würde postmodern etwas wiederkehren, was modern – und zwar gerade in der Aufklärung, die ja die Ästhetik als philosophische Disziplin begründet hat — schon angebahnt war. Ästhetik zielt — das wurde damals versprochen und wird heute deutlich — auf gelingendes Leben.

Niemand vermag gegenwärtig zu sagen, ob unseren Zukunftsschritten ein Gelingen beschieden sein wird. Aber es ist aufschlußreich, daß die Hoffnungen, die wir auf „Wege aus der Moderne" richten, heute vornehmlich den Richtungen gelten, in die ästhetische Erfahrung weist. Eine ästhetische Gesamtsignatur der Wirklichkeit zählte zu den Glücksversprechen der Moderne. Die Postmoderne — die im Schatten einer möglichen Katastrophe operiert — ist da bescheidener und realistischer geworden. Sie wäre schon froh, wenn sich überhaupt noch Wege verfolgen ließen. Dafür setzt sie in erster Linie auf die ästhetisch signierten. Aber auch sie hat eine weiterreichende Hoffnung: daß eben diese ästhetischen Perspektiven doch dazu beitragen könnten, Zukunft insgesamt offenzuhalten. — Mindestens darin dürfte Einigkeit mit den Vertretern der Moderne bestehen.

I. Kunst

1. LITERATUR

Postmoderne heute

Ihab Hassan

I

Sieben Jahre sind vergangen, da ich mich das erste Mal über „Die Frage der Postmoderne" äußerte, damals in Form einer Vorlage für das erste Forum der Modern Language Association zu diesem Thema.[1] Diese sieben Jahre waren keine mageren Jahre für die Postmoderne. Dennoch konnte ich auch jetzt keine strikte Definition dieses Phänomens in den Raum stellen, genausowenig wie damals. Denn der Begriff Postmoderne ist zu einem gebräuchlichen Markenzeichen für Tendenzen in Theater, Tanz, Musik, Kunst, Architektur, in Literatur und Literaturkritik, in Philosophie, Psychoanalyse und Geschichtsschreibung, in Kybernetik und selbst den Naturwissenschaften geworden. Ja, die Postmoderne hat inzwischen sogar den Segen der Bürokratie, in Form eines Sommerseminars für Universitätsdozenten, veranstaltet vom National Endowment for the Humanities. Und schließlich ist es der Postmoderne sogar gelungen, in das Reich der Abstraktionen sogenannter „spätmarxistischer" Kritiker einzudringen, die noch vor zehn Jahren die Postmoderne als wieder ein Beispiel für den Tand, die Modeerscheinungen, die Spielereien der Konsumgesellschaft abtaten. Offenkundig ist also nun die Zeit gekommen, den Begriff theoretisch weiter aufzuarbeiten, vielleicht sogar zu einer definitorischen Festlegung zu kommen, bevor er dann von einem ungebräuchlichen Neologismus zum abgedroschenen Klischee wird, ohne je den Status eines Kulturbegriffs erlangt zu haben.

Eine Theorie der Postmoderne entwickeln heißt allerdings auch, sich ihrer Irrwege und Irritationen bewußt zu werden. Diese wiederum hängen zusammen mit Problemen der Erstellung von Kulturmodellen, der literarischen Periodisierung

---

[1] Auf diesem von mir organisierten und geleiteten Forum, das am 28. Dezember 1978 in New York abgehalten wurde, sprachen David Antin, Christine Brooke-Rose, Julia Kristeva, Heiner Müller und ich selbst.

des kulturellen Wandels, letztlich also den Schwierigkeiten einer kritischen Erfassung von Phänomenen in einer Zeit, da die Maßstäbe der Kritik selbst fragwürdig geworden sind.[2] Wie dem auch sei, die Erschöpfung der Moderne, jedenfalls aber ihre beständigen Selbstkorrekturen, haben Vertreter der unterschiedlichsten Denkrichtungen dazu veranlaßt, über die Möglichkeit einer Ablösung der Moderne nachzudenken. So betont etwa der oft als konservativ eingestufte amerikanische Soziologe Daniel Bell „the end of the creative impulse and ideological sway of modernism, which, as a cultural movement, has dominated all the arts, and shaped our symbolic expressions, for the past 125 years".[3] Ebenso versucht auch ein „radikaler" Philosoph wie Jürgen Habermas — meines Erachtens freilich vergeblich — zwischen dem „Prä-Modernismus der Altkonservativen", dem „Anti-Modernismus der Jungkonservativen" und dem „Postmodernismus der Neokonservativen" zu differenzieren.[4]

Dies ist jedoch nicht der Ort, ein komplexes Theoriemodell für die Postmoderne zu entwickeln. Was ich stattdessen versuchen will, ist, eine Merkmalreihe für die Postmoderne zu erarbeiten, sozusagen eine parataktische Liste, die ein kulturelles Feld umschreiben soll. Die Beispiele, die ich dabei geben werde, stellen eine sehr persönliche Auswahl dar, die definitorischen Merkmale werden sich mitunter überschneiden, vielleicht gar widersprechen. Dennoch beschreiben sie, zusammen genommen, eine Region postmoderner „Indetermanenzen" (Indeterminiertheit als Immanenz),* die das Thema zukünftiger Diskussionen abgeben könnten.[5]

---

[2] Einige dieser Probleme habe ich behandelt in *The Dismemberment of Orpheus: Toward a Postmodern Literature*, 2., durchgesehene Aufl., Madison (WI) 1982, S. 262–268. Vgl. auch Claus Uhlig, „Toward a Chronology of Change", Dominick La Capra, „Intellectual History and Defining the Present as ‚Postmodern' ", sowie Matei Calinescu, „From the One to the Many: Pluralism in Today's Thought", alle in *Innovation/Renovation: New Perspectives on the Humanities*, hrsg. von Ihab Hassan und Sally Hassan, Madison (WI) 1983.

[3] Daniel Bell, *The Cultural Contradictions of Capitalism*, New York 1976, S. 7.

[4] Jürgen Habermas, „Modernity versus Postmodernity", *New German Critique*, 22 (Winter 1981), S. 13.

* Das in seinem Wortspiel nicht übersetzbare englische Original lautet: „‚indetermanences' (indeterminacy lodged in immanence)."

[5] Für eine ausführlichere Diskussion des Konzepts der „Indetermanenz" vgl. mein *The Right Promethean Fire: Imagination, Science, and Cultural Change*, Urbana (Ill.) 1980, S. 89–124. Obwohl die Postmoderne ein weit umfassenderes Phänomen ist als der Poststrukturalismus, genießt doch letzterer in akademischen Zirkeln ein größeres Ansehen.

II

Hier nun meine Merkmalreihe:

1. Unbestimmtheit oder, genauer gesagt, Unbestimmtheiten. Hierunter fallen alle Arten von Ambiguitäten, Brüchen, Verschiebungen innerhalb unseres Wissens und unserer Gesellschaft. Man mag hier denken an Heisenbergs Unschärferelation, an Gödels Theorem der unvollständigen Theoriebildung, Kuhns Paradigmata oder Feyerabends wissenschaftlichen Dadaismus. Oder an Harold Rosenbergs unruhige, entdefinierte Kunstgegenstände. Und im Bereich der Literaturtheorie? Dort reicht das Spektrum von Bachtins „dialogischer Imagination", Barthes' *textes scriptibles*, Isers literarischen Unbestimmtheitsstellen, Blooms Akten des Mißverstehens, de Mans allegorischen Auffassungsweisen, Fishs affektiver Stilistik, Hollands psychologischer Analyse von Lesertransaktionen mit Texten, Bleichs subjektiver Textkritik bis hin zu der in letzter Zeit so beliebten Aporie undokumentierbarer Zeit, die wir unbestimmt lassen, relativieren. Unbestimmtheiten durchziehen unsere Aktionen, Ideen, Interpretationen, sie machen unsere Welt aus.

2. Fragmentarisierung. Unbestimmtheit ist ihrerseits oft eine Folge von Fragmentarisierung. Der postmoderne Mensch nimmt lediglich Trennungen vor; Fragmente sind angeblich das einzige, dem er noch vertraut. Seine tiefste Verachtung gilt jeglicher „Totalisierung", jeglicher Synthese, sei sie sozialer, kognitiver oder sogar ästhetischer Art. Daher seine Vorliebe für Montage, Collage, das literarische *objet trouvé*, cut-up, für Formen der Parataxe anstelle von Hypotaxe, für Metonymie statt Metapher, Schizophrenie statt Paranoia. Daher erklärt sich auch die Hinwendung zum Paradoxon, Paralogischen, zur Parabasis, Parakritik, zur Offenheit des Zerbrochenen, zu unerklärten Randzonen. In diesem Sinne ist auch Lyotards Aufruf zu verstehen: „Let us wage war on totality; let us be witnesses to the unpresentable; let us activate the differences and save the honor of the name."[6] Die Zeit verlangt nach Unterscheidungen, nach gleitenden sprachlichen Signifikanten, und selbst Atome lösen sich in flüchtige Subpartikel auf, in ein bloßes mathematisches Wispern.

---

[6] Jean-François Lyotard, „Answering the Question: What is Postmodernism?", in Hassan und Hassan, S. 341. Zum Phänomen eines parataktischen Stils in Kunst und Gesellschaft siehe auch Hayden White, „The Culture of Criticism", in *Liberations: New Essays on the Humanities in Revolution*, hrsg. von Ihab Hassan, Middletown (CT) 1971, S. 66–69; schließlich auch William James zu den Affinitäten zwischen Parataxe und Pluralismus: „It may be that some parts of the world are connected so loosely with some other parts as to be strung along by nothing but the copula *and* ... This pluralistic view, of a world of *additive* constitution, is one that pragmatism is unable to rule out from serious consideration." (*Pragmatism*, New York 1955, S. 112).

3. Die Auflösung des Kanons. Dies trifft im weitesten Sinne auf alle Kanons, alle konventionellen Autoritäten zu. Wir sind heute Zeuge, so Lyotard weiter, einer umfassenden Entlegitimierung zentraler gesellschaftlicher Normen, eines Verfalls der erklärenden Mythen zugunsten einer Hinwendung zu „les petites histoires", welche die auf die Wirklichkeit gerichteten Sprachspiele in ihrer Heterogenität bewahren.[7] Vom „Tod Gottes" zum „Tod des Autors" und zum „Tod des Vaters", vom Verspotten der Autoritäten hin zur Revision des Curriculums — so lösen wir die kulturellen Kanons auf, entmystifizieren wir Wissen, dekonstruieren wir die Sprachen der Macht, der Begierde, des Betrugs. Spott und Revision sind Formen des Subversiven, eines Subversiven, dessen schauerlichster Ausdruck der in unserer Zeit immer weiter um sich greifende Terrorismus ist. Aber das „Subversive" kann auch einen anderen, positiveren Ausdruck finden, so etwa im Entstehen von Bewegungen gesellschaftlicher Minderheiten oder etwa in der Feminisierung der Kultur. Beide haben die Auflösung des kulturellen Kanons zur Voraussetzung.

4. Der Verlust von „Ich", von „Tiefe". Die Postmoderne entleert das traditionelle „Ich", spiegelt Selbstauslöschung vor — eine scheinbare Flachheit ohne die innen/außen Dimension — oder aber sie täuscht dessen Gegenteil vor, Selbstvervielfältigung, Selbstspiegelung des Ich. Kritiker haben des öfteren den „Verlust des Ich" in der Literatur der Moderne konstatiert, aber es war eigentlich doch Nietzsche, der das „Subjekt" zu „nur eine[r] Fiktion" erklärte: „es gibt das *ego* gar nicht, von dem geredet wird, wenn man den Egoismus tadelt."[8] Dies bedeutet das Ende des romantischen Ich, das eine gewisse „Tiefe" hatte. Die Postmoderne unterdrückt dieses Ich oder löst es auf, versucht allerdings mitunter auch, es wiederzugewinnen, wenngleich dies als „totalisierendes Prinzip" poststrukturalistischen Kreisen höchst suspekt bleibt. Das Ich, im Spiel der Sprache sich verlierend, in den Unterschieden, in denen Realität gemeinschaftlich erstellt wird, wird so zur Darstellung seiner eigenen Abwesenheit, und der Tod lauert bei all diesen Spielen im Hintergrund. Das Ich löst sich auf in eine Oberfläche stilistischer Gesten, es verweigert, entzieht sich jeglicher Interpretation.[9]

---

[7] Jean-François Lyotard, *La condition postmoderne*, Paris 1979. Weitere Ansichten zur Auflösung des Kanons finden sich in *English Literature: Opening Up the Canon*, hrsg. von Leslie Fiedler und Houston A. Baker, Jr., Selected Papers from the English Institute, 1979, n. s. 4, Baltimore (MD) 1981; sowie *Critical Inquiry*, 10 (September 1983).

[8] Wylie Sypher, *Loss of Self in Modern Literature and Art*, New York 1962; Friedrich Nietzsche, *Der Wille zur Macht*, Werke in drei Bänden, Bd. 3, hrsg. von Karl Schlechta, Darmstadt 1966, S. 534. Vgl. auch die Diskussion zum postmodernen Ich bei Charles Caramello, *Silverless Mirrors: Book, Self, and Postmodern American Fiction*, Tallahassee (FL) 1983.

[9] Die Negierung von Tiefe ist, im weitesten Sinne, auch eine Zurückweisung von Hermeneutik, der Durchdringung von Natur und Kultur. Sie findet ihren Ausdruck in den „weißen"

5. *Das Nicht-Zeigbare, Nicht-Darstellbare.* Wie schon ihre Vorgängerin, so ist auch die postmoderne Kunst irrealistisch, nicht-ikonisch. Selbst ihr sogenannter „magischer Realismus" löst sich in ätherische Zustände auf; ihre harten, flachen Oberflächen verweigern sich der Mimesis. Was den spezifisch literarischen Bereich angeht, so strebt die Postmoderne oft in den Grenzbereich, betreibt sie ihre eigene „Erschöpfung", untergräbt sie sich selbst in Formen vernehmlichen Schweigens. Sie wird also zu einem Grenzphänomen, bestreitet ihre eigenen Darstellungsweisen. Entsprechend dem Erhabenen bei Kant, das sich aus der Formlosigkeit, der Leere des Absoluten entwickelt — „Du sollst Dir kein Bildnis machen!" —, wäre (in Lyotards kühner Analogie) die Postmoderne „that which, in the modern, puts forward the unpresentable in presentation itself ...".[10] Aber das Infragestellen von Darstellung kann einen Autor auch in andere Grenzbereiche führen: so etwa zum Gemeinen statt zum Erhabenen, ja selbst zum Tode, genauer, zum „exchange between signs and death", wie es Julia Kristeva ausdrückt. „What is unrepresentability?", fragt sie und gibt die Antwort: "That which, through language, is part of no particular language ... That which, through meaning, is intolerable, unthinkable: the horrible, the abject."[11]

An dieser Stelle ist, in meiner Einschätzung, ein Wendepunkt erreicht, was jedenfalls die Negationen angeht. Denn mit dem nächsten von mir genannten definitiven Merkmal — Ironie — beginnen wir, uns von der dekonstruktiven Tendenz der Postmoderne weg zu ihrer rekonstruktiven hinzubewegen, obwohl natürlich beide Tendenzen immer zusammen vorkommen.

6. *Ironie.* Man könnte dieses Phänomen auch, mit Kenneth Burke, Perspektivismus nennen. In Abwesenheit eines Grundprinzips oder Paradigmas wendet man sich in der Postmoderne dem Spiel, Wechselspiel, Dialog, Polylog, der Allegorie, der Selbstspiegelung, kurz, der Ironie zu. Ironie dieser Art nimmt die Gestalt von Indetermanenz und Polyvalenz an, strebt nach Eindeutigkeit, der Eindeutigkeit der Entmystifizierung, dem reinen Licht der Abwesenheit. Varianten

---

Philosophien des Poststrukturalismus ebenso wie in den verschiedenen Formen zeitgenössischer Kunst. Vgl. u. a. Alain Robbe-Grillet, *For a New Novel*, New York 1965, S. 49–76; Susan Sontag, *Against Interpretation*, New York 1966, S. 3–14.

[10] Lyotard, in Hassan und Hassan, S. 340. Vgl. auch Hayden Whites scharfsinnige Diskussion der politischen Seite des Erhabenen. „The Politics of Historical Interpretation: Discipline and De-Sublimation", *Critical Inquiry*, 9 (September 1982), S. 124–128.

[11] Julia Kristeva, „Postmodernism?" in *Romanticism, Modernism, Postmodernism*, hrsg. von Harry R. Garvin, Lewisburg (PA) 1980, S. 141. Siehe auch dazu ihr *Powers of Horror: An Essay on Abjection*, New York 1982, sowie ihre jüngste Diskussion des „Unaussprechlichen" in ihrem Aufsatz „Psychoanalysis and the Polis", *Critical Inquiry*, 9 (September 1982), S. 84–85, 91.

dessen finden sich bei Bachtin, Burke, de Man, Derrida bis hin zu White. Und Alan Wilde schließlich unternimmt den Versuch einer Differenzierung verschiedener Formen: „mediate irony", „disjunctive irony" auf der einen und „postmodern" oder „suspensive irony" auf der anderen Seite, „with its yet more radical vision of multiplicity, randomness, contingency, and even absurdity...".[12] Ironie, Perspektivismus, Reflexivität: diese Begriffe sind Ausdruck der immer wieder notwendigen Schöpfungstätigkeit des menschlichen Geistes in seiner Suche nach einer Wahrheit, die sich ihm beständig entzieht und ihm nichts läßt als einen ironischen Zugang dazu, oder aber ein exzessives sich seiner selbst bewußt sein.

7. *Hybridisierung* oder die Reproduktion von Genre-Mutationen, unter ihnen Parodie, Travestie, Pastiche. Die „Entdefinierung", Deformation von kulturellen Genres erzeugt ihrerseits ambivalente Erscheinungsformen: „paracriticism", „fictual discourse", den „New Journalism", die „nonfiction novel", letztere eine bunt gemischte Kategorie, die „paraliterature" und „threshold literature" in sich vereint und zugleich sehr jung und sehr alt ist.[13] Klischee und Spiel mit dem Plagiat („playgiarism", so nannte Raymond Federman dies in einem Wortspiel), Parodie und Pastiche, Pop und Kitsch, sie alle bereichern den Bereich der *Re*-Präsentation. In diesem Sinne kann das Abbild, die Kopie, dieselbe Gültigkeit besitzen wie das Urbild (so der Quichote in Borges' *Pierre Menard*), kann überdies sogar ein „augment d'être" bewirken. Hieraus erwächst eine andere Traditionsvorstellung, eine, in der sich Kontinuität und Diskontinuität, hohe und niedere Kultur mischen, nicht um die Vergangenheit nachzuahmen, sondern um sie in die Gegenwart hereinzuholen. In dieser Gegenwart voller Vielfalt sind alle Stilformen in dialektischer Weise verfügbar geworden, in einem Wechselspiel zwischen dem Heutigen und dem Nicht-Heutigen, dem Gleichen und dem Anderen. So verändert sich in der Postmoderne das Heideggersche Konzept der „Gleichzeitigkeit" zu einer Dialektik des Gleichzeitigen, und hieraus erwächst eine neue Beziehung zwischen historischen Elementen, ohne daß dabei übrigens die Vergangenheit zugunsten der Gegenwart unterdrückt würde. Dies ist auch eine Tatsache, die Fredric Jameson übersieht, wenn er an der Literatur, dem Film, der Architektur

---

[12] Alan Wilde, *Horizons of Assent: Modernism, Postmodernism, and the Ironic Imagination*, Baltimore (MD) 1981, S. 10. Wayne Booth stellt hinsichtlich der in postmoderner Zeit weit verbreiteten Ironie die weitergehende Behauptung auf, daß es sich dabei um eine „cosmic irony" handele, die die Ansprüche des Menschen, den Mittelpunkt zu bilden, entwerte und überdies verblüffende Parallelen zu traditionellen religiösen Sprachen aufweise. Dazu sein „The Empire of Irony", *The Georgia Review*, 37 (Winter 1983), S. 719-737.

[13] Der letztgenannte Begriff stammt von Gary Saul Morson, der einen ausgezeichneten Überblick über die Schwellenliteratur, über Parodie und Hybridisierung gibt in seinem Buch *The Boundaries of Genre: Dostojevsky's „Diary of a Writer" and the Tradition of Literary Utopia*, Austin (TX) 1981, vor allem S. 48-50, 107f., 142f.

der Postmoderne deren angeblich ahistorischen Charakter, ihre „Vergegenwärtigung" kritisiert.[14]

   8. *Karnevalisierung.* Der Begriff stammt bekanntermaßen von Bachtin, und er umgreift auf eine geradezu überschwengliche Weise die Aspekte der Unbestimmtheit, Fragmentarisierung, Auflösung des Kanons, Verlust des „Ich", die ich oben bereits angesprochen habe. Aber darüber hinaus vermittelt der Begriff auch etwas von dem komischen, ja bisweilen ins Absurde gehenden Ethos der Postmoderne, wie es etwa in den „Heteroglossia" eines Rabelais oder Sterne, beides heitere „Prä-Postmodernisten", vorweggenommen worden war. Des weiteren bedeutet Karnevalisierung auch „Polyphonie", die Zentrifugalkraft der Sprache, die „fröhliche Relativität" der Dinge, bedeutet Perspektivismus und Performanz, Teilnahme am wilden Durcheinander des Lebens, bedeutet Immanenz des Lachens.[15] Und tatsächlich könnte das, was Bachtin Roman oder Karneval nennt — also das Anti-System — für die Postmoderne insgesamt stehen, wenigstens aber für deren spielerische und subversive Elemente, die Erneuerung verheißen. Denn im Karneval, „dem wahren Fest der Zeit, dem Fest des Werdens, des Wandels, der Erneuerung", entdecken die Menschen — damals wie heute — „die eigentümliche Logik des Umgekehrten" *(à l'envers),* des „Umgedrehten' ... der vielfältigen Parodien, Travestien, der Demütigungen, Entweihungen, der komischen Krönungen und Entthronungen...".[16]

   9. *Performanz, Teilnahme.* Unbestimmtheit ist die Ursache von Teilnahme; diese Lücken wollen gefüllt sein. Der postmoderne Text, verbal oder nicht, lädt ein zu Performanz: er will geschrieben, verändert, beantwortet, ausgelebt werden, und ein großer Teil postmoderner Kunst bezeichnet sich ausdrücklich als Performanz und überschreitet damit die Genre-Abgrenzungen. Indem sie sich so als Performanz versteht, erklärt Kunst — ebenso auch die Kunsttheorie — ihre Verwundbarkeit gegenüber Zeit, Tod, dem Publikum, dem schlichtweg Anderen.[17]

---

[14] Fredric Jameson, „Postmodernism and Consumer Society", in *The Anti-Aesthetic: Essays on Postmodern Culture,* hrsg. von Hal Foster, Port Townsend (WA) 1983. Für eine entgegengesetzte Sichtweise vgl. Paolo Portoghesi, *After Modern Architecture,* New York 1982, S. 11; sowie Calinescu, in Hassan und Hassan, S. 286.
[15] M. M. Bachtin, *Rabelais and His World,* Cambridge (MA) 1968; sowie *The Dialogic Imagination,* hrsg. von Michael Holquist, University of Texas Press Slavic Series, 1, Austin (TX) 1981. Vgl. auch das Bachtin gewidmete Heft von *Critical Inquiry,* 10 (Dezember 1983).
[16] Bachtin, *Rabelais,* S. 10f.
[17] Siehe Régis Durands Verteidigung des Performanzprinzips postmoderner Kunst — gegen Michael Fried — in seinem Beitrag „Theatre/SIGNS/Performance", in Hassan und Hassan, S. 213–217. Vgl. auch Richard Schechner, „News, Sex, and Performance Theory", ebd., S. 189–210.

„Theater" wird – bis an die Grenze des Terrorismus – zum dynamischen Prinzip einer parataktischen Gesellschaft ohne feste Kanons, die selbst vielleicht schon karnevalisiert ist. Das Ich in der Performanz drückt im günstigsten Falle, so Poiriers These, „an energy in motion, an energy with its own shape" aus, doch kann dieses Ich in seiner „self-discovering, self-watching, finally self-pleasuring response to ... pressures and difficulties" auch in Richtung eines Solipsismus, ja sogar Narzißmus, abgleiten.[18]

10. Konstruktcharakter. Indem die Postmoderne auf radikale Weise mit Tropen, figurativer Sprache, mit Irrealismen arbeitet – „was gedacht werden kann, muß schließlich eine Fiktion sein", so Nietzsche[19] –, „konstruiert" sie Realität in post-kantianischen, ja post-nietzscheschen „Fiktionen".[20] In unserer Zeit scheinen sich Naturwissenschaftler mit Fiktionen als heuristischen Hilfkonstruktionen weniger schwer zu tun als die Geisteswissenschaftler, jene letzten Realisten des Westens. (Einige Literaturwissenschaftler versetzen sogar der Sprache Tritte, in der Hoffnung, mit ihren Zehen doch gegen einen Stein zu stoßen.) Funktionierende Fiktionen dieser Art deuten auf das immer weitere Eindringen des menschlichen Geistes in die Bereiche von Natur und Kultur – ein Aspekt dessen, was ich an anderer Stelle als „new gnosticism" bezeichnet habe und was sich in Wissenschaft und Kunst, im Bereich sozialer Beziehungen und hochentwickelter Technologien deutlich abzeichnet.[21] Aber der Konstruktcharakter der Postmoderne zeigt sich auch an Konzepten wie Burkes „dramatistic criticism", Poppers „world hypothesis", Goodmans „ways of worldmaking", Whites „prefigurative moves", ganz zu schweigen von aktuellen Theoriebildungen in Hermeneutik und Poststrukturalismus. So trägt die Postmoderne bei zu jener von Goodman konstatierten allgemei-

---

[18] Richard Poirier, *The Performing Self: Compositions and Decompositions in the Languages of Contemporary Life,* New York 1971, S. xv, xiii. Vgl. auch Christopher Lasch, *The Culture of Narcissism,* New York 1978.

[19] Nietzsche, S. 730.

[20] William James war sich dieser Zusammenhänge bewußt, als er feststellte, „you can't weed out the human contribution ... altho the stubborn fact remains that there *is* a sensible flux, what is *true of it* seems from first to last to be largely a matter of our own creation" (*Pragmatism,* S. 166).

[21] Ihab Hassan, *Paracriticisms: Seven Speculations of the Times,* Urbana (Ill.) 1975, S. 121–150; sowie *The Right Promethean Fire,* S. 139–172. Es war indes José Ortega y Gasset, der im Jahre 1925 die folgende prophetische, ja gnostische Feststellung traf: „Man humanizes the world, injects it, impregnates it with his own ideal substance and is finally entitled to image that one day or another, in the far depths of time, this terrible outer world will become so saturated with man that our descendants will be able to travel through it as today we mentally travel through our own inmost selves – he finally imagines that the world, without ceasing to be the world, will one day be changed into something like a

nen Entwicklung weg „from unique truth and a world fixed and found" hin zu „a diversity of right and even conflicting versions or worlds in the making".²²

11. Immanenz. Dieser Begriff bezieht sich — ohne religiösen Beiklang — auf die wachsende Fähigkeit des menschlichen Geistes, sich in Symbolen zu verallgemeinern. Überall kann man heute Auflösungserscheinungen problematischer Natur beobachten: Aufsplitterungen, Zerfall, die Ausweitung des Bereichs unserer Sinne, ganz im Sinne von McLuhans launigen Prophetien. Dies geschieht durch neue Medien und Technologien; Sprachen — treffende oder täuschende — geben unserem Universum eine neue Struktur: von Quasaren zu Quarks und wieder zurück, von der Sprache des Unbewußten zu den schwarzen Löchern im All. Sie verwandeln alles in Zeichen ihrer eigenen Sprache; Natur wird zu Kultur und Kultur zu einem immanenten semiotischen System. Dies ist die Zeit des Menschen als sprachliches Wesen, sein Maß ist die Intertextualität allen Lebens. Die Patina des Gedankens, der sprachlichen Zeichen, der Verbindungen, liegt über allem, was der Geist in seiner gnostischen Noo-Sphäre berührt — einer Sphäre, die von Physikern, Biologen, Semiotikern ebenso wie von Theologen der Art Teilhard de Chardins gleichermaßen erforscht wird. Das Ironische, das dabei all ihren Bemühungen anhaftet, ist zugleich die auf sich selbst gerichtete Ironie des Geistes, der an jeder dunklen Ecke wieder sich selbst begegnet.²³ Aber in einer Konsumgesellschaft ist es auch möglich, daß derartige Immanenzen eher leer denn prophetisch sind. Sie werden dann, in den Worten Jean Baudrillards, durchgängig obszön: „ein kollektives Schwindelgefühl von Neutralisierung, eine Flucht nach vorne, in die reine und leere Form...".²⁴

---

materialized soul, and, as in Shakespeare's *Tempest,* the winds will blow at the bidding of Ariel, the spirit of Ideas" (*The Dehumanization of Art,* Princeton (NJ) 1968, S. 184). Und vor Ortega stellte bereits William James fest: „The world is One just so far as its parts hang together by any definite connexion. It is many just so far as any definite connexion fails to obtain. And finally it is growing more and more unified by those systems of connexion at least which human energy keeps framing as time goes on" (*Pragmatism,* S. 105). Vgl. dazu aber auch Jean Baudrillards Version einer sinnenlosen Immanenz: „The Ecstacy of Communication", in Foster, S. 126–134.

[22] Nelson Goodman, *Ways of Worldmaking* Indianapolis (IN) und Cambridge, England, 1978, S. x.
[23] Schemata aktiver, kreativer und selbstreflexiver Art scheinen auch für Theorien künstlicher Intelligenz von Bedeutung zu sein, vgl. die Besprechung von Douglas R. Hofstadters neuestem Werk durch James Gleick, „Exploring the Labyrinth of the Mind", *The New York Times Magazine,* 21. August 1983, S. 23–100.
[24] Jean Baudrillard, „What Are You Doing After the Orgy?", *Artforum,* Oktober 1983, S. 43.

III

Die elf hier genannten definitorischen Merkmale fügen sich zusammen zu einer irrationalen Größe, vielleicht sogar zu etwas Absurdem. Ich wäre höchst überrascht, sollte aus dem allen eine Definition von Postmoderne erwachsen, ist doch die Postmoderne bestenfalls ein ambivalentes Konzept, eine trennend-ausschließende Kategorie sowohl durch die dem Phänomen innewohnende Dynamik als auch durch die sich beständig wandelnde Perspektive der Kritiker.

Es gibt keine Alternative, als das Konzept Postmoderne für die Zukunft offen zu halten, obwohl Postmoderne selbst vielleicht schon der Geschichte angehört.

Überquert die Grenze, schließt den Graben!
Über die Postmoderne

Leslie A. Fiedler

Fast alle heutigen Leser und Schriftsteller sind sich der Tatsache bewußt, daß wir den Todeskampf der literarischen Moderne und die Geburtswehen der Post-Moderne durchleben. Die Spezies Literatur, die die Bezeichnung ‚modern' für sich beansprucht hat (mit der Anmaßung, sie repräsentiere äußerste Fortgeschrittenheit in Sensibilität und Form, und über sie hinaus sei ‚Neuheit' nicht mehr möglich) und deren Siegeszug kurz vor dem ersten Weltkrieg begann und kurz nach dem zweiten endete, ist *tot*, das heißt, sie gehört der Geschichte an, nicht der Wirklichkeit. Für den Roman bedeutet dies, daß das Zeitalter von Proust, Joyce und Mann vorüber ist, ebenso sind in der Lyrik T.S. Eliot und Paul Valéry passé. Offensichtlich blieb dieser Sachverhalt kein Geheimnis, und einige Kritiker haben sich sogar darangemacht, seine Konsequenzen zu untersuchen. Nur waren ihre Sprache und ihre Methode von einzigartiger Unangemessenheit, waren sie doch eine Erfindung der Modernisten zur Entschuldigung ihrer eigenen Arbeit und der Arbeit ihrer literarischen Vorfahren (wie zum Beispiel John Donne oder der *Symbolisten*) und zur Heranziehung eines Publikums, das sich von ihnen angesprochen fühlte. Klar ist, daß dieser Weg vollkommen ungenügend ist; so entlarven sich die neuen Kritiker der zweiten und dritten Generation in Amerika als Idioten und Naivlinge, wenn sie sich einem Gedicht von, sagen wir, Allen Ginsberg oder einem Roman von John Barth gegenüber sehen. Warum dann also keine neue Neue Kritik erfinden, eine post-moderne Kritik, angemessen post-moderner Prosa und Poesie? Das klingt recht einfach – ebenso einfach als Postulat – , aber es ist doch einfacher gesagt als getan; denn die Frage, die sich sofort stellt, lautet: Gibt es überhaupt eine Form von Kritik, die der Nach-Moderne angemessen wäre? Das Zeitalter T.S. Eliots hatte schließlich eine Literatur geschaffen, die im wesentlichen ihrer selbst bewußt und der Analyse, Rationalität und anti-romantischen Dialektik verschrieben war und folglich auf Achtbarkeit, Vornehmheit und selbst Akademismus abzielte. Kritik ist einer solchen Epoche natürlich, sogar wesentlich; und niemand war erstaunt darüber, daß die Periode der frühen Moderne zu Beginn dieses Jahrhunderts eine Periode der Literaturkritik wurde (obwohl man schließlich doch einige bestürzte Stimmen hörte) – eine Periode, in der Kritik zum ersten Mal in Roman, Lyrik und dramatische Dichtkunst einfiel und drohte, alle anderen Formen von Literatur zu verschlucken. Bei einer Rückschau vom gegenwärtigen Zeitpunkt aus findet man unter den besten Büchern dieser Epoche viele der Literaturkritik (von T. S. Eliot, Ezra Pound und I. A. Richards, John Crowe Ransom, Kenneth Burke und R. P. Blackmur, um nur ein paar Namen zu nennen); die zweitbesten waren Romane und Gedichte, die zur kritischen Analyse sehr geeignet waren, besonders in Schulen und Universitäten: die Werke zum Beispiel von Proust, Mann und Joyce, um ein Dreigespann anzuführen, das im Augenblick eher wie der Titel eines Collegekurses klingt als die Aufzählung dreier Autoren.

Wir leben jetzt in einer sehr anderen Zeit – apokalyptisch, antirational, offen romantisch und sentimental; einer Zeit freudvoller Misologie und prophetischer Verantwortungslosigkeit, mißtrauisch gegen Ironie als Selbstschutz und allzu große Bewußtheit von sich selbst. Wenn Kritik überleben soll, wenn sie also nützlich, lebensfähig und wichtig werden oder bleiben soll, muß sie radikal verändert werden, jedoch nicht in der von marxistischen Kritikern angedeuteten Richtung, wie subtil und differenziert sie auch sein mag. Die Marxisten sind die verzweifelten Verteidiger der Rationalität und der Vorherrschaft des politischen Faktums; sie sind ihrem Wesen nach Feinde einer Zeit des Mythos und der Leidenschaft, der Sentimentalität und Phantasie.

Eine neue Literaturkritik wird selbstverständlich nicht in erster Linie befaßt sein mit Fragen der Struktur, Diktion oder Syntax; diese setzen ja voraus, daß das Kunstwerk ‚wirklich' existiert auf der Seite Papier und nicht in der Aneignung und dem Verständnis des Lesers. Nicht Wörter auf dem Papier, sondern Wörter im Leben, oder besser, Wörter im Kopf, in der intimen Verknüpfung von tausend Zusammenhängen – sozialen, psychologischen, historischen, biographischen, geographischen – im Bewußtsein des Lesers (für einen Augenblick, aber *nur* für einen Augenblick durch die *ekstasis* des Lesens aus all jenen Zusammenhängen gelöst): Sie werden der Gegenstand zukünftiger Kritiker sein. Ältere Kritiker haben schon Beispiele für diese Art von Literaturkritik geliefert, indem sie ihren Lehrern und sogar eigenen früheren Arbeiten den Rücken gekehrt haben. Norman O. Brown zum Beispiel, der mit gelehrten, leicht marxistischen Studien der klassischen Literatur begann, ist in *Zukunft im Zeichen des Eros* und *Love's Body* zur Metapsychologie fortgeschritten; Marshall McLuhan begann mit formalistischen Examinationen von Joyce- und Gerard-Manley-Hopkins-Texten und hat sich weiterbewegt zu metasoziologischen Analysen der Massenmedien in *Die magischen Kanäle* und letztlich zu einer Art piktographischer Kurzschrift, halb ironischer, halb ernster Nachahmung der Sprache der Werbung in *The Medium is the Message*.

Ton und Behandlung sind in beiden Fällen bedeutend, denn bei keinem der beiden Kritiker ist etwas vom Tonfall und Rhythmus üblicher ‚wissenschaftlicher'

Kritik zu hören. Im Gegenteil, Gestus, Rhythmus und Dynamik ihrer Sprache sind seherisch, magisch, mehr als ein bißchen *verrückt* (ein Konzept, das jeder, der sich mit zeitgenössischer Literatur befassen will, als ehrend und nicht als herabsetzend verstehen sollte). Für McLuhan wie für Brown – und D. H. Lawrence – ist Kritik gleich Literatur oder gleich Null. Weder Amateurphilosophie noch objektive Analyse – sie unterscheidet sich von anderen Formen literarischer Kunst insofern, als sie bei der Welt der Kunst selber ansetzt, nicht bei der Welt im allgemeinen; sie benutzt ein Kunstwerk als Gelegenheit, ein anderes zu schaffen.

In der Vergangenheit gab es eine ganze Reihe solch vermittelnder Kunstwerke, in der nahen und in der ferneren (Nietzsches *Geburt der Tragödie*, Longinus' *Über das Erhabene*), die ganz klar machen, daß die Autorität des Kritikers nicht auf seinen Forschungstechniken oder Textsammlungen basiert, sondern auf seiner Fähigkeit, Wörter, Rhythmen und Bilder zu finden, die seiner ekstatischen Vision der Stücke des Euripides und der Einleitungsverse der *Genesis* angemessen sind. Longinus oder auch Nietzsche zu evozieren, ist in gewissem Sinne irreführend, schafft es doch Vorbilder, die einfach zu großartig und ehrfurchtgebietend sind. Die neueste Kritik muß ästhetisch und poetisch in Form und Inhalt sein, gleichzeitig aber auch komisch, respektlos und vulgär. Beispiele dafür gibt es gegenwärtig überall – man nehme Angus Wilson, der seine Kritik des Romans *Nacht in der Stadt* mit folgendem trockenen Satz begann: „Jeder weiß, daß John Rechy ein kleiner Scheißer ist." Und mit einem Schlag haben wir die Eliotsche Kirche verlassen, deren Dogmen – ex cathedra verkündet – von zwei Studentengenerationen auswendig aufgesagt werden sollten: „Ehrliche Kritik und intelligente Würdigung sind nicht auf den Dichter gerichtet, sondern auf die Dichtung ... Der Geist des reifen Dichters unterscheidet sich von dem des unreifen nicht eigentlich aus Gründen der Wertschätzung seiner Persönlichkeit, auch nicht dadurch, daß er interessanter ist oder ‚mehr zu sagen' hat, sondern weil er ein präziseres Medium ist, in welchem ..." usw.

Wenn Kritik nicht der Versuchung widersteht, sich ganz so ernst zu nehmen, oder wenigstens ihren Lesern Unernst gestattet, wird sie unausweichlich in der Wiedergabe des gespreizten Kanons aus vornehmer Tradition und dem niederschmetternden Gejammer der Kulturreligion des Modernismus fortfahren, der Eliot sich entronnen dünkte – während er in Wirklichkeit dem Ganzen nur einen hochanglikanischen Klang gegeben hat: „Es liegt an uns, den Lesern von Literatur, zu wissen, was wir mögen. Es liegt an uns, als Christen *wie als* Leser zu wissen, was wir mögen sollten." Aber nicht zu wissen, daß dieses Zeug einfach lächerlich ist, heißt, in der Kirche gefangen zu sein, abgeschnitten vom befreienden Vorrecht des komischen Sakrilegs. Schluß mit dem Gejammer, es ist höchste Zeit fürs Sakrileg!

Die Art von Kritik, die die Zeit erfordert, ist Tod-der-Kunst-Kritik, die natürlich insbesondere von denen praktiziert wird, die nach dem Tod der Neuen Dichtung und Neuen Kritik mündig geworden sind. Es sieht faktisch so aus, daß Schriftsteller, die nicht das Glück haben, unter 30 (oder 35 oder was immer das kritische Alter heutzutage ist) zu sein, wiedergeboren werden müssen, um dem Augenblick und denen, die ihn höchst behaglich bewohnen, der Jugend, wichtig zu erscheinen. Man kann die Hoffnung auf Wiedergeburt fahrenlassen, wenn man nicht zuvor erkennt, daß man tot ist. Kein Romancier kann sich erneuern, der nicht einsieht, daß, sofern er Romancier im traditionellen Sinn bleibt, er tot ist. Was bis vor wenigen Jahren eine Diagnose war, eine Behauptung, ist heute eine Tatsache. (Eine Behauptung, die fast gleichzeitig mit der Erfindung des Romans aufgestellt wurde, der ersten Form von Pop-Literatur, die sich bewußt war, daß ihre Lebenszeit, verglichen mit den klassischen Formen des Epos und der Tragödie, notwendigerweise kurz sein würde.) So sicher, wie der alte Gott tot ist, ist es der alte Roman. Gewisse Schriftsteller (zum Beispiel Saul Bellow oder John Updike, Mary McCarthy oder James Baldwin) schreiben weiterhin alte Romane, und gewisse Leser lesen sie weiterhin, oft im Glauben, ganz schön auf der Höhe der Zeit zu sein. Nicht anders aber predigen Pfarrer weiter in alten Kirchen, und Massen versammeln sich und hören ihnen zu.

Die Alternative ist nicht die Vermutung, das gedruckte Buch sterbe aus (die Marshall McLuhan hegt), sondern schlechterdings die Einsicht, daß das gedruckte Buch in allen seinen Formen, besonders aber vielleicht in der des Romans, radikal zu verändern ist. Kein Medium der Kommunikation verschwindet, einfach weil ein neues und wirksameres erfunden worden ist. Man denke zum Beispiel an die Vorlesung, die ein wenig verjährt scheint seit der Einführung der beweglichen Drucktype, die aber nach mehr als fünf Jahrhunderten ‚Verjährung' immer noch wirksam ist. Ein Kommunikationsmedium muß, wenn es aus der Mode gerät, zu einer Form der Unterhaltung werden, was gegenwärtige Entwicklungen im Rundfunk ausreichend andeuten (zum Beispiel das Verschwinden aller hochsinnigen Kommentatoren und prätentiösen Stückeschreiber). Studenten sind sich dieser Tatsache in bezug auf ihre Universitätsvorlesungen wohl bewußt – und wehe dem Mann, der das nicht erkennt!

So wie die seriöse Vorlesung durch die Technologie des 15. Jahrhunderts und der seriöse Gottesdienst durch die Philologie des 18. und 19. Jahrhunderts bedroht wurden, werden der seriöse Roman und die seriöse Kritik durch Technologie und Philologie des 20. Jahrhunderts bedroht. Das Selbstbewußtsein des Romans muß – gleich dem der Vorlesung und des christlichen Gottesdienstes – das Bewußtsein seiner eigenen Absurdität, ja Unmöglichkeit, einschließen. Da der seriöse Roman unserer Zeit der Kunstroman ist, wie er von Proust, Mann und Joyce begründet und von deren Epigonen nachgeahmt wurde, müssen wir jener merkwürdigen Mischung aus Dichtung, Psychologie und Dokumentation, deren wirkliches, wenn auch nicht immer eingestandenes Ziel es war, sich zu kanonisieren, abschwören. Matthew Arnold hatte wohl mit seiner Voraussage recht, daß die Literatur als Heilige Schrift in einer Welt entstehen würde, die die überkommene Religion ablegt; aber das Leben der neuen Schrift und der neuen Religion war kürzer, als er hätte vermuten können.

Bevor der Mensch in der westlichen Gesellschaft aufhörte, die Bibel als zentrales Bezugsorgan seines Lebens zu betrachten, war sie für ihn schon ein Buch unter anderen geworden; dieser Sachverhalt hat wohl die Arnoldianer in die Irre geführt, die sich eine Zeit nicht vorstellen konnten, wo nicht nur *das* Buch seinen Einfluß auf die Menschheit einbüßte, sondern Bücher überhaupt. So ist es aber nun mal — zumindest was alle Bücher anlangt, die sich als Kunst — nach Abschaffung der Bibel — verstehen; und deswegen muß der wirklich neue Neue Roman anti-künstlerisch und anti-seriös sein. Das aber heißt, er muß wieder so ähnlich werden wie in seinen Anfängen, als Samuel Richardson nicht so blutig ernst genommen werden konnte, ähnlich der Form, die in England blühte, bis Henry James sich das Prädikat eines Künstlers zulegte, gegen solche selbsternannten ‚Unterhalter' wie Charles Dickens und Robert Louis Stevenson: volkstümlich, nicht gerade reputierlich, ein wenig gefährlich. Der kritische Gedankenaustausch über das Wesen des Romans, zu dem James mit *Die Kunst des Romans* und Stevenson mit *Eine bescheidene Vorstellung* ihren Beitrag leisteten, ist im Bewußtsein der meisten Leser der dreißiger Jahre von Henry James mit seiner Verteidigung des Kunstromans gewonnen worden, im Morgenschimmer der Siebziger sind wir dessen nicht mehr so sicher, in einer Zeit, wo *Die Schatzinsel* der Wahrheit und dem Wunsch nach Freude angemessener scheint als *Die Prinzessin Kasamassima*.

Die Franzosen haben diese volkstümliche Tradition wohl einst verstanden (als nämlich Diderot Richardson über die Maßen pries und der Marquis de Sade ihn in einem Buch nachahmte, das schmutziger war, als es sich der Engländer je zu schreiben getraut hätte), sie aber längst aus dem Gesichtsfeld verloren. Und der sogenannte *nouveau roman* ist in seinem tödlichen Ernst alles andere als wirklich neu, was bedeutet: anti-künstlerisch.

Boris Vian steht völlig isoliert auf der gegenwärtigen französischen Literaturszene. In mancher Hinsicht ist er der Prototyp des neuen Romanciers, obwohl er seit zehn Jahren tot ist und seine bezeichnende Arbeit in den Jahren kurz nach dem Zweiten Weltkrieg entstanden ist. Er war, vor allem, ein Amerikaner im Geist (was sogar in Amerika geborene Schriftsteller heute sein müssen), der sich im Widerstand gegen die amerikanische Politik befand just in dem Augenblick, als er am tiefsten in seine ‚Volkskultur' eingetaucht war — schrieb er doch gerade einen Detektivroman mit dem Titel *I'll Spit On Your Grave* unter dem Pseudonym Vernon Sullivan und unter der Vorgabe, nur der Übersetzer ins Französische zu sein. Kraft dieses Verschnitts aus mythologischem Amerikanismus gelang es ihm, einen Fuß über die Grenzlinie zu setzen, wenn nicht gar die Lücke zu schließen zwischen hoher Kultur und niederer, *belles-lettres* und *pop art*. Auf der einen Seite war er der Verfasser von *pop songs* und ein Jazztrompeter, beeinflußt vom

New-Orleans-Stil, andererseits aber ein Romanautor, der unter dünner Tünche französische Intellektuelle wie Jean Paul Sartre und Simone de Beauvoir aufs Korn nahm. Aber auch in seiner Dichtung, die auf den ersten Blick nach konventioneller Avantgarde aussieht, bewegen sich die Charaktere durch eine imaginäre Stadt, deren Hauptstraße Boulevard Louis Armstrong heißt.

Jetzt erst hat Vian das Publikum gefunden, das er vom ersten Augenblick an verdient hat, zunächst unter den jungen Parisern, die ebenso wie ihre amerikanischen Altersgenossen wissen, daß diese Überbrückung der Kluft zwischen Elite- und Massenkultur die exakte Funktion des Romans heute ist. Die meisten jüngeren Amerikaner, die sich auf einem ähnlichen Weg befinden, tun dies, ohne ihn jemals kennengelernt zu haben, dennoch ist er ihnen ähnlicher als so eminente amerikanische Vorgänger wie Faulkner oder Hemingway. Leider hat Vian den Pop-Roman nur mit der linken Hand geschrieben und sich sogar geweigert, seinen Namen darunterzusetzen.

Soweit die jungen Amerikaner Vian eingeholt haben, verzichten sie auf alle Verschleierung; und wo sie am meisten sie selbst und ihren Interessen am nächsten sind, bedienen sie sich offen der Formen des Pop — wenngleich nicht als Detektivroman, den eine schulterklopfende Mittelklasse hoffnungslos kompromittiert hat: zum Liebling von College-Professoren und Präsidenten. Die von ihnen bevorzugten Romanformen scheinen dem gleichen Prinzip zu gehorchen wie einst die ‚hardboiled' Detektivgeschichten Vians: möglichst weit weg von Kunst und Avantgarde, weit entfernt von Innerlichkeit, Analyse und Anspruch, daher immun sowohl gegen Lyrizismus als auch platten sozialen Kommentar. Sie fürchten nicht den Kompromiß des Marktplatzes, ganz im Gegenteil, sie wählen dasjenige Genre, das sich der Exploitation durch die Massenmedien am ehesten anbietet, den Western, Science-fiction und Pornographie.

Am geeignetsten ist die Wildwestgeschichte, da sie viele Jahrzehnte ausschließlich in den Rahmen von Groschenblättern, billigen TV-Serien und B-Filmen gehörte und rein als Mythos und Unterhaltung aufgenommen wurde, nicht als Literatur, und ihre Sentimentalität sich unserer Köpfe so bemächtigt hat, daß sie heute ohne wesentliche Einbuße durch Parodie, Ironie und sogar kritische Analyse verdünnt werden kann. In gewissem Sinne hat unsere mythologische Unschuld im Western überlebt, und sie erwartet den Tag, wo wir, da wir an unsere Unschuld nun nicht mehr glauben, sie wenigstens in der Phantasie wiederherstellen. Diese Rückkehr des Western-Plots hat natürlich die Ablehnung solcher *poetae laureati* der verlorenen Unschuld zur Folge wie Henry James und Nathaniel Hawthorne — jener speziellen Lieblinge der Vierziger, die, entgegen ihren wirklichen Fähigkeiten, zu sehr dem Begriff europäischer Kunst verfallen waren, um im Zeitalter der Pop-Art als Einfluß überleben zu können. Sie hat auch die bedingte Abkehr von unserem vielgeliebten Herman Melville zur Folge (der von seinen neuen kritischen Bewunderern und den endlosen Doktordissertationen ernsthaft gefährdet wird), sogar Mark Twain müssen wir einen Augenblick an die Seite stellen. Für Hemingway konnte Twain noch die Zentralfigur einer lebendigen Tradition sein, unser aller Vater; da er aber eher ein ‚Folk'- als ein Pop-Autor ist, ist eine urbane, industrialisierte Welt noch weiter von ihm entfernt. *Folk Art* kennt und akzeptiert ihren Platz in der Klassengesellschaft, die Pop zerstört, wobei seine hergesagten Absichten gleichgültig sind. Übrig bleibt eine mögliche Form, die der Travestie näher ist als der Nachahmung — ein so grotesker Neo-Huck wie jener ordinäre D. J. in Norman Mailers ... *am Beispiel einer Bärenjagd*, der, wie einige teuflischerweise meinen, ein schwarzer Typ aus Harlem ist, der den weißen Flüchtling aus der Wohlanständigkeit spielt. Vor kurzem wurde sogar Twains Buch neu geschrieben — zur Belustigung und Verspottung seiner Exegeten — in John Seelyes *The True Adventures of Huckleberry Finn*, wo das blöde Happy-End gestutzt wird, die Erlösung des Niggers Jim (an die Hemingway niemals glaubte), und der Erzählung Gemeinheit und Sex zurückgegeben werden, die vermutlich von dem wenig authentischen Verstand des Samuel Clemens herausgeschält wurden, nebst der Enthüllung, daß der Stoff, den Huck und Jim auf dem Floß rauchten, nicht Tabak ist, sondern Hanf, auch als Marihuana bekannt. Dennoch: Huck gehört heute nicht mehr der Kindheit an, die wir alle weiterleben, sondern der Kindheit, die wir verlassen haben.

Dagegen überlebt mit seinem Autor Natty Bumppo, der ursprünglich in den Vororten New Yorks und in Paris träumte. Wider unsere jahrelange Überzeugung wird James Fenimore Cooper überleben oder vielmehr wiedergeboren werden, vielleicht nicht ganz so, wie er sich selber sah, sondern in der Weise, wie D. H. Lawrence ihn auf der Reise nach Amerika neu erschuf. Cooper hat begriffen, daß der Traum, der mit dem Bau von Städten nicht schwindet, sondern in deren Stahl- und Beton-Welt die unwiderstehliche Lebendigkeit einer erwachenden Halluzination beschwört, die Begegnung ist zwischen dem Mann der Alten Welt und der Neuen in der Wildnis, das Treffen des verpflanzten Europäers mit dem Indianer. Kein Wunder, daß Lawrence sich ‚von Fenimore Cooper erleuchtet' nannte.

Die Rückkehr der Rothaut ins Zentrum unserer Kunst und tiefsten Imagination, wie wir sie mit Lawrence' Reise ins mythische Amerika nachgezeichnet haben, gründet sich nicht nur auf die Wiederbelebung der ältesten und authentischsten Formen des amerikanischen Pop, sondern projiziert darüber hinaus bestimmte Bedeutungen unseres Lebens in Begriffen, die eher metapolitisch als politisch zu nennen sind, die als Mythos gültiger sind denn als Geschichte. Erzähler von Western-Geschichten haben traditionsgemäß für oder gegen die Indianer Stellung bezogen; und im Gegensatz zu den Filmautoren, die in den zwanziger und dreißiger Jahren den jungen Leuten in Samstagvormittagvorstellungen etwas zum Jubeln vorsetzten, haben die neuen Romanciers den Indianern gegenüber einen klaren Standpunkt eingenommen. In diesem Akt mythologischen Renegatentums haben sie sich nicht nur zu Feinden des christlichen Humanismus erklärt, sondern auch den Völkermord verurteilt, mit dem unsere Nation ihren Anfang nahm und dessen späteste Nachwirkungen – vielleicht – im Vietnamkrieg zu sehen sind.

Es ist unmöglich, einen Western zu schreiben, ohne auf irgendeine Weise die Gewalt zu verherrlichen; aber die Gewalt des anti-weißen Western ist Guerilla-Gewalt, der schleichende Angriff auf die Zivilisation, wie Geronimo, Cochise und andere indianische Kriegsführer sie praktizierten und Che Guevara und der Vertreter Nordvietnams sie später rechtfertigten. Krieg jedoch ist nicht der Wunschtraum des neuen Western, dessen Motivationen tiefer liegen in einer Sehnsucht nach dem Stamm – einer gesellschaftlichen Organisationsform, die die Autoren ihrem bourgeoisen Familienhintergrund und dem seelenlosen, inhumanen bürokratischen Staat, auf den sie durch Schule und Universität vorbereitet wurden, vorziehen. Letzten Endes sind beide Träume – die Gewalt in den Wäldern und das Leben im Stamm – pubertär, um nicht zu sagen infantil. Aber hier haben wir's: was der Wilde Westen den Autoren so attraktiv macht, ist seine Assoziation mit Kindern und jener Art von Büchern, die sich hochmütig mit deren begrenzten und besonderen Nöten identifiziert.

Die legendären Indianer haben mit Kunst im traditionellen Sinn nichts zu tun, wohl aber mit der Entwicklung des Knaben zum Mann, der Unreife zur Reife. Sie wachen über die Schließung des Grabens, den aristokratische Kunstvorstellungen geschaufelt haben zwischen den Dingen, die uns im Alter von zehn oder zwölf ausfüllen, und jenen, die uns befriedigen, wenn wir fünfzig oder sechzig sind.

Unter solchen Betrachtungen wird es höchste Zeit, die viel diskutierte Unreife der amerikanischen Literatur wieder in Augenschein zu nehmen, und zwar im Hinblick auf die Tatsache, daß unsere klassischen Bücher die Bücher der kleinen Jungen sind und unsere größten Romane ihren rechtmäßigen Platz in der Kinderabteilung unserer Bibliotheken haben; kurzum, sie haben alle in gewissem Sinn mit dem Wilden Westen zu tun – erzählen von der idyllischen Begegnung des weißen Mannes mit dem nicht-weißen in einer Vielfalt von ‚wilden' Szenerien. Doch plötzlich scheint dieses Faktum – das einst geleugnet wurde – einen wirklichen Vorteil zu bieten, eine Spur bei der Erforschung der Frage, warum der Graben, den wir heute zu schließen wünschen, so spät und so wenig überzeugend in der amerikanischen Dichtung entstanden ist. Vor Henry James fühlte sich keiner unserer Romanciers von der Welt der Magie und des Wunders abgeschnitten; er brauchte nur ans Meer zu gehen oder, noch besser, unsere ganz besondere ‚Grenze' zu überqueren, und schon befand er sich in einer Region, wo Erwachsene und Kinder, gebildet und ungebildet, in gemeinsamer Verzauberung leben.

Wie verschieden war die Lage der Dichter in der Mitte des 19. Jahrhunderts wie Lewis Carroll oder Edward Lear oder George Macdonald, die sich vorstellen mußten, sie schrieben für die Kinderschule, um das Wunderland ihrer Imagination betreten zu können. Schließlich macht es einen Unterschied, ob man sich die Welt jenseits der Grenze als Märchenland oder Grenzland, Phantasie oder Geschichte vorstellt. Es ist lange her, seit die Europäer ihre tiefsten Träume gelebt haben, aber für uns ist es gestern. Und deshalb können wir jetzt noch, da wir aus jenen Träumen ausgeschlossen sind, ‚verderbt' werden, ohne unsere innere Unschuld zu verlieren, dekadente Kinder, die Indianer spielen — phantasievolle Amerikaner wir alle, ob hier geboren oder nicht. Aber Amerikaner sein heißt nichts anderes, als sich ein Schicksal einzubilden, anstatt eines zu erben, da wir immer schon, sofern wir überhaupt Amerikaner waren, im Mythos und nicht in der Geschichte gelebt haben — nur haben wir es eben erst begriffen. Jedenfalls sind unsere besten Schriftsteller fähig, den Wilden Westen wieder in Angriff zu nehmen — spielerisch und ernst in einem, ganz ähnlich wie ihre Vorfahren, die die Revolution, die uns zu einer Nation gemacht hat, mit todernstem Indianerspielen angefangen und den ganzen englischen Tee ins Meer geschmissen haben. Viele Schriftsteller sind noch nicht vierzig — unter ihnen die bemerkenswertesten ihrer Generation — , und sie haben durch ihre Wiederentdeckung des Westens die Herzen der Jungen erobert. John Barths *Der Tabakhändler* kennzeichnet den Beginn dieser Welle, die seit 1960 ständig im Anwachsen ist und solche Männer mitgezogen hat wie Barths Altersgenossen Thomas Berger (*Der letzte Held*); Ken Kesey (*One Flew Over the Cuckoo's Nest* und *Manchmal ein großes Verlangen*) und, erst in jüngster Zeit, Leonard Cohen (in seinem ausgefallenen und ungewöhnlich eleganten Roman *Schöne Verlierer*), aber auch ältere und etabliertere Schriftsteller wie Norman Mailer, dessen neuester Roman, ... *am Beispiel einer Bärenjagd*, weniger ein Buch über den Krieg im Osten ist als eines über den Begriff des Westens. Sogar William Burroughs, Experte in Drogenphantasien und homosexueller Paranoia, scheint dem Genre zuzuneigen, wenn er sich auch bis dato mit Science-fiction begnügt hat, einer weiteren Pop-Form, einer weiteren Möglichkeit, aus individuellem in öffentlichen oder populären Mythos zu fliehen, Träume einzusetzen, die den Graben schließen.

Auf den ersten Blick sieht es nicht so aus, als habe Science-fiction einen so universalen Appeal wie die Western-Story, zumindest nicht in geschriebener Form, aber vielleicht ist ein Urteil noch verfrüht; handelt es sich doch um ein sehr junges Genre, das seinen Standort erst nach dem Zweiten Weltkrieg gefunden hat (nach anfänglichen Versuchen von Jules Verne und H. G. Wells).

Zu diesem Zeitpunkt wurden zwei Dinge ganz klar: einmal, daß die Zukunft schon begonnen hatte mit so schnellem Voranschreiten der Technologie, daß eine Unterscheidung zwischen Gegenwart und Zukunft immer schwerer zu treffen sein würde; zum anderen, daß das Ende der Menschheit, durch Vernichtung oder Mutation, eine reale, bereits drohende Möglichkeit war. Aber dies hat Science-fiction zum Gegenstand: die Zukunft in der Gegenwart und das Ende des Menschen, nicht das Reisen mit der Zeitmaschine, auch nicht das Eindringen in den Weltraum, höchstens, soweit sie die genannten Themen symbolisieren.

Vermutlich kann Science-fiction nur in fortgeschrittenen Technologien, die selber eine Tradition in Eigenuntersuchung und -analyse haben, erfolgreich werden. Denn nur in Amerika, England und der Sowjetunion scheinen der Science-fiction-Roman und seine Epigonen zu gedeihen; doch Science-fiction-Karikaturen und -Comics, Science-fiction-Fernsehserien und -Filme (wo die zugrundeliegende Bildwelt glücklich mit elektronischer Musik verwoben ist und der Wortanteil auf ein Minimum reduziert) setzen sich überall durch. In England und Amerika ist das Prestige dieses Genres so groß, daß Leute wie Burroughs dafür gewonnen wurden (*Nova Express*), während es anderen als Vorbild diente: William Golding (*Herr der Fliegen*), Anthony Burgess (*The Clockwork Orange*) und John Barth (der in seinem zweitbesten Buch, *Giles Goat-Boy*, die Indianer verließ und sich der Zukunft verschrieb).

Anders als die Westerngeschichte, die den Gegensatz zwischen England und Amerika bestätigt, spiegelt Science-fiction, was die beiden gegeneinander mißtrauischen Länder eint; eine Bestätigung dafür findet sich in der gemeinsamen Unternehmung *2001: A Space Odyssey* (mit englischem Autor und amerikanischem Regisseur). Wenn es noch eine gemeinsame angelsächsische Form gibt, heißt sie Science-fiction. Aber selbst in diesem Fall liegen die Dinge in Amerika ein bißchen anders als in England, denn nur in Amerika gibt es einen Autor ersten Grades, dessen bevorzugte Methode aus der ersten Science-fiction in ihrer unverformten Pop-Gestalt stammt. Kurt Vonnegut Jr. hat nicht mit einem traditionellen Versuch um des literarischen Ruhmes willen angefangen und sich dann aufs Feld der Science-fiction begeben, er war von Anfang an so eng verbunden mit dieser populären und nicht ganz respektablen Form, daß die etablierten Kritiker ihn noch zu einer Zeit ignorierten, als die jüngeren Leser, von Marshall McLuhan und Buckminster Fuller auf den neuen Rhythmus der Ereignisse vorbereitet, seine Bücher *The Sirens of Titan* und *Cat's Cradle* bereits zu Favoriten des Underground erklärt hatten. Daß Vonnegut heute, nach Jahren der Mißachtung, an einer berühmten amerikanischen Universität die Technik des Schreibens lehrt und in Starbesprechungen der gängigen Presse bejubelt wird, ist nicht der Scharfsicht unserer Kritiker zuzuschreiben, sondern der Macht der Jungen.

Das Wiederaufleben der Pornographie ist ebenfalls in diesem Kontext zu verstehen; auch sie ist, wie Western und Science-fiction, eine Form der Pop-Art. Seit der viktorianischen Zeit ist sie die *eigentliche* Form von Pop-Art — die am wenigsten tilgbare Gestalt aller Subliteraturen, eine Unterhaltungsform, die dem Laster näher steht als der Kunst. Viele bekannte Arbeiten dieses Genres aus der letzten Zeit haben versucht, diese Tatsache zu verschleiern, nicht selten, weil die Autoren selbst nicht verstanden, worauf sie eigentlich hinaus wollten, und versuchten, ihre Arbeit mit ernsthafter Moralität (Hubert Selby in *Letzte Ausfahrt Brooklyn*) oder Parodie zu verschleiern (Terry Southern in *Candy*). Alle diese Autoren haben, gleichgültig, welche Absichten sie hatten, indem sie den Porno aus dem Underground an die vorderste Front holten, an der Liquidation der Idee von Pornographie mitgeholfen, denn das Ende von Kunst auf der einen Seite bedeutet das Ende von Pornographie auf der anderen. Und dieses Ende ist in Sicht im Film, in Pop-Songs und in der Dichtung, besonders aber im Roman, der zu Anfang besser als spätere Pop-Formen geeignet schien zu dieser Art masturbatorischer Träumerei im Verborgenen, die der Pornographie wesentlich ist.

Die Standardformen heterosexueller Kopulation, normal oder ‚poetisch' vermittelt, sind verflucht altmodisch, wenn nicht gar ein bißchen lächerlich; wir fordern Fellatio, Analverkehr und Flagellation, um sicherzugehen, daß wir Pornographie vor uns haben und keine Liebesgeschichte. Ein besonderer Nutznießer dieses Trends ist Norman Mailer, dessen erster Roman, *Die Nackten und die Toten*, in der sterbenden Tradition des gegen den Krieg gerichteten Kunstromans stand, mit gelegentlich eingestreuten Obszönitäten, die vordergründig der Glaubwürdigkeit dienen sollten. Aber mehr und mehr hat Mailer das Obszöne ins Zentrum verlagert und den sozialen Kommentar an die Peripherie, ein Prozeß, der in ... *am Beispiel einer Bärenjagd* bei einer Insistenz auf schmutziger Sprache und Skatologie endet, die offensichtlich um ihrer selbst willen herrscht, da sie zu beharrlich ist, um nurmehr als Verletzung altmodischer Sensibilität und überholten Geschmacks interpretiert werden zu können. Und selbst in seinem frühen Pop-Roman *Ein amerikanischer Traum*, seinem ersten Roman nach zehnjähriger Pause, hatte er sich der Pornographie verschrieben als Richtungsanzeiger dorthin, worauf sein Titel anspielt: den Ort, wo in Dunkelheit und Schmutz alle Männer gleich sind – der Harvardabsolvent und der Leser der *Daily News*, vereinigt in Phantasien, die den Mord an ihren Ehefrauen und das Arschvögeln ihrer Dienstmädchen zum Inhalt haben. Über solche Bücher mit einem Begriffsapparat zu sprechen, der Dostojewski angemessen ist, wie einige überraschte Kritiker tun zu müssen glaubten, ist widersinnig; James Bond paßt da eher. Dieses Eingeständnis bedeutet zugleich, daß die alten Unterscheidungen nichts mehr hergeben und daß Kritiker einen Autoritätsanspruch finden müssen, der unserer Zeit angemessener ist als die ausgediente Fähigkeit, zwischen hoher und niederer Kunst zu unterscheiden.

Bei Philip Roths *Portnoys Beschwerden* stellt sich noch peinlicher als bei Mailer die Frage, ob Pornographie, selbst sogenannte harte Pornographie, noch existiert. Roth hat sich zum Laureaten der Masturbation und oralgenitalen Liebespraxis gemacht – deutlich, vulgär, fröhlich, plump und pathetisch – und zum Meister des ‚dünnen' Romans, des Romans mit einem Minimum an Bedeutung in ironischer Präsentierung, in *Portnoy* zum Beispiel als Bekenntnis vor einem Psychiater. Von seiner sexuellen Seite abgesehen – der ausgeklügelten Balance aus Kitzel und Burleske – hat sein Buch nicht mehr Bedeutung als jeder beliebige dreckige Witz, dessen Genre es auch zugehört. Pathos und Terror herrschen im Überfluß, aber sie stehen im Dienste dreckiger Witze über Mütter, Juden, Psychiater, Potenz und Impotenz; und Roth hat insofern ganz recht, wenn er zugibt, daß er solch ehrfürchtigen und frommen amerikanisch-jüdischen Schriftstellern wie Saul Bellow oder Bernard Malamud weniger ähnlich ist als Tiny Tim (der halb Araber und halb Jude ist).

„Ich bin ein verrückter Jude", posaunt Roth aus, „und kein jüdischer Weiser" — und man wird an Lenny Bruce erinnert, der zuerst an diesem Punkt war und die gefährliche Verbindung einging zwischen der Welt des Komikers und des ernsthaften Produzenten von Dichtung. Aber Bruce verstand sich niemals als Romancier und verunsicherte deshalb auch nie die Kritiker, noch eröffnete er neue Wege der Erzählkunst. Vor *Portnoys Beschwerden* galt der jüdisch-amerikanische Roman als besonders krasses Beispiel für den Tod der Schönen Literatur, denn er war glatt, etabliert, steril und wiederholte sich selber. *Portnoy* dagegen kennzeichnet sein Hinüberwechseln in die Welt der Pornographie und des Pop — was Roths steigende Verkaufsziffern (sogar in der gebundenen Ausgabe!) hinreichend beweisen.

Natürlich sind es die wohlhabenden Leser mittleren Alters, die die Leinenausgabe dieses Buches kaufen; doch ihre Kinder holen es sich offensichtlich auch schon, weil sie nicht warten können, bis die Paperback-Ausgabe auf dem Markt ist. Sie wissen, es ist ein subversives Buch — im Gegensatz zu ihren Eltern (die überzeugt sind, daß ein Junge, der seine Mutter liebt, so schlecht nun wieder nicht sein kann) und im Gegensatz zu Roth selber, dem dieser Sachverhalt wohl zuerst entgangen war. Vor der Veröffentlichung hatte er zumindest Zweifel, was den Wert offen zersetzender Literatur angeht — und er mißtraute Mailer zum Beispiel sehr —, deshalb scheint er wider seine Überzeugung zum Pop-Rebellen geworden zu sein, aus Gier nach dem großen Publikum eher, ganz ähnlich John Updike, den diese Gier jüngst aus seinem elitären Exil zu Bestsellertum und Relevanz bewegt hat (*Ehepaare*).

Auch die anderen von der Jugend im Augenblick geschätzten Schriftsteller sind sich im klaren darüber, daß es ihre wichtigste Aufgabe ist, solche Unterscheidungen ein für allemal zu zerschlagen — durch Parodie oder Übertreibung oder groteske Imitation klassischer Vorbilder, aber auch durch die Übernahme und Verfeinerung von Pop-Formen. Aber sogenannte Hohe Kunst auf Vaudeville- und Burleskeniveau herunterzuschrauben zu einem Zeitpunkt, wo Massenkunst ohne Ehrfurcht die Museen und Bibliotheken erobert, ist ein politischer und ästhetischer Akt zugleich, ein Akt, der den Klassen- und Generationsunterschied überbrückt. Die Vorstellung von einer Kunst für die ‚Gebildeten' und einer Subkunst für die ‚Ungebildeten' bezeugt den letzten Überrest einer ärgerlichen Unterscheidung innerhalb der industrialisierten Massengesellschaft, die nur einer Klassengesellschaft zustünde. Weil Pop-Art weiterhin wie seit der Mitte des 18. Jahrhunderts gegen jene anachronistischen Überbleibsel Krieg führt, ist sie subversiv, ungeachtet ihrer erklärten Absichten, und eine Bedrohung für alle Hierarchien, weil sie wider die Ordnung ist. Daß der Pop in die Zitadellen der Hohen Kunst eingedrungen ist, bringt dem Kritiker schließlich die erfreuliche neue Möglichkeit, darüber zu urteilen, ob ein Kunstwerk gut oder schlecht ist, ohne sich der Distinktion zwischen hoch und niedrig unterwerfen zu müssen, dem verschleierten Klassenvorurteil.

Aber das neue Publikum hat nicht darauf gewartet, daß neue Kritiker es in diese Richtung führen. In Umkehrung des Prozesses, der typisch war für den Modernismus — unter dessen Ägide ein unwilliges und alterndes Elitepublikum mittels Druck und Schöntuerei langsam dazu gebracht wurde, die vitalste Kunst seiner Zeit zu akzeptieren —, gibt der Postmodernismus einem jungen Massenpublikum ein Beispiel und verdrängt gewisse alternde und widerwillige Kritiker aus ihrem ehemaligen Elitestatus, indem er Freiheit anbietet, die jene schon in Gedanken mehr erschreckt als ermutigt. Der Postmodernismus schließt die Kluft zwischen Kritiker und Publikum, selbst wenn man unter dem Kritiker den Anführer in Geschmacksfragen versteht und unter Publikum seine Gefolgschaft. Wichtiger ist, daß er die Kluft zwischen Künstler und Publikum schließt oder, in jedem Fall, zwischen Professionalismus und Amateurtum in den Gebieten der Kunst. Alles andere kommt ganz logisch. Ein Dichter wie Ed Sanders oder ein Romancier wie Leonard Cohen langweilen sich in der Begrenzung durch die traditionelle Hohe Kunst; der erste gründet seine eigene Pop-Gruppe, die Fugs, der zweite macht Platten mit seinen eigenen Pop-Songs zu eigener Gitarrenbegleitung.

Noch verwunderlicher ist, daß einige, die als reine Entertainer und ohne höhere Absichten begonnen hatten, die Grenzlinie überschritten haben. Frank Zappa beispielsweise besteht in Interviews und in seinem demnächst erscheinenden Buch darauf, als Dichter und Satiriker ernst genommen zu werden, und sagt, daß die Musik seiner Gruppe, The Mothers of Invention, eher eine Parodie des Pop sei als seine Ausweitung in psychedelische Richtungen, während Bob Dylan, der Folk-Music mit linken Untertönen zugunsten des elektrischen Rock 'n' Roll aufgegeben hatte, schließlich bei einer surrealistischen Pop-Poesie anlangte, die leidenschaftlich, geheimnisvoll und recht komplex war, komplex genug, um eine ganze Reihe gelehrter Aufsätze über seine ‚Kunst' zu veranlassen. Vor kurzem ist er zu akustischer Instrumentierung und der naivsten Tradition der Country-Music zurückgekehrt — offenbar in der Einsicht, daß er zu künstlich geworden war und noch einmal die Kluft schließen müsse, indem er über die Grenze zurückgeht. Ein spektakulärer Fall des neuen Künstlers als Doppelagent.

Noch spektakulärer ist der Fall John Lennon, der zunächst als ein Beatle — damals eine Rockgruppe unter vielen — ins Licht rückte und sich dann Stufe um Stufe als Prosaschreiber, Stückeschreiber, Filmemacher, Guru, Bildhauer usw. entpuppte. Sein Beispiel ist besonders einprägsam, da er zunächst von amerikanischen Vorbildern inspiriert war und dann seine typisch amerikanischen Strategien im englischen Idiom zu verwirklichen versuchte und dabei in immer stärkere Isolation auf der trostlosen englischen Szene geriet. Er hat sich geweigert, der Gefangene seines musikalischen Talents zu werden, und er versucht neue Möglichkeiten, wo er nicht mehr Autorität hat wie jeder andere. So gibt er wiederum den Jungen ein Beispiel, die ja ohne jede Sonderbegabung oder ‚Berufung' darauf bestehen, Tausende von Platten zu machen, Filme, Lyrikbände, Gemälde, Müllplastiken und sogar Romane bei vollkommener Verachtung professioneller Normen. Obwohl vielleicht der Roman nicht die meistversprechende Kunstform für ein Amateurzeitalter ist (es ist einfacher, Gitarre spielen zu lernen oder einen Zweiminutenfilm in 8 Millimeter zu drehen) und es gut sein kann, daß er zur allmählichen Bedeutungslosigkeit verdammt ist, wie sehr er sich auch ändern mag. Aber zumindest im Augenblick floriert er im Grenzgebiet zwischen der Welt der Kunst und der Welt der Nichtkunst, und zwar mit um so größerer Lebenskraft, als er seinen Übergangscharakter begreift und willens ist, jene Art von Realismus und Analyse der Wirklichkeit, die er einmal für sein ureigenstes Gebiet hielt, zugunsten der Suche nach dem Wunderbaren und Magischen aufzugeben, von der sich der Roman in seinen Anfängen distanziert hatte.

Samuel Richardson mag beim Verfassen von *Pamela* und *Clarissa* geglaubt haben, er befreie die Prosadichtung von ihrer Hörigkeit an das *merveilleux*, das Wunderbare, das die alten Romanzen charakterisierte; aber heute ist klar, daß er das Wunderbare nur in einen neuen Ausdruck brachte, nämlich in das Englische des Bürgertums. Es ist Zeit, mit solchen Prätentionen aufzuräumen; die Kluft zu schließen bedeutet auch, die Grenze zwischen dem Wunderbaren und dem Wahrscheinlichen zu überschreiten, zwischen dem Wirklichen und dem Mythischen, zwischen der bürgerlichen Welt mit Boudoir und Buchhaltung und dem Königreich dessen, was man lange als das der Märchen zu bezeichnen pflegte, aber das schließlich in den Geruch der verrückten Phantasterei kam. Ganz sicher umfaßt die Grundidee solcher Pop-Formen der Literatur wie des Western, der Science-fiction und der Pornographie ebensosehr mythologische wie politische oder metapolitische Vorstellungen. Das Vordringen in die Indianerterritorien des Westens, der Raumflug, die ekstatische Befreiung in der Phantasiewelt der Orgie – all das sind Analogien zu dem, was man traditionell als Reise oder Pilgerfahrt zu transzendenten Zielen bezeichnet, visionäre Momente.

Die Pop-Kunst kann auf die Dauer ebensowenig in einem mythologiefreien Raum existieren wie die ‚hohe Kunst'; und in das Vakuum, welches das Verschwinden solcher Stoffe wie der von den trojanischen Helden oder der Mythen des orientalischen Kulturkreises gelassen hat, treten vor allem die Stoffe der Kindheit ein – die Inhalte traditioneller Märchen aus dem Schwarzen Walde, die der gegenwärtigen Generation vielleicht schon deshalb besonders attraktiv vorkommen, weil ihre progressiven Eltern ihnen eher mißtrauen. Aber es ist noch etwas anderes, in einem radikaleren Sinne Neues hinzugetreten: die Saga von Metropolis und die Mythen der unmittelbaren Zukunft, in denen die nichtmenschliche Welt um uns, feindlich oder wohlwollend, nicht mehr in der Gestalt von Elfen und

Zwergen, von Hexen oder gar Göttern erscheint, sondern von Maschinen, nicht weniger unheimlich als irgendein Olympier — und offenbar ebenso unsterblich. Maschinen und mythologische Gestalten, die den von Maschinen massenproduzierten und massengestreuten Medien entsprechen: der Zeitungsjunge, der in einem verlassenen U-Bahn-Tunnel „Shazam" sagt und sich in Captain Marvel verwandelt; der Reporter (mit Brille), der in einer Telefonzelle rasch seine Zivilkleidung ablegt und sich in Superman verwandelt, unverwundbar gegen alle Waffen außer dem grünen Kryptonit — sie sind die angemessenen Symbole von Macht und Gnade für eine großstädtische, industrielle Welt, die geschäftig ihre Zukunft schmiedet.

Aber die Helden der Comic Books stehen nicht allein. Aus der Welt des Jazz und der Rockmusik, aus Zeitungsschlagzeilen und politischen Karikaturen, aus alten Filmen, die durch ihr Wiedererscheinen im Fernsehen Unsterblichkeit erhalten, aus dem idiotischen Geschwätz, das aus den Autoradios dringt, erwachsen neue Antigötter und Antihelden. In den Köpfen unserer neuen Schriftsteller leben sie ein zweites Leben, verwirklichen sie ihre Unsterblichkeit — nicht nur Jean Harlow und Marilyn Monroe und Humphrey Bogart, Charlie Parker und Louis Armstrong und Lenny Bruce, Geronimo und Billy the Kid, der Lone Ranger und Fu Manchu und Frankensteins Braut, sondern auch Hitler und Stalin, John F. Kennedy und Lee Oswald und Jack Ruby. Denn die Presse mythologisiert gewisse öffentliche Personen, die Gestalter der Pop-Geschichte, schon bevor sie tot sind. Sie identifiziert einen zum Tode verurteilten Präsidenten mit Superman im Supermarkt der Pop-Kultur, wie Norman Mailer so richtig gesehen und in einem Essay über John F. Kennedy so bewegend dargestellt hat.

Aber das Geheimnis, das er preisgab, war vielen jüngeren Schriftstellern längst bekannt und ging in Text und Textur ihrer Arbeit ein. In der Tiefenerinnerung von Leonard Cohen, der *Schöne Verlierer*, oder Richard Farina, der *Been Down So Long It Looks Like Up to Me*, oder Ken Kesey, der *Manchmal ein großes Verlangen* schreibt, regen sich nicht archetypische Gestalten zum Leben, die aus Büchern stammen, die man in der Schule oder auf Anregung der Eltern liest, sondern Gestalten aus Comic Books, die in der Schule verboten sind, und aus Radio oder Fernsehprogrammen, die wir zu Hause nicht oder nur ungern sehen durften. In dem, was unsere jüngsten Autoren schreiben, fehlt Spott und herablassende Ironie; sie leben in der einzigen Welt, in der sie sich zu Hause fühlen. Sie sind fähig, eine rohe magische Qualität in ihrem authentischen Kontext einzufangen, indem sie Mythen nicht aus Konversationslexika und gewissen geliebten Uraltklassikern schöpfen, sondern aus der Gegenwart, im Augenblick ihres Entstehens — in einem Augenblick, in dem sie noch nicht zu Mythen abgestempelt worden sind.

Die gegenwärtige Bewegung — nicht nur in ihrer Suche nach Mythen, sondern auch darin, daß sie die Sentimentalität der Ironie vorzieht — erinnert an die Anfänge der Romantik mit ihrer Sehnsucht nach dem Naiven und in ihrem Versuch, authentische Quellen für die Dichtung in Volksformen wie dem *Märchen* oder der Ballade zu finden. Aber die Romantiker waren ausschließlich rückwärts gewandt, sie hofften, die Vergangenheit wiederzubeleben in einem Traum, von dem sie wußten, daß sie ihn nur schreiben, nicht aber leben konnten. Und in den Postmodernisten lebt noch etwas von dieser alten Nostalgie für Volksweisen und Volksrhythmen, einer Nostalgie, die seltsam gebändigt ist durch die Erkenntnis, daß die Volkslieder eines elektronischen Zeitalters nicht in ländlicher Einsamkeit und Hinterwaldklausen entstehen, sondern in Superstudios, in denen Jungs in die empfindlichen Ohren von Maschinen singen. Was die Autoren unserer Zeit gelernt haben – und sie sind Kinder unserer unmittelbaren Zukunft genug, um das erheiternd zu finden – ist, daß Naivität nicht nur von Maschinen produziert werden kann, sondern daß Träume selbst produziert und auf Fernsehschirme geworfen oder mit Laserstrahlen projiziert werden können in einer Lebendigkeit, die den Visionen der Heiligen nicht nachsteht. In der vorelektronischen Romantik mußte Novalis einen Glaubensakt vollziehen, um sagen zu können, daß das Leben zwar kein Traum sei, aber Traum werden könne und solle.

Der Traum, die Vision, *ekstasis:* Sie sind wieder die wahren Ziele der Literatur geworden; denn unsere neuesten Poeten begreifen in diesen Endzeiten, was ihre entferntesten Vorfahren in den Zeiten des Anfangs begriffen hatten: daß es nicht genug ist, nur zu belehren und zu unterhalten. Sie sind überzeugt davon, daß Wunder und Phantasie, die den Geist vom Körper, den Körper vom Geist befreien, einheimisch werden müssen in einer Maschinenwelt, verändert vielleicht oder sogar transformiert, aber auf keinen Fall zerstört oder verdrängt werden dürfen. Das Ende von Ken Keseys *One Flow Over the Cuckoo's Nest* drückt diese Überzeugung metaphorisch aus, wenn der Indianer, einer seiner Helden, aus dem Irrenhaus ausbricht, in dem das System ihn ohnmächtig gefangengehalten hat, und zu seinen Brüdern flieht, die dabei sind, eine Fischreuse an einem riesigen Wasserkraftwerk zu bauen. Staudamm und Fischreuse sind beide wesentlich für die Romantik des postelektronischen Zeitalters, die weiß, daß es keinen Sinn mehr hat, einen jungfräulichen, unkorrumpierten Westen am Horizont zu suchen, weil es so etwas nicht mehr gibt und wir zu allen Horizonten vorgedrungen sind. Sie suchen eher tausend kleine ‚Wilde Westen' in den Zwischenräumen der Maschinenzivilisation und auf ihrem breiten Rücken aus Stahl und Beton zu errichten; das Leben des Stammes unter und mit Hilfe von Maschinen zu leben; neue Gemeinschaften unter Kuppeln zu beherbergen, die nach der Technologie von Buckminster Fuller errichtet worden sind, und die Nacktheit der neuen Primitiven mit fortgeschrittenster solarer Heizungstechnik zu erwärmen.

All das ist weniger eine Frage der Vorliebe als der Notwendigkeit; weil es sich herausgestellt hat, daß die Maschinenzivilisation unweigerlich dazu neigt, das Primitive synthetisch herzustellen, daß *ekstasis* das unvorhergesehene Ziel fortgeschrittener Technologie ist und Mystizismus ein Nebenprodukt – nicht mehr und nicht weniger zufällig wie das Penicillin naturwissenschaftlicher Forschung. In den keimfreien Laboratorien der Schweiz wurde zuerst die psychedelische Droge LSD entwickelt und von zwei Forschern in weißen Kitteln ausprobiert; und heute stellt Dow Chemical nicht nur Napalm, sondern auch die noch mächtigere psychedelische Droge STP her. Wir verdanken es zum großen Teil den Maschinen – Supermaschinen, die, ungleich ihren einfacheren Prototypen, mehr uns führen, als daß sie erwarten, von uns geführt zu werden –, daß wir heute inmitten einer großen religiösen Renaissance leben, die von den offiziellen Sprechern der etablierten christlichen Kirchen bisher kaum bemerkt worden ist, weil sie eine ganz andere Sprache spricht. Und doch haben viele unter uns das Gefühl, daß sie nur durch das ehrenhaft leben können, was Maschinen nicht besser tun können als sie selbst; deshalb sagen uns gewisse Dichter und Romanautoren, Pop-Sänger und pornographische Dramatiker in Druckbuchstaben, über Ätherwellen, überall, daß nicht Arbeit, sondern Vision die angemessene Tätigkeit des Menschen ist und daß deshalb letztlich das kontemplative Leben einem aktiven vorzuziehen sei. In einem solchen Zeitalter ist es nicht überraschend, daß die Bücher, die junge Leute bewegen, wesentlich religiöse Bücher sind – so wie Pop Art im Grunde stets religiös ist.

In der unmittelbaren Vergangenheit – als man noch einen absoluten Unterschied zwischen hoher Kunst und Pop-Kunst machte – war es jedoch so, daß die Werke der Pop-Kunst so etwas wie die heiligen Schriften einer Art schäbiger Slumkirche waren – eine Religion, die in ihrem Versuch, bescheidener Besitz der Armen im Geiste und der Ungebildeten zu bleiben, nicht weniger exklusiv war wie die kanonischen Werke der hohen Kunst in ihrem Anspruch, ein esoterisches Evangelium der Kunst selbst zu sein, zugänglich nur einer gebildeten Elite. Aber in einer Zeit der Überbrückung von Abgründen wird Literatur wiederum prophetisch und universell – eine fortdauernde Offenbarung, die einer permanenten religiösen Revolution entspricht, deren Funktion es genau ist, die weltliche Masse in eine heilige Gemeinde zu verwandeln, mit sich selbst eins und gleichermaßen zu Hause in der Welt der Technologie und im Reich des Wunders. Verschworen darauf, wie Isaias die Sprache jedermanns zu sprechen, können es sich die Propheten der neuen Verkündigung leisten, weder manieriert noch leisetreterisch zu sein; und sie schreien, wie ihr alttestamentarisches Vorbild, in Verzweiflung: „Ich bin ein Mann mit unreinen Lippen ... inmitten eines Volkes von unreinen Lippen."

Diejenigen, für die Religion Sicherheit bedeutet, sollen sich freilich in acht nehmen; denn da wird keine etablierte Kirche gegründet; und ihre Priester sind keine Kirchensäulen wie Lutheraner oder Anglikaner, sondern Rabulisten, Enthusiasten, Dionysier, Anabaptisten; heilige Schwärmer, die den Frieden der Frommen stören. Leonard Cohen nennt sie in einem Augenblick der Vision, der den Höhepunkt der *Schönen Verlierer* darstellt, mit Recht die Neuen Juden; denn er sieht sie als ein heiliges Überbleibsel, das durch die Wüsten der inneren Öde wandert, auszieht aus jenem ägyptischen Exil der Selbstentfremdung, in dem wir uns alle befinden, zu einem Gelobten Land, das sich noch niemand von uns vorstellen kann. Diese neuen Juden, fügt Cohen (selbst Jude *und* Kanadier) hinzu, brauchen nicht Juden zu sein; wahrscheinlich müssen sie Amerikaner sein – zweifellos meint er damit Amerikaner im Geiste, denn, wie wir schon lange bemerkt haben, andere hat es nie gegeben.

Postmodernismus, Ironie und Vergnügen

Umberto Eco

In der Zeit von 1965 bis heute ließen sich zwei Gedanken endgültig klären. Erstens, daß man die Handlung auch in Gestalt von Zitaten anderer Handlungen wiederentdecken konnte, und zweitens, daß ein Zitat dann womöglich weniger brav und versöhnlerisch sein würde als die zitierte Handlung selbst (es war 1972, als ich bei Bompiani ein Sammelbändchen herausgab, das unter dem programmatischen Titel *Ritorno dell'intreccio* eben die „Wiederkehr der Intrige" beschwor, wenn auch vorerst nur durch ironische, aber zugleich bewundernde Rückbesinnungen auf Autoren wie Ponson du Terrail und Eugène Sue – sowie durch kaum ironisch verbrämte Bewunderung einiger großer Seiten von Dumas Père). Gab es damit die Möglichkeit zu einem neuen, nicht versöhnlerischen, hinreichend problemhaltigen und dabei amüsanten Roman?

Diese Kombination, verbunden mit der Wiederentdeckung nicht nur der Handlung, sondern auch des Vergnügens, mußte erst noch von den amerikanischen Theoretikern des Postmodernismus besorgt werden.

Unglücklicherweise ist „postmodern" heute ein Passepartoutbegriff, mit dem man fast alles machen kann. Ich habe den Eindruck, daß ihn inzwischen jeder auf das anwendet, was ihm gerade gefällt. Außerdem gibt es, wie mir scheint, eine Tendenz, ihn historisch immer weiter nach hinten zu schieben: Erst schien er auf einige Schriftsteller oder Künstler der letzten zwanzig Jahre zu passen, dann gelangte er, rückwärts durch die Jahrzehnte wandernd, allmählich bis zum Beginn des Jahrhunderts, dann ging er noch weiter zurück, und er ist immer noch unterwegs; bald wird die Kategorie des Postmodernen bei Homer angelangt sein.

Ich glaube indessen, daß „postmodern" keine zeitlich begrenzbare Strömung ist, sondern eine Geisteshaltung oder, genauer gesagt, eine Vorgehensweise, ein *Kunstwollen**. Man könnte geradezu sagen, daß jede Epoche ihre eigene Postmoderne hat, so wie man gesagt hat, jede Epoche habe ihren eigenen Manierismus

---

* Im Original deutsch.

(und vielleicht, ich frage es mich, ist postmodern überhaupt der moderne Name für Manierismus als metahistorische Kategorie). Ich glaube, daß man in jeder Epoche an Krisenmomente gelangt, wie sie Nietzsche im Zweiten Stück der *Unzeitgemäßen Betrachtungen*, über den „Nachteil der Historie für das Leben", beschrieben hat. Die Vergangenheit konditioniert, belastet, erpreßt uns. Die sogenannte „historische" Avantgarde (aber auch hier würde ich Avantgarde als metahistorische Kategorie verstehen) will mit der Vergangenheit abrechnen, sie erledigen. „Nieder mit dem Mondschein!", die Kampfparole der Futuristen, ist ein typisches Programm jeder Avantgarde, man muß nur etwas Passendes an die Stelle des Mondscheins setzen. Die Avantgarde zerstört, entstellt die Vergangenheit: Picassos *Demoiselles d'Avignon* sind die typische Auftrittsgebärde der Avantgarde; dann geht die Avantgarde weiter, zerstört die Figur, annulliert sie, gelangt zum Abstrakten, zum Informellen, zur weißen Leinwand, zur zerrissenen Leinwand, zur verbrannten Leinwand; in der Architektur ist das Ende die Minimalbedingung des Curtain Wall, das Bauwerk als glatte Stele, das reine Parallelepiped, in der Literatur die Zerstörung des Redeflusses bis hin zur Collage à la Burroughs, bis hin zum Verstummen oder zur leeren Seite, in der Musik der Übergang von der Atonalität zum Lärm, zum bloßen Geräusch oder zum totalen Schweigen (in diesem Sinne ist der frühe Cage ein Moderner).

Es kommt jedoch der Moment, da die Avantgarde (also die Moderne) nicht mehr weitergehen kann, weil sie inzwischen eine Metasprache hervorgebracht hat, die von ihren unmöglichen Texten spricht (die Concept Art). Die postmoderne Antwort auf die Moderne besteht in der Einsicht und Anerkennung, daß die Vergangenheit, nachdem sie nun einmal nicht zerstört werden kann, da ihre Zerstörung zum Schweigen führt, auf neue Weise ins Auge gefaßt werden muß: mit Ironie, ohne Unschuld. Die postmoderne Haltung erscheint mir wie die eines Mannes, der eine kluge und sehr belesene Frau liebt und daher weiß, daß er ihr nicht sagen kann: „Ich liebe dich inniglich", weil er weiß, daß sie weiß (und daß sie weiß, daß er weiß), daß genau diese Worte schon, sagen wir, von Liala geschrieben worden sind. Es gibt jedoch eine Lösung. Er kann ihr sagen: „Wie jetzt Liala sagen würde: Ich liebe dich inniglich." In diesem Moment, nachdem er die falsche Unschuld vermieden hat, nachdem er klar zum Ausdruck gebracht hat, daß man nicht mehr unschuldig reden kann, hat er gleichwohl der Frau gesagt, was er ihr sagen wollte, nämlich daß er sie liebe, aber daß er sie in einer Zeit der verlorenen Unschuld liebe. Wenn sie das Spiel mitmacht, hat sie in gleicher Weise eine Liebeserklärung entgegengenommen. Keiner der beiden Gesprächspartner braucht sich naiv zu fühlen, beide akzeptieren die Herausforderung der Vergangenheit, des längst schon Gesagten, das man nicht einfach wegwischen kann, beide spielen bewußt und mit Vergnügen das Spiel der Ironie ... Aber beiden ist es gelungen, noch einmal von Liebe zu reden.

Ironie, metasprachliches Spiel, Maskerade hoch zwei. Weshalb es dann — wenn beim Modernen, wer das Spiel nicht verstand, es nur ablehnen konnte — beim

Postmodernen auch möglich ist, das Spiel nicht zu verstehen und die Sache ernst zu nehmen. Das ist ja das Schöne (und die Gefahr) an der Ironie: Immer gibt es jemanden, der das ironisch Gesagte ernst nimmt. Ich denke, die Collagen von Braque, Juan Gris und Picasso waren „modern": Deswegen wurden sie vom normalen Publikum abgelehnt. Dagegen waren die Collagen, die Max Ernst aus alten Stichen montierte, „postmodern": Man konnte und kann sie auch wie phantastische Traum- oder Abenteuergeschichten lesen, ohne zu merken, daß sie einen Diskurs über alte Stiche darstellen und vielleicht auch einen über das Collagieren selbst. Wenn dies aber postmodern ist, dann liegt auf der Hand, warum Sterne oder Rabelais postmoderne Autoren waren, warum Borges gewiß einer ist, und warum in ein und demselben Künstler moderne und postmoderne Elemente koexistieren, einander kurzfristig ablösen oder auch alternieren können. Man denke zum Beispiel an Joyce: Das *Portrait* ist die Geschichte eines modernen Versuchs. Die *Dubliners* sind, obwohl früher, moderner als das *Portrait*. *Ulysses* steht auf der Grenze. *Finnegans Wake* ist schon postmodern oder eröffnet zumindest den postmodernen Diskurs, denn er verlangt, um verstanden zu werden, nicht die Negation des bereits Gesagten, sondern dessen ironische Neureflexion.

Über den Postmodernismus ist schon fast alles gleich am Anfang gesagt worden (namentlich in Aufsätzen wie „Die Literatur der Erschöpfung" von John Barth aus dem Jahr 1967). Nicht daß ich immer mit allem einverstanden wäre, was die Theoretiker des Postmodernismus (Barth inklusive) über Autoren und andere Künstler schreiben, um jeweils festzulegen, wer schon postmodern ist und wer noch nicht. Aber mich interessiert das Theorem, das die Theoretiker dieser Richtung aus ihren Prämissen ableiten: „Mein idealer postmoderner Schriftsteller imitiert nicht und negiert auch nicht seine Eltern im zwanzigsten noch seine Großeltern im neunzehnten Jahrhundert. Er hat die Moderne verdaut, aber er trägt sie nicht als bedrückende Bürde mit sich herum ... Dieser Schriftsteller kann vielleicht nicht hoffen, die Verehrer von James Michener und Irving Wallace zu erreichen, um nicht von den durch die Massenmedien lobotomisierten Analphabeten zu reden, aber er *müßte* hoffen, wenigstens hin und wieder ein breiteres Publikum zu erreichen als nur die Zirkel derer, die Thomas Mann die Urchristen, die Jünger der Kunst nannte. Der ideale postmoderne Roman müßte den Streit zwischen Realismus und Irrealismus, Formalismus und ‚Inhaltismus', reiner und engagierter Literatur, Eliten- und Massenprosa überwinden ... Die Analogie, die ich vorziehe, ist eher die zu gutem Jazz oder klassischer Musik: Beim Wiederhören und Analysieren der Partitur entdeckt man vieles, was einem beim ersten Mal noch entgangen war, aber beim ersten Mal muß einen das Stück so gepackt haben, daß man Lust bekommt, es wiederzuhören, und das gilt sowohl für die Spezialisten wie für die Nichtspezialisten ..." So Barth 1980, als er das Thema erneut behandelte, diesmal aber unter dem Titel „Die Literatur der Fülle".

Natürlich kann man das alles auch pointierter, polemischer und mit größerer Lust am scharfen Paradox sagen, wie es zum Beispiel Leslie Fiedler tut (in einer kürzlich auch bei uns veröffentlichten Diskussion zwischen ihm und anderen amerikanischen Autoren). Fiedler will provozieren, das ist evident: Er lobt den *Letzten der Mohikaner*, die populären Abenteuerromane, die Gothic Novel, den ganzen von den Kritikern stets verachteten Plunder, der es gleichwohl verstanden hat, Mythen zu schaffen und die Bilderwelten von mehr als einer Generation zu bevölkern. Er fragt sich, ob je noch einmal so etwas erscheinen werde wie *Onkel Toms Hütte*, ein Buch, das mit gleicher Leidenschaft in Küche, Salon und Kinderzimmer gelesen werden kann. Er tut Shakespeare auf die Seite der guten Entertainer, zusammen mit *Vom Winde verweht*... Wir wissen, daß er ein viel zu subtiler Kritiker ist, um das alles wirklich zu glauben. Er will ganz einfach die Schranke niederreißen, die zwischen Kunst und Vergnügen errichtet worden ist. Er ahnt, daß ein breites Publikum zu erreichen und seine Träume zu bevölkern heute womöglich heißen kann, Avantgarde zu bilden; und er läßt uns dabei noch die Freiheit zu sagen, daß die Träume der Leser zu bevölkern nicht unbedingt heißen muß, sie zu besänftigen, mit versöhnlichen Bildern zu trösten. Es kann auch heißen, sie aufzuschrecken: mit Alpträumen, Obsessionen.

2. Architektur

Komplexität und Widerspruch in der Architektur

Robert Venturi

Für eine beziehungsreiche Architektur!

Ein behutsames Manifest

Ich freue mich über Vielfalt und Widerspruch in der Architektur. Die Zusammenhangslosigkeit und die Willkür nicht bewältigter Architektur aber lehne ich ab; ebensowenig mag ich die erkünstelten Raffinessen pittoresker oder expressiv übersteigerter Architektur. Im Gegensatz dazu will ich über eine komplexe und widerspruchsreiche Architektur sprechen, die von dem Reichtum und der Vieldeutigkeit moderner Lebenserfahrung zehrt, einschließlich der Erfahrungen, die nur in der Kunst gemacht werden. Überall wurde das Prinzip von Vielfalt und Widerspruch anerkannt, nur nicht in der Architektur: so durch Gödels Beweis letztendlicher Inkonsistenz in der Mathematik, durch T.S. Eliots Analyse ‚schwieriger' Dichtung und durch Josef Albers' Bestimmung des paradoxen Charakters von Malerei.

Architektur ist aber auch schon durch die Beachtung der alten Vitruv'schen Forderungen nach Zweckdienlichkeit, solider Bauweise und Anmut* notwendig vielfältig und widersprüchlich. Heute kommt aber noch hinzu, daß die Anforderungen des Bauprogramms wie der Konstruktionsweise, der technischen Ausstattung und der Gestaltung sogar bei einfachen Bauvorhaben unter einfachen Bedingungen in die verschiedensten Richtungen auseinanderlaufen und so in einem Ausmaß miteinander in Konflikt geraten können, wie man es sich früher kaum vorstellen konnte. Die zunehmenden Größendimensionen und der veränderte Stellenwert von Architektur im Rahmen der Stadt- und Regionalplanung kommen erschwerend hinzu. Ich will mich hier diesen Problemen stellen und versuchen, das beste aus dieser Situation allgemeiner Verunsicherung herauszuholen. Weil ich das Widersprüchliche dabei ebenso akzeptiere wie das Komplexe, liegt mir die Lebendigkeit der Architektur genauso am Herzen wie ihre Gediegenheit.

* Utilitas, firmitas, venustas.

Die Architekten können es sich nicht mehr länger leisten, durch die puritanisch-moralische Geste der orthodoxen modernen Architektur eingeschüchtert zu werden. Ich ziehe eine Haltung, die sich auch vor dem Vermessenen nicht scheut, einem Kult des ‚Reinen‘ vor; ich mag eine teilweise kompromißlerische Architektur mehr als eine ‚puristische‘, eine verzerrte mehr als eine ‚stocksteife‘, eine vieldeutige mehr als eine ‚artikulierte‘, eine verrückte genauso wie eine unpersönliche, eine lästig-aufdringliche genauso wie eine ‚interessante‘, eine konventionelle noch mehr als eine angestrengt ‚neue‘, die angepaßte mehr als die exklusiv abgegrenzte, eine redundante mehr als eine simple, die schon verkümmernde genauso wie die noch nie dagewesene, eine in sich widersprüchliche und zweideutige mehr als eine direkte und klare. Ich ziehe eine vermurkste Lebendigkeit einer langweiligen Einheitlichkeit vor. Dementsprechend befürworte ich den Widerspruch, vertrete den Vorrang des ‚Sowohl-als-auch‘.

Ich stelle die Vielfalt der Meinungen höher als die Klarheit der Meinungen; die latenten Bedeutungen halte ich für ebenso wichtig wie die manifesten. Ich bevorzuge das ‚Beide-zusammen‘ vor dem ‚Entweder-oder‘, das Schwarz und Weiß und manchmal auch Grau, vor dem ‚Schwarz-oder-Weiß‘. Gute Architektur spricht viele Bedeutungsebenen an und lenkt die Aufmerksamkeit auf eine Vielzahl von Zusammenhängen: ihr Raum und ihre Elemente sind auf mehrere Weisen gleichzeitig erfahrbar und benutzbar.

Eine Architektur der Komplexität und des Widerspruchs hat aber auch eine besondere Verpflichtung für das Ganze: ihre Wahrheit muß in ihrer Totalität — oder in ihrer Bezogenheit auf diese Totalität — liegen. Sie muß eher eine Verwirklichung der schwer erreichbaren Einheit im Mannigfachen sein als die leicht reproduzierbare Einheitlichkeit durch die Elimination des Mannigfachen. Mehr ist nicht weniger!

Komplexität und Widerspruch versus Simplifizierung und Flucht in das Pittoreske

Die orthodoxen unter den modernen Architekten neigten dazu, Vielfalt als etwas Unbefriedigendes bzw. in sich Widersprüchliches zu betrachten. In ihrem Versuch, mit allen Traditionen zu brechen und von Grund auf neu zu beginnen, idealisierten sie das Primitive und Elementare auf Kosten des Gestaltungsreichen und Intellektuellen. Sie verstanden sich als Teil einer revolutionären Bewegung und beriefen sich auf das absolut Neue der modernen funktionalen Notwendigkeiten; sie ignorieren dabei jedoch die darin eingeschlossenen Schwierigkeiten. Als Reformer, die sie sein wollten, vertraten sie kompromißlos das Moment der Trennung, der gegenseitigen Abgrenzung der einzelnen Elemente; sie vernachlässigten dabei jedoch das Moment der Integration verschiedener Erfordernisse, ihrer gleichberechtigten Berücksichtigung. Frank Lloyd Wright — er war mit dem Motto aufgewachsen:

„Wahrheit, und sei es gegen eine Welt von Feinden" —, ein Wegbereiter der Bewegung der Moderne, schrieb: „Visionen einer Einfachheit, so tief und universell, traten vor mein Auge, und eine solche Harmonie des Bauens enthüllt sich mir ..., daß daraufhin Denken und Kultur der modernen Welt sich würden ändern, vertiefen müssen. Dies war meine Überzeugung."[1] Le Corbusier, der Mitbegründer des modernen Purismus, sprach von den „großen, ursprünglichen Formen", die, wie er verkündete, „bestimmt und ohne alle Vieldeutigkeit"[2] seien. Von wenigen Ausnahmen abgesehen, vermieden alle modernen Architekten das Vieldeutige.

Inzwischen ist unsere Position aber eine andere geworden: „In dem Maß wie die Probleme an Zahl, Kompliziertheit und Schwierigkeit zunehmen, ändern sie sich auch schneller als zuvor."[3] Dies erfordert dann eine Einstellung, die eher der ähnelt, die August Heckscher beschrieben hat: „Der Wandel von einer Sicht des Lebens als wesentlich einfaches und geordnetes, zu einer Sicht dieses Lebens als komplex und voll von Täuschung ist genau das, was jedes Individuum in seinem Prozeß des Erwachsen-Werdens durchläuft. Aber bestimmte Epochen ermutigen diesen Wandel. In ihnen färbt die Erwartung des Paradoxen oder Dramatischen die gesamte intellektuelle Sphäre ... In Verhältnissen voll Einfachheit und Geordnetsein wird der Rationalismus geboren; aber dieser Rationalismus erweist sich in Zeiten der Umwälzung als unangemessen. Dann muß aus den Gegensätzen heraus ein neues Gleichgewicht geschaffen werden. Diese innere Ruhe wird dann, in dem Maße wie die Menschen sie wiedergewinnen können, etwas von der Spannung zwischen Gegensätzlichem und Ungewissem durchscheinen lassen. Gespür für das Paradoxe erlaubt es, scheinbar völlig verschiedene Dinge nebeneinander bestehen zu lassen, gerade aus ihrer Nicht-Übereinstimmung einer besonderen Art der Wahrheit zur Vorstellung zu verhelfen."[4]

Rationalisierungen als Modus der Vereinfachung sind nach wie vor sehr gebräuchlich, wenn auch auf eine subtilere Weise als in früheren Argumentationsmustern. Sie verdanken sich einer extensiven Auslegung von Mies van der Rohes großem Paradoxon „Weniger ist mehr". Paul Rudolph hat die Implikationen dieses Standpunkts klar herausgearbeitet: „Nie können alle Probleme zur gleichen Zeit gelöst werden. ... In der Tat ist es ein Charakteristikum der Architektur des 20. Jahrhunderts, daß die Architekten eine sehr enge Auswahl der Probleme vornehmen, die sie wirklich zu lösen wünschen. Mies van der Rohe z. B. schafft herrliche Bauwerke allein aufgrund der Tatsache, daß er viele funktionelle Notwendigkeiten

---

[1] Frank Lloyd Wright, in *An American Architecture*, hrsg. von Edgar Kaufmann, New York 1955, S. 207.
[2] Le Corbusier, *Towards a New Architecture*, London 1927, S. 31.
[3] Christopher Alexander, *Notes on the Synthesis of Form*, Cambridge (Mass.) 1964, S. 4.
[4] August Heckscher, *The Public Happiness*, New York 1962, S. 102.

eines Bauwerkes einfach übergeht. Bemühte er sich, mehr Probleme anzupacken, seine Werke wären weit weniger akzentuiert und kraftvoll."[5]

Die Doktrin des „Weniger ist mehr" verunmöglicht Komplexität, sie rechtfertigt deren Reduktion als Mittel der Ausdruckssteigerung. Tatsächlich erlaubt diese Doktrin dem Architekten, „hochselektiv zu sein in der Auswahl der Probleme, die er lösen will". Wenn dem Architekten aber „seine besondere Sicht der Dinge auch zugestanden werden muß",[5] so ist mit diesem Eingeständnis doch nur ausgedrückt, daß der Architekt bestimmt, wie die Probleme gelöst werden sollen; nicht aber ist damit ausgedrückt, daß er etwa die Freiheit hätte, bestimmen zu können, welche Probleme überhaupt gelöst werden sollen. Er kann wichtige Aspekte der Sache ausschließen nur um den Preis einer Abschottung der Architektur gegenüber aller Lebenserfahrung und allen Bedürfnissen der Gesellschaft. Wenn sich einige Probleme als unlösbar herausstellen sollten, so kann er auch dies zum Ausdruck bringen. In einer ‚ganzheitlichen' — im Gegensatz zu einer den Problemzusammenhang fragmentierenden — Art von Architektur ist eher Raum für das Unfertige, für Widersprüche, für Improvisationen und für all die Spannungen, die daraus entstehen können. Mies van der Rohes exquisite Pavillon-Bauten haben für die Architektur wertvolle Entwicklungen ermöglicht, aber ihre Selektivität in Inhalt und Formensprache macht ihre Begrenztheit mindestens ebenso aus wie ihre Stärke.

Ich bezweifle die Relevanz einer Konstruktion von Analogien zwischen Pavillon und Wohnhaus, insbesondere zwischen japanischem Pavillon und neuerer Wohnhaus-Architektur. Eine Analogisierung dieser Art übersieht das tatsächliche Ausmaß an Komplexität und Widersprüchlichkeit, das mit der Bauaufgabe Wohnhaus aufgegeben ist — aus den räumlichen und technischen Möglichkeiten heraus ebenso wie aus der Notwendigkeit wechselnder visueller Erfahrungen. Erzwungene Einfachheit mündet so in bare Plattheit. Mit dem ‚Wiley-House' z. B., im Gegensatz zu seinem Glas-Haus, versucht Philip Johnson noch hinter die Einfachheit des eleganten Pavillon zurückzugehen. Es war unbedingt sein Bestreben, den in engerem Sinne ‚privaten Funktionen' des Familienlebens im Bereich des ebenerdigen Gebäudesockels Form zu geben und sie so abzugrenzen von den offeneren sozialen Funktionen in dem modularen Pavillon darüber. Aber eben dadurch bekommt der Bau geradezu den Charakter eines Schemas übermäßig simplifizierter Programmatik des sozialen Lebens — er gerinnt zum Ausdruck einer abstrakten Theorie des Entweder-Oder. Wo Vereinfachung allein nicht mehr zureicht, ist das nur Simple Ergebnis. Das marktschreierisch vorgetragene Konzept des Vereinfachens bedeutet dann eine Architektur, der der Atem ausgegangen ist: Weniger ist nur noch langweilig.

Die Anerkennung der Bedeutung von Komplexität in der Architektur steht nicht in Widerspruch zu dem, was Louis Kahn das „Bedürfnis nach Einfachheit"

---

[5] Paul Rudolph, in *Perspecta 7, The Yale Architectural Journal,* New Haven 1961, S. 51.

genannt hat. Denn die ästhetisch gelungene und befriedigende Einfachheit entsteht, sofern sie wahr und tief ist, aus innerem Reichtum. Was beim dorischen Tempel dem Auge als Einfachheit erscheint, ist bekanntlich erreicht durch feinste Details, durch die Präzision ihrer Geometrie, mit der sie an die Optik des menschlichen Auges angepaßt sind, sowie durch die Widersprüche und Spannungen, die seinem Aufbau inhärent sind. Der dorische Tempel erreichte seine luzide Einfachheit vermittels seiner tatsächlichen Komplexität. Sobald diese Komplexität, wie in den späteren Tempeln, verlorenging, trat Banalität an die Stelle von Einfachheit.

Ebensowenig schließt Vielfalt eine in der Sache selbst begründete Einfachheit aus; diese ist ein notwendiges Korrelat des Prozesses der Analyse und sogar eine Methode, um zu einer komplexen Architektur zu gelangen. „Wir übervereinfachen ein gegebenes Ereignis, wenn wir es von der Optik eines bestimmten gegebenen Interesses her charakterisieren."[6] Aber diese Art der Vereinfachung ist ein Hilfsmittel im analytischen Prozeß, mit dessen Hilfe eine komplexe Kunst erreicht werden soll. Es sollte nicht selbst als ein Ziel mißverstanden werden.

Eine Architektur der Komplexität und des Widerspruchs ist aber nicht zu verwechseln mit einer pittoresken Architektur bzw. einer Architektur subjektiv-expressiven Gestaltungswillens. Eine falsche Vielfalt war in jüngster Vergangenheit die Antwort auf die ebenso falsche Einfachheit der frühen modernen Architektur gewesen, die so einer Architektur des symmetrisch Pittoresken — Minoru Yamasaki nennt sie ‚heiter' — Vorschub leistete. Aber dies bedeutet nur einen neuen Formalismus, der mit der Erfahrung ebensowenig vermittelt ist wie der vorhergehende Kult der Einfachheit. Seine ausgeklügelten Formen sind nicht Ausdruck wirklich komplexer Programme, und seine ausgeklügelte Ornamentik, die gleichwohl durch die industriellen Techniken der Herstellung geprägt ist, ist eine staubtrockene Anspielung an Formen, die einst in handwerklichen Techniken geschaffen wurden. Das Maßwerk der Gotik und die Rocaille des Rokoko waren wertvolle Ausdrucksmittel nicht nur in ihrer Bezogenheit auf das ganze Werk, sie entstanden darüber hinaus auch als unmittelbares Zeugnis handwerklichen Könnens, und sie drücken dies in einer Lebendigkeit aus, die direkt aus der Unmittelbarkeit und Individualität der Produktionsmethode selbst entspringt. Diese Art von Komplexität qua überschäumender Fülle, die heute vielleicht unmöglich geworden ist, ist das genaue Gegenteil der ‚heiteren' Architektur, trotz aller oberflächlichen Ähnlichkeiten. Aber wenn Überschwenglichkeit kein Charakteristikum unserer Architektur mehr ist, ‚Heiterkeit' ist es bestimmt auch nicht: eher denke ich dabei an das Moment der Spannung.

Fast alle der besten Architekten des 20. Jahrhunderts verwarfen die Vereinfachung — d. h. die Vereinfachung durch Verarmung — , gerade weil sie die Komple-

---

[6] Kenneth Burke, *Permanence and Change,* Los Altos 1954, S. 10.

xität des Ganzen im Auge hatten. Die Werke von Alvar Aalto und Le Corbusier (der sich selbst oft über seine eigenen polemischen Schriften hinwegsetzte) sind dafür Beispiele.* Die Merkmale von Vielfältigkeit und Widerspruch in ihren Werken werden aber oft übersehen oder falsch verstanden.

Das Bedürfnis nach einer komplexen Architektur, samt der ihr inhärenten Widersprüchlichkeiten, ist nicht nur eine Gegenreaktion auf die Banalität und seichte Gefälligkeit gegenwärtiger Architektur. Es ist dies eine Haltung, wie sie allen manieristischen Epochen gemein ist: dem 16. Jahrhundert Italiens oder der hellenistischen Epoche der klassischen Kunst; es kennzeichnet eine große durchgehende Strömung in der Kunst, die bei so verschiedenen Architekten wie Michelangelo, Palladio, Borromini, Vanbrugh, Hawksmoor, Soane, Ledoux, Butterfield, einigen Architekten des ‚shingle-style‘, bei Furness, Sullivan, Lutyens und in neuerer Zeit bei Le Corbusier, Aalto, Kahn und anderen beobachtet werden kann.

Heute wird eine solche Einstellung wieder bedeutsam, sowohl für die Architektur als Ausdrucksmedium als auch für das Bauprogramm selbst.

Zum ersten muß das Medium Architektur den Reichtum unserer erweiterten Erfahrung in sich aufnehmen; es muß überprüft werden an der Komplexität der Erfordernisse, die darin Ausdruck gewinnen sollen. Simplifizierte oder nur oberflächlich beziehungsreiche Formen werden dem nicht gerecht. Stattdessen sollte die Varietät, die aus der Vieldeutigkeit der visuellen Wahrnehmung selbst entspringt, wieder anerkannt und auch genutzt werden.

Zum zweiten muß die wachsende Kompliziertheit unserer funktionalen Probleme gebührend berücksichtigt werden. Ich beziehe mich dabei auf die Bauaufgaben, die heute überall ähnliche Schwierigkeiten stellen, schon aufgrund weitgespannter Interdependenzen zwischen verschiedensten Lebensbereichen, wie z.B. bei Forschungslabors, Krankenhäusern und naturgemäß bei Projekten mit per se enormem Umfang auf der Ebene der Stadt- und Regionalplanung. Aber selbst das Wohnhaus, sicherlich eine begrenzte Aufgabe, kann sehr wohl als komplexes Problem aufgefaßt werden, wenn die Vielfalt moderner Lebenserfahrungen darin Ausdruck finden soll. Immer ist auch die Spannung zwischen den Mitteln und den Zielen eines Programms kennzeichnend: obwohl die Mittel, etwa für das Projekt einer Mondrakete, fast unendlich kompliziert sind, ist doch das Ziel einfach und enthält kaum Widersprüche; und obwohl die Mittel für den Hausbau, die durch das Profil der späteren Nutzung und die Konstruktionsmerkmale notwendig werden, bei weitem einfacher und technisch anspruchsloser sind als bei den meisten ingenieursmäßigen Vorhaben sonst, ist doch das Ziel sehr viel komplexer und oft nicht einmal eindeutig zu fixieren.

* Vgl. Abb. 2.

Die Sprache der postmodernen Architektur
Charles Jencks

Einleitung

Die Architektur ist in den vergangenen zwanzig Jahren in eine Situation geraten, aus der sich jetzt sehr schnell ein neuer Stil und eine neue Auffassung entwickeln. Sie ist der Moderne auf ähnliche Weise entwachsen wie seinerzeit die manieristische Architektur der Hochrenaissance – als teilweise Umkehrung und Veränderung der früheren Sprache der Architektur. Diese Entwicklung wird heute allgemein als Postmoderne bezeichnet. Der Begriff ist weit genug, um die Vielfalt der Ausgangspunkte zu erfassen, und weist dennoch auf seine Herkunft von der Moderne hin. Wie dieser ihr Erzeuger ist die Postmoderne dem Engagement für zeitgemäße Erscheinungen, der Veränderung der Gegenwart verpflichtet, aber im Gegensatz zur Avantgarde verzichtet sie auf die Vorstellung von der ständigen Innovation oder der unaufhörlichen Revolution.

Ein postmodernes Gebäude spricht, um eine kurze Definition zu geben, zumindest zwei Bevölkerungsschichten gleichzeitig an: Architekten und eine engagierte Minderheit, die sich um spezifisch architektonische Probleme kümmern, sowie die breite Öffentlichkeit oder die Bewohner am Ort, die sich mit Fragen des Komforts, der traditionellen Bauweise und ihrer Art zu leben befassen. So wirkt die postmoderne Architektur zwitterhaft und, um eine visuelle Definition zu geben, wie die Front eines klassischen griechischen Tempels. Dieser ist eine geometrische Architektur mit elegant kannelierten Säulen unten und einer unruhigen Tafel mit kämpfenden Giganten darüber, einem in leuchtend roten und blauen Farben bemalten Giebel. Architekten können die darin enthaltenen Metaphern und die subtile Bedeutung der Säulentrommeln ablesen, während das Publikum die expliziten Metaphern und Aussagen des Bildhauers erfaßt. Natürlich erfaßt jeder etwas von beiden Bedeutungskodes, ebenso wie bei einem postmodernen Gebäude, aber sicher mit unterschiedlicher Intensität und Erkenntnisfähigkeit. Diese Diskontinuität der Geschmackskulturen ist es, die sowohl die theoretische Basis als auch die „Doppelkodierung" der Postmoderne erzeugt. Die charakteristischsten postmodernen Bauten zeigen deutlich eine Dualität, eine bewußte Schizophrenie.

Das Wort „postmodern" wurde zuerst in der Kunstszene in Umlauf gesetzt. Seither, etwa ab 1976, ist es zu einem Begriff geworden, der auf neuere Trends angewendet wird, die der orthodoxen Moderne zuwiderlaufen. Die Bezeichnung wurde von der *Newsweek* und anderen Zeitschriften übernommen und dann kritiklos auf alle Bauten angewendet, die anders aussahen als die rechtwinkligen Kisten des Internationalen Stils. „Postmodern" bezeichnete also jedes Gebäude mit seltsamen Krümmungen oder die Sinne ansprechender Bildhaftigkeit, eine Definition, die ich als ein wenig zu großzügig betrachte. Diese Auffassung des Begriffes, erstmalig 1966 von Nikolaus Pevsner in seinem Angriff auf die „Anti-Pioniere" angewendet, schließt einige plastische Dekorateure und Konfektionäre ein, die ich auch ablehnen würde, wenn auch aus völlig anderen Gründen als Pevsner. Ihre Bauten teilen sich nicht eindeutig mit, weil sie ausschließlich auf ästhetischer Ebene kodiert sind. Einfacher ausgedrückt, sie sind fehlgezündete Skulpturen, unbeabsichtigte Metaphern, so unzeitgemäß wie die moderne Architektur selbst.

Daher muß der Begriff „postmodern" geklärt und präziser nur auf jene Architekten angewendet werden, die sich der Architektur als einer Sprache bedienen — darum dieser Teil meines Titels. Paul Goldberger und andere amerikanische Kritiker haben den Begriff in diesem Sinne verwendet und sich auf andere wichtige Merkmale konzentriert: auf die Einstellung zur historischen Überlieferung und zum lokalen Kontext. Diese Aspekte sind bezeichnend, aber nur ein Teil der Geschichte. Denn die postmoderne Architektur hat auch eine positive Einstellung zu metaphorischen Gebäuden, zum bodenständigen Bauen und zu einer neuen, doppeldeutigen Auffassung des Raumes. Daher kann nur eine pluralistische Definition ihre vielen Inhalte erfassen. Aus dem gleichen Grunde gibt es keinen Architekten, der *allen* diesen verschiedenen Richtungen nachgeht, und kein Gebäude, das sie in sich vereinigt. Wenn ich gezwungen wäre, einen absolut überzeugenden Postmodernen zu nennen, würde ich Antonio Gaudi anführen. Das ist aber, wie jeder Kritiker sofort argumentieren würde, natürlich nicht möglich, denn er war ein Prämodernist. Ich betrachte Gaudi immer noch als *den* Prüfstein für die Postmoderne, als ein Vorbild, an dem alle neueren Bauten gemessen werden könnten, ob sie wirklich metaphorisch, „kontextuell" und reich im eigentlichen Sinne sind. Aber ich habe meine Beispiele auf die Gegenwart beschränkt.

Die Doppeldeutigkeit der Vorsilbe „Post" hat ihre amüsanten und kraftvollen Aspekte, die zum Teil erklären, warum der Begriff in Umlauf gekommen ist. Die Menschen sind meist erfreut bei der Vorstellung, „postgegenwärtig" zu sein. Mitte der sechziger Jahre schrieb Daniel Bell über die postindustrielle Gesellschaft und folgerte, daß es einige glückliche Abendländer geben würde, die der mühevollen Arbeit völlig entgehen könnten. Es gab die kurzlebige „Post-Painterly Abstraction", eine Oppositionsbewegung, wie der Name sagt, und neuerdings plädiert

Präsident Carter für eine neue Außenpolitik, die auf der „Post-War-", der Nachkriegswelt basiert. Dieses glatte Wort ist sehr passend, es besagt lediglich, von wo man ausgegangen, aber nicht, wo man angekommen ist. Aber der Verstand rebelliert bei diesem linguistischen Paradoxon: Wie können wir uns jenseits des modernen Zeitalters befinden, wenn wir noch lebendig sind? Haben wir — wie die Futuristen — die Gegenwart vertrieben und das Elysium in einem dauerhaften Status von morgen (oder gestern?) angesiedelt? Wenn das der Fall ist, könnten wir einer „postnatalen" — oder „postkoitalen"? — Krise entgegensehen, während wir die Früchte des Ausweichens vor der Gegenwart ernten.

Solche Gedanken ließen mich den Begriff postmoderne Architektur, als ich ihn erstmals im Jahr 1975 anwendete, als eine vorübergehende Bezeichnung betrachten. Aber jetzt habe ich meine Meinung geändert. Teils geschah das wegen jener Assoziation an die Moderne, die noch in diesem Zwittertitel enthalten ist, teils wegen seiner Kraft und Aktualität. Architekten, Künstler, die Menschen allgemein wollen auf dem laufenden sein, selbst wenn sie nicht bereit sind, ihre kulturelle Vergangenheit aufzugeben, was die Avantgarde häufig getan hat.

Wir können in der Renaissance, als das Wort „modern" zuerst in Umlauf gebracht wurde, eine instruktive Parallele dazu finden. Damals führte man Debatten und herrschte Verwirrung ähnlich wie zu unserer Zeit. Filarete zum Beispiel behauptete, daß er „moderne (d.h. gotische) Bauten liebte" bis zu der Zeit, da er „die klassischen zu schätzen und die ersteren zu verabscheuen begann". Aber mit der fortschreitenden Wiedergeburt der Antike wurde die Gotik altmodisch. Vasari kehrte schließlich die Gleichung um: Der alte, klassische Stil wurde vervollkommnet, das heißt verbessert (so glaubte man jedenfalls) zum „guten, modernen Stil" (*buona maniera moderna*). So herrschte bei den Renaissanceautoren Verwirrung bei der Verwendung dieses Begriffes; „moderna" wurde auf die Gotik angewendet, auf das antike Rom und auf seine Reproduktion — auf drei verschiedene Baustile! Unabhängig davon, in welchem Maße sie der Vergangenheit verpflichtet waren, nannten die Architekten sie „modern", als ob der Begriff damals (und heute noch?) einen unanfechtbaren Einfluß auf die Gegenwart gehabt hätte — „von heute" zu sein. Erst nachdem Vasari systematisch und bewußt den Begriff „moderna" auf den Reproduktionsstil angewendet hatte, wurde sein Gebrauch allgemein üblich und anerkannt.

Der Kampf zwischen „Ehemaligen" und „Modernen" ist seither viele Male mit der gleichen Unsicherheit in der Anwendung ausgefochten worden. In gewisser Hinsicht sind wir heute wieder in einer solchen mißlichen Lage, da die Widersacher nicht nur gegenteiliger Meinung sind, sondern die grundlegenden Bezeichnungen auch unterschiedlich anwenden. Dies ist nicht der Ort, eine Analyse der verschiedenen Versionen der Moderne vorzunehmen. Diese Analyse wird jedoch meines Erachtens mit Sicherheit erfolgen, da die Angriffe und Gegenangriffe an Vehemenz zunehmen. Aber hier geht es darum zu betonen, daß das Wort modern immer noch eine doppelte Kraft besitzt, wie es sie für Vasari hatte, denn es bezieht sich auf das gegenwärtige Klima der zunehmenden Diskussionen, und es hat diese Kraft sogar für die, welche die Moderne ablehnen, widerlegen oder kritisieren. Die Postmoderne gewinnt dadurch einige jener Assoziationen, selbst indem sie das Konzept der Avantgarde und den Zeitgeist angreift.

Zum zweiten und wichtigeren trifft die Bezeichnung die Dualität der gegenwärtigen Situation recht gut. Die meisten – wenn nicht gar alle – Architekten unserer Tage sind in der Moderne ausgebildet, haben sich jedoch über die Ausbildung hinaus weiter- oder in anderer Richtung entwickelt. Sie sind noch nicht bei einer neuen Synthese angelangt, haben aber ihr modernes Empfinden auch nicht ganz aufgegeben. Vielmehr sind sie auf halbem Wege stehengeblieben, sind halb modern, halb postmodern. Wenn wir das Werk von Venturi, Stern oder Moore betrachten – von dreien aus dem harten Kern der Postmoderne –, können wir alle Elemente Corbusiers, Kahns, der zwanziger Jahre und alle Bezüge auf Palladio, Lutyens und Las Vegas erkennen. Ohne Zweifel ist dieses Werk auf schizophrene Weise kodiert, was zu erwarten war, nachdem eine Richtung zusammengebrochen ist und die Architekten sich weiterentwickelt haben. Denn wir sprechen hier von einer Evolution aus oder dem Verlassen einer allgemein geteilten Position, nicht von einem revolutionären Bruch mit der unmittelbaren Vergangenheit. Und daraus ergibt sich eins der erstaunlichen, ja bestimmenden Merkmale der Postmoderne: Sie schließt die moderne Architektur und das Formale als mögliche Lösungen ein, die dort angewendet werden, wo sie geeignet sind (bei Fabriken, Krankenhäusern und einigen Bürogebäuden). Während die Moderne so exklusiv ist wie die Architektur Mies van der Rohes, ist die Postmoderne so total inklusiv, daß sie sogar ihrem puristischen Gegensatz einen Platz einräumt, wo es sich rechtfertigen läßt. Anders ausgedrückt, die Postmoderne findet eine Begründung für die Wiederbelebung der zwanziger Jahre zu einer Zeit, da alle Stilreproduktionen möglich und von der Argumentation der Plausibilität abhängig sind, weil mit Sicherheit ihre Notwendigkeit nicht erwiesen werden kann.

Der Fehler der modernen Architektur war, daß sie sich an eine Elite richtete. Die Postmoderne versucht, den Anspruch des Elitären zu überwinden, nicht durch Aufgabe desselben, sondern durch Erweiterung der Sprache der Architektur in verschiedene Richtungen – zum Bodenständigen, zur Überlieferung und zum kommerziellen Jargon der Straße. Daher die Doppelkodierung, die Architektur, welche die Elite und den Mann auf der Straße anspricht. Das ist natürlich zuerst keine einfache Methode des Entwerfens, bis der Dualismus konventionalisiert ist. Aber wenn eine Tradition von dieser Basis aus wächst – wie die zu Beginn erwähnte klassische griechische –, kann sie reicher und dynamischer sein als eine rein elitäre. Sie kann andere Architekten ansprechen, die Fachelite, die sich um feine Unterschiede einer sich schnell verändernden Sprache bemüht und sie wahrnimmt, *und* sie kann die Nutzer ansprechen, die eine schöne und traditionelle

Umgebung und eine bestimmte Lebensweise anstreben. Beide Gruppen, die sich häufig bekämpfen und unterschiedliche Wahrnehmungskodes verwenden, müssen zufriedengestellt werden. Und die Architektur, die fünfzig Jahre auf Zwangsdiät gesetzt war, kann sich nur freuen und als Ergebnis lebendiger und stärker werden.

Die Metapher

Die Menschen betrachten ein Gebäude unweigerlich in Verbindung mit einem anderen Bauwerk oder einem ähnlichen Objekt, kurz, als Metapher. Je ungewohnter ein modernes Bauwerk ihnen erscheint, desto mehr werden sie es metaphorisch mit dem vergleichen, was ihnen vertraut ist. Diese Übertragung von einer Erfahrung auf eine andere ist Bestandteil allen Denkens — vor allem des kreativen. So wurden Ende der fünfziger Jahre die ersten vorgefertigten Betongitter als „Käsereiben", „Bienenstöcke", „Kettenzäune" bezeichnet. Dagegen benannte man sie zehn Jahre später, als sie zur Norm bei einem bestimmten Gebäudetyp geworden waren, in funktionalen Begriffen: „Es sieht aus wie ein Parkhaus." Von der Metapher zum Klischee, vom neuen Ausdruck durch ständige Verwendung zum architektonischen *Zeichen*, das ist der immer wiederkehrende Ablauf, dem neue und erfolgreiche Formen und Techniken folgen.

Typische negative Metaphern, die von der Öffentlichkeit und von Kritikern wie Lewis Mumford benutzt wurden, um die moderne Architektur zu verteufeln, waren „Pappschachtel", „Schuhkarton", „Eierkiste", „Aktenschrank", „kariertes Papier".

Ein allgemeiner Aspekt der Kommunikation lautet: Je mehr Metaphern, desto größer die Dramatik, und je mehr sie sich auf Andeutungen beschränken, desto größer die Ungewißheit. Eine gemischte Metapher ist stark, wie jedermann weiß, der Shakespeare studiert hat, aber eine angedeutete ist mächtig. In der Architektur bedeutet die Benennung einer Metapher oft ihre Vernichtung, wie die Analyse eines Witzes diesen zerstört. Wenn Würstchenstände die Form von Würstchen haben, lassen sie der Phantasie wenig Spielraum, und alle anderen Metaphern werden unterdrückt. Sie können belegte Brötchen nicht einmal andeuten. Dennoch hat sogar diese Art der univalenten Metapher, die Pop-Architektur von Los Angeles, ihre phantasievolle und kommunikative Seite. Zum einen werden der gewohnte Maßstab und Kontext gewaltsam verändert, so daß das gewöhnliche Objekt, zum Beispiel der Berliner Pfannkuchen, eine Reihe möglicher Bedeutungen übernimmt, die üblicherweise nicht mit dem Gegenstand Nahrungsmittel assoziiert werden. Wenn er auf zehn Meter vergrößert aus Holz gefertigt und auf ein kleines Gebäude gesetzt ist, wird er zum Magritte-Objekt, welches das Haus seinen Bewohnern weggenommen hat. Teils feindlich und bedrohlich, ist es dennoch Symbol für ein süßes Frühstück und für Behaglichkeit.

Zum zweiten teilt sich eine Architektur, die aus solchen Zeichen besteht, unzweideutig denen mit, die sich mit siebzig Stundenkilometern durch die Stadt bewegen. Im Gegensatz zu so vielen modernen Bauten sprechen diese ikonischen Zeichen mit Exaktheit und Humor über ihre Funktion. Ihre — wenn auch infantile — unmittelbare Wiedergabe drückt die Wahrheit der Fakten aus (die das Werk von Mies verschleiert), und es gewährt ein gewisses Vergnügen (das Kindern nicht entgeht), eine Reihe von ihnen zu betrachten.

Die gelungenste Anwendung der *angedeuteten* Metapher, die ich in der modernen Architektur kenne, ist Le Corbusiers Kapelle in Ronchamp (Abb. 2), die mit allen möglichen Dingen verglichen wurde: von den weißen Häusern der Insel Mykonos bis zum Schweizerkäse. Ein Teil ihrer Ausdruckskraft ist diese Vieldeutigkeit: verschiedene Dinge zugleich zu meinen, den Geist anzusetzen auf die Jagd nach einer Wildgans, bei der die Gans — unter anderen Tieren — tatsächlich gefangen wird. Eine Ente zum Beispiel (um wieder dieses berühmte Merkmal der modernen Architektur zu zitieren) ist in der Südansicht vage angedeutet, aber ebenso könnte sie ein Schiff sein oder, noch passender, betende Hände. Die visuellen Kodes, die hier sowohl elitäre als auch populäre Bedeutungen annehmen, wirken überwiegend auf unbewußter Ebene, im Gegensatz zum Würstchenstand. Wir lesen die Metaphern unmittelbar, ohne uns die Mühe machen zu müssen, sie zu benennen oder zu zeichnen. Das Talent des Künstlers ist abhängig von seiner Fähigkeit, unseren reichen Bestand an visuellen Vorstellungen anzusprechen, ohne daß wir seine Absicht wahrnehmen. Vielleicht ist es auch für ihn ein unbewußter Vorgang. Le Corbusier bekannte sich zu nur zwei Metaphern, die beide esoterischer Art sind: zur „visuellen Ästhetik" der gekurvten Wände, welche die vier Horizonte darstellen, als wären sie „Klänge" (respondierend im Wechselgesang), und zur „Krabbenschalen"-Form des Daches. Aber das Gebäude hat sehr viel mehr Metaphern als diese, so viele, daß es überkodiert ist, durchsetzt mit möglichen Interpretationen. Das erklärt, warum die Kritiker Pevsner und James Stirling das Bauwerk als so verwirrend empfinden und es anderen als so rätselhaft erscheint. Es scheint präzise rituelle Bezüge anzudeuten, es sieht aus wie der Tempel einer geistig sehr anspruchsvollen Sekte, die einen hohen Grad metaphysischer Abgeklärtheit erreicht hat — während wir *wissen*, daß es nur eine Wallfahrtskapelle ist, geschaffen von einem, der an eine Naturreligion, einen Pantheismus, glaubte. Anders ausgedrückt: Ronchamp erzeugt die Faszination der Entdeckung einer neuen archaischen Sprache; wir glauben, auf den Stein von Rosette zu stoßen, jenes Fragment einer verlorengegangenen Zivilisation. Und jedesmal, wenn wir seine Außenmauern entschlüsseln wollen, begegnen wir neuen, einleuchtenden Bedeutungen, von denen wir doch wissen, daß sie keiner präzisen gesellschaftlichen Realität zugehörig sind — obgleich es den Anschein hat. Le Corbusier hat sein Bauwerk so überkodiert mit Metaphern und Element für Element so korrekt aufeinander bezogen, daß die Bedeutungen wirken, als wären sie festgeschrieben durch zahllose, dem Ritual verhaftete Generationen: Der Reichtum etwa der feinen Muster des Islam, die exakte Ikonologie des Shinto werden angedeutet. Wie anregend, wie unterhaltsam ist das Erlebnis dieses Spiels der Ausdruckskraft, von dem wir doch wissen, daß es vorwiegend auf der brillanten Phantasie des Architekten beruht.

Ein anderes modernes Gebäude, das wegen seiner ungewöhnlichen Form eine Reihe von Metaphern in sich vereint, ist Cesar Pellis Pacific Design Center in Los Angeles — dort bekannt als „Der blaue Wal" (Abb. 3). Im Gegensatz zu Ronchamp hat es rechtwinklige Formen und einen Curtain Wall aus drei verschiedenen Arten von Glas. Aber diese vertrauten Elemente rufen wegen ihrer besonderen Behandlung dennoch keine vertrauten Assoziationen hervor: „Eisberg", „Registrierkasse", „Flugzeughangar" und — am treffendsten — „extrudierte Zierleiste" (es ist ein Zentrum für Innenarchitekten und Designer).

Diese Metaphern können im buchstäblichen Sinne aufgezeichnet werden mit Umrissen und Schnitten, nicht aber das Image des „blauen Wals", das nur in Begriffen von Farbe und Masse einen Bezug dazu hat. Und doch ist dies der bevorzugte Spitzname. Warum wohl? Weil dort zufällig ein Restaurant ist, dessen Eingang das Maul eines großen blauen Wals darstellt, und der Bau wird als Leviathan inmitten der kleinmaßstäblichen Bebauung angesehen, der alle kleinen Fische schluckt (in diesem Fall die kleinen Dekorationsgeschäfte). Mit anderen Worten: Zwei lokale einschlägige Kodes, der große Maßstab und die Verbindung mit dem Restaurant, rangieren vor den plausibleren Metaphern des Gebäudes: dem Flugzeughangar und der Zierleiste — ein gutes Beispiel dafür, daß die Architektur mehr von der Gunst des Betrachters als von der Kunst des Erzeugers abhängig ist.

Die Sprache der Architektur ist viel fügiger als die gesprochene Sprache und mehr der Veränderung durch kurzlebige Kodes unterworfen. Ein Gebäude kann dreihundert Jahre bestehen, aber die Art, wie Menschen es betrachten und nutzen, kann sich alle zehn Jahre ändern. Es wäre pervers, Shakespeares Sonette umzuschreiben, Liebesgedichte in haßerfüllte Briefe zu verwandeln, eine Komödie als Tragödie zu lesen. Aber es ist vollkommen akzeptabel, Wäsche auf dekorative Balustraden zu hängen, eine Kirche in eine Konzerthalle umzuwandeln und ein Gebäude täglich zu nutzen, ohne es anzuschauen (was tatsächlich die Norm ist). Architektur wird häufig unbeteiligt oder mit den größten Vorurteilen je nach Stimmung und Wunsch erlebt — genau entgegengesetzt dazu, wie man gewöhnlich eine Sinfonie oder ein Kunstwerk genießt[1]. Eine Folgerung daraus für die Architektur ist, unter anderem, daß der Architekt seine Bauten überkodieren muß, indem er ein Übermaß an populären Zeichen und Metaphern verwendet, wenn

---

[1] Ein Argument von Umberto Eco in „Funktion und Zeichen. Semiologie der Architektur", in *Konzept 1. Architektur als Zeichensystem*, Tübingen 1971.

sein Werk sich, wie beabsichtigt, mitteilen und die Transformation schnell veränderlicher Kodes überstehen soll.

Erstaunlicherweise leugnen viele moderne Architekten diese wichtigste metaphorische Stufe der Bedeutung. Sie empfinden sie als unfunktional und subjektiv, literarisch und vage, gewiß nicht als etwas, das sie bewußt kontrollieren und sinnvoll anwenden können. Statt dessen konzentrieren sie sich auf vermeintlich rationale Aspekte des Entwurfs – auf Kosten und Funktion, wie sie es eng definieren. Das Ergebnis ist, daß ihre unbeabsichtigten Metaphern metaphorische Rache üben und sie in den Hintern treten: Ihre Bauten sehen schließlich aus wie Metaphern für Funktion und Wirtschaftlichkeit und werden als solche verdammt. Die Situation wird sich jedoch ändern, weil sowohl die Sozialforschung als auch die Architektursemiotik die allgemeine Reaktion auf die Metapher darstellen. Diese ist weit besser vorhersehbar und kontrollierbar, als die Architekten es gedacht hatten, und da die Metapher eine entscheidende Rolle für die Annahme oder Ablehnung eines Gebäudes durch die Öffentlichkeit spielt, werden die Architekten das mit Sicherheit bald erkennen, wenn auch nur in ihrem eigenen Interesse. Die Metapher, durch konventionelle visuelle Kodes gesehen, unterscheidet sich von Gruppe zu Gruppe, aber sie kann im großen und ganzen, wenn nicht sogar exakt, für alle Gruppen einer Gesellschaft umschrieben werden.

Postskriptum für einen radikalen Eklektizismus (1980)

Die Art und Weise, wie die Architektur sich unserer Industriegesellschaft mitteilt, muß als wichtigster Impuls der Postmoderne betrachtet werden. Es ist offenkundig, daß die Moderne versagt hat, diese Gesellschaft anzusprechen. Ebenso offenkundig haben postmoderne Architekten, zum Beispiel Robert Venturi, in dieser Frage nicht eindeutig Stellung bezogen. Mit diesem Problem hängen verschiedene Fragen zusammen, die ein simples Vorgehen unmöglich machen – etwa die des Gleichgewichts zwischen populären und elitären Kodes, deren sich die Architekten gleichermaßen bedienen müssen, und der sie begleitenden Gefahr der Verkitschung und der Mystifizierung. Darüber hinaus bestehen die Probleme einer Konsumgesellschaft, die das private Bauen hoch bewertet und nicht das der öffentlichen Hand. Der Architekt, der mit dieser Gesellschaft durch sein Gebäude kommunizieren will, muß einen umständlichen Kurs zwischen allen diesen Hindernissen steuern. Um es zu wiederholen: Er muß verschiedene Geschmackskulturen ansprechen, indem er verschiedene Kodes anwendet, und das macht ihn zum Eklektiker. Ob er schwachen oder radikalen Eklektizismus produziert, hängt davon ab, ob er zwingende Gründe für die Verwendung eines Stils findet. Etwas vereinfacht, lassen sich je nach den Umständen drei prinzipielle Begründungen für die Wahl eines Stils oder die Mischung von Stilen geben: der Kontext, in den das

Gebäude passen soll, der Charakter der spezifischen Funktionen, der durch die Stilwahl betont werden muß, und die Geschmackskultur der Bewohner. Diese drei Aspekte sind in Charles Moores im Bau befindlicher Piazza d'Italia in New Orleans ablesbar (Abb. 5).

Wie eine Luftaufnahme des urbanen Kontextes beweist, liegt die Piazza in einem Bereich von New Orleans mit gemischter Nutzung. Auf einer Seite steht ein modernes Hochhaus, dessen schwarzweiße Fassadenzeichnung übernommen wurde als Motiv für eine abgestufte Form von Ringen. Diese Kreisform, modernes „Bullauge" und barocke Stadtform zugleich (Place des Victoires in Paris), führt hinaus in drei Straßen und gibt dem Vorübergehenden einen Hinweis darauf, daß hinter den bestehenden Bauten etwas Ungewöhnliches passiert. Dieser Aufbau einer Erwartung und die Anwendung abschirmender Elemente, die zugleich aussagen und verbergen — der Bogengang, die Pergola — , dramatisieren den Zugang. Wir werden zum Zentrum des Bullauges gezogen und erwarten, dort einen symmetrischen, kreisförmigen Kulminationspunkt zu finden. Was tatsächlich geschieht, entspricht und widerspricht dieser Annahme gleichermaßen. Es gibt in der Tat ein Zentrum und Kreisformen, aber anstatt barocke Zentralität zu betonen, lassen sie neue Erwartungen aufkommen. Die Kreise sind teils Scheiben, teils Säulenreihen, die sich asymmetrisch auf der Diagonale der Bewegung drehen in Richtung auf einen neuen Kulminationspunkt, den höchsten Punkt, einen Bogengang, in der Tat eine moderne Serliana. Diese Diagonale wird verstärkt durch die Vielzahl gebrochener Formen — den Stiefel Italien — , die sich auf der höchsten Ebene, den „Italienischen Alpen", konzentrieren. Wir haben eine klare Organisation von Form und Inhalt. Da Italien sich zu den nördlichen Alpen erhebt, so tun es auch die fünf Ordnungen italienischer Säulen, und sie kulminieren in einer neuen, sechsten Ordnung, die das zukünftige Restaurant einfaßt. Diese Erfindung für ein deutsches Restaurant (Man wird Würste in die Fenster hängen!) nennt Moore die „Deli-Ordnung". Neonketten um den Hals dieser Säulen deuten außerdem an, daß wir uns hier im zwanzigsten Jahrhundert befinden und der kommerzielle schlechte Geschmack ein Teil dessen ist. Moore hat eine Vorliebe für architektonische Einfälle und Scherze. (Er nennt seine wasserspeienden Metopen „Wetopen"!) Es ist das Verdienst seiner Teamarbeit, daß diese einkalkulierten Geschmacksverirrungen nicht die Oberhand gewinnen. Sie sind Teil einer reichen Mischung von Bedeutungen etwa in der Art, wie ähnliche Elemente in Shakespeares Dramen absorbiert werden.

Für Historiker sind es die Bezüge auf das Theater Hadrians und die Triumphbögen von Schinkel, für die Sizilianer die archetypischen Piazzas und Brunnen; für den modernen Architekten ist es die Anerkennung des Hochhauses und die Anwendung moderner Technologien (Neon und Beton); für den Liebhaber reiner architektonischer Formen sind es die behauenen Kämpfer aus gesprenkeltem Marmor und eine sehr sensible Anwendung von poliertem Chromstahl. Die Kapitelle der Säulen aus diesem Material glänzen, wenn das Wasser aus den Akanthusblättern hervorschießt. Die strengen, gedrungenen toskanischen Säulen sind ebenfalls aus diesem Material geschnitten und vermitteln rasiermesserscharfe, paramilitärische Bilder, die Silhouetten griechischer Helme[2]. Der Gesamteindruck schließlich ist sowohl ein sinnlicher als auch ein rhetorischer; er erscheint vielleicht gegenwärtig ein wenig übertrieben, weil seine Ausfüllung im Hintergrund noch nicht fertig ist. Aber in der Konzeption ist die Piazza ein überzeugendes Beispiel für radikalen Eklektizismus: Sie paßt in den urbanen Kontext und erweitert ihn. Die verschiedenen Funktionen werden symbolisch und praktisch durch verschiedene Stile charakterisiert, und die Bezüge für Inhalt und Form stammen aus der lokalen Geschmackskultur, von der italienischen Gemeinde. Darüber hinaus liefert der Entwurf dieser Gemeinde ein Zentrum, ein „Herz", um das postmoderne Schlagwort zu wiederholen. Während er eine Massenkultur mit anerkannten Stereotypen anspricht, werden diese sowohl direkt als auch in auf phantasievolle Weise veränderter Form erfolgreich angewendet.

Schließlich — man gestatte mir diese in die Zukunft weisende Anmerkung — deutet er auf eine Architektur wie die des Barock hin, als verschiedene Künste sich verbanden, um ein rhetorisches Ganzes zu erzeugen. Mit Sicherheit wird der Erfolg dieser Rhetorik von außerhalb der Architektur liegenden Faktoren abhängen: von einem überzeugenden sozialen oder metaphysischen Inhalt. Die Suche nach einem solchen Inhalt ist die Herausforderung an die postmodernen Architekten.

[2] Auf mehrere dieser Bedeutungen hat Charles Moore in einem Gespräch mit mir im März 1979 hingewiesen; andere sind enthalten in Martin Fillers ausgezeichnetem Beitrag über die Piazza in *Progressive Architecture*, November 1978, S. 81–87.

1. *Hans Hollein.* Juweliergeschäft Schullin II
Wien, 1981–1982

2. *Le Corbusier.* Kapelle in Ronchamp, 1950–1954
(Foto Marburg)

3. *Cesar Pelli.* Design Center Los Angeles, 1976

4. *Mimmo Paladino.* Ciclope (Le Cose di Casa)
Museum Moderner Kunst, Wien. Leihgabe Österr. Ludwig-Stiftung

5. *Charles Moore.* Piazza d'Italia
New Orleans, 1976–1979

6. *Mario Botta.* Haus Breganzona
Schweiz, 1984

Moderne und Postmoderne

Heinrich Klotz

Architektur als Bedeutungsträger

Während der Streit andauert und die Modernisten und Postmodernisten sich konfrontieren, als gelte es, erst noch eine Entscheidung zu fällen, hat die Geschichte schon entschieden. Ein neues Bauen hat sich durchgesetzt, das sich vom Neuen Bauen der zwanziger Jahre von Grund auf unterscheidet. Wo immer während des vergangenen Jahrzehnts ein neuer Gedanke gedacht und eine schöpferische Architekturform gefunden wurde, geschah das zumeist gegen den Geltungsanspruch der Moderne.

Doch wenn wir uns heute mit einer Architektur zu umgeben beginnen, die sich auf Vorbilder aus der Vergangenheit beruft und Formen wiederbelebt, die wir seit langem zum Schutt der Geschichte geworfen hatten, so fragen wir uns besorgt, aus welcher Bewußtseinslage heraus solche Rückgriffe, solche Reaktionen möglich werden. Die Postmoderne erscheint uns als eine „Prä-Moderne", als ein Zurück in den Zustand vor der großen Aufklärung. Damit ist die Frage gestellt, ob wir den Fortschritt in eine bessere Zukunft aufgegeben und gegen den Rückschritt in eine überholte Vergangenheit eingetauscht haben.

Es scheint, daß diese Gesellschaft mit den ökologischen Krisen dem Fortschritt überhaupt mißtraut, indem sie die Schwellen ins Neuland nicht mehr zu überschreiten wagt, sondern sich im Aufgriff des Alten, im Rückgriff auf das Vergangene abzusichern sucht. Der Zweifel am Fortschritt scheint dem kulturellen Rückfall in geschichtlich abgetane Inhalte zu entsprechen. Läuft nicht die Behauptung von der Unmöglichkeit der Avantgarde parallel zum Verzicht auf ein utopisches Entwurfspotential? Suchen wir nun im Schutze von Symmetrien und Achsen eine Ordnung, die letztlich nicht Sicherheit verspricht, sondern neue Herrschaft und Beherrschung signalisiert? Geben wir mit einem einschüchternden Neo-Monumentalismus die Menschlichkeit dieser gelockerten und durchschaubaren Umwelt auf, verzichten wir auf die erfahrbare Offenheit einer demokratischen Architektur zugunsten neuer, muskelprotzender Machtgebärden?

Erfahrungen der Vergangenheit, die sich in bestimmten architektonischen Formen manifestieren, sollen wieder Geltung beanspruchen dürfen und uns von einem Projekt ablenken, das eben noch, hoffnungsvoll auf die Zukunft gerichtet, den allgemeinen Fortschritt zur wesentlichen Voraussetzung hatte, das „Projekt der Moderne".[1] Seitdem der Begriff der Postmoderne um sich greift, scheint unsere jüngste geschichtliche Erfahrung aufgeteilt zu werden in eine soeben vergangene Moderne und in eine sogleich anschließende Postmoderne, in eine fortschrittliche Vergangenheit einerseits und in eine reaktionäre Gegenwart andererseits. Seitdem die Baumalleen wieder im Marschtritt wachsen, die Säulen als Kolonnen neu entstehen, die Häuser eine gebaute Hierarchie in sich schließen und wie im Selbstversicherungsreflex auf der einen Seite symmetrisch wiederholen, was auf der anderen Seite auch schon ist, seitdem sich Kapitelle, Gesimse und Ornamente wieder dekorativ über die Flächen breiten und der horror vacui dort ausgebrochen scheint, wo eben noch die Nüchternheit der aufgeklärten Leere und Sparsamkeit herrschte, seitdem scheint der große Rückfall in ein historisch ausstaffiertes und nostalgisch verklärtes Kulissendasein vollzogen. Mit der Heraufkunft der Postmoderne geht auch die Wahrheit dahin. Alles scheint mit einem Mal verloren: die Moderne, die Menschlichkeit, die Demokratie und die Moral.

Verrät sich also in den Projekten heutiger Architektur die Verfaßtheit einer Gesellschaft, die man fürchten muß, weil sie die Zukunft fürchtet? So wäre denn verständlich, warum die gegenwärtige Diskussion um die jüngsten Entwicklungen in der Architektur derart heftig geführt wird, nicht nur in Deutschland, sondern auch in anderen Ländern: Es geht um die Entlarvung der Resignierenden und Reaktionären, es geht um die Verteidigung des Fortschritts im Sinne fortschrittlicher Bautechnologie und moderner Konstruktionsmöglichkeiten, aber auch im Sinne der in Architektur inkorporierten Ideologien. Mit dem Fortschritt in der Architektur wird gleichzeitig der Fortschritt in der gesamten Gesellschaftsentwicklung mitverteidigt. Das Bauwerk als Träger demokratischer Eigenschaften, als freiheitliches Behältnis einer tendenziell freiheitlichen Gesellschaft steht auf dem Spiel!

Oder? – Und hier meldet sich ein Zweifel an dem oben nachempfundenen Architekturinferno – oder könnte alles das entstanden sein als eine nicht zurückflüchtende, sondern vorausweisende Korrektur am Projekt der Moderne? Sind nicht drakonische Mittel nötig geworden, um die in den Funktionalismus und in die Stadtzerstörung entglittene Moderne auf ein Niveau architektonischer Verant-

---

[1] Jürgen Habermas, „Die Moderne – ein unvollendetes Projekt", *Die Zeit*, 19.9.1980, in diesem Sammelband S. 177–192; ders., „Moderne und postmoderne Architektur", in *Die andere Tradition*, München 1981, S. 8 ff., in diesem Sammelband S. 110–120.

wortlichkeit zurückzurufen? Wenn Jürgen Habermas fordert, die „Tradition der Moderne unbeirrt anzuzeigen und kritisch fortzusetzen, statt den heute dominierenden Fluchtbewegungen zu folgen",² so fragen wir, ob nicht die Kritik der Moderne just dann geleistet wird, sobald diese postmodern wird; denn ist nicht die Kritik der Moderne die Postmoderne, ist nicht diese die Fortsetzung der Moderne mit neuen, jedoch *nicht gänzlich anderen* Mitteln?

Zuallererst stellt sich die Frage, ob nicht in der Postmoderne positive Qualitäten der Moderne weiterwirken und ob nicht andererseits postmoderne Qualitäten als fortschrittlich zu verstehen sind. Eine Beurteilung richtet sich hierbei nach der Ausdeutung der Form; wir müssen also danach fragen, ob das Wesen der Moderne und die Charakteristik der angeblichen Fluchtbewegungen an den *Formen* richtig beschrieben wurden. Genauer: Sind die *Bedeutungen*, die wir den Formen zuschreiben, tatsächlich auf einen bestimmten Ausdrucksgehalt und auf einen bestimmten Wert festgelegt? Ist die Achse stets ein architektonisches Zwangsmittel im Namen der Herrschaft; ist die Symmetrie stets ein Ordnungsmittel der Hierarchiefeststellung; muß die Verwendung einer Säule stets nostalgische Zuflucht bedeuten; ist der Gebrauch handwerklicher Methoden und konventioneller Materialien in der Architektur stets ein Rückfall gegenüber dem fortschrittlichsten Stand der Bauproduktion?

Oder andersherum: Ist der offene Grundriß demokratisch? Sind alle nicht handwerklichen Verfahren in der Bauproduktion und die modernen Materialien wie Glas und Stahl modern?

Sind also die Formen in ihrem assoziativen Symbolgehalt für alle Zeiten festgelegt?

Wie wir sehen, geht der Streit nicht um die Formen selbst, sondern um deren Bedeutung. Daß eine Form für einen bestimmten Inhalt steht, daß sie etwas über ihre eigene Faktizität Hinausgehendes anzeigt, ist die selbstverständliche Voraussetzung, die in dem Streit um Moderne und Postmoderne gemacht wird.

Daß wir überhaupt wieder von *Bedeutungen der Architektur* sprechen, ist selbst der entscheidendste Wandel in der Architekturdiskussion seit 1945. Jahrzehntelang waren uns die Formbewegungen gleichgültig, weil wir sie entweder gar nicht wollten oder weil wir sie ignorieren konnten. Bautechnische Struktur, ökonomischer Funktionswert und Nutzungsanalyse standen im Vordergrund des Interesses. Daß eine Form dieses oder jenes bedeuten konnte, war nicht offizielles Thema und stand jenseits aller Fragen der Architekturtheorie. Vor allem aber war es unüblich, die Architekturform bewußt als einen Bedeutungsträger zu verstehen.³ Angesichts die-

---

² Habermas 1981, S. 10. Vgl. hierzu Paolo Portoghesi, „Die Wiedergeburt der Archtypen", und Heinrich Klotz, „Ästhetischer Eigensinn", *Arch+*, H. 63/64 (1982), S. 89–93.

ses neuen Interesses an der Formgebung stellt sich die Geschichte der Architektur der Gegenwart dar als eine Geschichte ihrer Formentscheidungen und ihrer latenten oder offenen Bedeutungen, ihrer unbeabsichtigten oder gewollten Inhalte und Symbolisierungen.

Gebäude sind, ob Architekten es wollen oder nicht, Träger von Bedeutungen, auch dann, wenn sie bedeutungslos bleiben sollen. So oder so nehmen sie einen visuellen Charakter an, den ihnen die Wahrnehmenden verleihen. Und sogar der Vulgär-Funktionalismus der Nachkriegszeit, der kaum noch ein charakteristisches Merkmal an einem Gebäude übrig ließ, hat schließlich Bauten hervorgebracht, die ungewollt in unserem Gesichtsfeld Bedeutungen annahmen, und sei es die bedeutungsloseste aller Bedeutungen, die — scheinbar neutrale — Gleichförmigkeit, die uns als Monotonie entgegentritt.

Gegenüber einer Architektur, die auf jegliche Symbolisierung bewußt verzichtet hat und nach ihrer zweckrationalistischen Definition jedes Bedeutungsbemühen als ein Zuviel angesehen hat, sind die neuen Tendenzen heutiger Architektur ganz überwiegend durch das Bestreben gekennzeichnet, Gehalte zu veranschaulichen, die nicht allein die funktionalen Eigenschaften eines Bauwerks hervorheben, sondern hinzutretende, auch auf außerarchitektonische Zusammenhänge verweisende Mitteilungen enthalten. Was in der Auseinandersetzung über heutige Architektur die wesentliche Rolle spielt, die aus der Formendeutung gewonnene Symptomatik, ist zum entscheidenden Wesensmerkmal der Architektur selbst geworden.

Begriff der Postmoderne

So sehr der Begriff der Postmoderne zu falschen Vorstellungen geführt hat, so wenig können wir ihn heute noch durch einen besseren ersetzen. Es war kein glücklicher Einfall von Charles Jencks[4], den seitens der Literaturwissenschaft ne-

---

[3] In der Kunstwissenschaft hingegen ist die kontrovers geführte Debatte zwischen reiner Formgeschichte und Ikonologie unmittelbar nach dem Zweiten Weltkrieg wieder aufgeflammt. Hans Sedlmayrs Arbeiten und das Hauptwerk von Günther Bandmann (*Mittelalterliche Architektur als Bedeutungsträger*, Berlin 1951) waren in Deutschland wegweisend. Vor allem aber R. Wittkowers Buch *Architectural Principles in the Age of Humanism*, 1949 (dt.: *Grundlagen der Architektur im Zeitalter des Humanismus*, München 1983), hat in den USA auf die Architekturdiskussion der Moderne starken Einfluß ausgeübt, so z.B. auch auf Robert Venturis Buch *Complexity and Contradiction in Architecture* (dt.: *Komplexität und Widerspruch in der Architektur* [Bauwelt Fundamente, Bd. 50], Braunschweig/Wiesbaden 1978), wie er selbst vermerkt.

[4] Charles Jencks, *The Language of Post-Modern Architecture*, London 1977 (dt.: *Die Sprache der postmodernen Architektur*, Stuttgart 1980).

gativ vorbelasteten Begriff in die Architekturtheorie zu übertragen, um ihm dort einen positiven Sinn abgewinnen zu wollen. So hatte etwa Jost Hermand in seinem Beitrag über die Postmoderne[5] bereits im Jahre 1970 alle nur denkbaren Strömungen moderner Konsumkultur als einen reaktionär anti-modernen, d.h. für Hermand „postmodernen" Konformismus entlarvt. Und entsprechend dieser Tradition wurde der Begriff innerhalb der Architekturtheorie auch weiterhin assoziiert mit den Vorstellungen des bequemen Ausweichens in eine populistische Genußszene, wo die grelle Farbigkeit einer Lollypop-Kultur sich verbindet mit der künstlichen Patina eines Nostalgie-Historismus. Obwohl es nahezu aussichtslos erscheint, dem Begriff der Postmoderne eine Art von erster Unschuld zurückzugeben und aus ihm nichts anderes herauszulesen als den Verweis auf die neue Geschichtsphase einer Zeit nach der Moderne, so möchten wir diese Bezeichnung dennoch beibehalten, weil sie sich international durchgesetzt hat. In der Architekturkritik wird heute der Begriff der Postmoderne vor allem angewendet, wenn eine historisierende Architektur gemeint ist, die in der nostalgischen Einstimmung auf Vergangenes gänzlich aufgeht. Die polemische Vereinnahmung des Begriffs der Postmoderne für alle historisierenden Tendenzen in der Architektur müßte zu denken geben, denn auch dem schärfsten Gegner der Postmoderne wird bewußt sein, daß es auch Bezüge zur Geschichte der Architektur gibt, die sich nicht in nostalgischer Aufbereitung der Vergangenheit erschöpfen. Die Kritik an der Postmoderne schärft sich zu und simplifiziert sich zugleich, indem sie zur Kritik an der Nostalgie wird. In der Polemik erfährt der Begriff seine stärkste Verengung.

Hingegen möchte ich seinen Bedeutungsbereich in dem oben angegebenen Sinne ausweiten und als postmoderne Architektur dasjenige Bauen verstehen, das den Auflagen der Moderne nicht mehr ausschließlich folgt. Sofern die Architektur auch anderen Gesetzen gehorcht als der Funktionserfüllung und der größtmöglichen Vereinfachung der Grundformen, sofern sie von der Abstraktion fort zu einer Vergegenständlichung hin tendiert, spreche ich von einer postmodernen Architektur. Damit ist gemeint, daß die Architektur nicht mehr bei sich ihr Ende findet als eine Realisierung von reinen dreidimensionalen Körpern, sondern daß sie zu einem Mittel der Veranschaulichung von Inhalten vielfältigster Art werden kann: Architektur als ein *Werk* des schönen Scheins, nicht nur als ein *Werkzeug* der Zweckerfüllung!*

---

[5] Jost Hermand, „Pop oder die These vom Ende der Kunst", *Basis. Jahrbuch für deutsche Gegenwartsliteratur* 1, 1970, S. 94–115; wiederabgedruckt in: ders., *Stile, Ismen, Etiketten*, Wiesbaden 1978, S. 111–124.
* Vgl. Abb. 1 und 6.

Es geht mir um den Nachweis eines leitenden Prinzips, das die Architektur der Gegenwart in ihren positiven Ergebnissen bestimmt. Dieses leitende Prinzip kann man darin wirksam sehen, daß die Gestaltung eines Bauwerks bewußt verbunden wird mit der Rückgewinnung von Inhalten, die zum „Erzählstoff" der Gebäudeform und der Einzelformen werden können. Das soll nicht heißen, daß die Architektur sich einer illustrativen Absicht unterordnen müßte. Vielmehr geht es darum, die Architektur aus der Stummheit von „reinen Formen" und vom Lärm ostentativer Konstruktionen zu befreien, damit ein Bau wieder zu einem Gestaltungsanlaß werden kann, der nicht nur Fakten und Nutzungsprogramme berücksichtigt, sondern auch poetische Vorstellungen aufnimmt und dichterische Stoffe gestaltet. Das Resultat sind dann nicht länger nur Funktionsbehälter und Konstruktionswunder, sondern Darstellungen von symbolhaften Gehalten und bildnerischen Themen: ästhetische *Fiktionen*, die nicht abstrakt „reine Formen" bleiben, sondern *gegenständlich* in Erscheinung treten.

Revision der Moderne

Während in allen westlichen Ländern die Hinwendung zur Geschichte vollzogen wird, kommen in Deutschland besondere Voraussetzungen hinzu, die eine Einwilligung in das Verknüpfen von Geschichte und Gegenwart hemmen. Die gewaltsame Vertreibung der Avantgarde durch Hitler und ihre ausdrückliche Wiederkehr als Wiedergutmachung und Demokratiefanal nach dem Kriege ließ uns anders als anderswo am Versprechen dieser Moderne festhalten. Vor allem aber hat das Mißtrauen gegen die nationalistische Vergangenheit eine gewollte Geschichtslosigkeit provoziert. Der Auseinandersetzung um die Postmoderne lag auch die sozialpsychologische Belastung einer Vergangenheitsbewältigung zugrunde, die uns nur immer hat vorwärts blicken lassen in der steten Hoffnung, daß die Zukunft und das Fortschreiten in die Zukunft hinein von Unschuld bestimmt sein könnte, wenn doch in der Vergangenheit die Schuld liegt. Geschichtsbewußtsein als Schuldbewußtsein! Zukunftsbewußtsein als Befreiungsbewußtsein! Aus der Geschichtsfeindlichkeit wird am Ende eine besondere Art des Fortschrittsglaubens, der jede Korrektur am absolut gesetzten Fortschrittsbegriff sogleich als Fluchtbewegung entlarven möchte. Die Verbissenheit, mit der wir die alte Moderne verteidigt haben, ist nicht nur ideologisch, sondern hat psychopathologische Züge.[6] Aus politisch-moralischen Gründen wird mit dem Verweis auf eine fortschrittliche Technik und auf soziale Verantwortung am Ende eine reaktionäre Ästhetik.

---

[6] Vgl. Helmut Spieker, *Totalitäre Architektur*, Stuttgart 1980.

Dem steht die Behauptung gegenüber: Die Geschichte der Moderne mündet in die Revision der Moderne, konfrontiert sich mit einer Postmoderne, die Fortsetzung und vor allem Neubeginn ist.

Unter Einbeziehung des bisher Ausgeschiedenen wird ein neues Konzept der Moderne formuliert. Der absolute Bruch mit der Geschichte wird ebenso zurückgenommen wie der Erneuerungs-Rigorismus gegenüber dem Bestehenden. Mit dieser Umorientierung sind Einbrüche in die Architekturpraxis und die Architekturtheorie verbunden, die nicht länger erlauben, von einer kontinuierlichen Weiterentwicklung der Moderne zu sprechen. Die „unvollendete Moderne" (Habermas) kann nur der Vollendung näherkommen, wenn sie gegen ihre bisherige Definition Wertsetzungen einbezieht, die als feindlich und antimodern angesehen worden waren. Die Revision der Moderne ist die Voraussetzung ihrer künftigen Geltung.

Auch mit einem auf historisierende Formen verzichtenden Bauen kann das erreicht werden, was die Postmoderne kennzeichnet — eine Architektur der „narrativen Inhalte". Zur bloßen Nutzenerfüllung kommen „grenzüberschreitende" Inhalte hinzu, die die Architektur aus ihrer primären Aufgabe funktionaler Dienstleistung herausheben und sie als Medium zur zweckübersteigenden Darstellung „erfundener Welten", also Mittel des Fiktiven nutzen. Die Inhalte der Postmoderne können sich auf vielerlei beziehen, ja, im Sinne des Illusionismus eine „schöne Welt des Scheins" kreieren, die von der baren Tatsächlichkeit der Architektur als Schutzhülle fortlenkt auf die ganz anderen Bereiche einer „Umwelt als erzählerische Darstellung".

Die Fiktion ist nicht schon mit der gelungenen Verbindung einiger geometrischer Formen erreicht. Erst wenn das Bauwerk nicht in sich selbst verharrt, wenn also die stereometrische Autonomie perfekter Volumina zerstört wird und stattdessen Verweise, Bezüge und Assoziationen über das Bauwerk hinaus erlaubt sind, eröffnet sich die Möglichkeit der architektonischen Fiktion. Eine palladianische Villa ist nicht nur deshalb eine der Vollkommenheit nahe Architekturfiktion, weil sie vollendete Maße und Proportionen besitzt, sondern weil sie eine Fülle von geistreichen und die Bewohneransprüche repräsentierenden Anspielungen auf die Idealität der Antike enthält und weil sie nicht nur dem täglichen Lebensablauf funktional zu entsprechen sucht, sondern weil sie das Leben fiktiv überhöht und es szenisch hinterlegt. Die Geometrie per se ist allenfalls „interessant". Erst die Inhalte, die sich mit der Geometrie verbinden, ermöglichen das Fiktive. Bruno Tauts Ausdeutung des Neuen Bauens als eine gegen den „Seriosismus" gerichtete Welt des Grazilen und Durchsichtigen war eine solche Fiktion, die nicht allein Sozialkritik enthält, sondern ebensosehr Poesie. Sobald das fiktive Moment von der Geometrie der Moderne abfiel und die reine Sachlichkeit des Funktionalismus übriggeblieben war, enthüllten sich die „weißen Körper unter dem Licht" als banale Nacktheit bedeutungsleerer Tatsachen. Und auch die allgemein zugrunde liegende Vorstellung von Modernität, die sich mit den einfachen Primärformen verband, verkümmerte mit jedem weißen Block und jedem gläsernen Rechtkant, der zusätzlich in die Stadt gesetzt wurde.

Charles Moore hat auf die Frage, warum er „von der glatten Eleganz des International Style wegkommen wollte", geantwortet, dieser Stil sei kein sehr brauchbarer, interessanter, bedeutungsvoller, lohnender Ausdruck der Gegenwart.[7] „Ein Gebäude hat selbst die Kraft, das zu sein, was es sein will, das zu sagen, was es sagen will, dadurch, daß es richtig oder falsch oder stumm oder lärmig gebaut worden ist. Und deshalb schauen wir die Gebäude ja auch an, viel eher als daß wir ihre Existenz lediglich zur Kenntnis nehmen, im Sinne von Le Corbusier." – „Das Erzählerische an einem Gebäude ist für mich all das zusammen: Ein Gebäude soll so deskriptiv wie möglich sein und erzählen, was an ihm interessant ist – entweder wie es gebaut ist, oder wie die Leute es benutzen; die Botschaft ist vielleicht laut, vielleicht still, versteckt oder nur scheinbar versteckt; aber man erfährt immer, was los ist."[8]

Im Bereich der Architektur ist das Fiktive immer nur ein Aspekt des Ganzen. Das Bauwerk ist nicht reines Kunstwerk. Und es kann nicht in der gleichen Unabhängigkeit entstehen wie ein Roman oder ein Gemälde. Die Architektur steht unmittelbar im Lebenszusammenhang und unterliegt den Nutzungsinteressen stärker als irgendeine andere Kunstgattung. Doch hat man unter der Herrschaft des Funktionalismus den Anteil des Fiktiven gänzlich aus der Architektur vertrieben, so daß nur noch Bautechnik übrigblieb. Eine gotische Kathedrale, von der ihr erster Erbauer, Abt Suger, sagte, sie sei das Abbild der Himmelsstadt auf Erden, Widerschein des Lichtes Gottes in unserer Wirklichkeit, hätte unter den Bedingungen des Funktionalismus niemals entstehen können. Der abbildende und darstellende Charakter der Architektur, das Bauwerk als erdichteter Ort, als künstlerische Fiktion, war zum Kindermärchen erklärt worden, das unter ernüchterten Erwachsenen keine Geltung mehr beanspruchen durfte. Heute sind wir im Begriff, die Architektur aus der Abstraktion der bloßen Zweckdienlichkeit zu befreien und ihr das Potential zurückzugeben, wieder erdichtete Orte möglich zu machen.

Karl Friedrich Schinkel hat bereits zu Beginn des 19. Jahrhunderts den Konflikt dargestellt, der auch noch der unsrige ist. Er hat von der „radikalen Abstraction" gesprochen, in der wir heute die funktionalistische Formel erkennen, das Bauwerk „aus seinem nächsten (trivialen) Zweck allein und aus der Construction" zu entwickeln. Das Resultat dieser Abstraktion war für Schinkel „etwas Trockenes, Starres, das der Freiheit ermangelte". Wir erkennen heute, daß die Architektur des Funktionalismus, die nach gleichem Rezept entstand, zum größeren Teil ebenso trocken und starr, ebenso unfrei ist.

---

[7] Heinrich Klotz und John Cook, *Architektur im Widerspruch,* Zürich 1974, S. 304.
[8] Ebd., S. 305.

Schinkel suchte die Befreiung in den zwei wesentlichen Elementen, die auch heute die Antwort sind auf die „radikale Abstraktion": *Das Historische und Poetische.* Mit dem Historischen ist die Bereicherung des Spektrums gegeben, Bezüge herzustellen und die unterschiedlichen historisierenden Stilmittel zur Sprache der Gegenwart hinzuzugewinnen, um das Poetische daraus entstehen zu lassen. Das Poetische ist die Kraft der Vorstellung zu wünschbaren Orten, ist die Fiktion über die Zwecke hinaus. Die Fiktion schränkt die Abstraktion ein, weil sie der Gegenstandslosigkeit des bloßen Nutzens die Inhalte der Phantasie entgegensetzt.

In Schinkels Aussage ist der eigentliche Widerspruch zwischen den Maximen der Moderne als Funktionalismus und dem Anspruch der Postmoderne auf einen Nenner gebracht. Schon Schinkel hatte erkannt, daß eine Architektur, die ihren anschaulichen Charakter allein aus dem nächsten Zweck und der Konstruktion bezieht, zu keinem befriedigenden Ergebnis führt. Seine Feststellung enthält die Definition einer Architektur, die auch die der postmodernen Architektur ist.

Die Postmoderne erfährt ihre besondere Kennzeichnung nicht nur durch die Tatsache, daß die bereits abgeschafften historisierenden Stilmittel wieder zur Geltung gelangen, sondern daß alle diese Stilvokabularien eingesetzt werden, um das eine Ziel zu erreichen: eine nicht länger abstrakte, sondern wieder „gegenständlich" argumentierende Architektur. Der Stilpluralismus ist nicht die Erklärung in sich selbst, sondern er ist die Voraussetzung dafür, eine neue Sprachfähigkeit der Architektur zu entwickeln, um die ästhetische Fiktion zu ermöglichen. Die „Stile" stellen das Vokabular zur Verfügung, durch das die erzählende Gestaltung möglich wird. Sie sind die Reservoirs eines Formenpotentials, das als Rohmaterial der architektonischen Darstellung dient. Nicht der Stilpluralismus ist deshalb die treffende Kennzeichnung der Postmoderne. Vielmehr ist es der Anspruch auf den fiktiven Charakter der Architektur, frontal gegen die Abstraktion der Moderne gerichtet! Weil es dieses leitende Prinzip gibt und weil in der fiktionalen Vergegenständlichung der Architektur die eigentliche Antriebskraft postmodernen Bauens liegt, wird die Vielfalt der zur Verfügung stehenden Stile nicht zu einem Entscheidungsproblem. Die Vokabularien können wechseln, sie können den unterschiedlichsten Darstellungsformen und unterschiedlichsten Inhalten genügen, sofern sie narrativ-fiktional eingesetzt werden, also auch Sinn und Bedeutung erbringen. Es ist keineswegs erneut die Frage aufgeworfen, die Baron Hübsch zu Anfang des 19. Jahrhunderts gestellt hatte: In welchem Stil sollen wir bauen? — sondern wir fragen allein danach, welche Stilmittel dazu taugen, einen bestimmten Inhalt zu veranschaulichen. Nicht die Entscheidung zur Begründung eines neuen Stildogmas — Romantik oder Renaissance — wird abverlangt, sondern allein die Entscheidung muß getroffen werden, ob die Architektur abstrakt bleiben oder ob ihre dichterischen Darstellungsmöglichkeiten wieder zur Geltung gebracht werden sollen. Wenn letzteres geschehen soll, so stellen sich unter dem Anspruch dieser leitenden Absicht die unterschiedlichen Stilmittel von selbst ein, die zum Material der Fiktion gehören. Es ist also wenig gesagt, wenn wir das Kennzeichen der Postmoderne im Stilpluralismus sehen. Dieser ist vielmehr eine Folge der neuen, gegen die Abstraktion gerichteten „gegenständlichen" Darstellungsabsicht.

Auf den Begriff der Fiktion habe ich deshalb besonderen Wert gelegt, weil er schließlich auch den Begriff der Architektur als Mittel der Kommunikation überholt. Architektur allein als ein Kommunikationssystem zu sehen, bedeutet, sich mit dem Empfang von Zeichen zu begnügen, ohne noch den Kunstcharakter der Architektur angemessen wahrnehmen und beurteilen zu können. Die große Schwierigkeit der Informationstheorie und der Semantik besteht darin, auch den Rang eines Kunstwerks zu erfassen, nicht nur seine Zeichenhaftigkeit.

Nun darf man annehmen, daß die vorherrschende Tendenz zur gegenständlichen, narrativen Gestaltung in der Architektur der Gegenwart wieder abnehmen wird; denn die Architektur ist mit den darstellenden Künsten nicht gleichzusetzen. Sie ist von ihrer eigenen Definition her nicht nur „Bedeutungsträger", sondern per se Körper und Raum. Das Spannungsverhältnis, das zwischen „architektonischer Abstraktheit" und „Architektur als Bedeutungsträger" während der letzten Jahre mit aller Intensität spürbar geworden ist, wird uns noch eine Zeitlang zu beschäftigen haben. Ganz sicher aber wird über die Zukunft der Architektur innerhalb dieses Spannungsverhältnisses entschieden, d.h., die Moderne muß durch den Prozeß eines fiktionalen Gestaltens hindurch; und alle diejenigen Architekten, die meinen, die Moderne in der Reinheit der Abstraktion unbefleckt erhalten zu können, ohne sich mit dem Innovationsprozeß der Fiktionalisierung befassen zu wollen, werden an der schöpferischen Weiterentwicklung der Architektur keinen Anteil haben.

Die definitorische Abgrenzung der Postmoderne von der Moderne geschieht anhand folgender Kriterien:

1. An die Stelle eines *Internationalismus* der Moderne ist der *Regionalismus* der Postmoderne getreten.
2. Die *geometrische Abstraktion* wurde von einer zur Bildhaftigkeit tendierenden *fiktionalen Darstellung* abgelöst, womit
3. auch die letzten Fortentwicklungen der Moderne, das Bauwerk nur noch als *funktionierendes Faktum* zu verstehen und nicht als ein auch dem Bereich des *Scheinhaften* angehörendes Werk der Bau-Kunst, rückgängig gemacht worden sind. (Nicht nur *Funktion*, sondern auch *Fiktion*!)
4. Die Postmoderne setzt nicht mehr auf den *Symbolgehalt der Maschine und der Konstruktion* als Sinngeber des Fortschritts in der Architektur, sondern auf eine *Vielfalt von Bedeutungen*, die über die Schlagkraft zeichenhafter Kürze hinaus bis zur *narrativen Gestaltung* vordringen.
5. Damit verbindet sich die *Überwindung der Technik-Utopie* zugunsten von *Poesie*. Nicht der „schönen neuen Welt" astronautischer oder konstruktivistischer Herkunft lassen wir das entwerfende Vorstellungspotential zukommen, son-

dern einer jenseits dieses schnellen Fortschrittsglaubens liegenden Welt der Phantasie.
6. Mit dem überschnellen Fortschrittsglauben verband und verbindet sich noch immer der Glaube an die stetig zunehmende *Perfektion* der Apparate und der Konstruktionen. Dieser Sterilität des Perfektionismus setzt die Postmoderne die *Improvisation*, die *Spontaneität* des Bauens, das Gestörte und Nicht-Perfekte entgegen. An die Stelle unantastbarer Vollendetheit treten die Spuren des Lebens.
7. Während die Moderne sich von aller *Geschichte* zu befreien suchte und Architektur zu einer Sache der reinen Gegenwart werden ließ, haben wir mit der Postmoderne die *Erinnerung* zurückgewonnen. Die Geschichte als wiedererlangte Perspektive erlaubt es nicht länger, der *Interessantheit* der reinen Formen Reize abgewinnen zu wollen, sondern sich stattdessen einzulassen auf den Geist der *Ironie*.
8. Schließlich ist damit die Bereitwilligkeit verbunden, nicht mehr das Bauwerk als *autonome* geometrische Form zu verstehen, sondern es sich an den historischen, regionalen und topographischen Bedingungen eines Ortes relativieren zu lassen. Relativität anstelle von Autonomie! Nicht die möglichst unantastbar allgemeine Geltung der Form, sondern die antastbare Individualität der besonderen Lösung! Kompromißfähigkeit anstelle von Heroismus; Ausgleich zwischen Alt und Neu; Anerkennung einer vorgegebenen Umwelt.

Moderne und postmoderne Architektur

Jürgen Habermas

Die Ausstellung „Die andere Tradition" gibt Anlaß, über den Sinn einer Präposition nachzudenken. Sie nimmt nämlich unauffällig Partei im Streit um die *post*- oder *nach*moderne Architektur. Mit diesem *nach* wollen sich die Protagonisten von einer Vergangenheit verabschieden, ohne der Gegenwart schon einen *neuen* Namen geben zu können — auf die erkennbaren Probleme der Zukunft wissen sie, wissen wir nämlich noch keine Antwort.

Der Ausdruck „postmodern" hatte zunächst nur neue Varianten innerhalb des breiten Spektrums der Spätmoderne bezeichnet, als er im Amerika der 50er und 60er Jahre auf literarische Strömungen angewendet wurde, die sich von den Werken der frühen Moderne absetzen wollten. In einen affektiv aufgeladenen, geradezu politischen Schlachtruf verwandelte sich der „Postmodernismus" erst, seitdem sich in den 70er Jahren zwei konträre Lager des Ausdrucks bemächtigt haben: auf der einen Seite die *Neukonservativen*, die sich der vermeintlich subversiven Gehalte einer „feindseligen Kultur" zugunsten wiedererweckter Traditionen entledigen möchten; auf der anderen Seite jene *Wachstumskritiker*, für die das Neue Bauen zum Symbol für die von der Modernisierung angerichteten Zerstörungen geworden ist. Nun erst geraten Bewegungen, die durchaus noch die Bewußtseinsstellung der modernen Architektur geteilt hatten — und mit Recht von Charles Jencks als repräsentativ für die „Spätmoderne" beschrieben worden sind —, in den Sog der konservativen Stimmungslagen der 70er Jahre und bereiten den Weg für eine intellektuell spielerische, aber provokative Absage an die moralischen Grundsätze der modernen Architektur.

In Opposition zur Moderne

Die Fronten sind nicht leicht zu entwirren. Denn einig sind sich alle in der Kritik an der seelenlosen Behälterarchitektur, an dem fehlenden Umweltbezug und der solitären Arroganz ungegliederter Bürogebäude, an monströsen Großkaufhäusern, monumentalen Hochschulen und Kongreßzentren, an der fehlenden Urbanität und der Menschenfeindlichkeit der Satellitenstädte, an den Spekulationsgebirgen, den brutalen Nachkommen der Bunkerarchitektur, der Massenproduktion von „Satteldachhundehütten", an der autogerechten Zerstörung der Citys und so weiter – so viele Stichworte und kein Dissens weit und breit. Freilich, was die einen als *immanente Kritik* vortragen, ist bei den anderen *Opposition zur Moderne*; dieselben Gründe, welche die eine Seite zur kritischen Fortsetzung einer unersetzlichen Tradition ermutigen, genügen der anderen Seite zur Ausrufung eines postmodernen Zeitalters. Und diese Opponenten wiederum ziehen entgegengesetzte Konsequenzen, je nachdem, ob sie das Übel kosmetisch oder systemkritisch angehen. Die *konservativ Gestimmten* begnügen sich mit stilistischen Verkleidungen dessen, was ohnehin geschieht – ob nun, wie von Branca als Traditionalist oder wie der heutige Venturi als Pop-Artist, der den Geist der modernen Bewegung in ein Zitat verwandelt und ironisch mit anderen Zitaten zu grellen, wie Neonröhren strahlenden Texten vermischt. Die radikalen *Antimodernisten* hingegen setzen den Hebel tiefer an und wollen die ökonomischen und administrativen Zwänge des industriellen Bauens unterlaufen. Sie zielen auf eine Entdifferenzierung der Baukultur. Was für die eine Seite Stilprobleme sind, versteht die andere als Probleme der Entkolonialisierung zerstörter Lebenswelten. So sehen sich diejenigen, die das unvollendete Projekt der ins Schleudern geratenen Moderne fortsetzen wollen, mit verschiedenen Gegnern konfrontiert, die nur in der Entschlossenheit, von der modernen Architektur Abschied zu nehmen, übereinstimmen. Die moderne Architektur, die sich sowohl aus den organischen wie aus den rationalistischen Anfängen eines Frank Lloyd Wright und eines Adolf Loos entwickelt hat und in den gelungensten Werken eines Gropius und Mies van der Rohe, eines Corbusier und Alvar Aalto zur Blüte gelangt ist, diese Architektur ist immerhin der erste und einzige verbindliche, auch den Alltag prägende Stil seit den Tagen des Klassizismus. Allein diese Baukunst ist dem Geist der Avantgarde entsprungen, ist der avantgardistischen Malerei, Musik und Literatur unseres Jahrhunderts ebenbürtig. Sie hat die Traditionslinie des okzidentalen Rationalismus fortgesetzt und war selber kräftig genug, Vorbilder zu schaffen, das heißt klassisch zu werden und eine Tradition zu begründen, die von Anbeginn nationale Grenzen überschritten hat. Wie sind diese kaum bestreitbaren Tatsachen damit zu vereinbaren, daß nach dem Zweiten Weltkrieg jene einhellig beklagten Deformationen in der Nachfolge, sogar im Namen eben dieses internationalen Stils, zustande kommen konnten? Enthüllt sich in den Scheußlichkeiten das wahre Gesicht der Moderne – oder sind es Verfälschungen ihres wahren Geistes?

Herausforderungen des 19. Jahrhunderts

Ich will mich einer provisorischen Antwort nähern, indem ich 1. die Probleme aufzähle, die sich im 19. Jahrhundert der Architektur gestellt haben, indem ich 2. die programmatischen Antworten nenne, die das Neue Bauen darauf gegeben hat, und 3. zeige, welche Art von Problemen mit diesem Programm nicht gelöst werden konnte. Diese Überlegungen sollen 4. dazu dienen, den Ratschlag zu beurteilen, den diese Ausstellung, wenn ich deren Intentionen recht verstehe, geben will. Wie gut ist der Rat, die Tradition der Moderne unbeirrt anzueignen und kritisch fortzusetzen, statt den heute dominierenden Fluchtbewegungen zu folgen – sei es in den traditionsbewußten Neohistorismus, in jene ultramoderne Kulissenarchitektur, die sich im vergangenen Jahr auf der Biennale in Venedig dargestellt hat, oder in den Vitalismus des vereinfachten Lebens, des anonymen, bodenständigen und deprofessionalisierten Bauens?

Die industrielle Revolution und die in ihrem Gefolge beschleunigte gesellschaftliche Modernisierung stellten im Laufe des 19. Jahrhunderts Baukunst und Stadtplanung vor eine neue Situation. Erwähnen möchte ich die drei bekanntesten Herausforderungen: den qualitativ neuen Bedarf an architektonischer Gestaltung, die neuen Materialien und Techniken des Bauens, schließlich die Unterwerfung des Bauens unter neue funktionale, vor allem wirtschaftliche Imperative.

Mit dem Industriekapitalismus entstehen *neue Lebenssphären*, die sich der höfisch-kirchlichen Monumentalarchitektur ebenso entziehen wie der alteuropäischen Baukultur in den Städten und auf dem Land. Die Verbürgerlichung der Kultur und die Entstehung eines breiteren, kunstinteressierten und gebildeten Publikums verlangen nach neuen Bibliotheken und Schulen, Opernhäusern und Theatern; aber das sind konventionelle Aufgaben. Anders verhält es sich mit dem durch die Eisenbahn revolutionierten Verkehrsnetz, das nicht nur den bekannten Verkehrsbauten, den Brücken und Tunnels, eine andere Bedeutung gibt, sondern eine neue Aufgabe stellt: die Konstruktion von Bahnhöfen. Die Bahnhöfe sind charakteristische Orte für ebenso dichte und abwechslungsreiche wie anonyme und flüchtige Kontakte, also für jenen von Benjamin beschriebenen Typus der reizüberflutenden, aber begegnungsarmen Interaktionen, die das Lebensgefühl der großen Städte prägen sollten. Wie die Autobahnen, Flughäfen und Fernsehtürme zeigen, hat die Entwicklung des Verkehrs- und Kommunikationsnetzes immer wieder Anstöße zu Innovationen gegeben.

Das galt damals auch für den Wirtschaftsverkehr, der nicht nur den Lagerhäusern und Markthallen neue Dimensionen abverlangte, sondern unkonventionelle Bauaufgaben mit sich brachte: das Kaufhaus und die Messehalle. Vor allem die industrielle Produktion läßt aber mit den Fabriken, mit den Arbeitersiedlungen und den für den Massenkonsum hergestellten Gütern Lebensbereiche enstehen, in die Formgebung und architektonische Gestaltung zunächst nicht vordringen.

In der zweiten Jahrhunderthälfte werden als erstes die Massenprodukte des täglichen Gebrauchs, die der stilprägenden Kraft der traditionellen Handwerkskunst entglitten sind, als ein ästhetisches Problem wahrgenommen. John Ruskin und William Morris wollen die Kluft, die im Alltag der industriellen Lebenswelt zwischen Nützlichkeit und Schönheit aufgebrochen ist, durch eine Reform des Kunstgewerbes schließen. Diese Reformbewegung läßt sich von einem erweiterten, zukunftsweisenden Architekturbegriff leiten, der mit dem Anspruch zusammengeht, die *gesamte* physische Umwelt der bürgerlichen Gesellschaft architektonisch zu formen. Insbesondere Morris sieht den Widerspruch zwischen den demokratischen Forderungen, die auf eine universelle Teilhabe an Kultur hinauslaufen, und der Tatsache, daß sich im industriellen Kapitalismus immer weitere Lebensbereiche den prägenden kulturellen Mächten entfremden.

Eine zweite Herausforderung ergibt sich für die Architektur aus der Entwicklung *neuer Materialien* (wie Glas und Eisen, Gußstahl und Zement) und *neuer Produktionsmethoden* (vor allem der Verwendung von Fertigteilen). Die Ingenieure treiben im Laufe des 19. Jahrhunderts die Bautechnik voran und erschließen damit der Architektur Gestaltungsmöglichkeiten, die die klassischen Grenzen der konstruktiven Bewältigung von Flächen und Räumen sprengen. Die aus dem Gewächshausbau hervorgegangenen, mit standardisierten Teilen konstruierten Glaspaläste der ersten Industrieausstellungen in London, München und Paris haben den faszinierten Zeitgenossen einen ersten Eindruck von neuen Größenordnungen und Konstruktionsprinzipien vermittelt; sie haben Sehgewohnheiten revolutioniert und das Raumgefühl der Betrachter nicht weniger dramatisch verändert als die Eisenbahn die Zeiterfahrung der Reisenden. Das Innere des mittelpunktlosen, repetitiven Londoner Kristallpalastes muß wie eine Entschädigung aller bekannten Dimensionen des gestalteten Raumes gewirkt haben.

Die dritte Herausforderung ist schließlich die kapitalistische *Mobilisierung* von Arbeitskräften, Grundstücken und Bauten, von großstädtischen *Lebensverhältnissen* überhaupt. Diese führt zur Konzentration großer Massen und zum Einbruch der Spekulation in den Lebensbereich des privaten Wohnens. Was heute die Proteste in Kreuzberg und anderswo auslöst, hat damals begonnen. In dem Maße, wie der Hausbau zur amortisierbaren Investition wird, lösen sich die Entscheidungen über den Kauf und Verkauf von Grundstücken, über Bebauung, Abriß und Neubau, über Vermietung und Kündigung aus Bindungen der familiären und der lokalen Tradition; sie machen sich, mit einem Wort, von Gebrauchswertorientierungen unabhängig. Die Gesetze des Bau- und Wohnungsmarktes verändern die Einstellung zu Bauen und Wohnen. Wirtschaftliche Imperative bestimmen auch das unkontrollierte Wachstum der Städte; daraus ergeben sich die Erfordernisse einer Art von Stadtplanung, die mit dem Ausbau der barocken Städte nicht zu vergleichen ist. Wie diese beiden Sorten von funktionalen Imperativen, die des Marktes und die der kommunalen und staatlichen Planung, zusammenwirken, einander durchkreuzen und die Architektur in ein neues System von Abhängigkeiten verstricken, zeigt sich in großem Stil bei der Umgestaltung von Paris durch Haussmann unter Napoleon III; an diesen Planungen hatten die Architekten keinen nennenswerten Anteil.

Versagen des Historismus, Antwort der Moderne

Wenn man den Impuls verstehen will, aus dem die moderne Architektur entstanden ist, muß man sich vergegenwärtigen, daß die Architektur in der zweiten Hälfte des 19. Jahrhunderts nicht nur von dieser dritten Herausforderung des Industriekapitalismus überwältigt worden ist, sondern daß sie auch die beiden anderen Herausforderungen zwar empfunden, aber nicht bewältigt hat.

Die willkürliche Disposition über wissenschaftlich objektivierte, aus ihrem Entstehungszusammenhang herausgerissene Stile setzt den Historismus instand, in einen ohnmächtig gewordenen Idealismus auszuweichen und die Sphäre der Baukunst von den Banalitäten des bürgerlichen Alltags abzuspalten. Die Not der neuen, architektonischer Gestaltung entfremdeten Lebensbereiche wird in die Tugend umgemünzt, die Nutzarchitektur von künstlerischen Ansprüchen freizusprechen. Die Chancen der neuen technischen Gestaltungsmöglichkeiten werden nur ergriffen, um die Welt aufzuteilen zwischen Architekten und Ingenieuren, zwischen Stil und Funktion, zwischen prächtiger Fassade außen und verselbständigter Raumdisposition im Inneren. So hatte die historische Architektur auch der Eigendynamik des Wirtschaftswachstums, der Mobilisierung der großstädtischen Lebensverhältnisse, dem sozialen Elend der Massen nicht viel mehr entgegenzusetzen als die Flucht in den Triumph von Geist und Bildung über die (verkleideten) materiellen Grundlagen.

In den lebensreformerischen Tendenzen des Jugendstils, aus dem die moderne Architektur hervorgeht, meldet sich bereits der Protest gegen diese Unwahrhaftigkeit, gegen eine Baukunst der Verdrängung und der Symptombildung. Nicht zufällig entwickelt zur gleichen Zeit Sigmund Freud die Grundzüge seiner Neurosenlehre.

Die moderne Bewegung nimmt die Herausforderungen an, denen die Architektur des 19. Jahrhunderts nicht gewachsen war. Sie überwindet den Stilpluralismus und jene Abtrennungen und Aufteilungen, mit denen sich die Baukunst arrangiert hatte. Der Entfremdung der industriekapitalistischen Lebensbereiche von der Kultur begegnet sie mit dem Anspruch eines Stils, der nicht nur Repräsentationsbauten prägt, sondern die Alltagspraxis durchdringt. Der Geist der Moderne soll sich der Totalität der gesellschaftlichen Lebensäußerungen mitteilen. Dabei kann die industrielle Formgebung an die Reform des Kunstgewerbes anknüpfen, die funktionale Gestaltung der Zweckbauten an die Ingenieurskunst der Verkehrs-

und Wirtschaftsbauten, die Konzeption der Geschäftsviertel an die Vorbilder der Schule von Chicago. Darüber hinaus ergreift die neue Formensprache Besitz von den exklusiven Bereichen der Monumentalarchitektur, von Kirchen, Theatern, Gerichten, Ministerien, Rathäusern, Universitäten, Kurhäusern usw.; und andererseits erstreckt sie sich auf die Kernbereiche der industriellen Produktion, auf Siedlungen, sozialen Wohnungsbau und Fabriken.

Was heißt eigentlich Funktionalismus?

Der neue Stil hätte freilich nicht auf alle Lebensbereiche durchschlagen können, wenn die moderne Architektur nicht die zweite Herausforderung, den immens erweiterten Spielraum technischer Gestaltungsmöglichkeiten, mit *ästhetischem Eigensinn* verarbeitet hätte. Das Stichwort „Funktionalismus" umschreibt bestimmte Leitvorstellungen, Grundsätze für die Konstruktion von Räumen, für die Materialverwendung, die Methoden der Herstellung und der Organisation; der Funktionalismus ist von der Überzeugung getragen, daß die Formen die Funktionen der Benutzung ausdrücken sollen, für die ein Bau geschaffen wird. Aber der Ausdruck „Funktionalismus" legt auch falsche Vorstellungen nahe. Wenigstens verschleiert er, daß die Eigenschaften moderner Bauten das Ergebnis einer konsequent verfolgten ästhetischen Eigengesetzlichkeit sind. Was fälschlich dem Funktionalismus zugeschrieben wird, verdankt sie einem ästhetisch motivierten, aus neuen Problemstellungen der Kunst selbst hervorgegangenen Konstruktivismus. Mit ihm ist die moderne Architektur dem experimentellen Zug der avantgardistischen Malerei gefolgt.

Die moderne Architektur befindet sich in einer paradoxen Ausgangsposition. *Auf der einen Seite* war Architektur stets zweckgebundene Kunst. Anders als Musik, Malerei und Lyrik, kann sie sich aus praktischen Bewandtniszusammenhängen so schwer lösen wie die literarisch anspruchsvolle Prosa von der Praxis der Umgangssprache — diese Künste bleiben im Netz von Alltagspraxis und Alltagskommunikation hängen: Adolf Loos sah deshalb die Architektur mit allem, was Zwecken dient, aus dem Bereich der Kunst ausgeschlossen. *Auf der anderen Seite* steht die Architektur unter Gesetzen der kulturellen Moderne — sie unterliegt, wie die Kunst überhaupt, dem Zwang zur radikalen Autonomisierung. Adorno hat die avantgardistische Kunst, die sich vom perspektivisch wahrgenommenen Gegenstand und der Tonalität, von Nachahmung und Harmonie löst und die sich auf ihre eigenen Medien der Darstellung richtet, durch Schlüsselworte wie Konstruktion, Experiment und Montage gekennzeichnet. Die exemplarischen Werke, so meint er, frönen einem esoterischen Absolutismus „auf Kosten der realen Zweckmäßigkeit, in der Zweckgebilde wie Brücken oder industrielle Anlagen ihr Formgesetz aufsuchen ... Das autonome, einzig in sich funktionelle Kunstwerk dagegen möchte durch seine immanente Teleologie erreichen, was einmal Schönheit hieß". Adorno stellt also das „in sich" funktionelle Kunstwerk dem für „äußere Zwecke" funktionalen Gebilde gegenüber. In ihren überzeugendsten Beispielen fügt sich jedoch die moderne Architektur der von Adorno bezeichneten Dichotomie gerade nicht. Ihr Funktionalismus *trifft* vielmehr mit der inneren Logik einer Kunstentwicklung *zusammen*. Vor allem drei Gruppen bearbeiten die Probleme, die sich aus der kubistischen Malerei ergeben hatten — die Gruppe der Puristen um Corbusier, der Kreis der Konstruktivisten um Malevitch, vor allem die De Stijl-Bewegung (mit van Doesburg, Mondrian und Oud). Wie damals Saussure die Strukturen der Sprache, so untersuchen die holländischen Neoplastizisten, wie sie sich nennen, die Grammatik der Ausdrucks- und Gestaltungsmittel, der allgemeinsten Techniken der bildenden Künste, um diese im Gesamtkunstwerk einer umfassenden architektonischen Gestaltung der Umwelt aufzuheben. An den sehr frühen Hausentwürfen von Malevitch und Oud kann man sehen, wie aus dem experimentellen Umgang mit den reinen Gestaltungsmitteln Gebilde wie die der funktionalistischen Bauhausarchitektur hervorgehen. In Bruno Tauts Schlagwort „was gut funktioniert, sieht gut aus" geht gerade der *ästhetische Eigensinn des Funktionalismus* verloren, der in Tauts eigenen Bauten so deutlich zum Ausdruck kommt.

Während die moderne Bewegung die Herausforderungen des qualitativ neuen Bedarfs und der neuen technischen Gestaltungsmöglichkeiten erkennt und im Prinzip richtig beantwortet, begegnet sie den systemischen Abhängigkeiten von Imperativen des Marktes und der planenden Verwaltungen eher hilflos.

Der erweiterte Architekturbegriff, der die moderne Bewegung zur Überwindung eines von der Alltagswirklichkeit abgehobenen Stilpluralismus ermutigt hatte, war nicht nur ein Segen. Er hat die Aufmerksamkeit nicht nur auf wichtige Zusammenhänge zwischen der industriellen Formgebung, der Inneneinrichtung, der Architektur des Hausbaus und der Stadtplanung gerichtet, er hat auch Pate gestanden, als die Theoretiker des Neuen Bauens Lebensstile und Lebensformen *im ganzen* dem Diktat ihrer Gestaltungsaufgaben unterworfen sehen wollten. Aber Totalitäten wie diese entziehen sich dem planerischen Zugriff. Als Corbusier seinen Entwurf für eine „unité d'habitation" endlich realisieren, dem Gedanken einer „cité jardin verticale" endlich konkrete Gestalt geben konnte, blieben gerade die Gemeinschaftseinrichtungen ungenutzt — oder wurden abgeschafft. Die Utopie einer vorgedachten Lebensform, die schon die Entwürfe Owens und Fouriers getragen hatte, konnte sich nicht mit Leben füllen. Und dies nicht nur wegen einer hoffnungslosen Unterschätzung der Vielfalt, Komplexität und Veränderlichkeit moderner Lebensweisen, sondern auch, weil modernisierte Gesellschaften mit ihren Systemzusammenhängen über Dimensionen einer Lebenswelt, die der Planer mit seiner Phantasie ausmessen konnte, hinausreichen. Die heute sichtbar gewordenen Krisenerscheinungen der modernen Architektur gehen weniger auf eine Krise der Architektur als darauf zurück, daß sie sich bereitwillig hat überfordern lassen.

Systemzwang, Architektur und Lebenswille

Mit den Unklarheiten der funktionalistischen Ideologie war sie zudem schlecht gewappnet gegen Gefahren, die der Wiederaufbau nach dem Zweiten Weltkrieg, die Periode, in der sich der internationale Stil erst breitenwirksam durchgesetzt hat, mit sich brachte. Gewiß, Gropius betonte immer wieder die Verflechtung von Architektur und Städtebau mit Industrie, Wirtschaftsverkehr, Politik und Verwaltung; er sieht auch schon den Prozeßcharakter der Planung. Aber im Rahmen des Bauhauses tauchten diese Probleme nur in einem auf didaktische Zwecke zugeschnittenen Format auf. Und die Erfolge der modernen Bewegung verleiteten die Pioniere zu der unbegründeten Erwartung, daß sich eine „Einheit von Kultur und Produktion" auch in einem *anderen* Sinne herstellen ließe: die ökonomischen und politisch-administrativen Beschränkungen, denen die Gestaltung der Umwelt unterliegt, erscheinen in diesem verklärenden Lichte als bloße Fragen der Organisation. Als die Vereinigung der amerikanischen Architekten 1949 in ihre Satzung die Bestimmung aufnehmen will, daß sich Architekten nicht als Bauunternehmer betätigen sollen, protestiert Gropius nicht etwa gegen die Unzulänglichkeit dieses Mittels, sondern gegen Zweck und Begründung des Antrags. Er beharrt auf seinem Credo: „Die zum allgemeinen Bildungsfaktor gewordene Kunst wird imstande sein, der sozialen Umwelt jene Einheit zu verleihen, welche die echte Basis einer Kultur ist, die jedes Ding, vom einfachen Stuhl bis zum Haus des Gebets, umfaßt." In dieser großen Synthese gehen die Widersprüche unter, die die kapitalistische Modernisierung gerade auf dem Gebiet der Stadtplanung kennzeichnen – Widersprüche zwischen den Bedürfnissen einer geformten Lebenswelt auf der einen, den über die Medien Geld und Macht mitgeteilten Imperativen auf der anderen Seite.

Wiederherstellung der Urbanität?

Dem kam wohl auch ein linguistisches Mißverständnis entgegen. „Funktional" nennen wir die Mittel, die für einen *Zweck* geeignet sind. In diesem Sinne versteht sich ein Funktionalismus, der die Bauten nach Maßgabe der Zwecke der Benutzer konstruieren will. „Funktional" nennen wir aber auch Entscheidungen, die einen anonymen Zusammenhang von Handlungsfolgen stabilisieren, ohne daß der Bestand dieses *Systems* von irgendeinem der Beteiligten gewollt oder auch nur beachtet werden müßte. Was in diesem Sinne systemfunktional ist für Wirtschaft und Verwaltung, beispielsweise eine Verdichtung der Innenstadt mit steigenden Grundstückspreisen und wachsenden Steuereinnahmen, muß sich im Horizont der Lebenswelt der Bewohner wie der Anlieger keineswegs als „funktional" erweisen. Die Probleme der Stadtplanung sind nicht in erster Linie Probleme der Gestaltung, sondern Probleme der Steuerung, Probleme der Eindämmung und Bewältigung von anonymen Systemimperativen, die in städtische Lebenswelten eingreifen und deren urbane Substanz aufzuzehren drohen.

Heute ist die Besinnung auf die alteuropäische Stadt in aller Munde; aber Camillo Sitte, einer der ersten, der die mittelalterliche mit der modernen Stadt verglichen hat, warnte bereits im Jahre 1889 vor *erzwungenen Ungezwungenheiten*. Nach einem Jahrhundert der Kritik an der Großstadt, nach einem Jahrhundert zahlloser, immer wieder enttäuschter Versuche, die Städte im Gleichgewicht zu halten, Citys zu retten, den städtischen Raum in Wohnquartiere und Geschäftsviertel, Industrieanlagen und Grünviertel, private und öffentliche Bereiche zu gliedern, bewohnbare Satellitenstädte zu bauen, Slumgebiete zu sanieren, den Verkehr sinnvoll zu kanalisieren usw., drängt sich die Frage auf, ob nicht der *Begriff* der Stadt selber überholt ist.

Als eine überschaubare Lebenswelt konnte die Stadt einst architektonisch gestaltet, sinnlich repräsentiert werden. Die gesellschaftlichen Funktionen des städtischen Lebens, politische und wirtschaftliche, private und öffentliche, die Aufgaben der kulturellen und der kirchlichen Repräsentation, des Arbeitens, des Wohnens, der Erholung und des Feierns konnten in Zwecke, in Funktionen der zeitlich geregelten Benutzung von gestalteten Räumen *übersetzt* werden. Aber spätestens im 19. Jahrhundert wird die Stadt zum Schnittpunkt funktionaler Zusammenhänge *anderer Art*. Sie wird in abstrakte Systeme eingebettet, die als solche nicht mehr ästhetisch in eine sinnfällige Präsenz eingeholt werden können. Daß die großen Industrieausstellungen, von der Jahrhundertmitte an bis in die späten achtziger Jahre, als architektonische Großereignisse geplant worden sind, verrät einen Impuls, der heute rührend anmutet. Indem die Regierungen damals für den internationalen Vergleich die Erzeugnisse ihrer industriellen Produktion in großartigen Hallen festlich-anschaulich vor der breiten Öffentlichkeit arrangierten, wollten sie den Weltmarkt buchstäblich inszenieren und in die Grenzen der Lebenswelt zurückholen. Aber nicht einmal mehr die Bahnhöfe konnten die Funktionen des Verkehrsnetzes, an das sie die Reisenden anschlossen, so visualisieren wie die Stadttore einst die konkreten Verbindungen zu umliegenden Dörfern und zur nächsten Stadt.

Ohnehin liegen heute die Flughäfen, aus guten Gründen, weit draußen. Und den gesichtslosen Bürohäusern, die die Innenstadt beherrschen, den Banken und Ministerien, den Gerichten und Konzernverwaltungen, den Verlags- und Pressehäusern, den privaten und öffentlichen Bürokratien kann man die Funktionszusammenhänge, deren Knotenpunkte sie bilden, nicht ansehen. Die Schrift der Firmenzeichen und der Leuchtreklamen zeigt, daß Differenzierungen in einem *anderen* Medium als dem der Formensprache der Architektur stattfinden müssen. Ein anderes Indiz dafür, daß die städtische Lebenswelt durch *nicht gestaltbare Systemzusammenhänge* immer weiter mediatisiert wird, ist der Fehlschlag des wohl ehrgeizigsten Projekts des Neuen Bauens: Bis heute konnten der soziale Wohnungsbau und die Fabrik der Stadt nicht integriert werden. Die städtischen Agglomerationen sind dem alten Konzept der Stadt, dem unsere Herzen gehören, entwachsen: das ist kein Versagen der modernen oder irgendeiner Architektur.

Ratlosigkeit und Reaktionen

Wenn diese Diagnose nicht ganz falsch ist, bestätigt sie zunächst nur die herrschende Ratlosigkeit und die Notwendigkeit, nach neuen Lösungen zu suchen. Freilich weckt sie auch Zweifel an den Reaktionen, die das Desaster der gleichzeitig überforderten und instrumentalisierten Architektur des Neuen Bauens auf den Plan gerufen hat. Um mich auf dem unübersichtlichen Terrain der Gegenströmungen wenigstens vorläufig zu orientieren, habe ich drei Tendenzen unterschieden, die eines gemeinsam haben: im Gegensatz zu der selbstkritischen Fortsetzung der Moderne sprengen sie den modernen Stil. Sie wollen die Verklammerung von avantgardistischer Formensprache und unnachgiebigen funktionalistischen Grundsätzen auflösen; programmatisch treten Form und Funktion wieder auseinander.

Das gilt trivialerweise für einen *Neohistorismus*, der Kaufhäuser in mittelalterliche Häuserzeilen verwandelt und U-Bahn-Entlüftungsschächte in das Taschenbuchformat palladianischer Villen. Diese Rückkehr zum Eklektizismus des vergangenen Jahrhunderts verdankt sie, wie damals, kompensatorischen Bedürfnissen. Dieser Traditionalismus ordnet sich dem Muster des politischen Neukonservatismus insofern ein, als er Probleme, die auf einer *anderen* Ebene liegen, in Stilfragen umdefiniert und damit dem öffentlichen Bewußtsein entzieht. Die Fluchtreaktion verbindet sich mit dem Zug zum Affirmativen: alles *übrige* soll bleiben, wie es ist. Die Trennung von Form und Funktion trifft ebenso auf eine *Postmoderne* zu, die den Definitionen von Charles Jencks entspricht und von Nostalgie frei ist − ob nun Eisenman und Graves das formale Repertoire der zwanziger Jahre artistisch verselbständigen oder ob Hollein und Venturi, wie surrealistische Bühnenbildner, die modernen Gestaltungsmittel einsetzen, um den aggressiv gemischten Stilen malerische Effekte zu entlocken. Die Sprache dieser kulissenhaften Architektur verschreibt sich einer Rhetorik, die den architektonisch nicht mehr gestaltbaren Systemzusammenhängen immerhin in Chiffren Ausdruck zu verleihen sucht. Auf andere Weise sprengt die Einheit von Form und Funktion schließlich jene *Alternativarchitektur*, die von Fragen der Ökologie und der Erhaltung historisch gewachsener Stadtquartiere ausgeht. Diese gelegentlich als „vitalistisch" gekennzeichneten Bestrebungen zielen in erster Linie darauf ab, die architektonische Gestaltung eng an Kontexte der räumlichen, kulturellen und geschichtlichen Umgebung anzuschließen. Darin lebt etwas von den Impulsen der modernen Bewegung fort, nun freilich ins Defensive gewendet. Bemerkenswert sind vor allem die Initiativen zu einer Gemeindearchitektur, die Stadtteile im Dialog mit den Klienten plant. Wenn in der Stadtplanung die Steuerungsmechanismen des Marktes und der Verwaltungen so funktionieren, daß sie für die Lebenswelt der Betroffenen dysfunktionale Folgen haben – und den „Funktionalismus", der einmal gemeint war, durchkreuzen –, dann ist es nur konsequent, die willensbildende Kommunikation der Beteiligten mit den Medien Geld und Macht in Konkurrenz treten zu lassen.

Die Sehnsucht nach entdifferenzierten Lebensformen verleiht freilich diesen Tendenzen oft den Anstrich eines Antimodernismus. Dann verbinden sie sich mit dem Kult des Bodenständigen und der Verehrung fürs Banale. Diese Ideologie der Unterkomplexität schwört dem vernünftigen Potential und dem Eigensinn der kulturellen Moderne ab. Das Lob des anonymen Bauens und einer Architektur ohne Architekten nennt den Preis, den dieser systemkritisch gewendete Vitalismus zu zahlen bereit ist – auch wenn er einen anderen Volksgeist meint als den, dessen Verklärung seinerzeit den Monumentalismus der Führerarchitektur aufs Trefflichste ergänzt hatte.

In dieser Form der Opposition zur Moderne steckt auch ein gutes Stück Wahrheit; sie nimmt die ungelösten Probleme auf, die die moderne Architektur ins Zwielicht gerückt haben – ich meine die Kolonialisierung der Lebenswelt durch Imperative verselbständigter wirtschaftlicher und administrativer Handlungssysteme. Aber aus allen diesen Oppositionen werden wir nur etwas lernen können, wenn wir eines nicht vergessen. In der modernen Architektur hat sich, in einem glücklichen Augenblick, der ästhetische Eigensinn des Konstruktivismus mit der Zweckgebundenheit eines strengen Funktionalismus getroffen und zwanglos verbunden. Nur von solchen Augenblicken leben Traditionen.

3. Malerei

Die italienische Trans-Avantgarde

Achille Bonito Oliva

Die Kunst kehrt endlich zu dem zurück, was sie innerlich bewegt und was ihr Tun begründet, sie kehrt zurück an ihren eigentlichen Ort, das Labyrinth — verstanden als ‚Arbeit im Inneren', als fortgesetztes Graben in der Substanz der Malerei. Die Idee der Kunst am Ende der siebziger Jahre ist die, in sich das Vergnügen und die Gefahr wiederzuentdecken, die darin liegen, den Stoff des Imaginären, das aus Umherschweifen und Anecken, aus Annäherungen, niemals aber aus endgültigen Festlegungen besteht, kräftig zu vermengen. Das Werk wird zu einer Karte des Nomadentums, mit einer fortschreitenden Verschiebung, die außerhalb jeder vorgegebenen Richtung von Künstlern praktiziert wird, die als blinde Seher um die Lust an der Kunst kreisen, die sich vor nichts unterwirft, auch nicht vor der Geschichte.

In den sechziger Jahren hatte die Kunst einen moralistischen Beigeschmack, auch die der Avantgarde: der Slogan von der *arte povera* entwickelte in seinem kritischen Ansatz einen repressiven und masochistischen Arbeitsstil, dem glücklicherweise die Künstler einige Werke entgegengesetzt haben. Nach und nach hat die kreative Praxis die Form-Zensur der künstlerischen Produktion außer Kraft gesetzt zugunsten einer Praxis der Fülle, als Ausgleich für den anfänglichen Verlust, als Weg des Aufstiegs, der nicht Askese oder Verzicht bedeutet, sondern Wachstum und Entwicklung der Fähigkeit, Besitzende zu werden: letztlich fähig zu einem Besitz, der ständig durch die natürliche Enteignungs- und Überwindungsbewegung des Werkes und des Künstlers in Frage gestellt wird. Die Fülle besteht in der Fähigkeit, in den anfänglichen Verlust, in die düsteren Bedingungen des Alltags das Wagnis der taghellen Praxis der Kunst einzubringen. Endlich wird die Malpraktik als eine affirmative Praktik verstanden, als Geste, die nicht länger Verteidigung, sondern aktive, stetige und in Fluß bringende Einwirkung ist. Die Ausgangshypothese ist die, Kunst als Produktion von Katastrophen zu verstehen, als Herstellen einer Diskontinuität, die die tektonischen Gleichgewichte der Sprache zerstört, um sich in den Stoff des Imaginären zu stürzen, nicht als nostalgische Rückkehr oder Rückfluß, sondern als Fluß, der die Ablagerungen vieler Dinge, die die einfache Rückkehr zum Privaten und zum Symbolischen übersteigen, mit sich reißt.

Die Avantgarde hat per definitionem immer innerhalb der kulturellen Muster einer idealistischen Tradition gearbeitet, die darauf aus war, sich die Entwicklung der Kunst als eine stetige, fortschreitende und gerade Linie vorzustellen. Die Ideologie, die hinter einer solchen Mentalität steht, ist die eines *sprachlichen Darwinismus*, einer evolutionistischen Kunstvorstellung, die eine Tradition der sprachlichen Entwicklung von den Ahnen der historischen Avantgarde bis zu den letzten Ergebnissen der künstlerischen Forschung behauptet. Der Idealismus einer solchen Position liegt in der Betrachtung der Kunst und ihrer Entwicklung außerhalb von Schlägen und Gegenschlägen der Geschichte, als lebte die künstlerische Produktion losgelöst von der allgemeinen Produktion der Geschichte.

Bis in die siebziger Jahre hat die Avantgarde-Kunst eine solche Mentalität bewahrt: sie arbeitete immer mit der philosophischen Annahme des *sprachlichen Darwinismus*, eines kulturellen Evolutionismus, der jeder Genealogie mit einer puristischen und puritanischen Verbohrtheit Respekt erweist. Dies hat zu einer künstlerischen Produktion und Kritik geführt, darum bemüht, sich in die geometrische und geschlossene Bahn der Kontinuität zu stellen. Schließlich hat die Neo-Avantgarde beabsichtigt, das *glückliche Bewußtsein* des Künstlers zu retten, das ganz auf der inneren Kohärenz der Arbeit basiert und innerhalb des experimentellen Bereichs der Sprache realisiert wird, gegen die negative Inkohärenz der Welt.

Eine solche Annahme enthält einen Zwang zum Neuen, der die künstlerische Produktion der sechziger Jahre charakterisiert; er wurde verstanden als Aktivität hinsichtlich der Sprache, die das Bedürfnis vorantreibt, neue Techniken und Methodologien auszuprobieren angesichts einer dynamischen und per se, soweit es die produktive Fähigkeit und Entwicklung von Denktendenzen betrifft, experimentellen Realität.

Die Künstler der siebziger Jahre fangen in dem Augenblick an zu arbeiten, in dem dieser Zwang zum Neuen aufhört, in dem Augenblick, da die Produktion der ökonomischen Systeme sich verlangsamt, die Welt von einer Reihe von Krisen erschüttert wird, die den produktivistischen Schwindel aller ideologischen Systeme enthüllen. Schließlich sprach man von einer Kunstkrise, und dies tut man auch heute noch. Aber wenn wir unter Krise streng etymologisch „Bruchstelle" und „Entscheidungspunkt" verstehen, dann können wir ein solches Wort als permanentes Prüfscharnier verwenden, um das eigentliche Gewebe der Kunst auszumachen. Auf zwei Ebenen läßt sich die Kunstkrise definieren: als Tod der Kunst und als Krise der Kunstentwicklung.

Hegelianisch versteht man unter dem Tod der Kunst die Aufhebung der Kategorien des künstlerischen Schaffens durch die Philosophie, diese Wissenschaft des Denkens, die die künstlerische Intuition einbegreift und absorbiert. Moderner gesprochen, verweist der Tod der Kunst auf die Feststellung, daß eine solche Erfahrung nicht mehr die Ebenen der Realität zu erfassen vermag. Und wenn einerseits das Unvermögen des Überbaus (die Kunst) bezüglich der Basis (die Wirtschaft, die Politik) unterstrichen wird, so behauptet man andererseits den Abstieg der künstlerischen Produktion von *Qualität* (Wert) zu *Quantität* (Ware).

Heute versteht man unter Krise der Kunst im strengen Sinn dagegen die Krise in der Entwicklung der künstlerischen Sprachen. Die Krise gerade der darwinistischen und evolutionistischen Mentalität der Avantgarde. Ein solch kritisches Moment wird von der Künstlergeneration der späten sechziger Jahre in Begriffe einer neuen Operativität gewendet. Sie hat die Fortschrittsideologie der Kunst demaskiert, indem sie zeigt, wie angesichts der Unabänderlichkeit der Welt die Kunst nicht fortschrittlich, sondern *fortschreitend* im Sinne des Bewußtseins von der eigenen und begrenzten inneren Evolution ist.

Jetzt besteht der Skandal paradoxerweise im Mangel an Neuheit, in der Fähigkeit der Kunst, einen Lebensrhythmus anzunehmen, der aus Beschleunigungen und Verlangsamungen besteht. Die *Neuheit* entsteht immer aus einer Nachfrage des Marktes, der eben dieser Ware, freilich in der Form verändert, bedarf. In diesem Sinne sind in den sechziger Jahren viele Gruppierungen samt ihren Poetiken verheizt worden. Denn die Gruppierungen bilden dank der Poetiken jenen Begriff von *Geschmack* aus, der gerade durch die Quantität der in der gleichen Richtung arbeitenden Künstler den gesellschaftlichen und ökonomischen Konsum der Kunst ermöglicht.

Endlich haben sich die Poetiken vereinzelt, jeder Künstler arbeitet mit Hilfe eines individuellen Ansatzes, der den gesellschaftlichen Geschmack fragmentiert und den Absichten der eigenen Arbeit folgt. Der Wert der Individualität, des vereinzelten Schaffens, setzt sich einem gesellschaftlichen und kulturellen System entgegen, das von den übergeordneten totalitären Systemen, der politischen Ideologie, der Psychoanalyse und den Wissenschaften, geprägt wird, die innerhalb der je eigenen Optik, des je eigenen Entwurfs, die Antinomien und Abweichungen, die von der Realität bei ihrer Herstellung produziert werden, auflösen. Eine Kultur der Vorsorge-Versicherungen zwingt das Leben in ein Konzentrationslager, das dessen Entfaltung verunmöglicht und versucht, das Begehren und die materielle Produktion unabhängig von den qualvollen und unvorhersehbaren Wegen, in denen es sich formt, einzuschränken. Das religiöse System der Ideologien, der psychoanalytischen und wissenschaftlichen Hypothese tendiert dazu, dem System alles zu funktionalisieren, was anders ist, alles wiederzuverwenden und in Termini des Funktionalen und Produktiven umzuwandeln, was eigentlich aus der Praxis der Realität entsteht.

Was auf solche Begriffe nicht reduzierbar ist, ist gerade die Kunst, die sich nicht mit dem Leben vermischen kann. Ganz im Gegenteil dient die Kunst dazu, die Existenz den Bedingungen der Unmöglichkeit auszusetzen. Die Unmöglichkeit ist in diesem Fall die Möglichkeit, die künstlerische Kreativität im Entwurf der eigenen Produktion zu verankern. Der Künstler arbeitet jetzt an der Schwelle einer Sprache, die sich bezüglich der Realität nicht mehr reduzieren läßt, unter dem Antrieb eines Begehrens, das sich nie ändert, in dem Sinne, daß es sich nur in seiner Erscheinung verändert. In diesem Sinne ist die Kunst biologische Produktion, angewandte Aktivität eines Begehrens, das sich nur am eigenen Bild, nicht aber an der eigenen Motivation erkennen läßt. Die Kunst akzeptiert keine Übergänge, sie ist eingebunden in das Bedürfnis des Künstlers, die relative Tatsache der gegenwärtigen Produktion absolut zu machen und Diskontinuität der Bewegung dort zu schaffen, wo die strenge Unbeweglichkeit des Produktionsbegriffs existiert.

So ist die Kunst nicht der an den Ort der Sprache eingefügte Kommentar des Künstlers, und die Sprache ist nie Doppel und Spiegelbild zur Realität; in diesem Sinne bewegt sich die Produktion der Kunst seitens der Generation der siebziger Jahre auf Wegen, die eine andere Disziplin und eine andere Konzentration verlangen. Hier wird die Konzentration *Dekonzentration*, Notwendigkeit der Katastrophe, Bruch des gesellschaftlichen Bedürfnisses. Die künstlerische Erfahrung ist eine laizistisch notwendige, die die Unvermeidbarkeit des Bruchs, die Unheilbarkeit jedes Konflikts und die Unmöglichkeit jeder Versöhnung mit den Dingen bekräftigt. Diese Art Kunst entsteht aus dem Bewußtsein von der Irreduzibilität des Fragments, von der Unmöglichkeit, Einheit und Gleichgewicht wiederherzustellen. Das Werk wird unverzichtbar, soweit es konkret Brüche und Ungleichgewichte schafft im religiösen System der politischen, psychoanalytischen und wissenschaftlichen Ideologien, die optimistisch bemüht sind, das Fragment wieder in Begriffe metaphysischer Totalität umzukehren.

Nur die Kunst kann metaphysisch sein, und zwar in dem Maße, als es ihr gelingt, ihren eigenen Zweck von außen nach innen zu verschieben und zwar kraft der Möglichkeit, das Fragment des Werkes als eine Totalität zu begründen, die auf keinen anderen, seinem eigenen Schein äußerlichen Wert verweist.

Die Kunst findet in sich substantiell die Kraft, die Reserven zu produzieren, aus denen die Energie zu schöpfen ist, die notwendig ist, um die Bilder zu schaffen, und die Bilder selbst, verstanden als Ausweitung des individuell Imaginären, das zu objektiv feststellbarem Wert vermöge der *Intensität* des Werkes aufsteigt. Denn ohne Intensität gibt es keine Kunst. Die Intensität ist die Eigenschaft des Werkes, sich, in der Lacan'schen Bedeutung, als *Blickfang* darzustellen, d. h. als Fähigkeit, den Betrachter zu faszinieren und ihn im Kraftfeld des Werkes gefangenzuhalten, in dem zirkulären und sich selbst genügenden Raum der Kunst, der gemäß inneren Gesetzen funktioniert, die von dem demiurgischen Willen des Künstlers gelenkt werden, von einer inneren Metaphysik, die jeglichen Verweis und jede äußere Motivation ausschließt.

Regel und Motivation der Kunst ist das Werk selbst, das die Substanz der eigenen Erscheinung zur Geltung bringt, gebildet aus Materie und Form, aus dem unmittelbar am Ort der Malerei und des Zeichens verkörperten Denken, lediglich durch die Grammatiken der Vision ausdrückbar.

Auf diese Weise präsentiert sich die Kunst Ende der siebziger Jahre positiv fragmenthaft, zerstreut in viele Werke, jedes die intensive Gegenwart der eigenen Existenz in sich tragend, die von einem Impuls gelenkt wird, der die Einzigartigkeit des geschaffenen Werkes ausmacht. So zeichnet sich der Begriff der Katastrophe ab, verstanden als Produktion der Diskontinuität in einem kulturellen Gewebe, das in den sechziger Jahren vom Prinzip der sprachlichen Homologisierung beherrscht wurde. Die internationalistische Utopie der Kunst war kennzeichnend für das Streben der arte povera nach Überschreitung der nationalen Grenzen; auf diese Weise hat sie sich tieferen anthropologischen und kulturellen Wurzeln entfremdet und sie verloren.

Diesem scheinbaren Nomadismus der arte povera und der Erfahrungen der sechziger Jahre, der auf der Anerkennung methodologischer und technischer Verwandtschaften basierte, haben die Künstler der siebziger Jahre einen anderen und vielfältigen Nomadismus entgegengesetzt, der über die fortschreitende Verschiebung der Sensibilität und des Abstands zwischen dem einen und dem anderen Werk ins Spiel gebracht wird.

Die unerwarteten Schübe des individuellen Imaginären leiten eine künstlerische Kreativität, die vorher durch ihren unpersönlichen Charakter versteinert war, entsprechend dem politischen Klima der sechziger Jahre, die die Entpersönlichung im Namen eines Primats des Politischen predigten. Jetzt dagegen strebt die Kunst an, sich wieder die Subjektivität des Künstlers zu eigen zu machen, sie durch die inneren Modalitäten der Sprache auszudrücken. Das Persönliche erlangt eine anthropologische Wertigkeit, soweit es teilhat an dem Prozeß, das Individuum, in diesem Fall den Künstler, dazu zu befähigen, daß er wieder ein Gefühl des Selbst erfährt.

Das Werk wird der Mikrokosmos, der die reiche Fähigkeit der Kunst aufnimmt und begründet, die es erlaubt, sich wieder anzueignen, wieder Besitzer zu werden einer fließenden Subjektivität bis zu dem Punkt, wo man auch in die Nischen des Privaten eintritt, wodurch der Wert und die Motivation des eigenen Schaffens immer auf den eigenen Antrieb und auf keinen anderen gegründet werden.

Das Ideologische der arte povera und die Tautologie der Concept Art finden eine Aufhebung in einer neuen Haltung, die keinerlei Primat predigt, außer dem der Kunst und der Unmittelbarkeit *(flagranza)* des Werkes. Dieses findet die Lust an der eigenen Zur-Schau-Stellung, an der eigenen Fülle, an der Materie der Malerei wieder, die endlich nicht mehr von ideologischen Aufträgen und rein intellektuellen Streitereien gedemütigt wird. Die Kunst entdeckt das Staunen über eine unendliche künstlerische Aktivität wieder, öffnet sich auch der Lust an den eigenen Antrieben, an einer Existenz, die durch tausend Möglichkeiten gekennzeichnet ist: von der Figur zum abstrakten Bild, vom Blitzstrahl der Idee zur geschmeidigen Dichte des Materials, verschmelzen sie alle und gipfeln im Hier und Jetzt des Werkes, das aufgehoben ist im Sichtbarwerden dieser großzügigen Hingabe.

Die Kunst der siebziger Jahre findet in der nomadischen Kreativität ihre eigene *exzellente Bewegung*, die Möglichkeit, frei alle Territorien ohne jede Behinderung zu durchschreiten, mit Verweisen, die nach allen Richtungen hin offen sind. Künstler wie Chia, Clemente, Cucchi, De Maria und Paladino arbeiten auf dem beweglichen Feld der *Trans-Avantgarde*, verstanden als Durchquerung des experimentellen Begriffs von der Avantgarde, gemäß der Idee, daß jedes Werk eine experimentelle *Handwerklichkeit* voraussetze: das Staunen des Künstlers über ein Werk, das sich nicht länger gemäß der vorweggenommenen Sicherheit eines Entwurfs und einer Ideologie konstituiert, sondern sich unter seinen Augen und unter dem Impuls einer Hand formt, die im Stoff der Kunst versinkt, in einem Imaginären, das sich zwischen Idee und Sensibilität inkarniert.

Der Begriff der Kunst als Katastrophe, als Zufälligkeit, die nicht geplant ist und jedes Werk verschieden vom anderen macht, erlaubt den jungen Künstlern eine Beweglichkeit *(transitabilità)*, auch im Bereich der Avantgarde und ihrer Tradition, die nicht länger linear ist, sondern in Verschwinden und Überholen, im Wiederkehren und Vorausprojizieren besteht, in einer Bewegung und einem Umschwung, die niemals repetitiv sind, da sie die gewundene Geometrie der Ellipse und der Spirale zeigen.

Trans-Avantgarde, das bedeutet die Übernahme einer nomadischen Position, die kein endgültiges Engagement respektiert, die keinerlei privilegierte Ethik besitzt, sondern nur den Eingebungen eines geistigen Temperaments und eines Materials folgt, das dem Hier und Jetzt des Werkes synchron ist.

Trans-Avantgarde, das bedeutet Öffnung gegenüber der intentionalen Herausforderung des Logozentrismus der westlichen Kultur, gegenüber einem Pragmatismus, der dem Instinkt des Werkes wieder Raum gibt, was keine vorwissenschaftliche Positon bedeutet, sondern allenfalls die Ausreifung einer nach-wissenschaftlichen Position, die die fetischistische Angleichung der zeitgenössischen Kunst an die moderne Naturwissenschaft überwindet: das Werk wird Moment eines energetischen Funktionierens, das in sich selbst die Kraft zur Beschleunigung und zum Verharren findet.

So sind Frage und Antwort gleich stark im Ringen um das Bild, und die Kunst überwindet die typische Konnotation der Produktion der Avantgarde, die sich als Befragung konstituiert, die die Erwartung des Betrachters übergeht, um auf die soziologischen Ursachen zu verweisen, die sie veranlaßt haben. Die Kunst der Avantgarde setzt immer ein Unbehagen und nie das Glücklichsein des Publikums voraus, das so gezwungen wird, sich aus dem Feld des Werkes zu entfernen, um seinen vollen Wert zu verstehen.

Die Künstler der siebziger Jahre, die ich *Trans-Avantgarde* nenne, entdecken die Möglichkeit wieder, das Werk einleuchtend zu machen mittels der Präsentation eines Bildes, das gleichzeitig Rätsel und Lösung ist. Die Kunst verliert so ihre dunkle und problematische Seite, die des einfachen Befragens, zugunsten einer Solarität des Sehens, was die Möglichkeit beinhaltet, Werke zu realisieren, die *Ad Arte* geschaffen sind, in denen das Werk wirklich als *Blickfang* funktioniert in dem Sinne, daß es den schweifenden Blick des Zuschauers bannt, der von der Avantgarde an das offene Werk gewöhnt ist, an die geplante Unvollständigkeit, die den vollendenden Eingriff des Betrachters fordert.

Die Kunst der siebziger Jahre ist bestrebt, das Werk an den Ort einer wohltuenden Kontemplation zurückzubringen, wo die mythische Ferne, die Distanz der Betrachtung, sich auflädt mit Erotismus und all der Energie, die aus der Intensität des Werkes und aus seiner inneren Metaphysik entströmt.

Die *Trans-Avantgarde* fächert sich auf und gibt der Sensibilität eine Wendung, die der Kunst eine Bewegung in alle Richtungen erlaubt, einschließlich der der Vergangenheit. Zarathustra will, sagt Nietzsche, nichts *verlieren* von der Vergangenheit der Menschheit, will jedes Ding in den Schmelztiegel werfen. Das bedeutet nicht länger Sehnsucht nach irgend etwas, da alles ständig erreichbar ist, ohne zeitliche oder hierarchische Kategorien von Gegenwart und Vergangenheit, Kategorien, die typisch für die Avantgarde sind, die immer mit der Zeit im Rücken gelebt hat, als Archäologie oder irgendwie als Fund, der wieder zum Leben erweckt werden muß.

Mimmo Paladino praktiziert eine Malerei der Oberfläche, in dem Sinne, daß er versucht, alle sinnlichen Gegebenheiten zu sichtbarer Unmittelbarkeit zu bringen, auch die inneren. Das Bild wird zusehends Ort der Begegnung und Expansion von kulturellen Motiven und Wahrnehmungsinformationen. Alles wird in Termini von Malerei, von Zeichen und Materie übersetzt. Das Bild ist durchzogen von verschiedenen Temperaturen, warm und kalt, lyrisch und geistig, dicht und dünn, die zutage treten und die Ausgewogenheit der Farben bewirken.*

Heute heißt Kunstmachen, alles in einer drehbaren Gleichzeitigkeit auf dem Tisch zu haben, in einer Synchronie, der es gelingt, im Tiegel des Werkes private und mythische Bilder zu verschmelzen, persönliche Zeichen, gebunden an die individuelle Geschichte, und allgemeine Zeichen, gebunden an die Geschichte der Kunst und der Kultur. Diese Überschneidung bedeutet auch, das eigene *Ich* nicht zum Mythos zu erheben, sondern es vielmehr auf einen *Kollisionskurs* mit anderen Ausdrucksmöglichkeiten zu bringen und auf diese Weise die Möglichkeit zu akzeptieren, daß die Subjektivität im Schnittpunkt von vielen Überlagerungen anzusetzen ist. „Das Sein ist das Delirium vieler" (Musil).

Die Fragmentierung des Werkes bedeutet die Zertrümmerung des Mythos von der Einheit des Ichs, bedeutet, den Nomadismus eines Imaginären zu bejahen, das keine Rast oder Stütz- und Bezugspunkte kennt. All dies unterstützt den Begriff

---

* Vgl. Abb. 4.

einer *Trans-Avantgarde* insofern, als es die Gewohnheit der Avantgarde, das Privileg von Bezugspunkten zu haben, umstürzt.

Jedes Werk wird ein Abenteuer, das vom Ort des Werkes wegführt und zu ihm zurückkehrt, das die Felder der zahlreichen Bezüge durchquert, das sich aller Instrumente bedient, ein von der Gunst der Farbe und vieler Materialien geprägtes Handwerk, ein Denken, das unmittelbar durch die Bilder denkt und sich im Grunde der Vision versteckt, wie eine Temperatur, die zum Schmelzen bringt und es den Fragmenten des Werkes erlaubt, sich in einer beweglichen Beziehung zu halten, die sich nie abschließt und nie Schutz in der Idee der Einheit sucht. Es existiert keine demiurgische Regel, sondern nur die kreative Praktik der Kunst, die jede Unsicherheit stabil macht, ohne sie zu transformieren in Stabilisierung und symbolische Fixierung. Das Werk behält einen fließenden Prozeßcharakter, ein Tätigsein im Umkreis einer Subjektivität, die nie versucht, exemplarisch zu werden, sondern allenfalls den Charakter des Zufälligen zu wahren sucht, nämlich die Erschließung eines Feldes, was nicht romantische Berauschung an der Unendlichkeit der Avantgarde bedeutet, sondern eine Eigenbewegung ohne ein Zentrum ist, ein Abdriften, das nur eine Perspektive kennt: die geistige und sinnenhafte Lust.

In der Entwicklung des Menschen hat sich die Kunst immer als ein Alarmsystem dargestellt, als ein anthropologisches Abschreckungsmittel, um die gesellschaftlichen und allgemein geschichtlichen Transformationen in Angriff zu nehmen. Der Künstler, der an der Konzentration und an der Konzentrierung der eigenen Instrumente arbeitet, hat es geschafft, die besonderen Zufälligkeiten des eigenen Alltags und die allgemeineren der Geschichte zu durchdringen. Und das auch, als die objektiven Bedingungen für eine Orientierung nicht bestanden. Jetzt entstehen Situationen, die es nicht erlauben, Parameter und Modelle für ein Verhalten auszumachen, die angemessen wären, gegen die allgemeine Krise, in der wir leben, anzugehen.

Der Niedergang der Ideologie, der Verlust eines allgemeinen theoretischen Standpunktes drängen den Menschen ins Abdriften, das die ganze Gesellschaft zwar nicht in Termini eines gesunden Experimentierens, wohl aber in denen einer prekären Erfahrung nachvollziehen kann. Die Konfrontation mit einer historischen Perspektive, die fähig wäre, die Antinomien und die grellen Kontraste der Geschichte zu lindern, hat sich zerschlagen angesichts der Unauflösbarkeit eines unergründlichen Realen, das dick und zähflüssig sich nicht mit der Vergrößerungslinse der Ideologie durchschauen läßt. Die Ideologie, mütterlicher Ort des Schutzes und väterlicher Einhalt, der die kategorischen Imperative aufstellt, denen zu gehorchen ist. Die Kunst ist, per definitionem, eine asoziale Praxis, die an abgesonderten und geheimen Orten entsteht und sich entwickelt, und die sich offensichtlich keine Rechenschaft darüber ablegt, unter welchen Bedingungen sie sich entwickelt, weil sie keine Anregungen braucht, außer den inneren Antrieben, die sie leiten. Aus ihrem Inneren zieht sie den Lebenssaft für die eigene Bewegung. Von hier gehen Anstöße und Verhaltensweisen aus, die sich um das Elend des Alltags drehen. In der Kunst regiert der *tiefe Blick*, der auf positive Weise kurzsichtig ist gegenüber den Zufällen des Realen.

Und doch ist der Künstler der Einzige, der es schafft, dem Choc der Zukunft ins Auge zu sehen und ihn zu ertragen, weil er die Gegenwart aus dem Sattel und die Zukunft in den Sattel hebt. Das ist möglich, soweit die Kunst immer Verhaltensmodelle entwickelt, die befreit sind von der strikten Kontingenz, in der sie sich materiell entwickelt. Fortschritt und Krise, Fülle und Verarmung sind kontextgebunden und nicht bestimmend für die Situation der Kunst, sondern im Gegenteil ermöglicht es die Kunst, Auswege und Überwindungen jenseits der Blockierung, die scheinbar Produkt der augenblicklichen Umstände ist, ausfindig zu machen. In diesem Sinn ist Kunst die permanente Praktik der Krise, die geplante und ausgeführte Erschütterung der vom gesellschaftlichen Körper erreichten Gleichgewichte. Die Kunst hat ihre innere Genetik, die es ihr erlaubt, über die angemessenen Bedingungen zu verfügen, um das Reale in die Bedingung der Unmöglichkeit zu versetzen, im Sinne eines in-Krise-Setzens seiner Stabilität und seines Systems von Erwartungen. Wenn die Krise dann auch auf gesellschaftlicher, wirtschaftlicher und kultureller Ebene existiert, wenn sie aufgrund ihrer Evidenz nicht umgangen werden kann, dann findet die Kunst den natürlichen Kontext für ihre Entwicklung.

Unterstützt von einer allgemeinen Krise aller Systeme, ist der aktuelle Bezugsrahmen für die Kunst der der Katastrophe. Der Gesellschaftskörper schafft es nicht, Parameter und Verhaltensmodelle zu finden, die für das eigene Überleben brauchbar wären, die traditionellen *Idole* sind schließlich in der allgemeinen Enttäuschung der Gesellschaften zusammengebrochen, die messianische Wiedergeburt und Transformation, Regeneration und Schutz erwartet hatten. Jetzt ist es nicht mehr möglich, Trost zu finden im Prinzip der Dialektik, diesem traditionellen Schlupfwinkel westlicher Ängste: das Prinzip des Widerspruchs regiert souverän in jedem Produktionssystem und in jeder Tauschbeziehung.

Offensichtlich hat die Geschichte bereits andere Perioden tiefer Krise durchschritten, in denen ihre ökonomischen, kulturellen und moralischen Ressourcen sich beängstigend verringert hatten, wie in der gegenwärtigen Phase. Und doch hat es der Gesellschaftskörper jedes Mal geschafft zu überleben, innere und äußere Ressourcen aufzufinden, um eine solche Negativität abzuwenden. Auch das Recycling ist weitgehend erprobt worden mit der Wiederaufnahme von Verhaltensweisen, Sprachen, die anderen historischen Epochen angehörten. Jetzt ist auch dieser Ausweg probiert worden, ohne daß die westliche Zivilisation es geschafft hätte, aus der Krise herauszukommen.

Wenn es eine Krise gibt, ist es notwendig, Zuflucht zu suchen bei einem Typ allgemeiner Ökonomie, der nicht mit der Verschwendung arbeitet, sondern im

Gegenteil mit der Konzentration von schon erprobten Instrumenten. Für die Kunst bedeutet das Konzentration auf die eigene Spezifität, mit Konzentrierung auf die eigenen Kräfte. In gewisser Weise stellt die Kunst den letzten Ort dar, hinter den zurückzugehen nicht mehr möglich ist. In jeder Gefahrensituation setzt ganz plötzlich das Prinzip der genetischen Selektion für den Gesellschaftskörper ein, die Fähigkeit, zu sammeln und sich um das Prinzip der Qualität und des effizienteren Verhaltens zu sammeln. Für die Kunst heißt Kräfte sammeln, sich auf sich selbst zu konzentrieren, in Termini der Spezifität und der Professionalität.

Wenn die Kunst die außerordentliche Praktik der Krise ist, wenn sie außerhalb jeder Perspektive der Rationalität arbeitet, so bedeutet das, daß sie auch über das Prinzip verfügt, das sie immunisiert gegen den Zusammenbruch und ihr erlaubt, sich fortzusetzen, trotz der Krise, die sich mit ihrer Aktion entfesselt oder die sie durchmacht. *Die Kunst ist der symbolische Ort der genetischen Selektion,* der Raum des Überlebens – wenn überhaupt – unter nicht lebbaren Bedingungen.

II. Soziologie

Über kulturelle Kristallisation
Arnold Gehlen

Seit mehr als hundert Jahren haben sich die Amerikaner und Europäer eine noch nie dagewesene Wirklichkeit aufgebaut: sie haben die technischen und industriellen Erfindungen in einen großen Zusammenhang gebracht, ihn wie eine zweite Erde als Bedingung ihres Weiterlebens betreten und sich in einer neuen Umwelt eingerichtet, die an Gewaltsamkeit und zugleich Künstlichkeit alle Vergleichbarkeiten hinter sich läßt. Die physische und die geistige Überzeugungskraft der modernen Kultur haben sich als unwiderstehlich erwiesen. Ein Volk und ein Kontinent nach dem anderen haben sich entschlossen oder haben gerade den Entschluß gefaßt, ihre ältesten Traditionen abzustreifen, die substantiellen Selbstverständlichkeiten des Gewachsenen preiszugeben, um sich Einlaß in diese Welt zu verschaffen. Dieser gewaltige Prozeß, der das äußere und das innere Gesicht der Menschheit bis zur Unkenntlichkeit verändern wird, wie Max Weber schon im Jahre 1908 voraussagte, war von Katastrophen in entsprechenden Dimensionen begleitet, und es ist Tatsache, daß der erste vierjährige technisierte Krieg sogleich das erste Gesamterlebnis der Menschheit mit sich gebracht hat, ein Erlebnis, das tatsächlich um die Erde herumgriff.

In Deutschland ist dieser generationenlange und in den Einzelheiten oft überaus schmerzliche Vorgang der Industrialisierung von vornherein mit dem hellen und wachen Bewußtsein einer der geistig regsten Nationen dieser Erde beobachtet worden. Die geschichtliche Reflexion hat das Epochale des Vorganges sofort erkannt. Wir haben gleichzeitig die neuen Maschinen und Sitten erfunden, unter ihnen gelitten und ihre Früchte geerntet, haben sie beobachtet und ihre Folgen registriert. Es genügt vielleicht, wenn man den phantastischen Umfang der Auswirkungen sich klarmachen will, darauf hinzuweisen, daß vor etwa 100 Jahren – im Jahre 1867 – der Verbrennungsmotor von Otto erfunden wurde, und im selben Jahre erschien das Buch *Das Kapital* von Marx. Im gleichen Jahr hat übrigens Bismarck das allgemeine Wahlrecht im Norddeutschen Bunde eingeführt. Die Ereignisse haben sich also gleichzeitig als Wissenschaft umgesetzt, sie haben eine schnelle und schlagkräftige Formulierung von Programmen und politischen Richtungen mit sich gebracht. Der Prozeß der Aufrichtung dieses neuen Naturmilieus, in dem wir leben, vollzog sich über erbitterte Gegnerschaften hinweg – Gegnerschaften jeder Art: politische, wirtschaftliche, ideelle, künstlerische. Und das, was man Kulturkritik nennt, stellt nur einen Teil solcher Auseinandersetzungen dar, übrigens einen völlig berechtigten, in dem sich das Unbehagen und die Ratlosigkeit und das Leiden der irgendwie Nicht-überzeugten doch in Argumenten und vernünftig auszusprechen versuchen. Eine solche kritische, beteiligte und leidenschaftliche Auseinandersetzung fehlt nie bei den bedeutenden Schriftstellern und Philosophen dieser Zeit, man findet sie bei Scheler, bei Musil, bei Benn, bei Thomas Mann. In dem ungeheuren Durcheinander der Stimmen, die das vorige Jahrhundert und dieses ausdrückten und auslegten, glaubt man oft zu keiner Orientierung mehr kommen zu können, und Sie wissen, daß noch Benn unter dem Eindruck eines vollständigen und nihilistischen Chaos gestanden hat. Dennoch glaube ich, daß sich bereits gewisse Stabilisierungen feststellen lassen, und man kann vielleicht schon versuchen, die Zustände beschreibend zu umschreiten. Sie bewegen sich nicht mehr so richtungslos und unvorhersehbar, und etwas von dem, was ich „Kristallisation" nenne, scheint sich anzudeuten. Dabei muß man vor allem auf das achten, was nicht mehr vorkommt, so zum Beispiel nicht mehr jene Blindheit gegenüber den Lebensgesetzen der Technik und der Industrie, die noch aus jeder Seite von Nietzsche spricht. Ich selbst erinnere mich noch genau der Entrüstung, mit der ich irgendwo eine Bemerkung Spenglers las – ich war damals Student –, und die etwa so lautete: er hoffe, daß seine Schriften dazu beitragen würden, aus Philosophie-Studenten Techniker zu machen. Heute erscheint mir ein solcher Rat als durchaus plausibel.

Aus solchen Gründen richte ich Ihre Aufmerksamkeit darauf, daß die im vorigen Jahrhundert und noch sehr tief in dieses hinein sehr häufigen Versuche völlig aufgehört haben, das aufgestöberte Durcheinander von allen Ideen und Motiven aus allen Zeiten und Windrichtungen so zu ordnen, daß man es von einer bestimmten Wissenschaft aus organisierte, die damit natürlich sofort eine Art Überzuständigkeit bekam. Da man an der Popularisierbarkeit von Wissenschaften noch keinen Zweifel hatte, so lag darin zugleich der Anspruch einer geistigen Neuorganisation der Gesellschaft, also ein missionarischer. Das hatte von der Philosophie her Nietzsche versucht, dessen Entwurf die Biologie und Physik bis zur Kultur- und Religionsgeschichte umgriff, und der, mit ungemeiner Geschicklichkeit an jede Zeitaktualität anknüpfend, aus diesen Motiven heraus nun ein gegenchristliches Bekehrungspathos auflud. Er stellt ein deutliches Beispiel für das dar, was ich eben hier in dieser Überlegung als geschichtlich vergangen und nicht mehr wiederherstellbar beschreiben will, nämlich für die „große Schlüsselattitüde", d. h. ein Unternehmen, das aus einer Gesamtschau heraus eine Weltinterpretation und darin eine einleuchtende Handlungsanweisung geben möchte. So etwas ist weltgeschichtlich in der christlichen Religion zuerst aufgetreten, und insofern handelt es sich bei den neuen Systemen, wie schon oft bemerkt wurde, um eine Verweltlichung der ursprünglich christlichen Kombination von Weltentwurf und Handlungsanweisung, an jedermann gerichtet.

Diese Verhaltensform ist offenbar in 2000 Jahren derartig einverseelt worden, daß sie nun auch von ganz diesseitigen Interessen besetzt werden konnte. So hat man wiederholt versucht, die Erklärungsgrundsätze und die Sachanschauungen bestimmter Einzelwissenschaften ins Universelle auszuweiten und daran ethische Folgerungen anzuschließen. In dieser Weise hat Darwin seine Zoologie zu einer Entwicklungsgeschichte des Menschen ausgebaut, und die Grundgedanken vom Kampf um das Dasein und vom Überleben des Geeigneten, mit denen er den Artwandel erklärte, wurden zugleich als eine biologische und ethische Rechtfertigung der englischen Konkurrenzwirtschaft verstanden. Die Wirkung solcher Gedanken war außerordentlich, weil man sich in seiner Unmittelbarkeit als wirtschaftender Europäer in die Mitte des Lebensstromes versetzt fühlen konnte. Der rüstige Fortschritt des Industriezeitalters glaubte sich aus den Gesetzen des Daseins selbst heraus gerechtfertigt. Systeme dieser Art, also philosophische oder wissenschaftlich übersteigerte Gesamtauslegungen des Lebens, mit daraus abgeleiteten ethischen Forderungen, machen das aus, was man Weltanschauung nennt. Solche Weltanschauungen dienten als Ersatzreligion, sie waren ja auch fast immer atheistisch. In dieser Weise muß man auch die Psychoanalyse Freuds beurteilen. Sie enthielt zwar keine Aussagen über die Außenwelt, aber deren Deutung im Sinne des naturwissenschaftlichen Mechanismus der Zeit war einfach als selbstverständlich vorausgesetzt. Die großartige und originelle Psychologie Freuds bezog doch der Idee und dem Anspruch nach die gesamte menschliche Kultur- und Sittengeschichte einschließlich der Künste in sich ein und hat auch diesen Anspruch mit Werkproben belegt. Und was die ethische Seite betrifft, so lag in der Befreiung des Menschen von Schuldgefühlen und von Gott etwas von dem alten Schwung der Aufklärung, wenn auch ein später durchdringender Pessimismus über die Glücksmöglichkeiten des Menschen bei dem alternden Autor einen resignierten Grundton hergab. Auch fehlten nicht Andeutungen von sozialistischen Gedanken, und so stand er dem einflußreichsten aller Systeme nahe, dem von Marx, der eine tiefdurchdachte Mischung von Geschichtsphilosophie und Wirtschaftslehre mit ganz eindeutigen Handlungsanweisungen im Sinne des Klassenkampfes verband, um so wirkungsvoller, als er sich nicht nur an Gebildete wendete, sondern an Kollektivschicksale anknüpfte und eine Organisation der Solidarität der Benachteiligten betrieb.

Das sind nur einige Beispiele von Weltanschauungen mit ihrer zugleich theoretischen und praktischen Abzweckung. Und als Haltung, als inneres Bedürfnis des Menschen nenne ich so etwas die große Schlüsselattitüde. Es gab bis tief in dieses Jahrhundert hinein kaum einen Philosophen, der nicht in diesem Sinne wirksam werden wollte, und man kann sagen, daß überhaupt das weltanschauliche Prestige, das die Wissenschaft schlechthin im vorigen Jahrhundert und bis in dieses hinein genoß, ihr von innen her zugeschrieben wurde. Denn zuletzt hat man doch von den Wissenschaften Aufschluß über die großen Fragen erwartet, die da heißen: „Was können wir wissen?" und „Was sollen wir tun?" Die dritte der kantischen Fragen „Was dürfen wir hoffen?" war schon so gut wie beantwortet, wenn man im Sinne dieses bürgerlichen Zeitalters an einen innerweltlichen Fortschritt zum Besseren glaubte. Und ich meine nun, es ist von sehr großer Wichtigkeit für unser Zeitverständnis und Selbstverständnis, sich klarzumachen, daß eben diese geistige Haltung jetzt historisch geworden ist. Ich will damit sagen, so etwas kann jetzt nicht mehr neu entstehen, während damals die innere Form der Wissenschaft dahin drängte. Die große Schlüsselattitüde lebt in sehr vielen Menschen noch als eine Art leeres Modell, aber dieses läßt sich nicht mehr von den Sachen her mit Weltinhalt oder ethisch mit eindeutigen Anweisungen füllen. Der Marxismus hält sich als Theorie deswegen, weil die erfolgreiche politische Durchsetzung in einem Weltreich ihn institutionalisiert hat, wie denn überhaupt Ideen nur überleben, wenn sie als Institutionen verkörpert werden. Alle anderen damals rivalisierenden Systeme haben nur noch eine literaturgeschichtliche Bedeutung, wie die Philosophie Nietzsches, oder der weltanschauliche Gehalt ist verdunstet, und sie sind ins Fachliche eingeengt wie die Psychoanalyse.

Ich möchte Sie nun befassen mit den verschiedenen Erscheinungen, die verständlich werden, wenn man diese Ansicht hat. Der erste und hier kurz zu berührende Gedanke betrifft die Religion und ihre Stabilisierung, ein Ereignis, das vor hundert Jahren völlig unwahrscheinlich schien, sich heute übrigens auch keineswegs auf den Umkreis der christlichen Religion beschränkt. Nachdem jene atheistischen Ersatzsysteme mit Ausnahme des Marxismus verschwunden sind, bleibt die Religion mindestens in foro interno als moralische Autorität unwiderlegt zurück, wobei sie allerdings die technisch industrielle Durchgestaltung der Außenwelt völlig aus ihrer Beurteilung entläßt, sich also im Hinblick auf ihre Außenwirkung auf das Menschliche beschränkt, d.h. sozialisiert.

Jetzt aber will ich mich der Erklärung zuwenden, warum keine weltanschaulichen Angebote mehr entstehen. Es gibt dafür praktische und theoretische Gründe. Zuerst hat sich gezeigt, daß die Realisierung von Ideen, also die Zurechtbiegung der Wirklichkeit derart, daß sie der Reinheit der Idee ähnelt, stets ein Vorhaben ist, bei dem es blutig zugeht. Die Wirklichkeit fügt sich nicht dem Ideal, das sich deswegen an ihr rächt.

Nach zwei Weltkriegen, die mit ungeheuerlichen Opfern unter der Fahne von Ideen geführt worden sind, scheinen bloß noch diejenigen Ideen und Weltanschauungen die Zukunft für sich zu haben, die bereits in die Funktionsordnung, in die Betriebsgesetze großer Industriegesellschaften eingegangen sind, die im geschichtlichen Verlauf zur wirklichen Verfassung solcher großen Industriegesellschaften wurden, und die also jetzt als teuer bezahlte Wirklichkeit jeder Diskussion entrückt sind. So steht es mit den West- und Osthälften der Erde. Man kann sich gar nicht vorstellen, daß neue Ideensysteme mit demselben weltgestaltenden Anspruch, mit dem vor hundert Jahren der Marxismus oder vor achtzig Jahren noch Nietzsche auftraten, überhaupt gehört werden könnten — das liegt nicht mehr in den Möglichkeiten der Epoche. Und folglich bietet die Philosophie den Anblick, den sie zeigt.

Das Ende der Philosophie im Sinne der Schlüsselattitüde kann an Bedeutung schwer überschätzt werden, denn von Voltaire bis ins 20. Jahrhundert gingen von da die Explosionen aus, aber auch die langsamen und endgültigen chemischen Veränderungen im Geiste des Menschen. Es ist aber auch eine von übersteigerten Einzelwissenschaften ausgehende Ersatzreligion, so wie es etwa der Darwinismus oder der Biologismus einmal versuchten, nicht mehr real möglich, ganz abgesehen noch davon, daß der Biologismus auch politisch in Deutschland kompromittiert wurde. Der heutige Zustand der Wissenschaften selbst nämlich läßt eine Ausweitung ihrer Resultate in weltanschaulichem und ethischem Sinne nicht mehr zu. Diese Versuche damals waren geknüpft an ein verhältnismäßig primitives Entwicklungsstadium der Wissenschaften, das heute überschritten ist, und in dem man den Zusammenhangsgrad der Erscheinungen noch überschätzte. Hier schlägt, wie Sie gleich merken, das Thema der Spezialisierung ein. Jede seriöse Wissenschaft ist so weit in ein Geäst von Einzelfragestellungen auseinandergegangen, daß sie sich gegen die Zumutung einer Allkompetenz aufs entschiedenste wehren würde, sie hätte dann nämlich überhaupt keine Sprache. Es gibt heute eine durchgebildete chemische oder physiologische, es gibt eine durchgebildete psychologische usw. Fachsprache mit eindeutig charakterisierten Sachverhalten auf umschriebenem Gebiet, und eine jede dieser Fachsprachen — ich nenne noch die juristische oder medizinische — übt Zustimmungszwang aus, d.h. wer in diese Tatsachengebiete eindringen will, der kann sich der Einsicht nicht entziehen, daß die jeweils eigensinnigen Begriffsbildungen, die dort gebraucht werden, die Sachen genau treffen. Was es aber nicht gibt, ist eine querlaufende, eine übergeordnete und alle diese Einzelgebiete oder auch nur einige von ihnen umgreifende Sachsprache mit Zustimmungszwang. Das gibt es nicht. Womit gesagt ist: über den Kosmos der Wissenschaften schlechthin kann man nur dilettantisch reden.

Damit wird die Trennung des Fachmanns vom Laien endgültig. Die Begriffe und die Problemstellungen jeder Fachwissenschaft werden bei dem heute erreichten Grad der Spezialisierung so anschauungsfern und so abstrakt, daß sie für Dritte, die keinen langen Anmarsch hinter sich haben, überhaupt unverständlich sind. Auch ein guter und ausgebildeter Kopf kann sein Interesse an Sachgebieten, die nicht gerade sein eigenes Arbeitsfeld betreffen, nur in untergeordneten Rücksichten und auf einer nicht mehr aktuellen Ebene befriedigen, und so haben denn die Versuche zur Popularisierung schwieriger Theorien überhaupt aufgehört. In den 20er Jahren erschienen zahlreiche Schriften, die versuchten, die Theorien Einsteins in die Sprache des gebildeten Laien zu übersetzen. So etwas unternimmt man heute einfach nicht mehr, denn auf sehr vielen Sachgebieten, ich nenne hier sogar auch die Soziologie, ist im Zuge der immer weiter vorgetriebenen Spezialisierung bereits die Verständigung unter Fachgenossen erschwert, ist die Herstellbarkeit einer Übersicht innerhalb des Gebietes selbst schon problematisch. Folglich überläßt man außerhalb des eigenen Arbeitsgebietes ohne weiteres den anderen die Kompetenz, die Information und die Zuständigkeit, d.h. man delegiert sein Urteil.

Die Wissenschaften erhalten damit denselben Stil, der in der modernen Gesellschaft, vor allem in der Wirtschaft, in der Verwaltung und in der Politik überall obwaltet. Überall ist der Informierte vom Nicht-Informierten, ist der Sachkenner vom Laien, ist der Berufserfahrene vom Dilettanten getrennt, und vor allem hat sich dieser Zustand durchgesetzt, er ist reibungslos eingewöhnt und wird akzeptiert. Dabei entstehen ganz merkwürdige Erscheinungen, wenn auf Gebieten, auf denen bisher die Zuständigkeit von jedermann anerkannt war, die Unzugänglichkeit der Expertenthematik erscheint. So in den Künsten, wo es eine dem Laien schwer verständliche Kunst für Künstler gibt, voll von hochbewußter Kennerschaft. Es ist kaum mehr möglich, sich eine volkstümliche Literatur oder Malerei vorzustellen, die nicht zugleich rückständig und platt wäre. So weit war man in den 20er Jahren noch keineswegs, als zum Beispiel die Kunst Barlachs zugleich volkstümlich war, aber auch repräsentativ als Ausdrucksmittel für ihre Zeit. Auch das liegt schon hinter uns.

Unter diesen Umständen ist es klar, daß globale Weltbilder innerhalb der Wissenschaften nicht erstellt werden können, ebensowenig wie Grundlagenreformen irgendwo im Gesamtsystem der Praxis; denn Grundlagenreformen in der Verwaltung oder im Erziehungswesen sind gleicherweise unmöglich, sie müßten angesichts der Fülle der Daten, die dort existieren, in einer Abstraktionshöhe, in einer Unanschaulichkeit gedacht werden, bei der nur Dilettanten sich noch einbilden könnten, daß man dann noch an der Sache bliebe.

Ich verweile noch bei dem Zustand der Wissenschaften und beschreibe ihre institutionelle Verfestigung. Es ist bekannt, daß nicht nur an Hochschulen die Naturwissenschaften betrieben werden, sondern mit weit größerem Einsatz an Personal und Mitteln in den großen Industriewerken und in staatlichen Laboratorien, wo zum Beispiel die Kernforschung konzentriert ist. Der institutionelle Rahmen der medizinischen Wissenschaften liegt in den Kliniken vor Augen, sie sind ebenfalls zugleich Forschungsstätten, er liegt vor allem in dem sozial so entscheidenden Einrichtungssystem der Krankenversicherung, einem riesigen Verrechnungs-, Verwaltungs- und Leistungsgebäude, das in Deutschland 75 Prozent der Gesamtbevölkerung beherbergt. Die juristische Wissenschaft wiederum pflegen wir von der Seite her zu sehen, wo sie den Anblick eines großen rationalen Systems von Begriffen und Normen bildet, das man in den Gesetzbüchern geordnet findet; so wird sie ja auch gelehrt. Will man dagegen dieses System funktionieren sehen, dann muß man auf die zahlreichen Einrichtungen blicken, in denen die Juristen es täglich in Handlungen übersetzen: nicht nur auf die Gerichte und Anwaltsbüros, sondern auf Parlamente und ihre Rechtsausschüsse, auf die übernationalen Organisationen wie die OEEC mit ihren Vertragswerken, auf die Rechtsabteilungen der Industriebetriebe, auf die zahllosen Ämter der allgemeinen Verwaltung und der Sonderverwaltungen, die alle deswegen juristisch korrekt handeln müssen, weil jeder Verwaltungsakt bestreitbar ist, auf die Rathäuser, auf die Zentralbüros der Gewerkschaften usw.

Ich habe nun vorhin gesagt, daß sich ein zusammenhängendes Weltbild aus den Wissenschaften heraus nicht mehr erstellen läßt, und so etwas außerhalb der Wissenschaften zu versuchen, wäre ja noch absurder. Jetzt kommen wir zu der Einsicht, daß dieser Mangel deswegen nicht so bedenklich ist, weil alle diese Wissenschaften eben doch zusammenhängen, zwar nicht in den Köpfen, dort ist die Synthese gerade nicht zu erreichen, wohl aber in der Wirklichkeit der Gesamtgesellschaft. Als Teilfunktion in dem ungeheuren Überbau einer Industriegesellschaft sind sie alle am Werke. Der Zusammenhang also besteht in der gesellschaftlichen Praxis, dort aber ist er so durchdringend wie der Sauerstoff. In jedem Brotlaib steckt heute Chemie, und sie kreist in unserem Blut, in jedem Haus steckt statische Berechnung, in jedem Ortswechsel Maschinenbautechnik, in jeder Verwaltungshandlung Jurisprudenz. Und wenn ich als Soziologe einmal eine Formel gebrauche oder eine „Meinung" äußere, so fällt mir doch bisweilen ein, daß sie schon zu den statistisch ausgezählten gehört.

So verhält es sich mit allen praktikablen Wissenschaften, sie alle arbeiten eingegossen in die Superstruktur des gesellschaftlichen Zusammenhangs. Deswegen sind sie alle in voller und ungebrochener Entwicklung, sie sind im Weiterausbau zum Fortschreiten gezwungen, vor Erstarrung und Konfuzianismus gerade wegen dieser Verflechtung mit der praktischen Realität bewahrt. Eine Ausnahme machen nur die Philosophie und die klassischen Altertumswissenschaften, die, seit sie nicht mehr als selbstverständlich gelten, sich in einer Krise ihrer Selbstbegründung befinden. Sonst aber habe ich Ihnen die culture encadrée beschrieben, die in eine Supermaschine, welche mit einer Kapazität von 50 Millionen Menschenkräften arbeitet, eingebaute Kultur der Wissenschaften. Dort gibt es keine Selbstzweifel, dort gilt die Selbstverständlichkeit der schrittweisen Weiterentwicklung, also auch des Fortschritts. An keiner Stelle aber begegnet man heute innerhalb dieses Gesamtsystems, dessen Imprägnierung an immanenter Wissenschaftlichkeit dauernd steigt, jener großen geistigen Hoffnung, jener überspannten und enttäuschungsreichen, aber doch begeisternden und belebenden Erwartung neuer Räume, die sich nun endlich aufschließen und uns staunend einlassen würden, wie sie in den ideologischen Ansprüchen des vorigen Jahrhunderts noch lag. Man kann heute sagen, daß diese jugendliche Kraft den ersten Weltkrieg gerade noch überstand, aber den zweiten nicht mehr.

Wir wollen jetzt, um unser Bild abzurunden, uns zwei Welthälften denken, eine östliche und eine westliche, jede mit gewaltigen Verdichtungszentren dieser industriell-technisch-szientifischen Kultur. In jedes dieser Systeme ist eine politische Ideologie eingearbeitet, jedes ist bis in die letzten Fasern durchgefärbt von einer solchen, sie durchdringen jeweils die innere Form des Menschseins und setzen sich fort bis in die Äußerlichkeiten des Alltags. Dabei ist die demokratische Idee die ältere, die elastischere, sie geht mit vielerlei Regierungsformen zusammen, sie ist weltoffen und nach links hin erstaunlich tolerant, sie besteht mehr in Haltung und Gesittung als in Lehre und Dogma. Die marxistische dagegen ist szientifisch, buchmäßig, gelehrt, doktrinär und prinzipiell, sie setzt eindeutige Gegnerschaften und engagiert definitiv, sie ist dem Anspruch nach universal, macht Aussagen über die objektive Welt im materialistischen Sinne. Beide Ideologien stehen sich in ihrer Auffassung vom Menschen exklusiv gegenüber, sie haben unverträgliche Auffassungen davon, was für den Menschen gut ist, es sind zwei Ethiken, die genauso im Blutkreislauf dieser Riesensysteme pulsieren wie die Wissenschaften, von denen vorhin die Rede war.

Wenn Sie diese bisher gegebene Zustandsanalyse für annähernd richtig halten, so haben Sie bereits den Beleg für das, was ich „kulturelle Kristallisation" nenne. Der Ausdruck ist insofern vielleicht mißverständlich, als er an Anorganisches erinnert, er stammt übrigens von dem italienischen Soziologen Vilfredo Pareto, doch hat er bei ihm einen etwas anderen Inhalt. Ich fand ihn aber brauchbar und würde vorschlagen, mit dem Wort Kristallisation denjenigen Zustand auf irgendeinem kulturellen Gebiet zu bezeichnen, der eintritt, wenn die darin angelegten Möglichkeiten in ihren grundsätzlichen Beständen alle entwickelt sind. Man hat auch die Gegenmöglichkeiten und Antithesen entdeckt und hineingenommen oder ausgeschieden, so daß nunmehr Veränderungen in den Prämissen, in den Grundanschauungen zunehmend unwahrscheinlich werden. Dabei kann das kristallisierte System noch das Bild einer erheblichen Beweglichkeit und Geschäftigkeit zeigen, vorhin habe ich gerade gesagt, daß an zahllosen Einzelstellen dauernd Fortschritte getan werden. Es sind Neuigkeiten, es sind Überraschungen, es sind echte Produktivitäten möglich, aber doch nur in dem schon abgesteckten Feld und auf der Basis der schon eingelebten Grundansätze, diese werden nicht mehr verlassen. Viele Menschen haben das Bedürfnis, den Gesamtzustand, in dem wir leben, irgendwie restaurativ oder so ähnlich zu nennen. Ich glaube, daß das falsch ist. Das sind Begriffe, die aus einer früheren Weltperiode und nicht aus der Analyse des Gegebenen genommen sind. Ich möchte vorschlagen, sie fallenzulassen und dafür den hier gewählten Ausdruck Kristallisation einzusetzen, der — wie gesagt — den Detailfortschritt der auseinandergezweigten Einzelwissenschaften gerade nicht ausschließt, sondern einschließt. Wenn Sie diese Vorstellungen haben, werden Sie selbst in einem so erstaunlich bewegten und bunten Bereich, wie dem der modernen Malerei, im Grunde der Dinge Kristallisation wahrnehmen. Die letzten großen Ereignisse sind da um das Jahr 1910 herum passiert. Damals hat man sich von der Außenwelt abgewendet und angefangen, die Kunst auf das Subjektive einzuspielen, hat angefangen, von der Malerei her das Subjekt auszuloten, und das ergibt nicht unendlich viele Fundamentalmöglichkeiten, sondern zählbare, es sind drei, vier, fünf, mehr nicht. Diese sind in schneller Folge entwickelt worden, man hat sie nie wieder preisgegeben und keine neuen gefunden, sondern auf dieser Basis hat sich jetzt das ereignet, was dann kommt, nämlich die Ausfaltung, das Ausspielen des sichtbar Werdenden, das Entwickeln des nunmehr Möglichen. Damit sind wir beschäftigt, aber wir vergessen dabei, daß diese großen Revolutionen ja lange hinter uns liegen. Es ist außerordentlich unwahrscheinlich, daß noch weitere Grundlagenveränderungen im System sind, und deshalb ist der Begriff Avantgardismus eigentlich etwas komisch, er ist überholt. Die Bewegung geht ja gar nicht nach vorwärts, sondern es handelt sich um Anreicherungen und um Ausbau auf der Stelle, wer heute von Avantgardismus spricht, der meint nur Bewegungsfreiheit als Programm, aber die ist ja längst zugestanden. Die eben hier angedeutete Situation ist in kultureller Hinsicht überall als ähnlich gegeben, ich habe den Ausdruck Kristallisation hierfür vorgeschlagen und bitte Sie zu merken, daß die Buntheit, die Fülle und Wandelbarkeit der umspielenden Erscheinungen die Starrheit der Grundentscheidungen verhüllt. Man muß beide Seiten zusammen sehen.

Und wenn wir jetzt zu dem vorhin berührten Thema der beiden großen Welthälften mit ihren Basisideologien zurückkehren, dann ist vielleicht meine Folgerung weniger überraschend, wenn ich sage, daß ideengeschichtlich nichts mehr zu erwarten ist, sondern daß die Menschheit sich in dem jetzt vorhandenen Umkreis der großen Leitvorstellungen einzurichten hat, natürlich mit der dann noch dazuzudenkenden Mannigfaltigkeit von allerlei Variationen. So sicher die Menschheit religiös angewiesen ist auf die seit sehr langer Zeit ausformulierten großen Typen von Heilslehren, so sicher ist sie auch in ihrem zivilisatorischen Selbstverständnis festgelegt, wobei ich nur die plausible Voraussetzung mache, daß die sogenannten Entwicklungsvölker keine positive dritte Ideologie finden werden. Denn Globalideologien dieser Art einschließlich der historisch bereits überlebten, wie des Faschismus, oder der nicht zur Entwicklung gekommenen Ansätze, wie der Heilslehren von Rousseau oder Nietzsche, sind ausnahmslos europäische Resultate, das gibt es außerhalb dieses Bereiches nicht. Ich exponiere mich also mit der Voraussage, daß die Ideengeschichte abgeschlossen ist und daß wir im Posthistoire angekommen sind, so daß der Rat, den Gottfried Benn dem einzelnen gab, nämlich „Rechne mit deinen Beständen", nunmehr der Menschheit als ganzer zu erteilen ist. Die Erde wird demnach in der gleichen Epoche, in der sie optisch und informatorisch übersehbar ist, in der kein unbeachtetes Ereignis von größerer Wichtigkeit mehr vorkommen kann, auch in der genannten Hinsicht überraschungslos. Die Alternativen sind bekannt, so wie auch auf dem Felde Religion, und sind in allen Fällen endgültig.

Bisher habe ich Ihnen beschrieben, daß wir mit der Endgültigkeit der jetzt vorhandenen ideologischen Systeme zu rechnen haben, die sich auf die beiden politischen Erdhälften verteilten und dort ganz in die Zustände eingegangen und zu Einrichtungen materialisiert sind. Es ist, wie gesagt, völlig unwahrscheinlich, daß irgendwo eine neue Ideologie auftritt, sie kann sich, wie ich zeigte, auch nicht aus den Wissenschaften heraus erheben, denn diese sind in sich durchspezialisiert, aufs äußerste verästelt und ausgefaltet, und nur in einem viel primitiveren Zustand konnte man glauben, daß die Mechanik oder die Biologie oder die Psychologie unseren Bedürfnissen nach einem umfassenden Überblick genügen würden. Es ist nicht möglich, sich aus der Vogelschau einen Überblick über das System aller Wissenschaften mit einer Ganzheitsübersicht zu beschaffen, und zwar ist das grundsätzlich nicht möglich, weil sich eben nur Inseln von Zusammenhang herstellen lassen, die Wissenschaften sonst aber im allgemeinen sich mit ihren komplizierten Sondersprachen voneinander entfernen. Die verschiedenen Kapitel des Wißbaren, sagte ich einmal an anderer Stelle, gehen nicht mehr in einen Einband hinein. Wenn wir astronomisch den Eindruck haben, daß das Weltall nach allen Richtungen auseinander fliegt, so steht es mit unserem Wissensbestand um unsere irdische Wirklichkeit nicht viel anders, und es ist kein Bewußtseinsort denkbar, von dem aus man alles in den Blick bekäme, d.h. keine Philosophie im alten Sinne. Fortschritt aber gibt es überall da, wo das Zusammenspiel einer technisch und industriell hochentwickelten Gesellschaft Wissenschaft funktionsnotwendig braucht oder wo sich Forschung übersetzen läßt in Praktikabilität. Denken Sie zum Beispiel an die verschiedenen Zweige der Chemie, der Medizin, der Statistik, der Jurisprudenz, wie denn auch die Soziologie zum Glück einen praktischen Arm hat, das ist die nicht sehr beliebte Umfrageforschung, in der sie aber doch ein beachtliches Maß von Wirksamkeit erreicht. In unserer Gesellschaft nimmt daher der Grad an innerer Imprägnierung mit jederlei Fachkunde und theoretischem Fachwissen unaufhörlich zu. Es gibt also ein gesellschaftseigenes Niveau allgemeiner Wissenschaftlichkeit, das nötig ist, um den Betrieb auf dem laufenden zu halten, und dieses Niveau steigt. Schon in den mittleren Rängen der Verwaltung oder der Industriebetriebsführung wird dem einzelnen Arbeitsplatz doch ein erstaunliches Potential von abstrakter Informiertheit zugeschrieben. Es wäre absurd, an all diesen Dingen die Sinnfrage anzubringen, wir leben in einer prinzipienpluralistischen Gesellschaft von höchster Dynamik und in einer unabschließbaren, exzentrischen Welterfahrung.

Von hier aus gesehen muß einem die Epoche der großen diesseitigen Gestaltungsideologien, die 1789 begann, schon als recht vergangen erscheinen, sie ist offenbar abgeklungen, und nur das wird noch konserviert, dessen Institutionalisierung schon seit langem gelungen ist. Die verschiedenen revolutionären Ideensysteme engagierten ja ab 1789 den einzelnen Menschen in einem unmittelbaren Handelnkönnen, sie appellierten an die physische Mithilfe des einzelnen bei der

Errichtung des Wunschreiches. Das entsprach ja doch einem primitiveren Bewußtsein von den Problemen der Gesellschaft. Man brauchte Gläubige, Fanatiker, Avantgardisten für das große Handgemeinwerden und für das Unternehmen, die Sozialordnung mittels Handfeuerwaffen umzustülpen. Heute aber ist es, wie Riesman in seinem Buch *Die einsame Masse* sehr richtig sagt, unmöglich geworden, ein Programm aufzustellen, das die Beziehungen zwischen dem wirtschaftlichen und dem politischen Leben entscheidend verändern könnte. Ein solches Programm fände in der gewaltigen, eingespielten Maschine, in der auch die Betriebsverluste eingeplant sind, gar keine Fugen zum Eingreifen. Die bis heute durchgeretteten Ideologien haben also keinen neu auftretenden Rivalen zu befürchten, sie bezeichnen ebenso definitive Möglichkeiten wie die Religionen, deren Stabilisierung nun, hundert Jahre nachdem sie unter dem Ansturm totaler naturwissenschaftlicher Weltbilder in großer Gefahr schwebten, eins der großen unerwarteten Ereignisse ist; diese haben die Gefahrenzone offenbar passiert, in die sie im Abendland mit der Aufklärung geraten sind und in Asien durch den Ansturm der weißen Kultur, der jetzt abgeschlagen ist. Somit wäre es zu sagen, daß man auf ideologischen und religiösen Gebieten mit der Endgültigkeit der heute ausformulierten Zustände zu rechnen hat, so daß sich die geistige Energie der Menschen in der Weiterentwicklung der Einzelheiten des großen wissenschaftlich durchorganisierten Überbaus manifestieren wird, wobei die Künste und schönen Wissenschaften mit reizvoller Unverantwortlichkeit einen Kernbestand von Ernstaufgaben sozusagen umspielen, von Ernstaufgaben, wie sie ganz elementar aus der Drastik des Lebenwollens von allen entstehen. Dieses Lebenwollen von allen wird aber nun auf einem praktisch und informatorisch klein gewordenen Erdball zu einem Problem ersten Ranges und geradezu zu dem vordringlichsten Politikum.

Die nachindustrielle Gesellschaft

Daniel Bell

Versucht man eine Gesellschaft zu analysieren, so lassen sich drei Bereiche gegeneinander absetzen: die soziale Struktur, die politische Ordnung und die Kultur. Die soziale Struktur umfaßt Wirtschaft, Technologie und Berufsgliederung, die politische Ordnung regelt die Machtverteilung und entscheidet zwischen den widerstreitenden Ansprüchen und Forderungen von einzelnen und von Gruppen, und der kulturelle Sektor schließlich kann als Bereich der expressiven Symbole und der Sinngebung bezeichnet werden. Diese Aufteilung empfiehlt sich insofern, als jeder der benannten Bereiche unter einem eigenen axialen Prinzip steht. Heißt der oberste Gesichtspunkt der Sozialstruktur der heutigen westlichen Gesellschaft *Wirtschaftlichkeit* — d.h. bemüht man sich, die Mittel nach den Grundsätzen des geringsten Aufwands, der Substitution, Optimierung, Maximierung usw. zu verteilen, so lautet das Schlagwort der modernen Politik *Partizipation und Mitbestimmung*, die bald vorangetrieben, bald eingedämmt und bald von unten gefordert wird. Im kulturellen Bereich wiederum herrscht der Wunsch nach *Selbstverwirklichung und Entfaltung der eigenen Person* vor. Diese drei Bereiche waren ehedem durch ein gemeinsames Wertsystem (und in der bürgerlichen Gesellschaft darüber hinaus durch einen gemeinsamen Charaktertypus) miteinander verbunden, treiben heute hingegen mehr und mehr auseinander.

Wenn hier von postindustrieller Gesellschaft die Rede ist, sind in erster Linie die Änderungen in der *sozialen Struktur* gemeint, also der wirtschaftliche Wandel, die Verschiebungen innerhalb der Berufsgliederung und das neue Verhältnis zwischen Theorie und Empirie, vor allem zwischen Wissenschaft und Technologie. Nun lassen sich diese Änderungen zwar einigermaßen genau erfassen (was ich mir im vorliegenden Buch zur Aufgabe gemacht habe), doch kann man nicht behaupten, daß sie einen entsprechenden Wandel im politischen und kulturellen Bereich *determinieren*. Vielmehr scheinen sie im Hinblick auf die übrigen Gesellschaftsbereiche drei Probleme aufzuwerfen. Erstens beruht die Sozialstruktur — und vor allem sie — auf einer bestimmten Rollenverteilung zu dem Zweck, die Aktionen der Individuen zur Verwirklichung bestimmter Ziele zu koordinieren. Diese Rollenverteilung bewirkt, da sie dem Individuum seiner Position angemessene, abgegrenzte Verhaltensweisen vorschreibt, notwendig eine Aufsplitterung, nur daß nicht jeder gewillt ist, sich den Anforderungen einer Rolle zu fügen. So fragt sich z.B. durchaus, ob — so sehr die nachindustrielle Gesellschaft auch zur Bürokratisierung der Wissenschaft und zur fortschreitenden Spezialisierung der geistigen Arbeit und damit ihrer Aufgliederung in immer kleinere Teilbereiche neigt — diejenigen, die sich heute für einen wissenschaftlichen Beruf entscheiden, diese Aufsplitterung ebenso akzeptieren werden, wie es vor hundertfünfzig Jahren jene taten, die sich in das Fabriksystem eingliederten.

Zweitens wirft der Wandel in der Sozialstruktur „Managementprobleme" für das politische System auf, und in einer Gesellschaft, die sich ihres Schicksals zunehmend bewußt wird und dementsprechend mehr und mehr bestrebt ist, es selber in die Hand zu nehmen, kommt der politischen Ordnung notwendig eine entscheidende Bedeutung zu. Da nun aber die postindustrielle Gesellschaft immer größeres Gewicht auf die technische Seite des Wissens legt, zwingt sie die Oberpriester der neuen Gesellschaft, die Wissenschaftler, Ingenieure und Technokraten, entweder mit den Politikern zu rivalisieren oder sich mit ihnen zu verbünden. Damit aber wird die Beziehung zwischen der Sozialstruktur und der politischen Ordnung zu einem der Hauptprobleme der Machtverteilung in eben dieser Gesellschaft. Und drittens können die neuen Lebensformen, die so stark vom kognitiven und theoretischen Wissen abhängen, nicht ohne Auswirkung auf die Tendenzen im kulturellen Bereich bleiben, die, da sie auf eine Steigerung des Selbst zielen, einen zunehmend antinomischen und anti-institutionalistischen Trend aufweisen.

Um den stark verallgemeinernden Begriff „postindustrielle Gesellschaft" etwas faßlicher zu machen, wollen wir ihn in fünf Dimensionen oder Komponenten unterteilen:

1. Wirtschaftlicher Sektor: der Übergang von einer güterproduzierenden zu einer Dienstleistungswirtschaft;
2. Berufsstruktur: der Vorrang einer Klasse professionalisierter und technisch qualifizierter Berufe;
3. Axiales Prinzip: die Zentralität theoretischen Wissens als Quelle von Innovationen und Ausgangspunkt der gesellschaftlich-politischen Programmatik;
4. Zukunftsorientierung: die Steuerung des technischen Fortschritts und die Bewertung der Technologie;
5. Entscheidungsbildung: die Schaffung einer neuen „intellektuellen Technologie".

Die Entwicklung zur Dienstleistungswirtschaft. Vor rund dreißig Jahren teilte Colin Clark in seiner Analyse der Bedingungen wirtschaftlichen Fortschritts *(Conditions of Economic Progress)* die Wirtschaft in einen primären, sekundären und tertiären Sektor ein, nämlich 1. Landwirtschaft, 2. Industrie und 3. Dienstleistungsgewerbe. Nun besteht zwar jede Wirtschaft aus einer Mischung dieser drei Sektoren, aber Clark vertrat die Ansicht, daß es mit fortschreitender Industrialisierung notwendig zu einer Verschiebung des Verhältnisses komme. Die unterschiedliche Produktion in den verschiedenen Sektoren führe zur Abwanderung eines größeren Teils der Arbeitnehmer in die Fabrikation, und mit der Anhebung des Volkseinkommens steige der Bedarf an Dienstleistungen, was eine entsprechende Entwicklung nach sich ziehen würde.

Nach diesem Kriterium ist das erste und einfachste Merkmal der nachindustriellen Gesellschaft also darin zu sehen, daß die Arbeitskräfte nicht mehr überwiegend in der Landwirtschaft und industriellen Produktion, sondern im Dienstleistungsgewerbe tätig sind, das sich aufgliedern läßt in Handel, Finanzen, Transport, Gesundheitswesen, Erholung, Forschung, Bildung und Verwaltung.

Noch hängen allerdings die weitaus meisten Länder der Welt vom primären Sektor: von der Landwirtschaft, dem Bergbau, der Fischerei und der Forstwirtschaft ab. Diese Wirtschaftssysteme sind ausschließlich auf ihre Naturschätze angewiesen. Sie produzieren nur wenig und sind auf Grund der schwankenden Roh- und Grundstoffpreise beträchtlichen Einkommensschwankungen ausgesetzt. In Afrika und Asien beansprucht die Landwirtschaft über 70 Prozent der Arbeitskräfte. In West- und Nordeuropa, Japan und der Sowjetunion dagegen ist der größte Teil der Arbeitskräfte in der Industrie oder Gütererzeugung beschäftigt. Einzig in den Vereinigten Staaten entfallen über die Hälfte aller Erwerbstätigen und mehr als die Hälfte des Bruttosozialproduktes auf den Dienstleistungssektor. Sie sind die erste Dienstleistungswirtschaft, das erste Land der Welt, in dem der überwiegende Teil der Bevölkerung schon nicht mehr einer landwirtschaftlichen oder industriellen Erwerbstätigkeit nachgeht. Heute sind in den Vereinigten Staaten etwa 60 Prozent der Arbeitskräfte in Dienstleistungsberufen tätig; 1980 dürften es schätzungsweise 70 Prozent sein.

Allgemein angewandt, könnte der Begriff „Dienstleistungen" leicht zu irrigen Vorstellungen über die Tendenzen in einer Gesellschaft führen. So übt in vielen Agrargesellschaften wie etwa Indien zwar ein hoher Prozentsatz der Bevölkerung einen Dienstleistungsberuf aus, jedoch nur auf persönlicher Basis (z. B. als Dienstbote im Haushalt), weil gewöhnlich keine Vollbeschäftigung besteht und Arbeitskräfte billig zu haben sind. In einer Industriegesellschaft dagegen nimmt der Bedarf in anderen Dienstleistungsberufen zu, vornehmlich in solchen, die direkt mit der industriellen Produktion in Zusammenhang stehen, z. B. auf dem Transport- und Distributionssektor. Und in einer postindustriellen Gesellschaft liegt die Betonung wieder auf einem anderen Zweig der Dienstleistungsberufe, nämlich auf dem Bereich der Gesundheit, Erziehung und Bildung, Forschung und Verwaltung. Wir können also die Dienstleistungsberufe in persönliche (Einzelhandelsgeschäfte, Wäschereien, Garagen, Schönheitssalons); geschäftliche (Banken und Finanzen, Immobilien, Versicherungen); Transport, Verkehr und Versorgung; und schließlich Gesundheit, Ausbildung, Forschung und Verwaltung einteilen, wobei das für eine postindustrielle Gesellschaft spezifische Anwachsen der letztgenannten Kategorie gleichzusetzen ist mit der Ausbreitung einer neuen „Intelligentsia" – an den Universitäten, in den Forschungsinstituten, den akademischen Berufen und der Verwaltung.

Der Vorrang einer Klasse professionalisierter und technisch qualifizierter Berufe. Das zweite für eine postindustrielle Gesellschaft kennzeichnende Merkmal ist ein Wandel in der Berufsstruktur; dabei geht es nicht nur darum, *wo* die Leute arbeiten, sondern auch darum, *welche Tätigkeit* sie ausüben, werden doch Klassenstruktur und Schichtung in der Gesellschaft weitgehend von der Erwerbstätigkeit bestimmt.

War mit der Industrialisierung ein neues Phänomen aufgekommen, der angelernte Arbeiter, der in wenigen Wochen die einfachen, für die Bedienung der Maschinen erforderlichen Routinehandgriffe erlernen kann, und hatte diese Kategorie in den Industriegesellschaften die meisten Arbeitskräfte umfaßt, so hat die Ausbreitung der Dienstleistungswirtschaft mit ihrer Betonung der Büroarbeit, der Ausbildungs- und Verwaltungsaufgaben naturgemäß zu einer Verschiebung, genauer, zu einem steigenden Bedarf an Angestelltenberufen geführt. 1956 übertraf die Zahl der Angestellten in den Vereinigten Staaten erstmals in der Geschichte der industriellen Zivilisation die der Arbeiter, und seither hat ihr Anteil stetig weiter zugenommen; 1970 betrug das Zahlenverhältnis von Angestellten zu Arbeitern bereits gut fünf zu vier; d. h. die erstgenannte Kategorie befand sich eindeutig in der Überzahl.

Was in diesem Zusammenhang besonders auffällt, ist der Ausbau der akademisch und technisch qualifizierten Berufe – also der Sparten, die gewöhnlich irgendeine Hochschulausbildung erfordern und deren Zahl doppelt so schnell angestiegen ist wie der Durchschnitt. 1940 übten in den USA 3,9 Millionen Personen einen derartigen Beruf aus, 1964 bereits 8,6 Millionen; und 1975 werden es schätzungsweise 13,2 Millionen sein, womit diese Angestelltenberufe zur zweitgrößten Berufsgruppe im Land aufrücken, übertroffen einzig noch von der Gruppe der angelernten Arbeiter. Die Schlüsselposition innerhalb dieser akademisch-technischen Klasse wiederum fällt den Naturwissenschaftlern und Ingenieuren zu, deren Zahl dreimal so schnell gestiegen ist wie die der werktätigen Bevölkerung. 1975 wird es in den Vereinigten Staaten schätzungsweise 550 000 Natur- und Sozialwissenschaftler (gegenüber 275 000 im Jahr 1960) und fast eineinhalb Millionen Ingenieure geben (1960: 800 000).

Der Primat des theoretischen Wissens. Nun wird man aber bei der Bestimmung eines sich neu herausbildenden sozialen Systems den grundlegenden sozialen Wandel nicht nur durch Extrapolation der sozialen Trends wie die Entstehung einer Dienstleistungswirtschaft oder die Ausbreitung der Klasse der Akademiker und

Techniker zu erfassen suchen, sondern vor allem durch die Herausarbeitung eines besonders bezeichnenden, zum axialen Prinzip aufrückenden Merkmals ein geeignetes konzeptuelles Schema entwickeln müssen. Die Industriegesellschaft beruht auf der Koordination von Maschinen und Menschen im Dienste der Güterproduktion. Die nachindustrielle Gesellschaft wiederum organisiert sich zum Zwecke der sozialen Kontrolle und der Lenkung von Innovation und Wandel um das Wissen, wodurch sich neue soziale Verhältnisse und neue Strukturen herausbilden, die politisch geregelt werden müssen.

Nun war natürlich Wissen seit eh und je nötig, sollte eine Gesellschaft funktionieren. Geändert hat sich im Fall der nachindustriellen Gesellschaft lediglich die Art dieses Wissens, da, um die Entscheidungen organisieren und den Wandel lenken zu können, das *theoretische* Wissen in den Mittelpunkt rücken, d. h. die Theorie über die Empirie gestellt und das Wissen in abstrakten Symbolsystemen kodifiziert werden mußte, die wie alle axiomatischen Systeme zur Aufhellung der verschiedensten Erfahrungsbereiche herangezogen werden können.

Jede moderne Gesellschaft lebt heute von Neuerungen und sucht den Wandel sozial unter Kontrolle zu bringen, d.h. die Zukunft zu erforschen, um vorausplanen zu können. Oder anders gesagt, das Bedürfnis nach sozialer Kontrolle zieht die Notwendigkeit zu planen und Prognosen zu stellen, nach sich, wobei die veränderte Auffassung vom Wesen des Wandels das theoretische Wissen so unabdingbar macht.

Das zeigt sich vor allem am veränderten Verhältnis zwischen Wissenschaft und Technologie. Fast alle heute noch existenten Industriezweige – Stahl-, Elektro-, Telegraphen-, Telephon-, Automobil- und Flugzeugindustrie – waren im Grunde Schöpfungen des 19. Jahrhunderts (auch wenn die Stahlindustrie bis ins 18. Jahrhundert zurückreicht und die Flugzeugindustrie erst im 20. aufgekommen ist), und zwar insofern, als ihre Erfinder einfallsreiche, begabte Bastler waren, die den wissenschaftlichen Erkenntnissen und den ihren Erfindungen zugrundeliegenden Gesetzen völlig gleichgültig gegenüberstanden.

In dieser Hinsicht nun hat sich seit der Erfindung des Computers vieles entscheidend geändert. Durch seinen Einsatz konnte die Kluft zwischen der reinen Theorie und den umfassenden Datengrundlagen der letzten Jahre überbrückt und so die moderne Ökonometrie und Wirtschaftspolitik entwickelt werden.

Aus dem durch das Schlagwort „Forschung und Entwicklung" gekennzeichneten Zusammenschluß von Naturwissenschaften, Technologie und Wirtschaft in jüngster Vergangenheit ist die auf wissenschaftlicher Grundlage aufbauende Industrie (die Computer-, Elektronik-, optische und Kunststoffindustrie) hervorgegangen. Sie beherrscht zunehmend den Produktionssektor der Gesellschaft und verschafft den fortgeschrittenen Industriegesellschaften die Führungsrolle in Produktzyklen. Diese wissenschaftlich fundierten Industrien jedoch hängen im Gegensatz zu den im 19. Jahrhundert entstandenen in erster Linie von theoretischer

Arbeit ab, die der Herstellung vorangehen muß. So gäbe es ohne die vor vierzig Jahren von Felix Bloch eingeleitete Erforschung der Festkörperphysik heute keinen Computer und ohne die mittlerweile dreißig Jahre zurückliegende Untersuchung der Molekularstrahlen durch I.I. Rabi keine Laserstrahlen. (Man kann wohl, ohne allzu sehr zu vereinfachen, die U.S. Steel als Paradebeispiel eines Konzerns im ersten Drittel, General Motors als typischen Konzern des zweiten und IBM als spezifisches Unternehmen des letzten Drittels unseres Jahrhunderts betrachten und an der unterschiedlichen Einstellung dieser Konzerne zu Forschung und Entwicklung den Wandel, der sich auf diesem Gebiet vollzogen hat, ablesen.)

Was für Technologie und Wirtschaft gilt, trifft in veränderter Form auch auf alle anderen Wissensbereiche zu: Überall wird der Fortschritt abhängig von der vorausgehenden theoretischen Arbeit, die die bekannten Daten sammelt und den Weg zur empirischen Bestätigung weist. In zunehmendem Maße wird das theoretische Wissen so zum strategischen Hilfsmittel und axialen Prinzip der Gesellschaft. Universitäten, Forschungsorganisationen und wissenschaftliche Institutionen, wo dieses theoretische Wissen zusammengetragen und ausgebaut wird, entpuppen sich immer deutlicher als axiale Strukturen der entstehenden neuen Gesellschaft.

Die Planung der Technologie. Dank der neuen Möglichkeiten technologischer Prognosen, meinem vierten Kriterium, könnte es den nachindustriellen Gesellschaften gelingen, eine neue Dimension gesellschaftlichen Wandels zu erreichen: die Planung und Lenkung des technologischen Wachstums.

Nun hat aber der technologische Fortschritt, wie wir erfahren mußten, schädliche Nebenwirkungen, Folgen zweiter und dritter Ordnung, die oft nicht rechtzeitig erkannt werden, jedenfalls aber nicht beabsichtigt sind. So hat die zunehmende Verwendung von billigem Kunstdünger nicht nur zu einer geradezu revolutionären Steigerung der landwirtschaftlichen Produktion beigetragen, sondern sich durch das Absickern von Nitraten in die Flüsse auch als eine der übelsten Quellen der Umweltverschmutzung erwiesen. Oder die Einführung von DDT als Schädlingsbekämpfungsmittel nicht nur viele Ernten gerettet, sondern auch viele wildlebende Tiere das Leben gekostet. Oder der Benzinmotor sich für das Auto nicht nur als brauchbarer entpuppt als die Dampfmaschine, sondern auch die Luft verpestet. Mit einem Wort, die technologischen Neuerungen wurden allzu unkontrolliert eingeführt, da ihre Initiatoren lediglich an den Auswirkungen erster Ordnung interessiert waren.

Aber dem müßte nicht so sein, stehen uns die nötigen Kontrollmechanismen doch durchaus zur Verfügung. Wie ein Sachverständigenausschuß der National Academy of Sciences in einer Reihe von Untersuchungen dargelegt hat, hätten andere technologische Möglichkeiten oder Regelungen in Betracht gezogen werden können, wären diese Technologien vor ihrer Einführung einer genauen Prüfung unterzogen worden.

Eine solch abwägende Beurteilung der Technologie wäre durchaus möglich. Sie erforderte lediglich einen politischen Mechanismus, der die Durchführung einschlägiger Untersuchungen und die Aufstellung der für neue Technologien gültigen Kriterien erlaubte.

Das Aufkommen einer neuen intellektuellen Technologie. „Die größte Erfindung des 19. Jahrhunderts", schrieb Alfred North Whitehead, „war die Erfindung der Methode des Erfindens. Eine neue Methode kam auf, ohne die unsere Epoche unverständlich bleibt. Neben ihr fallen die einzelnen Neuerungen wie Bahn, Telegraph, Radio, Spinnmaschine, synthetische Farben nicht ins Gewicht. Auf die Methode selbst müssen wir uns konzentrieren, denn sie ist die einzig wirklich ausschlaggebende Neuerung, die die alte Zivilisation bis in ihre Grundfesten erschüttert hat."[1]

In Fortführung dieses Gedankens kann man den Umgang mit der organisierten Komplexität (d. h. der Komplexität großer Organisationen und Systeme oder Komplexität einer Theorie mit einer großen Anzahl von Variablen), die Festlegung und Anwendung von Strategien, die bei Spielen gegen die Natur und Spielen zwischen Personen eine rationale Wahl ermöglichen, sowie die Entwicklung einer neuen intellektuellen Technologie (die gegen Ende des Jahrhunderts möglicherweise eine ebenso hervorragende Rolle spielen wird wie die Maschinentechnik in den vergangenen hundertfünfzig Jahren) als die methodologische Verheißung der zweiten Hälfte des 20. Jahrhunderts bezeichnen.

Die wichtigsten intellektuellen und soziologischen Probleme der nachindustriellen Gesellschaft sind Probleme der „organisierten Komplexität" — der Umgang mit großen Systemen mit vielen aufeinander einwirkenden Variablen, die im Hinblick auf ein bestimmtes Ziel koordiniert werden müssen —, wobei sich die modernen Systemtheoretiker einbilden, die dafür erforderlichen Techniken bereits entwickelt zu haben.

Die Anwendung dieser neuen Entwicklungen nun habe ich aus zwei Gründen „intellektuelle Technologie" genannt: Zum ersten ist Technologie laut Harvey Brooks Definition „der Einsatz wissenschaftlicher Kenntnisse zur Bestimmung der Mittel und Wege, etwas auf *wiederholbare* Weise zu tun". So betrachtet ist, wie das Automobil oder eine numerisch gesteuerte Maschine in den Bereich der *Maschinen*technologie fällt, die Organisation eines Krankenhauses oder eines internationalen Handelsnetzes eine Frage der *sozialen* Technologie. Unter *intellektueller* Technologie nun verstehe ich die Substituierung intuitiver Urteile durch Algorithmen (d. h. Regeln zur Lösung von Problemen), wie sie in einem Automaten, einem Computerprogramm oder einer Reihe auf statistischen oder mathematischen Formeln beruhender Instruktionen zum Ausdruck kommen, wobei die sta-

---

[1] Alfred North Whitehead, *Science and the Modern World*, New York [13]1964, S. 141.

tistischen und logischen Techniken, die im Zusammenhang mit der „organisierten Komplexität" zur Anwendung gelangen, eine gewisse Anzahl von Entscheidungsregeln zu formalisieren suchen. Und zum zweiten wäre das neue mathematische Rüstzeug ohne den Computer fast nur von intellektuellem Interesse oder, um einen Ausdruck von Anatol Rapoport zu gebrauchen, von „sehr geringer Entscheidungskraft". Nur dank dem Computer als Werkzeug der intellektuellen *Technologie* ist es möglich, eine Kette multipler Kalkulationen durchzuführen, durch die verschiedensten Analysen die Wechselwirkung vieler Variablen in allen Einzelheiten zu verfolgen und gleichzeitig mehrere hundert Gleichungen zu lösen, mit einem Wort, die Grundlagen zur „umfassenden Rechenkenntnis" zu legen.

Im Grunde strebt die neue intellektuelle Technologie nichts Geringeres als die Verwirklichung eines sozialen Alchimistentraumes an: des Traums, die Massengesellschaft zu „ordnen". In dieser Gesellschaft treffen täglich Millionen Menschen Billionen von Entscheidungen — was sie kaufen, wie viele Kinder sie haben, wen sie wählen, welchen Beruf sie ausüben wollen usw. Dabei mag jede einzelne Entscheidung so unvorhersehbar sein wie die Reaktion eines Quantenatoms auf das Meßinstrument, in der Summierung, der Gesamtheit jedoch lassen sie sich mit derselben Präzision bestimmen, mit der der Geometer seine Dreiecksmessungen durchführt. Wo der Computer der Diener ist, ist die Entscheidungstheorie König. Wie Pascal sich wünschte, mit Gott Würfel zu spielen, und die Physiokraten versuchten, ein Wirtschaftsnetz aufzuziehen, anhand dessen sich der Austausch zwischen den Menschen von A bis Z regeln ließe, so geht es den Entscheidungstheoretikern um ihr eigenes *tableau entier* — den Kompaß der Rationalität, die „beste" Lösung für all die Entscheidungen, vor die sich der Mensch zu seiner Verwirrung gestellt sieht.

Daß es mit diesem Traum — auf seine Art nicht minder utopisch als die Träume von einem vollkommenen Gemeinwesen — nur so stockend vorangeht, wird von seinen Anhängern dem Widerstreben der Menschen gegen die Rationalität zur Last gelegt, könnte aber unter Umständen auch an der Idee der Rationalität selbst liegen, die sie auf ihr Banner geschrieben haben und die als Definition der Funktion ohne vernunftbegründete Rechtfertigung aufgefaßt wird. Auch darauf werde ich im Verlauf der vorliegenden Betrachtungen noch ausführlicher eingehen.

Schließlich läßt sich die Bedeutung der nachindustriellen Gesellschaft in vier Punkten zusammenfassen:

1. Sie stärkt die Rolle der Wissenschaft und der Erkenntniswerte, die für die Institutionen der Gesellschaft eine Grundnotwendigkeit darstellen.
2. Indem sie die Entscheidungen mehr und mehr zu einer Angelegenheit der Technik macht, bezieht sie Wissenschaftler und Ökonomen unmittelbarer in den politischen Prozeß mit ein.

3. Indem sie die bereits bestehenden Tendenzen zur Bürokratisierung der Kopfarbeit vertieft, stellt sie die traditionellen Definitionen geistiger Zielsetzungen und Werte in mehrerlei Hinsicht in Frage.
4. Durch Heranbildung einer zahlenmäßig stetig zunehmenden technischen Intelligentsia macht sie die Beziehung zwischen technisch und geisteswissenschaftlich gebildeten Intellektuellen zum Problem.

Ein neu auftauchendes System wird stets Feindseligkeit bei denjenigen hervorrufen, die sich durch seinen Aufstieg bedroht fühlen. Das Hauptproblem der im Werden begriffenen nachindustriellen Gesellschaft nun liegt in dem Zwiespalt, der durch das in der Wissensgesellschaft der beruflichen Rangordnung zugrunde liegende meritokratische Prinzip ausgelöst wird. Die sich bereits heute abzeichnende Spannung zwischen Populismus und Elitismus erwächst aus der althergebrachten Unabhängigkeit der Wissenschaftler, ihrer traditionellen Autonomie auf der einen Seite und ihrer zunehmenden finanziellen Abhängigkeit vom Staat im Verein mit den an sie gestellten Anforderungen auf der anderen. In oberster Instanz ausgefochten werden diese Fragen an der Universität, der wichtigsten Institution der nachindustriellen Gesellschaft. Und schließlich werden heftige Spannungen zwischen der axial institutions- und gesetzesfeindlich ausgerichteten Kultur und der von Wirtschaftlichkeitsdenken beherrschten, technokratisch gesteuerten Sozialstruktur auftreten – Spannungen, die der nachindustriellen Gesellschaft wohl von allen Problemen am meisten zu schaffen machen dürften.

Nach der These, die im vorliegenden Buch aufgestellt wird, ist die Hauptursache für den strukturellen Wandel der Gesellschaft – den Wandel der Neuerungsmethoden im Verhältnis von Wissenschaft und Technologie und den Wandel der Politik – ein Wandel in der Art des Wissens: durch das Exponentialwachstum und die Auffächerung des Wissens, das Aufkommen einer neuen intellektuellen Technologie, die systematische Forschung durch entsprechende Gelder und, all dies krönend und zusammenfassend, die Kodifizierung des theoretischen Wissens.

Suchte der Mensch anfangs über die natürliche Ordnung zu obsiegen – ein Ziel, das er nahezu erreichte –, so versuchte er in den letzten hundert Jahren gar, die natürliche Ordnung durch eine technische zu ersetzen – wozu er auf dem besten Wege ist. Von der postindustriellen Gesellschaft wird dieser Vorstoß mit noch größerem Nachdruck vorgetragen. Fragt sich nur, ob der Mensch auch weiterhin mitmacht. Das ist die Offenheit der Geschichte.

Die Simulation

Jean Baudrillard

Die Metaphysik des Codes

Die großen, vom Menschen geschaffenen Simulakren gehen von einem Universum natürlicher Gesetze zu einem Universum von Kräften und Kräftespannungen über, und gegenwärtig zu einem Universum von binären Strukturen und Gegensätzen. Nach der Metaphysik von Wesen und Erscheinung, nach der von Energie und Determination kommt jetzt die Metaphysik des Indeterminismus und des Codes. Kybernetische Kontrolle, Erzeugung durch Modelle, differentielle Modulation, feed-back, Frage/Antwort, etc.: das ist der neue, *operationale* Zusammenhang (während die industriellen Simulakren nur *operativ* waren). Die Digitalität ist sein metaphysisches Prinzip (das bei Leibniz Gott war), und die DNS ist sein Prophet. Tatsächlich erreicht die „Genese der Simulakren" heute im genetischen Code ihre vollendete Form. Auf dem Höhepunkt einer immer weiter vorangetriebenen Vernichtung von Referenzen und Finalitäten, eines Verlusts von Ähnlichkeiten und Bezeichnungen entdeckt man das digitale und programmatische Zeichen, dessen „Wert" rein *taktisch* durch die Überschneidung mit anderen Signalen (Informationskorpuskel/Test) bestimmt wird und dessen Struktur ein mikromolekularer Code von Kommando und Kontrolle ist.

Das Problem der Zeichen, die Frage nach ihrer vernünftigen Bestimmung, nach dem Realen und Imaginären an ihnen, nach ihrer Verdrängung, ihrer Verkehrung, nach der Illusion, die sie darstellen, nach dem, was sie verschweigen, oder nach ihren Nebenbedeutungen — das alles wird auf dieser Ebene ausgelöscht. Man konnte schon beobachten, daß die Zeichen der ersten Ordnung, komplex und voll von Illusionen, sich mit den Maschinen in schwerfällige, stumpfe, industrielle, repetitive, operative, effektive Zeichen ohne Echo verwandelten. Welche noch radikalere Mutation aber hat bei den unlesbaren und uninterpretierbaren Zeichen des Codes stattgefunden, die wie eine programmatische Matrix Lichtjahre entfernt im Grunde des biologischen Körpers begraben sind — „black boxes", in denen alle Kommandos und alle Antworten entstehen. Es ist vorbei mit dem

Theater der Repräsentation, dem Raum der Zeichen, ihrer Konflikte, ihres Schweigens: es bleibt nur die „black box" des Codes, das Molekül, von dem die Signale ausgehen, die uns mit Fragen/Antworten durchstrahlen und durchqueren wie Signalstrahlen, die uns mit Hilfe des in unsere eigenen Zellen eingeschriebenen Programms ununterbrochen testen. Krebszellen, elektronische Zellen, Parteizellen, mikrobiologische Zellen: es geht immer um die Suche nach dem kleinsten unteilbaren Element, dessen organische Synthese sich nach den Gegebenheiten des Codes vollzieht. Aber ist der Code selbst etwas anderes als eine genetische, generierende Zelle, in der Myriaden von Schaltungen und Kombinationen alle Fragen und alle denkbaren Lösungen produzieren, mit dem Zwang zur Entscheidung (für wen?). Es gibt für diese Fragen (informative und signalisierende Reize) keine andere Finalität als die Antwort, die genetisch festgelegt oder durch winzige und zufällige Unterschiede leicht abgewandelt ist. Ein bloß linearer und eindimensionaler Raum: der *Zellenraum*, in dem unaufhörlich dieselben Zeichen erzeugt werden, wie die Spleens eines Gefangenen, der in der Einsamkeit und Einförmigkeit wahnsinnig geworden ist. Das ist der genetische Code: eine stillgestellte, unbewegliche Signalscheibe, und wir sind nur ihre Lesezellen. Die ganze Aura des Zeichens, die Bedeutung selbst wird mit der Determination aufgelöst: alles wird in Inskription und Decodierung aufgelöst.

Das ist das Simulakrum der dritten Ordnung, unser Simulakrum, das ist „die mystische Eleganz des Binärsystems von Null und Eins", aus dem alle Wesen hervorgehen, das ist der Status des Zeichens, der zugleich das Ende der Signifikation ist: die DNS oder die operationale Simulation.

Das Taktile und das Digitale

Die Steuerung durch das Modell des genetischen Codes beschränkt sich durchaus nicht auf Laborversuche oder auf die überspannten Vorstellungen von Theoretikern. Noch das banalste Leben ist von diesen Modellen durchdrungen. Die Digitalität ist unter uns. Sie ist es, die in allen Mitteilungen, in allen Zeichen unserer Gesellschaft herumspukt. Die konkreteste Form, in der man sie festmachen kann, besteht im Test, in Frage/Antwort, in Reiz/Reaktion. Alle Inhalte werden durch eine unaufhörliche Prozedur von gelenkten Befragungen, von zu decodierenden Verdikten und Ultimaten neutralisiert, die zwar nicht mehr der Grundlage des genetischen Codes entstammen, aber seine taktische Indeterminiertheit besitzen. Der Zyklus der Bedeutung wird dabei unendlich verkürzt zum Zyklus der Frage/Antwort, des Bit, der kleinsten Einheit von Energie/Information, der auf seinen Ausgangspunkt zurückverweist und dabei nur die ständige Reaktualisierung desselben Modells darstellt. Das Äquivalent zu dieser vollständigen Neutralisierung des Signifikats durch den Code ist die kurze Dauer eines modischen Verdikts oder jeder anderen Botschaft der Werbung und der Medien. Das ist überall dort der Fall, wo das Angebot die Nachfrage verschlingt, wo die Frage die Antwort verschlingt oder absorbiert und sie in decodierbarer Form wieder von sich gibt oder sie in einer vorhersehbaren Form erfindet oder antizipiert. Überall dasselbe „*Szenario*", das Szenario von „trial and error" (wie bei den Meerschweinchen im Labortest), ein Szenario der Wahlmöglichkeiten, die überall geboten werden („Testen Sie Ihre Persönlichkeit!") — überall der Test als fundamentale gesellschaftliche Form der Kontrolle durch unendliche Teilbarkeit der Verfahrensweisen und der Antworten.

Der Hyperrealismus der Simulation

All das definiert einen digitalen Raum, ein magnetisches Feld des Codes, mit Polarisierungen, Brechungen, Gravitationen von Modellen und dem ständigen Strom der kleinsten disjunktiven Einheiten (der Frage/Antwort-Zelle, die so etwas wie ein kybernetisches Atom der Signifikation ist). Man muß den Unterschied beachten, der zwischen diesem Kontrollfeld und dem traditionell repressiven Bereich der Polizei bestand, der noch einer *signifikanten* Gewalt entsprach. Dies war der Bereich für eine Konditionierung von Reflexen, der sich nach der Pawlowschen Versuchsanordnung der programmierten repetitiven Aggression richtete, und dem man, in vielfältigen Abstufungen, im ständigen Hämmern der Werbeslogans und in der politischen Propaganda der dreißiger Jahre wiederbegegnete. Eine handwerkliche und industrielle Gewalt, die den Zweck verfolgte, ein verschrecktes und tierisch gehorsames Verhalten zu erzeugen. Das alles hat keinen Sinn mehr. Die totalitäre, bürokratische Konzentration ist ein Schema, das auf die Epoche des Marktgesetzes des Wertes zurückgeht. Das System der Äquivalenzen indessen macht ein allgemeines Äquivalent erforderlich und damit auch die Zentralisation eines globalen Prozesses. Eine archaische Rationalität im Vergleich zur Rationalität der Simulation: dort gibt es kein allgemeines Äquivalent mehr, sondern eine Auffächerung in Modelle übernimmt die regulierende Funktion — es gibt auch nicht mehr die Form des allgemeinen Äquivalents, sondern die Form der distinktiven Oppositionen. Vom ausdrücklichen Befehl geht man zur Programmierung durch den Code über, vom Ultimatum zum permanenten Druck, von der erzwungenen Passivität zu Modellen, die von vornherein auf die „aktive Reaktion" des Subjekts hin konstruiert worden sind, auf seine Einbeziehung, auf seine „spielerische" Partizipation etc. berechnet sind, bis hin zum Modell eines totalen „Environments" aus pausenlosen, spontanen Antworten, aus begeisterten feed-backs und weitgefächerten Kontakten. Das ist, nach Nicolas Schöffer, „die Konkretisierung der allgemeinen Stimmung". Das ist das große Fest der Partizipation: es besteht aus Myriaden von Stimuli, aus Miniaturtests, aus unbegrenzt teilbaren

Frage/Antwort-Paaren, die alle von irgendwelchen großen Modellen im Feld des Codes magnetisiert werden.

Die große Kultur der taktilen Kommunikation steht vor der Tür, im Zeichen des techno-luminös-kinetischen Raumes und des totalen räumlich-dynamischen Theaters!

Der ganze imaginäre Bereich des Kontakts, der sensorischen Anpassung, des taktilen Mystizismus, letzten Endes auch die ganze Ökologie läßt sich auf dieses Universum der operationalen Simulation übertragen. Man wird sich diesen ständigen Test der erfolgreichen Anpassung durch eine Assimilierung des animalischen Mimetismus zur Gewohnheit machen: „Die Anpassung der Tiere an die Farben und Formen ihrer Umgebung ist auch ein für den Menschen gültiges Modell" (Nicolas Schöffer), auch bei den Indianern mit ihrem „angeborenen Sinn für Ökologie"! Tropismen, Mimikry, Empathie: das ganze ökologische Evangelium der offenen Systeme, mit negativem oder positivem feed-back, drängt sich in diese Lücke – ihre Ideologie ist die Steuerung durch Information, die aber, einer flexibleren Rationalität angepaßt, doch nichts weiter als eine Umwandlung des Pawlowschen Reflexes ist. So ist man auch bei der Konditionierung der geistigen Gesundheit vom Elektroschock zur Ausdrucksschulung des Körpers übergegangen. Die Dispositive der Macht und des direkten Zwangs machen überall den diffuseren Dispositiven des Ambientes Platz, die durch eine Operationalisierung der Vorstellungen, der Bedürfnisse, der Wahrnehmung, des Begehrens etc. wirken. Eine universelle Ökologie, ein Mystizismus der „Nischen" und Gesamtzusammenhänge, eine Simulation von Milieus, die sogar bis zu „Zentren für ästhetische und kulturelle Impulse" geht, die im VII. Plan (warum nicht?) vorgesehen sind, und auch bis zum „Zentrum für sexuelle Freizeitgestaltung", das in Form eines Busens gebaut ist und „eine überwältigende Euphorie in anregender Atmosphäre verspricht ... Dem Arbeiter aller Klassen werden diese Zentren zugänglich sein". Die gleiche räumlich-dynamische Faszination wie in jenem totalen „Theater", das wie ein kreisförmiges, hyperbolisches, um eine zylindrische Achse kreisendes Dispositiv konzipiert wurde: es gibt keine Bühne, keinen Abstand, keinen „Blick" mehr: dies ist das Ende des Spektakels, des Spektakulären, es gibt nur noch das totale, fusionierende, taktile, ästhesische (und nicht mehr ästhetische) Environment. Nur noch mit schwarzem Humor kann man dabei an das totale Theater von Artaud, an sein Theater der Grausamkeit denken, dessen räumlich-dynamische Simulation eine scheußliche Karikatur ist. Die Grausamkeit wird darin durch minimale und maximale „Stimulationsschwellen" und durch die Erfindung von „auf der Basis von Sättigungsschwellen kalkulierten Wahrnehmungscodes" ersetzt. Sogar die gute alte „Katharsis" aus dem klassischen Theater der Leidenschaften ist heute durch Simulation homöopathisch geworden. So weit kommt es mit dem Schöpferischen.

Die Realität geht im Hyperrealismus unter, in der exakten Verdoppelung des Realen, vorzugsweise auf der Grundlage eines anderen reproduktiven Mediums –

Werbung, Photo etc. —, und von Medium zu Medium verflüchtigt sich das Reale, es wird zur Allegorie des Todes, aber noch in seiner Zerstörung bestätigt und überhöht es sich: es wird zum Realen schlechthin, Fetischismus des verlorenen Objekts — nicht mehr Objekt der Repräsentation, sondern ekstatische Verleugnung und rituelle Austreibung seiner selbst: hyperreal.

Der Realismus hatte diese Tendenz schon angekündigt. Schon die Rhetorik des Realen signalisiert, daß sein Status erheblich verändert ist (das goldene Zeitalter ist das der Unschuld der Sprache, die nichts verdoppeln muß, was sie über einen Eindruck der Realität sagt). Der Surrealismus ist noch solidarisch mit dem Realismus, den er verachtet, doch er verdoppelt schon durch sein Eindringen in das Imaginäre. Das Hyperreale ist ein viel weiter fortgeschrittenes Stadium, in dem sogar der Widerspruch zwischen dem Realen und dem Imaginären ausgelöscht ist. Die Irrealität ist nicht mehr die eines Traums oder Phantasmas, eines Diesseits oder Jenseits, es ist die Irrealität einer *halluzinierenden Ähnlichkeit des Realen mit sich selbst*. Um die Krise der Repräsentation zu überwinden, muß man das Reale in der reinen Wiederholung einschließen. Diese Tendenz zeigt sich, noch ehe sie in Pop-Art und neorealistischer Malerei auftaucht, im „nouveau roman". Schon dort besteht die Intention, um das Reale herum eine Leere zu schaffen, die ganze Psychologie, die ganze Subjektivität zu eliminieren und alles der reinen Objektivität zu überlassen. Tatsächlich aber ist diese Objektivität nichts als die Objektivität des reinen Blicks — eine Objektivität, die endlich vom Objekt befreit ist, das nichts weiter als das blinde Relais des abtastenden Blicks ist. Ein zirkulärer Reiz, in dem man leicht den unbewußten Versuch erkennen kann, nicht mehr gesehen zu werden.

Genau diesen Eindruck erweckt der Neo-Roman: diese Sucht, den Sinn aus einer blinden und minutiösen Realität auszuschließen. Syntax und Semantik sind verschwunden — es gibt keine Erscheinung des Objekts mehr, nur noch sein bloßes Herbeizitieren, ein verbissenes Protokollieren seiner verstreuten Fragmente — weder Metapher noch Metonymie, nur noch eine lückenlose Immanenz unter der Polizei-Instanz des Blicks. Diese „objektive" Mikroskopie erzeugt einen Realitätsrausch, einen Todesrausch an den Grenzen der Repräsentation um der Repräsentation willen. Vergangen sind die alten Illusionen von Relief, Perspektive und (räumlicher und psychologischer) Tiefe, die mit der Wahrnehmung des Objekts verbunden waren: die gesamte Optik, alles Skopische, das operational auf die Oberfläche der Dinge gerichtet wird, der Blick als solcher ist zum molekularen Code des Objekts geworden.

Es gibt unterschiedliche Ausprägungen dieser schwindelerregenden realistischen Simulation:

1. Das Zerlegen des Realen in seine Einzelheiten — die abgeschlossene, paradigmatische Brechung des Objekts — vereinfacht ausgedrückt: Linearität und Serialität partialer Objekte.

2. Die tiefgründige Wahrnehmung: alle Verfahren zur Vervielfachung und Aufteilung des Objekts in seine Einzelheiten. Diese Demultiplikation gibt sich als Tiefe, ja sogar als kritische Meta-Sprache aus, und das traf für einen Reflexionszusammenhang der Sprache, für eine Dialektik des Spiegels auch zweifellos zu. Inzwischen aber ist die unbegrenzte Brechung nichts weiter als ein Typus der Serialität: das Reale wird dadurch nicht mehr reflektiert, es wird zurückentwickelt und reduziert.

3. Die eigentlich serielle Form (Andy Warhol). In ihr ist nicht nur die syntagmatische, sondern auch die paradigmatische Dimension beseitigt, denn es gibt keine Flexion der Formen mehr, nicht einmal mehr eine immanente Reflexion, sondern nur noch ein Nebeneinander des Gleichen – Flexion und Reflexion gleich Null. Wie jene beiden Zwillingsschwestern auf einer erotischen Photographie: die sinnliche Realität ihrer Körper wird durch die Gleichheit ausgelöscht. Wie könnte man an sie glauben, wenn die Schönheit der einen unmittelbar durch die Schönheit der anderen verdoppelt wird? Der Blick kann nur von der einen zur anderen gehen, jede Wahrnehmung wird auf dieses Hin-und-Her beschränkt. Eine subtile Form der Tötung des Originals, aber auch ein einzigartiger Reiz, bei dem jede Aufmerksamkeit, die sich auf das Objekt richten könnte, durch seine unendliche Brechung in sich selbst abgelenkt wird (ein umgekehrtes Szenario des platonischen Mythos von der Vereinigung der beiden getrennten Hälften eines Symbols – hier teilt sich das Zeichen, wie es die einzelligen Lebewesen tun). Dieser Reiz gleicht vielleicht dem des Todes, in dem Sinn, daß für uns geschlechtliche Lebewesen der Tod möglicherweise nicht das Nichts bedeutet, sondern einfach nur die der Geschlechtsdifferenzierung vorhergehende Form der Fortpflanzung. Die Erzeugung nach dem Modell in endloser Reihe nimmt tatsächlich die Vermehrungsweise der Einzeller wieder auf und stellt sich der entgegen, die für uns mit Leben verbunden ist.

4. Aber dieser reine Automatismus ist zweifellos nur eine paradoxe Zuspitzung: die eigentliche generative Formel, die alle anderen in sich einschließt und in gewisser Weise die stabilisierte Form des Codes ist, das ist die Formel der Binarität, der Digitalität – nicht der reinen Wiederholung, sondern der minimalen Abweichung, der minimalen Modulation zwischen zwei Termen, das heißt „das kleinste gemeinsame Paradigma", das die Fiktion von Sinn aufrechterhalten könnte. Diese Simulation, diese Kombinatorik der inneren Differenzierung des bildlichen wie des Konsumgegenstandes reduziert und verengt sich in der gegenwärtigen Kunst so sehr, daß es schließlich nur noch eine winzige Differenz ist, die das Hyperreale von der Hypermalerei trennt. Diese gibt vor, sich dem Realen gegenüber bis zur Selbstverleugnung zu reduzieren, aber man weiß, daß alle Reize der Malerei in dieser winzigen Differenz zu neuem Leben erwachen: die ganze Malerei flüchtet sich in diesen schmalen Streifen, der die gemalte Oberfläche von der Mauer trennt. Und in die Signatur: das metaphysische Zeichen für die gesamte

Malerei und für die gesamte Metaphysik der Repräsentation, bis sie schließlich sich selbst als Modell nimmt (der „reine" Blick) und sich in der zwanghaften Wiederholung des Codes um sich selbst dreht.

Die wirkliche Definition des Realen lautet: *das, wovon man eine äquivalente Reproduktion herstellen kann.* Sie entsteht zur gleichen Zeit wie die Wissenschaft, die postuliert, daß ein Vorgang unter gegebenen Bedingungen exakt reproduziert werden kann, und wie die industrielle Rationalität, die ein universelles System von Äquivalenzen postuliert (die klassische Repräsentation ist keine Äquivalenz, sie ist Transkription, Interpretation, Kommentar). Am Ende dieses Entwicklungsprozesses der Reproduzierbarkeit ist das Reale nicht nur das, was reproduziert werden kann, sondern das, *was immer schon reproduziert ist.* Hyperreal.

Bedeutet das nun das Ende des Realen und das Ende der Kunst dadurch, daß beide vollständig ineinander aufgehen? Nein: der Hyperrealismus ist der Gipfel der Kunst und der Gipfel des Realen auf der Ebene der Simulakren durch den wechselseitigen Austausch von Privilegien und Vorurteilen, die ihnen zugrunde liegen. Das Hyperreale ist nicht jenseits der Repräsentation (vgl. J.-F. Lyotard, *L'Art Vivant,* in der Nummer über Hyperrealismus), weil es vollständig in der Simulation ist. Das Kreisen der Repräsentation dreht dabei durch, aber in einer implosiven Verrücktheit, die, weit davon entfernt, exzentrisch zu sein, mit dem Zentrum kokettiert, mit ihrer eigenen unbegrenzten Wiederholung. Analog zum inneren Distanzierungseffekt im Traum – bei dem man sich sagt, daß man träumt, was aber nur eine Zensur und Fortsetzung des Traums ist – bildet der Hyperrealismus einen integrierenden Bestandteil der codierten Realität, die er perpetuiert und an der er nichts ändert.

Tatsächlich muß man den Hyperrealismus gerade umgekehrt interpretieren: *die Realität selbst ist heute hyperrealistisch.* Schon der Surrealismus kannte das Geheimnis, daß die banalste Realität surreal werden konnte, aber nur in besonderen Augenblicken, in denen Kunst und Imaginäres sichtbar wurden. Das ist heute anders: von nun an verkörpert die ganze alltägliche, politische, soziale, historische und ökonomische Realität die simulierende Dimension des Hyperrealismus: überall leben wir schon in der „ästhetischen" Halluzination der Realität. Der alte Slogan „Die Realität geht über die Fiktion hinaus", die dem surrealistischen Stadium dieser Ästhetisierung des Lebens noch entsprach, ist überholt. Es gibt keine Fiktion mehr, der sich das Leben, noch dazu siegreich, entgegenstellen könnte – die gesamte Realität ist zum Spiel der Realität übergegangen – die radikale Ernüchterung, das coole und kybernetische Stadium folgt auf die heiße und phantasmatische Phase.

Deshalb können Schuld, Angst und Tod durch den vollkommenen Genuß der Zeichen für Schuld, Angst, Verzweiflung, Gewalt und Tod ersetzt werden. Genau darauf beruht die Euphorie der Simulation, die Ursache und Wirkung, Ursprung und Ziel aufheben und durch die Verdoppelung ersetzen will. Auf diese Weise schützt sich das geschlossene System zugleich vor dem Referenten und vor der Furcht vor dem Referenten – so daß es jeder Metasprache dadurch zuvorkommt, daß es mit seiner eigenen Meta-Sprache operiert, das heißt, indem es sich durch seine eigene Kritik verdoppelt. In der Simulation verdoppelt und vollendet die meta-linguistische Illusion die referentielle Illusion (die pathetische Halluzination des Zeichens und die pathetische Illusion des Realen).

„Das ist Zirkus", „Das ist Theater", „Das ist Kino", alte Sprache, alte, naturalistische Unterscheidungen. Darum geht es jetzt nicht mehr, es geht jetzt darum, aus dem *Realen* einen *Satelliten* zu machen, es in eine Umlaufbahn zu bringen, auf der es mit den Phantasmen kreist, die es früher illustriert haben – jetzt ununterscheidbar und ohne gemeinsames Maß. Diese „Satellitisierung" ist übrigens in der „Zwei-Zimmer-Küchen-Dusche" materiell geworden, die man mit der letzten Mondrakete auf eine Umlaufbahn gebracht, man könnte sagen: zur Macht des Weltraums erhoben hat. Wenn sogar die Alltäglichkeit der irdischen Wohnung in den Rang eines kosmischen Wertes, der absoluten Ausstattung erhoben wird – im Weltraum hypostasiert wird –, dann bedeutet dies das Ende der Metaphysik, dann beginnt das Zeitalter der Hyperrealität.[1] Aber die räumliche Transzendenz der Zwei-Zimmer-Banalität und ihre coole und mechanische Form im Hyperrealismus[2] drücken nur eins aus: daß diese Hohlform als solche Teil eines Hyperraumes der Repräsentation ist, in dem technisch bereits jeder im Besitz der unmittelbaren Reproduktion seines eigenen Lebens ist, in dem beispielsweise die

---

[1] Der Realitätsbegriff verhält sich proportional zur Reserve an Imaginärem, die ihm sein spezifisches Gewicht gibt. Das gilt gleichermaßen für die Erforschung der Erde und des Weltraums: da es kein unentdecktes, für das Imaginäre verfügbares Territorium gibt, weil das gesamte Territorium von der Karte abgedeckt wird, verschwindet so etwas wie das Realitätsprinzip. Die Eroberung des Weltraums bedeutet in diesem Sinn einen unwiderruflichen Beginn des Verlusts des irdischen Bezugsrahmens. Ein Verlust der Realität als innerer Zusammenhang einer begrenzten Welt kommt gerade dadurch zustande, daß ihre Grenzen sich unendlich erweitern. Die Eroberung des Weltraums folgt der des Planeten, und sie ist das gleiche phantasmatische Unternehmen, die Kompetenz des Realen auszudehnen – zum Beispiel die Fahne, die Technik, die „Zweizimmerwohnung" auf den Mond zu bringen – derselbe Versuch wie die Substantialisierung von Begriffen oder die Territorialisierung des Unbewußten –, es läuft darauf hinaus, den menschlichen Raum zu entrealisieren oder ihn einem Hyperrealen der Simulation zu überlassen.

[2] Es gibt kein Kunstwerk mehr, weder die Blechlawine noch der Supermarkt, die die Hyperrealisten so sehr lieben, weder die Campbell-Suppendose, die Andy Warhol so sehr liebte, noch die Mona Lisa, die inzwischen auch per Satellit als vollkommenes Modell der irdischen Kunst um den Planeten geschickt wurde – es gibt kein Kunstwerk mehr, nur noch ein planetarisches Simulakrum, durch das eine ganze Welt über sich selbst (in Wirklichkeit über ihren eigenen Tod) Zeugnis ablegt im Angesicht eines künftigen Universums.

Piloten der Tupoljow, die in Le Bourget abgestürzt ist, sich durch ihre Kameras „live" sterben sehen konnten. Das ist nichts anderes als der Kurzschluß der Antwort durch die Frage im Test, ein Prozeß der sofortigen Verlängerung, durch den die Realität unmittelbar von ihrem Simulakrum infiziert wird.

Früher gab es eine besondere Klasse von allegorischen und ein wenig diabolischen Gegenständen: Spiegel, Bilder, Kunstwerke (Begriffe?) — Simulakren, die jedoch als solche manifest und durchschaubar waren (man verwechselte die Vorlage nicht mit der Imitation), die ihren eigenen Stil und eine charakteristische Machart hatten. Und das Vergnügen bestand damals vor allem darin, etwas „Natürliches" in dem zu entdecken, was künstlich und imitiert war. Heute, wo das Reale und das Imaginäre zu einer gemeinsamen operationalen Totalität verschmolzen sind, herrscht die ästhetische Faszination überall: es ist die unterschwellige Wahrnehmung (eine Art sechster Sinn) des Tricks, der Montage, des Szenarios, von der Überbelichtung der Realität bis zum Ausleuchten der Modelle, — kein Produktionsraum mehr, sondern ein Band, das gelesen, codiert und decodiert wird, ein Magnetband der Zeichen — eine ästhetische Realität, die nicht mehr durch die Überlegung und Distanz der Kunst zustande kommt, sondern durch ihren Aufstieg zum zweiten Niveau, in die zweite Potenz, durch die Antizipation und Immanenz des Codes. Eine Art von unfreiwilliger Immanenz überlagert alles, eine taktische Simulation, ein unentwirrbares Spiel, mit dem sich ein ästhetischer Genuß verbindet, der Genuß an der Lektüre und den Spielregeln. Travelling der Zeichen, der Medien, der Mode und der Modelle, der blinden und glänzenden Welt der Zeichen.

Die Kunst hat schon vor langer Zeit diese Wendung ahnen lassen, die heute den Alltag bestimmt. Schon früh hat sich das Kunstwerk durch eine Manipulation der künstlerischen Zeichen selbst verdoppelt: ein „Akademismus des Signifikanten", wie Lévi-Strauss sagen würde, eine Übersignifikation der Kunst, durch die sie zur Zeichen-Struktur übergeht. Jetzt beginnt für die Kunst ihre unbegrenzte *Reproduktion*: alles was sich selbst verdoppelt, selbst die banale und alltägliche Realität, steht gleichermaßen im Zeichen der Kunst und wird ästhetisch. Das gilt auch für die Produktion, von der man heute sagen kann, daß auch für sie diese ästhetische Verdoppelung beginnt, diese Phase, in der sie jeden Inhalt und jeden Zweck ausschließt und gewissermaßen abstrakt wird und nicht mehr figurativ. Sie stellt nun die reine Form der Produktion dar, wie die Kunst bekommt auch sie einen Wert als Zweckmäßigkeit ohne Zweck. Die Kunst und die Industrie können also ihre Zeichen austauschen: die Kunst kann zur Reproduktionsmaschine werden (Andy Warhol) und dabei doch Kunst bleiben, weil die Maschine nur Zeichen ist. Und die Produktion kann jede gesellschaftliche Zweckmäßigkeit verlieren, um sich schließlich in fabelhaften, hyperbolischen und ästhetischen Zeichen zu bestätigen und zu glorifizieren: in den großen Industrieanlagen, in den Türmen von 400 m Höhe oder in den chiffrierten Mysterien des Bruttosozialprodukts.

Kunst ist daher überall, denn das Künstlerische steht im Zentrum der Realität. Die Kunst ist daher tot, nicht nur weil ihre kritische Transzendenz tot ist, sondern weil die Realität selbst — vollständig von einer Ästhetik geprägt, die von ihrer eigenen Strukturalität abhängt — mit ihrem eigenen Bild verschmolzen ist. Sie hat noch nicht einmal mehr Zeit, den Anschein von Realität anzunehmen. Sie überbietet auch die Fiktion nicht mehr: sie ergreift jeden Traum, bevor er den Anschein eines Traumes bekommt. Ein schizophrener Rausch von seriellen Zeichen, die keine Imitation, keine Sublimierung kennen, die in ihrer Wiederholung eingeschlossen sind — wer könnte sagen, wo die Realität dessen ist, was sie simulieren? Sie verdrängen auch nichts mehr (deshalb könnte man sagen, daß die Simulation in die Sphäre der Psychose überleitet): sogar die Primärprozesse sind hier ausgelöscht. Das coole Universum der Digitalität absorbiert das der Metapher und der Metonymie. Das Simulationsprinzip überwindet das Realitätsprinzip und das Lustprinzip.

Nach der Moderne

Umrisse einer Ästhetik des Posthistoire

Dietmar Kamper

Die Formulierung des Themas folgt der Frage: was für einen Sinn eine Ortsbestimmung der Gegenwart heute haben kann, wenn der Sinn selbst suspendiert ist. Derart in der Schwebe gehalten, findet die Frage keine einfache Antwort mehr: sie läuft aber weder auf bloßen Non-Sense hinaus noch auf ein Frageverbot. Vielmehr geht es — auf vorsichtige Weise — um ein Gedankenexperiment, das die Möglichkeit seiner eigenen Vernichtung einschließt. Was wäre — tentativ gesprochen —, wenn das Ende der Geschichte eingetreten ist ohne Rücksicht auf die Plädoyers für ihr Fortbestehen respektive das „unvollendete Projekt der Moderne" *und* ohne Rücksicht auf die Prophetien und Visionen der Apokalypse? Vielleicht könnte eine „Ästhetik des Posthistoire" auf eine solche Situation vorbereiten, gesetzt: die folgenden Konzessionen seien annehmbar. „Ästhetik des Posthistoire" wäre der Name sowohl für den „Gegenstand" als auch für den „Horizont". Sie wäre also *nicht* zu übersetzen mit „Kunst oder Kunsttheorie der Nachgeschichte (im Sinne einer neuen Epoche)", sondern — entsprechend der Bedeutung von „aisthesis" — mit „Wahrnehmung der Nachgeschichte (genitivus subjectivus und objectivus) bezogen auf eine Situation nach der Moderne". Wahrscheinlich bedarf es, um einer solchen Weite im Konzept der Ästhetik aufzuhelfen, einer Entklammerung der Dialektik, sei es der von Mythos und Moderne, von Heilsgeschichte und Säkularisation, von Opfer und Aufklärung, wie sie bislang nur ansatzweise gelungen ist. Die Fortsetzung der Kämpfe an den alten Fronten der Kritik ist immer einfacher als ein Verlassen des Spielfeldes.

Statt einer längeren Einleitung werden drei geliehene Vorworte (von Jean Baudrillard, Michel Serres, Jean-François Lyotard) die Aufgabe übernehmen, eine solche Entklammerung in Gang zu bringen. Die drei Hauptabschnitte handeln dann
1. von der Genealogie und Bestimmung des „Posthistoire";
2. vom Ende der Geschichte, zwischen Affirmation und Kritik;
3. von der umstrittenen Unschuld der neuen Ästhetik, am Beispiel der postmodernen Architektur.

Erstes Vorwort

Jean Baudrillard: Nach der Geschichte: Herrschaft der Simulation

Daß wir aus der Ära der Geschichte heraustreten, um in diejenige der Simulation einzutreten — eine solche Hypothese bietet keinerlei Anlaß zum Verzweifeln, es sei denn, man betrachtete die Simulation als entwickeltere Form der Entfremdung. Das mache ich gewiß nicht. Der Ort der Entfremdung ist nämlich die Geschichte, und wenn wir aus der Geschichte herauskommen, so kommen wir auch aus der Entfremdung heraus (nicht ganz ohne Sehnsucht nach der guten alten Dramaturgie von Subjekt und Objekt, das muß man zugeben).

Man kann aber auch die Hypothese aufstellen, daß die Geschichte selbst ein immenses Simulationsmodell ist oder war. Und zwar nicht in dem Sinne, daß bis jetzt alles nur Seifenblasen gewesen wären, ohne daß die Ereignisse stets nur den Sinn hätten, den man ihnen beilegt, oder daß die Geschichte letztendlich nur das sei, was man von ihr erzählt usw. Nein, vielmehr rede ich von der Zeit, in der die Geschichte sich abspielt, von der linearen Zeit, in der die Ereignisse nach Ursache und Wirkung einander folgen müssen, auch wenn sie sehr komplex sind. Diese Zeit ist gleichzeitig die Zeit des Endes (eines eschatologischen Prozesses in beliebiger Form — Jüngstes Gericht oder Revolution, Heil oder Katastrophe) und eines unbegrenzten Aufschubs des Endes.

Es ist möglich, daß die Geschichte nicht allein verschwunden ist (das heißt, daß es keine Arbeit des Negativen und somit auch keine im eigentlichen Sinne historische Vernunft mehr gibt — ja nicht einmal ein Prestige des Ereignisses und damit eine historische Aura), sondern daß das Verschwinden der Geschichte noch unterstützt werden muß. Und damit will ich enden: mit einem letzten Merkmal der Simulation. Denn alles geschieht so, als würden wir weiterhin Geschichte machen, während wir doch, indem wir die Zeichen des Sozialen, die Zeichen des Politischen und die Zeichen von Fortschritt und Veränderung akkumulieren, nur das Ende der Geschichte unterstützen.

Zweites Vorwort

Michel Serres: Die Thanatokratie

Für eine festzulegende Zeit muß die gebildete Menschheit, müssen die Arbeiter des Beweises nur noch nachweislich unnütze Fragen stellen ..., da die ganze Nützlichkeit des Wissens dem Tod gilt. Der Rest ist wegen Inventur zu schließen. Und Inventur wird gemacht, indem man die tödliche Grenze zur Referenz des Denkens nimmt. Hier ist die Kritik nicht mehr theoretisch, subjektiv, konditionell, sondern praktisch, objektiv, teleologisch. Sie besteht nicht mehr darin, in theoretischer Reinheit die Möglichkeitsbedingungen des denkenden Subjekts zu suchen, sie besteht darin, ein praktisches Ensemble aus Informationen und Werkzeugen von seinem gegenwärtigen Endzweck abzulenken. Der Endzweck ist Referenz: Grenze, an der sich alle denkbaren Gestalten des Todestriebs, die die quasi-endliche Gesamtheit der Geschichte mühsam bestimmt, realisiert, vollendet hat, auf einen gewaltigen Schirm, auf einen gewaltigen Spiegel werfen. Die einzige Hoffnung, die bleibt, besteht in dieser Kritik durch den Endzweck, in diesem Kurzschluß des Wissens und des Gemachten, gegenwärtig und tausendfach ererbt, mit der Endszene, dem Endkampf, dem apokalyptischen und definitiven Holocaust, den sie mit der achtsamen Gründlichkeit des Unbewußten vorbereiten. Diese Kritik definiert einen kritischen Punkt der Zeit und der Geschichte, an dem sich die Geschichte der Vergangenheit der Vernunft von Angesicht zu Angesicht mit dem Ende ihrer Hoffnungen und ihrer Zukunft sieht. Das Angesicht des kommenden Todes starrt die möglichen, in den Übungen der Vernunft verstreuten Gestalten des Todestriebes an. An diesem kritischen Punkt, der für eine Weile noch lebendigen Gegenwart, trifft die mortifizierte Vergangenheit blitzartig die Zukunft und ihr Nichts. Die ganze Geschichte involviert sich an diesem Ort, von dem man sicherlich sagen kann, daß er keinen Ort hat. Unser Überleben ist kurz. An diesem kritischen Punkt, in der Blendung dieses Blitzes kann und muß etwas geschehen: *daß der kommende Tod in einem Augenblick des Bewußtseins und kollektiver Einigkeit auf immer den Todestrieb tötet, der ihn erzeugt* (und umgekehrt). *Tod dem Tod,* das letzte Wort der Philosophie.

Drittes Vorwort

Jean-François Lyotard: Das Erhabene und die Avantgarde

Das Geheimnis künstlerischen Gelingens wie das des kommerziellen Erfolgs hängen ab von der Dosierung von Überraschung und Wohlbekanntem, von Information und Kode. Darin besteht die Innovation in den Künsten: man greift auf Lösungen zurück, die durch frühere Erfolge bestätigt sind, man model sie um, indem man sie mit anderen, im Grunde unvereinbaren Lösungen kombiniert, mit Amalgamen, Zitaten, Ornamenten, Pasticci. Man kann bis zum Kitsch, bis zum Barocken gehen. Man schmeichelt dem „Geschmack" eines Publikums, das keinen Geschmack haben kann, und dem Eklektizismus eines Sensoriums, das von der Vervielfältigung verfügbarer Formen und Objekte geschwächt ist. In dieser Weise glaubt man, den Zeitgeist auszudrücken, und spiegelt doch nur den des Marktes wider. Erhabenheit ist dann nicht mehr in der Kunst, sondern in der Spekulation über die Kunst.

Das Rätsel des *Geschieht es?* löst sich aber deshalb nicht auf, und es bleibt die Aufgabe, zu malen, daß es etwas gibt, das nicht bestimmbar ist: das „Es gibt" selbst. Das Vorkommnis, das *Ereignis* (im Original deutsch) hat nichts mit dem Prickeln, dem Pathos des Rentablen zu tun, das eine Innovation begleitet. Gewiß verbirgt sich im Zynismus der Innovation die Enttäuschung darüber, daß sich nichts mehr ereignet. Aber Innovationen zu produzieren heißt so zu tun, als ob sich viel ereignete, und diese Ereignisse herbeizuführen. Der Wille behauptet damit seine Herrschaft über die Zeit. Und er gleicht sich der Metaphysik des Kapitals an, das eine Technologie der Zeit ist. Die Innovation „läuft", „funktioniert". Das Fragezeichen des *Geschieht es?* unterbricht. Im Vorkommnis ist der Wille besiegt. Die Aufgabe der Avantgarde bleibt, die Anmaßung des Geistes gegenüber der Zeit aufzulösen.

Zur Genealogie und Bestimmung des „Posthistoire"

Geschichte erscheint gegenwärtig als der verlängerte Zwangszusammenhang der Natur. Die Logik des Kapitals in den modernen Gesellschaften ist eine archaische. Der Einspruch der Moderne gegen den Wahnsinn einer Welt, die hieratisch in sich verschlossen war, hat nicht gefruchtet. Vielmehr wiederholt die Aufklärung den Mythos mit Gewalt. Der Holocaust von morgen ist bereits in den Anfang der Theorie eingeschrieben, insofern sie als Bewältigung der Natur fungiert. – So könnte man die Quintessenz der *Dialektik der Aufklärung* von Horkheimer/Adorno zusammenfassen. Doch die Verhältnisse haben sich weiterentwickelt. Darauf gemünzt ist der „postmoderne Diskurs", der bei aller Leichtsinnigkeit im Mimetischen das Problem der Zuspitzung noch über Auschwitz hinaus gestellt hat. Der Verdacht, daß die entscheidenden Produktivkräfte der Menschengattung nun destruktiv geworden sind, daß eine Art „Selbstmord" bevorsteht, läßt sich nicht mehr wegwischen. Es ist eine Ära des bleichen Todes, in die inzwischen die Menschen mittels der Konstruktion der *einen* Geschichte eingetreten sind. Deshalb wurde die Arbeit an den Differenzen intensiviert, gelegentlich bis zum performativen Selbstwiderspruch. Selbst auf die Gefahr einer logischen Unmöglichkeit hin hält hier der genannte Diskurs die Spur. Erst eine Ästhetik des Posthistoire könnte den unerhörten Skandal zu Bewußtsein bringen, der in den Fundamenten der Zivilisation steckt: daß die Menschheit im Rahmen der Heils- und Fortschrittsgeschichte ihren Untergang *will*. Diesem Willen, der sich waffenstarrend manifestiert, zu entkommen, wäre die Aufgabe, die bleibt.

Doch zunächst ist ein Schritt zurück zum „Posthistoire" notwendig, zu seiner Begriffsgeschichte und zu einigen Fragen, die sich damit verbunden haben. Der Sache nach hat zuerst der französische Historiker Cournot, im Jahre 1861, von einem posthistorischen Zustand der Gesellschaft gesprochen. Der Terminus „Posthistoire" kommt dann bei seinem Schüler Bouglé 1901 vor. Die älteste Monographie zum Thema stammt von Roderick Seidenberg, *Posthistoric Man* (1957). Hendrik de Man hat in *Vermassung und Kulturverfall* 1951 Namen und Sache unter Berufung auf Cournot für die deutsche Diskussion in Anspruch genommen. Schon 1952 konnte Gehlen sich den Begriff zu eigen machen. Seitdem kursiert er, durchaus schwankend in seiner Bedeutung, als ob er einem historischen Pendelschlag folgt. Anstrengungen, ihn zu definieren, haben immer zu negativen oder positiven Einseitigkeiten geführt, sei es zur distanzierten Kritik, sei es zur Affirmation. Dagegen hatte Cournot noch die Vollendung der bürgerlichen Gesellschaft gemeint, eine Stillstellung historischer Dynamik aufgrund der erreichten Ziele. Wichtig für den Einsatz der Kritik war Alexandre Kojève, weil er im Nachgang zu Hegel die Betonung auf den „Abfall" von der Geschichte legte, auf das Versacken ins Tierreich, das er auf einer Reise an den Verhältnissen in Nordamerika und Japan abgelesen hatte. Überhaupt überwiegen seitdem die kritischen Notizen: Ende der Geschichte als Barbarei, Entfremdung oder Tod des Menschen, Erschöpfung des Möglichen, Desorganisation des Wirklichen, Kältetod der Differenzen, überhitzter Leerlauf der Institutionen usf. Das gilt soweit, wie der Einfluß einer an Hegel und Marx orientierten Geschichtsphilosophie reichte, bis mit dem französischen Strukturalismus der Lévi-Strauss, Barthes, Foucault eine Gegenbewegung, eine Suspension der Kritik einsetzte und der Versuch einer Affirmation der aktuellen Verhältnisse, wenn auch einer „nicht-positiven", wie Foucault formulierte, unternommen wurde. Ohne den äußerst vielschichtigen Charakter dieses Versuchs (mit seinen antistrukturalistischen und post-strukturalistischen Nebenwegen) hier im einzelnen darstellen zu können, darf doch konstatiert werden, daß er bei einem angestrengt präzisen Wahrnehmen begann und in theoretischer Unschärfe endete, somit geradezu wieder einmündete in die Konstellation einer unentwegten Auswegslosigkeit, wie sie bereits an der deutschen Diskussion z.B. bei Gehlen, Benn, Carl Schmitt, Spengler, Jünger und Heidegger abzulesen ist. Man muß darin keineswegs eine Willkür von Subjekten sehen, die zum Irrationalen tendieren, sondern kann eine reale Nötigung durch die *„objektive Unbestimmtheit"* der Ereignisse annehmen, wie Gehlen das Signifikanteste am Posthistoire bezeichnet hat.

Vielleicht ist eine Reihe von Fragen hilfreich, die sich zuerst in den dreißiger und vierziger Jahren dieses Jahrhunderts gestellt haben und neuerdings verschärft wieder auftauchen. Es sind bohrende Fragen, die sich mit einer Art Wahrnehmungsverweigerung verklammern und deshalb immer peinlicher werden.

— Das Verhältnis von Geschichte und Posthistoire bleibt wegen der angenommenen Radikalität des Bruches undeutlich und unklar. Die Tendenz geht von einer epochalen Bestimmung verschiedener Zeiten zu einer der räumlichen „Schichtung", derzufolge das Neueste eine Wiederkehr des Ältesten genannt werden kann. Zumindest wird in Rechnung gestellt, daß vielfältige Ausschließungen der Geschichte nach wie vor unabgegolten sind.

- Als ein Focus dieses historisch Unabgegoltenen gilt die Ästhetik, die sowohl in ihrer negativen Form: als Ästhetisierung der Politik, der Moral, der Wahrheit usf. als auch in der Weise einer innergeschichtlichen Reklamation vor- und außergeschichtlicher Potenzen des Menschen vorkommt. Derart positiv beansprucht sie den Rang einer wahrnehmungsfähigen, nicht-hintergehbaren Kraft der Einbildung und des Ausdrucks.
- Es wird eine antagonistische Doppelbewegung von Beschleunigung und Verlangsamung konstatiert, von Mobilisierung und Stillstellung, in deren Folge Prozesse einer Neutralisierung von Wertungen, einer Indifferenz von Meinungen, einer Apathie von Haltungen überhandnehmen. Der genannten Ästhetik scheint eine Anästhetik als Schatten anzugehören, eine wachsende Unfähigkeit zur sinnlichen Wahrnehmung.
- Strategien der Konservierung und der Suspension wechseln einander ab, ohne irgendein Ziel erreicht zu haben. Das führt zu einer Anhäufung des modisch verbrauchten Abfalls, der nach einiger Zeit als Fundus für Innovationen herhalten muß. Die Lage ist so uneinheitlich, daß konkret nicht mehr ermittelt werden kann: ob nun umgestürzt wird, was fällt, oder gerettet wird, was stürzt.
- Die Menschen verhalten sich theoretisch und praktisch so, als ob ein großangelegter Gerichtsprozeß stattfindet. Es herrscht ein permanentes Tribunal, auf dem das Versagen der historischen Vernunft zur Entscheidung ansteht. Die Moderne findet immer mehr Ankläger und Verteidiger; sie wird entschieden zur Rechenschaft gezogen, wobei der Platz des Richters offenbar nicht besetzt ist.
- Dem entspricht ein zunehmender Rechtfertigungszwang, der schließlich auch die Ästhetik erreicht. Die Fragen lauten: Ist der Artist schuldig allein dadurch, daß er als wahr annimmt, was er wahrnimmt? Gibt es eine Verantwortung für den Schmerz der Erfahrung, für das einleuchtende Bild und für die Gedanken, die einer hat? Solche Fragen liegen antwortlos in der Luft.

Zwischen Affirmation und Kritik: das Ende der Geschichte

Entgegen der Auffassung, man dürfe das Schreckliche einer Thanatokratie der Vernunft nicht denken, um es nicht zu befördern, ist die Einsicht an der Zeit, daß menschliche Erkenntnis keine andere Wahl hat (wenn sie denn eine bleiben will), als auch das, was sie vernichtet, noch zu erfassen. Man muß die Kompetenz forcieren, das Inkommensurable zu ertragen; man muß begreifen, daß in der Konfrontation mit den Mächten der Vernichtung ein „Selbstgemachtes" erscheint, das mit dem Trick der Reflexion als Spiegel-Blendung nicht mehr eliminierbar ist. Denn das menschliche Subjekt entkommt der tentativen Erstarrung angesichts der entwirklichten Wirklichkeit keineswegs. Die Depression der Zeit geht hart am Rande einer Unfähigkeit zu trauern. Doch ist solche Mimesis des Schreckens zu unterscheiden vom Überlaufen zur schlicht indifferenten Objektivität.

Die erscheinende Ambivalenz: daß kein Ereignis mehr eindeutig ausfällt, daß jede Bewegung paradoxe Formen annimmt, daß alles in dem Maße bestimmt ist, wie es auch nicht bestimmt ist, kann von einer Theorie, der man die Funktion zuschreibt, das Subjekt und den Sinn der Geschichte zu retten, nicht mehr begriffen werden. Das bestimmte Unbestimmte der Realität wirkt wie ein maskierter Gegenstand, wie eine Kipp-Bilder-Realität, die den Betrachter vexiert, der noch an Standpunkte und Perspektiven gewöhnt ist. Die kleinste Verrücktheit des Blicks führt zu einer völligen Veränderung der Szene, so daß ein gewisser Drehschwindel, ein Schließen der Augen, ein Schwinden der Sinne durchaus wahrscheinlich sind. Denn die „großen Erzählungen" (Lyotard) von der „Emanzipation" und vom „Leben des Geistes" — historische Deutungssysteme, die in mythischer Bedeutsamkeit wurzeln — verlieren fortschreitend ihre Glaubwürdigkeit. Der Nihilismus des Todes hat alle heroischen Züge abgelegt und ist insofern längst „praktisch" geworden, als er auch die vielen kollektiven und privaten Abgrenzungen und Ausschlüsse durchdrungen hat. Man kann sich heute jedoch nicht mehr abgrenzen, ohne sich einzumauern. Wenn also die Mauern fallen sollen, ist ein neuer „horror vacui" unvermeidlich.

Nicht mehr trennscharfe Begriffe erschließen die in Frage stehende Realität, sondern Bilder, die einer „Logik des Unscharfen" (Michel Serres) angehören. Von daher stammt die Schlüsselfunktion der künstlerischen Obsessionen, die zur Darstellung dessen drängen, was jede Vorstellung übersteigt. In einer solchen Versinnlichung des Abstrakten, die nur vorübergehend hält, findet ein Wettlauf auf Leben und Tod statt, in der sich die „Ästhetik des Posthistoire" der restlosen Liquidierung der Geschichte und des Menschen auf riskante Weise widersetzt. Es geht um die Überholung eines phantastisch gewordenen Vergesellschaftungsprinzips durch eine artistische Phantasie. Das Spiel der Erfindungen, als das sich die Maschinerie der Verwertung längst darstellt, soll durch die Erfindung immer neuer Spiele konterkariert werden. Daß dergleichen scheitern kann, liegt auf der Hand. Allerdings bleibt das Risiko nicht ganz ohne Chancen. Denn das Kapital ist nicht der Herr der Spiele — und nicht der Herr der Zeit.

Ein Rückblick vom angenommenen Ende der Geschichte bzw. Tod des Menschen her auf das, was gegenwärtig geschieht, zeigt nämlich die zweifelsfrei paradoxen, paralogischen, paranomischen Wirkungen der im Kapitalismus der letzten Jahre gängigen Strategien: daß umso mehr in Bewegung geraten ist, je mehr festgestellt wurde, daß die rasende Beschleunigung der gesellschaftlichen Dynamik als ein Effekt der Fixierung zum Zwecke der Beherrschung verstanden werden muß, daß die „totale Mobilmachung" (Ernst Jünger) die genuine Wahrheit von Systemen der Identität ist, daß die Herstellung von Einheitskomplexen Zersplitterungen produziert, daß die Bereinigung der ökonomischen, sozialen, politischen und wissenschaftlichen Arbeitsfelder zur grenzenlosen Ausdehnung des „Abfalls" geführt hat, der störenden Reste, der ungewollten Spätfolgen und der rauschenden Hyperkomplexität der Diskurse. Durch die Demonstration der Frakturen in den Fakten wird die Spiralfigur, in der das vermeintlich Wirkliche vermeintlich zirkuliert, von einer unbedachten Spielregel zum ausdrücklichen Thema. Was zunächst wie eine Verlängerung des Verhängnisses anmutet, kann sich als Unterbrechung herausstellen. Insofern also die Windmesser nicht für den Wind verantwortlich sind, ist die „Ästhetik des Posthistoire" nicht mit dem Posthistoire identisch. Eine Verantwortung für Wahrnehmen und Begreifen im Sinne einer beschränkenden Ethik der Logik läßt sich nicht ermitteln. Höchstens gäbe es die Schuld, nicht genug zu sehen. Die radikale Entwirklichung der Wirklichkeit mit ihren paralogischen Konsequenzen ist anderen Mächten zuzuschreiben als den ohnehin gebrochenen Sinnen, die dergleichen nur noch mühsam auffassen. Vielmehr ist das Eingeständnis notwendig (und damit käme eine kritische Bilanz des „Selbstgemachten" zum Zuge), daß die am höchsten geschätzten Kräfte der gerade vergangenen Epoche, die bislang „unheimlich" produktiv waren, inzwischen als Kräfte der Destruktion agieren. Der oberste Sinn der Zivilisation mutierte zum obersten Wahnsinn: die Strategie der Verlichtung des Dunkels, der Vergeistigung der Natur, der Vervollkommnung des bloß Vorhandenen, der energetischen Transformation, die der zwanghaften Dialektik von Mythos und Aufklärung noch vorausgeht, wurde selbst transformiert und zeigt nun die Konturen einer Apokalypse des Krieges. Die Bewegung der Produktion ist in einem längst unübertrefflich: in der Vernichtung des Gegebenen. Was immer unter Thanatokratie verstanden wird, hier wäre es zu verorten, und zwar so, daß eine leichtfertige Distanzierung der Kritik von den Verhältnissen nicht mehr möglich ist.

Was bleibt, zwischen Kritik und Affirmation, ist — so scheint es — die Dehnung der Katastrophe. Die letzte historische Alternative: „entweder Bürgerkrieg oder Posthistoire" (Carl Schmitt) geht bruchlos in jene Mimesis des Schreckens über, in der die betroffenen Menschen versuchen, durch eine Art „Totstellreflexion" den Tod zu überstehen. Die Rationalisierung, die der Mythos leistete, indem er die Angst in Furcht verwandelte (Blumenberg), funktioniert kaum noch. Auch in den neueren Furchtkonstrukten der Realität — seien sie commonsense-Produkte oder wissenschaftliche Konsensleistungen — erscheint das Ältere: die nackte Angst. Notgedrungen taucht an diesem Ende die anfängliche Imagination wieder auf, nicht um die Blöße des alten Menschheitskörpers erneut zu bedecken, sondern um fundamental andere Spielregeln zu erfinden. (In der mathematischen Katastrophentheorie funktioniert die Imagination als bloßes Ent-Setzen der Regel.) Es geht nicht um Rückkehrbewegungen, sondern um den Stillstand, um die Bodenlosigkeit, um die Vermeidung der mythischen oder wissenschaftlichen Projektion. So betrachtet hat die These von der posthistorischen

Wiederkehr des Archaischen ihre Berechtigung. Allerdings wäre eine Positivierung des Pré-Histoire ein verhängnisvolles und fruchtloses Mißverständnis — wie am Beispiel des „tausendjährigen Reiches" unmißverständlich deutlich wurde.

Die Lücke zwischen Herstellen und Vorstellen (Günther Anders) kann nicht mit den Bruchstücken eines Unvordenklichen angefüllt werden. Überhaupt ist das Verstopfen der großen schwarzen Löcher der Erfahrung im Posthistoire kein zwangsläufiges Geschäft. „Es sollte endlich Klarheit darüber bestehen, daß es uns nicht zukommt, Wirkliches zu liefern, sondern Anspielungen auf ein Denkbares zu erfinden, das nicht dargestellt werden kann" (Lyotard). Jeder Versuch, die Differenzen von Einbildungskraft und Vernunft (von Transgression und Immanenz) einzuebnen, muß im Terror enden. Aus der imaginären Indifferenz der kursierenden „science fiction" stammt jene Vision, daß in der Leere der Endzeit die Figur der größten Explosion am Himmel erscheinen wird, jene trefflichste Apotheose des menschlichen Gehirns, die je gefeiert wurde. Wenn man sie zusammen sieht mit der Apokalypse, mit der Wiederkehr des strahlenden Gotteskörpers, hat man einen Beleg für die Kontinuität der Zwangsvorstellungen der Menschheit, die es abzulegen gilt wie einen alten, zerschlissenen Mantel. Diese Transparenz ist nämlich der Schrecken, der sich in den Obsessionen der Künstler manifestiert, dem die gewagte Mühseligkeit einer Ästhetik des Posthistoire gilt und der noch nicht im Vollbesitz seiner Widersprüchlichkeiten ist.

Den Dissens als Dissens festzuhalten, weil ein Konsens nicht mehr gelingt, ist vielleicht die ethische Signatur kommenden Wissens, das seine gesellschaftliche Hochschätzung verlieren wird. Gleichzeitig müßte die Eliminierung der Dissidenten ein Ende haben. Denn die Dogmen- und Sektengeschichte der Wissenschaft zeigt bis zum Punkt des autistischen Neutrums eine krasse Wahrheit: je mehr einer ausschließt, desto mehr wird er ausgeschlossen. Das würde umgekehrt eine Toleranz bedeuten, die kaum geübt oder gekonnt ist. Vor allem heißt es begriffliche Arbeit am Komplex einer transalternativen Logik. Man hat keine Wahl mehr zwischen Schwarz oder Weiß, sondern nur noch zwischen dem mehr oder weniger Grauen. In einer solchen Zeit des Grauen(s) bleibt das Entscheidende in der Schwebe. Mit jedem Wissen wächst das Nicht-Wissen; nur riskante Sprachspiele überleben ihre Erfinder. Deswegen enden die Strukturalisten und die Poststrukturalisten (bei genauester Wahrnehmung) theoretisch im Ungefähren, in jenem vagen diskursiven Kontext eines „nicht nur — sondern auch", in einem „teils — teils", in einem „mehr oder weniger". Doch ist diese theoretische Indifferenz der Ort der Wahrung der wirklichen Differenzen, so daß eine Schlußthese nicht ganz unwahrscheinlich ist: einzig die Ästhetik des Posthistoire, die zwischen Trauer und Wagnis changiert, bietet der Geschichte weiterhin eine Chance. „Die Simulakren sind der Geschichte überlegen" (Baudrillard), aber die Simulation als vollendete Herrschaft des imaginären Todes ist der Verführung als der Meisterschaft des Scheins unterlegen.

„Dem gegenwärtigen System ... der Simulation gelingt es, alle Finalitäten, alle Referentiale und jeglichen Sinn zu neutralisieren; es scheitert allerdings bei der Neutralisierung des Scheins. Das ist unsere letzte Chance" (Baudrillard).

Die umstrittene Unschuld der neuen Ästhetik – das Beispiel der postmodernen Architektur

Das Exempel akzentuiert die Ästhetik des Posthistoire nicht so sehr als reflexiven Horizont, sondern als materialen Gegenstand, an dem zu lernen ist. Vieles von dem, was angesprochen wurde, kommt vor, eher unfreiwillig aufschlußreich denn als selbstbewußtes Signal. Deshalb bedarf es noch mancher Arbeit der Entdeckung. Ansatzweise sei eine Indizienkette in mehreren Sätzen entworfen.

— Das Verhältnis von Moderne und Postmoderne in der Architektur wird immer noch, was naheliegt, entweder von der Moderne oder von der Postmoderne aus bestimmt. Man muß aber den Versuch machen, mit dieser Spielregel zu brechen. Das wird nur möglich sein, indem und nachdem mittels einer qualitativen Differenzierung beiderseits eine vergleichbare Differenzqualität getroffen ist. Man darf nicht weiterhin Unvergleichbares gegeneinander ausspielen: etwa die Stärken der einen Seite gegen die Schwächen der anderen. Um aber dergleichen zu können, muß ein Abstand gewonnen werden. Nur dann wäre eine Kritik der Moderne durch die Postmoderne und umgekehrt durchführbar. Die Ästhetik des Posthistoire in ihrer doppelten Form als Gegenstand und Horizont könnte eine solche Distanz darstellen.
— Das Verhältnis hat also eine paradoxale, antinomische Struktur und spielt keineswegs nur in der Opposition von Diskontinuität oder Kontinuität, von Bruch oder Brücke. Schwach formuliert besteht „ein nicht mehr ganz flüssiger Übergang" (Klotz) *und* „ein nahezu fließender Übergang" (Klotz), d.h. sowohl ein Kontinuum als auch ein Diskontinuum. Das geht nur unter der Voraussetzung, daß beide: Moderne und Postmoderne, zweideutig sind, die erste unfreiwillig, die zweite absichtlich. Die „Mehrfachcodierung", die „Schizophrenie", die „Kontextualität" der Postmoderne (Jencks) gelten auch für die Moderne, obwohl sie ihrer Programmatik entfallen. Architektur als „Sprache", als „Erzählung", als „Mythos", wie die Postmoderne es will, hat auch Geltung für die absichtlich non-fictive, sprachlose, funktionale Form. Insofern schließt die Postmoderne die Moderne ein, welche ihrerseits jene auszuschließen glaubt (Portoghesi).
— Die beiden kontradiktorischen Thesen: die Postmoderne ist eine radikalisierte Moderne, die sich im Entscheidenden treu bleibt; die Postmoderne ist ein Verrat am Entscheidenden der Moderne, treffen also beide zu. In ihnen indiziert

sich ein Scheitern der Eindeutigkeit, nämlich des Sinns einer endgültigen, puren, menschlichen Geschichte. Die funktionierende Differenz von Funktion und Fiktion ist selbst fiktiv. Das wurde von Moderne *und* Postmoderne zugleich herausgearbeitet. Der Monotheismus der Vernunft und der Polytheismus der Einbildungskraft, romantische Formeln für den *einen* Mythos und die *vielen* Mythen, verweisen seit ihrer Entstehung aufeinander. Sie überstehen alle Kritik, sind aber beide — insofern sie die Welt verschließen — letztlich unannehmbar. Eine progressive Wahrnehmung der Moderne, die nicht in die Prämoderne zurückfallen will, hätte also für eine neuartige Eröffnung zu sorgen, gewiß für die Sprengung des Rahmens, den die Logik der Geschichte gesetzt hat.

Die Rückkehr des schönen Scheins, der Eklektizismus, die Zitatfreude, die Innovationswelle — lauter Momente, die man der postmodernen Architektur nachsagt — deuten also eher einen Mut der Verzweiflung an, einen Versuch, vielleicht, Zeit zu gewinnen. Aus der nötigen Distanz betrachtet und mit Blick auf Postmoderne *und* Moderne könnte schließlich deutlich werden, was „die Anmaßung des Geistes gegenüber der Zeit" genannt wurde. Die Mimesis des Schreckens, die Meditation des Todes der Menschheit, die „Ästhetik des Posthistoire" erweisen miteinander die Notwendigkeit, die Macht der linear bemessenen Zeit zu brechen und — beim Verlassen des Spielfeldes — umso mehr Zukunft je mehr Vergangenheit freizulegen.

Am Schluß sollen — symmetrisch zum Anfang — zwei kurze Zitate stehen, die den Bogen zum Hauptstrom der posthistorischen Wahrnehmungen zurückschlagen. Sie sind zu finden im Katalog *Das Abenteuer der Ideen. Architektur und Philosophie seit der industriellen Revolution*. Das erste stammt aus Lyotards Prospekt zu seiner geplanten Ausstellung „Les Immatériaux" — „Die Immaterialien" im Centre Pompidou im Frühjahr nächsten Jahres. Das zweite Zitat ist einem Interview entnommen, das Eva Meyer mit Jacques Derrida zum Thema „Labyrinth und Archi-Textur" geführt hat.

Lyotard

„Die Hauptfrage lautet: verändern die ‚Immaterialien' die Beziehung des Menschen zum Material, wie es in der Tradition der Moderne festgelegt ist, zum Beispiel durch das cartesianische Programm: ‚sich zum Herrn und Besitzer der Natur zu machen'? ...

Es geht darum, die Frage zu intensivieren und sozusagen die Ungewißheit zu verschärfen, mit der sie auf Gegenwart und Zukunft des Menschen lastet ... Das

Beunruhigende für den Menschen ist aber, daß ihm seine (angebliche) Identität als ‚menschliches Wesen' entgleitet ... Wie das Material das Komplement eines Subjekts ist ..., bedeutet das ‚Immaterial' in seinem widersprüchlichen Begriff ein Material, das keine Materie ... für ein Projekt mehr ist, und es deckt auf seiten des ‚Menschen' eine Auflösung auf ..."

Derrida

„Nur die Verunmöglichung des Turms von Babel ermöglicht es der Architektur wie auch der Vielfalt der Sprachen, eine Geschichte zu haben. Und diese Geschichte ist immer in Beziehung zu einem Göttlichen zu verstehen, das endlich ist. *Vielleicht ist es ein Charakteristikum der Postmoderne, daß sie dieser Niederlage Rechnung trägt.* Wenn sich die Moderne durch das Streben nach der absoluten Herrschaft auszeichnet, so ist die Postmoderne vielleicht die Feststellung oder die Erfahrung ihres Endes, des Endes dieses Plans der Beherrschung."

Anmerkung

Der Text ist die gestraffte Fassung eines Vortrages, den der Verfasser am 25.10.1984 im Rahmen der Jahrestagung der Deutschen Semiotischen Gesellschaft in München gehalten hat. Dieser Vortrag war der eigentliche Anlaß für heftige, zum Teil unqualifizierte Angriffe in der Öffentlichkeit (vgl. Klaus Laermann: „Das rasende Gefasel der Gegenaufklärung", *Merkur*, H. 3, 1985). Der Text ist bisher nicht veröffentlicht, da er als Einleitung für einen im Titel gleichlautenden Sammelband vorgesehen war, den der Suhrkamp-Verlag trotz vertraglicher Bindung bis heute nicht herausgebracht hat. Die entsprechende Veranstaltung fand bereits im Frühjahr 1982 statt.

III. Philosophie

Die Moderne — ein unvollendetes Projekt*

Jürgen Habermas

Nach den Malern und Filmemachern sind nun auch die Architekten zur Biennale in Venedig zugelassen worden. Das Echo auf diese erste Architekturbiennale war Enttäuschung. Die Aussteller in Venedig bilden eine Avantgarde mit verkehrten Fronten. Unter dem Motto „Die Gegenwart der Vergangenheit" opferten sie die Tradition der Moderne, die einem neuen Historismus Platz macht: „Daß die gesamte Moderne sich aus der Auseinandersetzung mit der Vergangenheit gespeist hat, daß Frank Lloyd Wright nicht ohne Japan, Le Corbusier nicht ohne Antike und mediterranes Bauen, Mies van der Rohe nicht ohne Schinkel und Behrens denkbar gewesen wären, wird mit Stillschweigen übergangen." Mit diesem Kommentar begründet der Kritiker der FAZ[1] seine These, die über den Anlaß hinaus zeitdiagnostische Bedeutung hat: „Die Postmoderne gibt sich entschieden als eine Antimoderne."

Dieser Satz gilt für eine affektive Strömung, die in die Poren aller intellektuellen Bereiche eingedrungen ist und Theorien der Nachaufklärung, der Postmoderne, der Nachgeschichte usw., kurz einen neuen Konservativismus auf den Plan gerufen hat. Damit kontrastieren Adorno und sein Werk.

Adorno hat sich dem Geist der Moderne so vorbehaltlos verschrieben, daß er schon in dem Versuch, die authentische Moderne von bloßem Modernismus zu unterscheiden, jene Affekte wittert, die auf den Affront der Moderne antworten. So mag es nicht ganz unangemessen sein, den Dank für einen Adorno-Preis in der Form abzustatten, daß ich der Frage nachgehe, wie es sich mit der Bewußtseinsstellung der Moderne heute verhält. Ist die Moderne so passé, wie die Postmodernen behaupten? Oder ist die vielstimmig ausgerufene Postmoderne ihrerseits nur phony? Ist ‚postmodern' ein Schlagwort, unter dem sich unauffällig jene Stimmungen beerben lassen, die die kulturelle Moderne seit der Mitte des 19. Jahrhunderts gegen sich aufgebracht hat?

---

* Rede aus Anlaß der Verleihung des Adorno-Preises der Stadt Frankfurt 1980.
[1] Wolfgang Pehnt, „Die Postmoderne als Lunapark", FAZ vom 18.8.1980, S. 17.

Die Alten und die Neuen

Wer, wie Adorno, „die Moderne" um 1850 beginnen läßt, sieht sie mit den Augen Baudelaires und der avantgardistischen Kunst. Lassen Sie mich diesen Begriff der kulturellen Moderne mit einem kurzen Blick auf die lange, von Hans Robert Jauß beleuchtete Vorgeschichte[2] erläutern. Das Wort „modern" ist zuerst im späten 5. Jahrhundert verwendet worden, um die soeben offiziell gewordene christliche Gegenwart von der heidnisch-römischen Vergangenheit abzugrenzen. Mit wechselnden Inhalten drückt „Modernität" immer wieder das Bewußtsein einer Epoche aus, die sich zur Vergangenheit der Antike in Beziehung setzt, um sich selbst als Resultat eines Übergangs vom Alten zum Neuen zu begreifen. Das gilt nicht nur für die Renaissance, mit der *für uns* die Neuzeit beginnt. Als „modern" verstand man sich auch in der Zeit Karls des Großen, im 12. Jahrhundert und zur Zeit der Aufklärung — also immer dann, wenn sich in Europa das Bewußtsein einer neuen Epoche durch ein erneuertes Verhältnis zur Antike gebildet hat. Dabei hat die antiquitas bis zum berühmten Streit der Modernen mit den Alten, und das hieß mit den Anhängern des klassizistischen Zeitgeschmacks im Frankreich des späten 17. Jahrhunderts, als normatives und zur Nachahmung empfohlenes Vorbild gegolten. Erst mit den Perfektionsidealen der französischen Aufklärung, mit der durch die moderne Wissenschaft inspirierten Vorstellung vom unendlichen Fortschritt der Erkenntnis und eines Fortschreitens zum gesellschaftlich und moralisch Besseren, löst sich allmählich der Blick aus dem Bann, den die klassischen Werke der antiken Welt auf den Geist der *jeweils* Modernen ausgeübt hatten. Schließlich sucht sich die Moderne, indem sie dem Klassischen das Romantische entgegensetzt, ihre eigene Vergangenheit in einem idealisierten Mittelalter. Im Laufe des 19. Jahrhunderts entläßt *diese* Romantik aus sich jenes radikalisierte Bewußtsein von Modernität, das sich aus allen historischen Bezügen löst und nur noch die abstrakte Entgegensetzung zur Tradition, zur Geschichte insgesamt zurückbehält.

Als modern gilt nun, was einer spontan sich erneuernden Aktualität des Zeitgeistes zu objektivem Ausdruck verhilft. Die Signatur solcher Werke ist das Neue, das von der Neuerung des nächsten Stils überholt und entwertet wird. Aber während das bloß Modische, in die Vergangenheit versetzt, altmodisch wird, behält das Moderne einen geheimen Bezug zum Klassischen. Seit je galt als klassisch, was die Zeiten überdauert; diese Kraft entlehnt das im emphatischen Sinne moderne Zeugnis freilich nicht mehr der Autorität einer vergangenen Epoche, sondern einzig der Authentizität einer vergangenen Aktualität. Dieses Umschlagen der heuti-

---

[2] „Literarische Tradition und gegenwärtiges Bewußtsein der Moderne", in Hans Robert Jauß, *Literaturgeschichte als Provokation,* Frankfurt a.M. 1970, S. 11 ff.

gen Aktualität in die von gestern ist verzehrend und produktiv zugleich; es ist, wie Jauß beobachtet, die Moderne selbst, die sich ihre Klassizität schafft – wie selbstverständlich sprechen wir inzwischen von klassischer Moderne. Adorno wehrt sich gegen jene Unterscheidung zwischen Moderne und Modernismus, „weil ohne die subjektive Gesinnung, die vom Neuen angereizt wird, auch keine objektive Moderne sich kristallisiert" (*Ästhetische Theorie*, 45).

Die Gesinnung der ästhetischen Moderne

Diese Gesinnung der ästhetischen Moderne nimmt mit Baudelaire, auch mit seiner von E. A. Poe beeinflußten Kunsttheorie, deutlichere Konturen an. Sie entfaltet sich in den avantgardistischen Strömungen und exaltiert schließlich im Café Voltaire der Dadaisten und im Surrealismus. Kennzeichnen läßt sie sich durch Einstellungen, die sich um den Fokus eines veränderten Zeitbewußtseins bilden. Dieses spricht sich aus in der räumlichen Metapher der Vorhut, einer Avantgarde also, die als Kundschafter in unbekanntes Gebiet vorstößt, die sich den Risiken plötzlicher, schockierender Begegnungen aussetzt, die eine noch nicht besetzte Zukunft erobert, die sich orientieren, also eine Richtung finden muß in einem noch nicht vermessenen Gelände. Aber die Orientierung nach vorne, die Antizipation einer unbestimmten, kontingenten Zukunft, der Kult des Neuen bedeuten in Wahrheit die Verherrlichung einer Aktualität, die immer von neuem subjektiv gesetzte Vergangenheiten gebiert. Das neue Zeitbewußtsein, das mit Bergson auch in die Philosophie eindringt, bringt nicht nur die Erfahrung einer mobilisierten Gesellschaft, einer akzelerierten Geschichte, eines diskontinuierten Alltags zum Ausdruck. In der Aufwertung des Transitorischen, des Flüchtigen, des Ephemeren, in der Feier des Dynamismus spricht sich eben die Sehnsucht nach einer unbefleckten, innehaltenden Gegenwart aus. Als eine sich selbst negierende Bewegung ist der Modernismus „Sehnsucht nach der wahren Präsenz". Dies, meint Octavio Paz, „ist das geheime Thema der besten modernistischen Dichter".[3]

Das erklärt auch die abstrakte Opposition zur Geschichte, welche damit die Struktur eines gegliederten, Kontinuität verbürgenden Überlieferungsgeschehens einbüßt. Die einzelnen Epochen verlieren ihr Gesicht zugunsten der heroischen Affinität der Gegenwart mit dem Fernsten und dem Nächsten: das Dekadente erkennt sich unvermittelt im Barbarischen, Wilden, Primitiven. Die anarchistische Absicht, das Kontinuum der Geschichte aufzusprengen, erklärt die subversive Kraft eines ästhetischen Bewußtseins, das sich gegen die Normalisierungsleistungen von Tradition auflehnt, das aus der Erfahrung der Rebellion gegen alles Nor-

---

[3] Octavio Paz, *Essays*, Bd. 2, Frankfurt a. M. 1980, S. 159.

mative lebt und sowohl das moralisch Gute wie das praktisch Nützliche neutralisiert, die Dialektik von Geheimnis und Skandal fortgesetzt inszeniert, süchtig nach der Faszination jenes Erschreckens, das vom Akt der Profanierung ausgeht – und zugleich auf der Flucht vor deren trivialen Ergebnissen. So sind nach Adorno „die Male der Zerrüttung das Echtheitssiegel von Moderne; das, wodurch sie die Geschlossenheit des Immergleichen verzweifelt negiert; Explosion ist eine ihrer Invarianten. Antitraditionalistische Energie wird zum verschlingenden Wirbel. Insofern ist Moderne Mythos, gegen sich selbst gewendet; dessen Zeitlosigkeit wird zur Katastrophe des die zeitliche Kontinuität zerbrechenden Augenblicks". (*Ästhetische Theorie*, 41.)

Freilich ist das Zeitbewußtsein, das sich in der avantgardistischen Kunst artikuliert, nicht schlechthin antihistorisch; es richtet sich nur gegen die falsche Normativität eines aus der Nachahmung von Vorbildern geschöpften Geschichtsverständnisses, dessen Spuren selbst in der philosophischen Hermeneutik Gadamers nicht getilgt sind. Es bedient sich der historisch verfügbar gemachten, objektivierten Vergangenheiten, aber rebelliert gleichzeitig gegen die Neutralisierung der Maßstäbe, die der Historismus betreibt, wenn er die Geschichte ins Museum sperrt. Aus diesem Geist konstruiert Walter Benjamin das Verhältnis der Moderne zur Geschichte *posthistorisch*. Er erinnert an das Selbstverständnis der Französischen Revolution: „Sie zitierte das vergangene Rom genauso, wie die Mode eine vergangene Tracht zitiert. Die Mode hat die Witterung für das Aktuelle, wo immer es sich im Dickicht des Einst bewegt." Und wie für Robespierre das antike Rom eine mit Jetztzeit geladene Vergangenheit war, so soll der Historiker die Konstellation erfassen, „in die seine eigene Epoche mit einer ganz bestimmten früheren getreten ist". Er begründet so einen Begriff „der Gegenwart als der ‚Jetztzeit', in welcher Splitter der messianischen eingesprengt sind" (*Ges. Schr.* Bd. I.2, 701 f.).

Diese Gesinnung der ästhetischen Moderne ist inzwischen gealtert. Zwar ist sie in den 60er Jahren noch einmal rezitiert worden. Die 70er Jahre im Rücken, müssen wir uns aber eingestehen, daß der Modernismus heute kaum noch Resonanz findet. Damals notiert sich Octavio Paz, ein Parteigänger der Moderne, nicht ohne Melancholie: „Die Avantgarde von 1967 wiederholt die Taten und Gesten derjenigen von 1917. Wir erleben das Ende der Idee der modernen Kunst."[4] Im Anschluß an die Untersuchungen von Peter Bürger sprechen wir inzwischen von der postavantgardistischen Kunst, die das Scheitern der surrealistischen Revolte nicht länger verhehlt. Aber was bedeutet dieses Scheitern? Signalisiert es den Abschied von der Moderne? Bedeutet die Postavantgarde bereits den Übergang zur Postmoderne?

---

[4] Ebd., S. 329.

So, in der Tat, versteht es Daniel Bell, der bekannte Gesellschaftstheoretiker und der brillanteste unter den amerikanischen Neokonservativen. In einem interessanten Buch[5] entwickelt Bell die These, daß die Krisenerscheinungen in den entwickelten Gesellschaften des Westens auf einen Bruch zwischen Kultur und Gesellschaft, zwischen der kulturellen Moderne und den Anforderungen des ökonomischen wie des administrativen Systems zurückgeführt werden können. Die avantgardistische Kunst dringt in die Wertorientierungen des Alltagslebens ein und infiziert die Lebenswelt mit der Gesinnung des Modernismus. Dieser ist der große Verführer, der das Prinzip der schrankenlosen Selbstverwirklichung, die Forderung nach authentischer Selbsterfahrung, den Subjektivismus einer überreizten Sensibilität zur Herrschaft bringt und damit hedonistische Motive freisetzt, die mit der Disziplin des Berufslebens, überhaupt mit den moralischen Grundlagen einer zweckrationalen Lebensführung unvereinbar sind. So schiebt Bell, ähnlich wie hierzulande Arnold Gehlen, die Auflösung der protestantischen Ethik, die Max Weber beunruhigt hatte, der „adversary culture", also einer Kultur in die Schuhe, deren Modernismus die Feindseligkeit gegen die Konventionen und Tugenden eines von Wirtschaft und Verwaltung rationalisierten Alltags schürt.

Andererseits soll, nach dieser Lesart, der Impuls der Moderne endgültig erschöpft, die Avantgarde am Ende sein: immer noch in Ausbreitung begriffen, sei sie doch nicht mehr kreativ. Für den Neokonservativismus stellt sich damit die Frage, wie denn Normen zur Geltung gebracht werden können, die der Libertinage Grenzen ziehen, Disziplin und Arbeitsethik wiederherstellen, die der sozialstaatlichen Nivellierung die Tugenden individueller Leistungskonkurrenz entgegensetzen. Als einzige Lösung sieht Bell eine religiöse Erneuerung, jedenfalls den Anschluß an naturwüchsige Traditionen, die gegen Kritik immun sind, die klar geschnittene Identitäten ermöglichen und dem einzelnen existentielle Sicherheiten verschaffen.

Kulturelle Moderne und gesellschaftliche Modernisierung

Autorität gebietende Glaubensmächte kann man freilich nicht aus dem Boden stampfen. Deshalb ergibt sich aus solchen Analysen als einzige Handlungsanweisung ein Postulat, das auch bei uns Schule gemacht hat: die geistige und politische Auseinandersetzung mit den intellektuellen Trägern der kulturellen Moderne. Ich zitiere einen besonnenen Beobachter des neuen Stils, den die Neokonservativen in den 70er Jahren der intellektuellen Szene aufgeprägt haben: „Die Auseinandersetzung nimmt die Form an, alles, was als Ausdruck einer oppositionellen Menta-

---

[5] Daniel Bell, *The Cultural Contradictions of Capitalism*, New York 1976.

lität verstanden werden kann, so hinzustellen, daß es in seinen Konsequenzen mit dieser oder jener Art von Extremismus verknüpft werden kann: so etwa stellt man eine Verbindung her zwischen Modernität und Nihilismus, zwischen Wohlfahrtsprogrammen und Plünderungen, zwischen staatlichen Eingriffen und Totalitarismus, zwischen der Kritik an Rüstungsausgaben und Komplizenschaft mit dem Kommunismus, zwischen Feminismus, dem Kampf für die Rechte der Homosexuellen einerseits, der Zerstörung der Familie andererseits, zwischen der Linken überhaupt und Terrorismus, Antisemitismus oder gar Faschismus." Mit dieser Bemerkung bezieht sich Peter Steinfels[6] allein auf Amerika, aber die Parallelen liegen auf der Hand. Dabei sind die Personalisierung und die Bitterkeit der auch hierzulande von den gegenaufklärerischen Intellektuellen entfachten Intellektuellenschelte weniger psychologisch zu erklären, als vielmehr in der analytischen Schwäche der neukonservativen Lehren selbst begründet.

Der Neokonservativismus verschiebt nämlich die unbequemen Folgelasten einer mehr oder weniger erfolgreichen kapitalistischen Modernisierung von Wirtschaft und Gesellschaft auf die kulturelle Moderne. Weil er die Zusammenhänge zwischen den willkommenen Prozessen der gesellschaftlichen Modernisierung einerseits, der catonisch beklagten Motivationskrise andererseits ausblendet; weil er die sozialstrukturellen Ursachen für veränderte Arbeitseinstellungen, Konsumgewohnheiten, Anspruchsniveaus und Freizeitorientierungen nicht aufdeckt, kann er, was nun als Hedonismus, mangelnde Identifikations- und Folgebereitschaft, als Narzißmus, Rückzug von Status- und Leistungskonkurrenz erscheint, unmittelbar einer Kultur zuschieben, die in diese Prozesse doch nur auf eine höchst vermittelte Weise eingreift. Die Stelle der nichtanalysierten Ursachen müssen dann jene Intellektuellen einnehmen, die sich dem Projekt der Moderne immer noch verpflichtet fühlen. Gewiß, Daniel Bell sieht noch einen Zusammenhang zwischen der Erosion bürgerlicher Werte und dem Konsumismus einer auf Massenproduktion umgestellten Gesellschaft. Auch er ist jedoch von dem eigenen Argument wenig beeindruckt und führt die neue Permissivität in erster Linie auf die Ausbreitung eines Lebensstils zurück, der sich zunächst in den elitären Gegenkulturen der künstlerischen Bohème ausgebildet hatte. Damit variiert er freilich nur ein Mißverständnis, dem schon die Avantgarde selbst zum Opfer gefallen war – als sei es die Mission der Kunst, ihr indirekt gegebenes Glücksversprechen durch eine Sozialisierung der zum Gegenbild stilisierten Künstlerexistenzen einzulösen.

Rückblickend auf die Entstehungszeit der ästhetischen Moderne bemerkt Bell: „Radikal in Fragen der Wirtschaft, wurde der Bourgeois konservativ in Fragen der Moral und des Geschmacks" (S. 17). Wenn das stimmt, könnte man den Neokon-

---

[6] Peter Steinfels, *The Neoconservatives*, New York 1979, S. 65.

servativismus als Rückkehr zu einem bewährten *pattern* bürgerlicher Gesinnung verstehen. Aber das ist zu einfach. Denn die Stimmungslage, auf die der Neokonservativismus sich *heute* stützen kann, entspringt keineswegs einem Unbehagen an den antinomistischen Folgen einer überbordenden, aus den Museen ins Leben ausbrechenden Kultur. Dieses Unbehagen ist nicht von modernistischen Intellektuellen hervorgerufen worden, sondern wurzelt in den tiefer liegenden Reaktionen auf eine gesellschaftliche Modernisierung, die unter dem Druck der Imperative von Wirtschaftswachstum und staatlichen Organisationsleistungen immer weiter in die Ökologie gewachsener Lebensformen, in die kommunikative Binnenstruktur geschichtlicher Lebenswelten eingreift. So bringen die neopopulistischen Proteste weitverbreitete Ängste vor einer Zerstörung von urbanen und natürlichen Milieus, der Zerstörung von Formen des humanen Zusammenlebens nur pointiert zum Ausdruck. Die vielfältigen Anlässe des Unbehagens und des Protestes entstehen überall dort, wo eine einseitige, an Maßstäben der ökonomischen und der administrativen Rationalität ausgerichtete Modernisierung in Lebensbereiche eindringt, die um Aufgaben der kulturellen Überlieferung, der sozialen Integration und der Erziehung zentriert und daher auf *andere* Maßstäbe, nämlich auf die einer kommunikativen Rationalität angelegt sind. Gerade von diesen gesellschaftlichen Prozessen ziehen die neukonservativen Lehren aber die Aufmerksamkeit ab; sie projizieren die Ursachen, die sie nicht ans Licht bringen, auf die Ebene einer eigensinnig subversiven Kultur und ihrer Anwälte.

Allerdings bringt die kulturelle Moderne auch ihre *eigenen* Aporien aus sich hervor. Und auf diese berufen sich die intellektuellen Positionen, die entweder eine Nachmoderne ausrufen oder die Rückkehr zur Vormoderne empfehlen oder die Moderne radikal verwerfen. Auch unabhängig von den Folgeproblemen der *gesellschaftlichen* Modernisierung, *auch* aus der *Innenansicht* der kulturellen Entwicklung ergeben sich Motive für den Zweifel und die Verzweiflung am Projekt der Moderne.

Das Projekt der Aufklärung

Die Idee der Moderne ist mit der Entwicklung der europäischen Kunst eng verschwistert; aber das, was ich das Projekt der Moderne genannt habe, kommt erst in den Blick, wenn wir die bisher geübte Beschränkung auf Kunst aufgeben. Max Weber hat die kulturelle Moderne dadurch charakterisiert, daß die in religiösen und metaphysischen Weltbildern ausgedrückte substantielle Vernunft in drei Momente auseinandertritt, die nur noch formal (durch die Form argumentativer Begründung) zusammengehalten werden. Indem die Weltbilder zerfallen und die überlieferten Probleme unter den spezifischen Gesichtspunkten der Wahrheit, der normativen Richtigkeit, der Authentizität oder Schönheit aufgespalten, jeweils *als*

Erkenntnis-, *als* Gerechtigkeits-, *als* Geschmacksfragen behandelt werden können, kommt es in der Neuzeit zu einer Ausdifferenzierung der Wertsphären Wissenschaft, Moral und Kunst. In den entsprechenden kulturellen Handlungssystemen werden wissenschaftliche Diskurse, moral- und rechtstheoretische Untersuchungen, werden Kunstproduktion und Kunstkritik als Angelegenheit von Fachleuten institutionalisiert. Die professionalisierte Bearbeitung der kulturellen Überlieferung unter jeweils einem abstrakten Geltungsaspekt läßt die Eigengesetzlichkeiten des kognitiv-instrumentellen, des moralisch-praktischen und des ästhetisch-expressiven Wissenskomplexes hervortreten. Von nun an gibt es auch eine *interne* Geschichte der Wissenschaften, der Moral- und Rechtstheorie, der Kunst — gewiß keine linearen Entwicklungen, aber doch Lernprozesse. Das ist die eine Seite.

Auf der anderen Seite wächst der Abstand zwischen den Expertenkulturen und dem breiten Publikum. Was der Kultur durch spezialistische Bearbeitung und Reflexion zuwächst, gelangt nicht *ohne weiteres* in den Besitz der Alltagspraxis. Mit der kulturellen Rationalisierung droht vielmehr die in ihrer Traditionssubstanz entwertete Lebenswelt zu *verarmen*. Das Projekt der Moderne, das im 18. Jahrhundert von den Philosophen der Aufklärung formuliert worden ist, besteht nun darin, die objektivierenden Wissenschaften, die universalistischen Grundlagen von Moral und Recht und die autonome Kunst unbeirrt in ihrem jeweiligen Eigensinn zu entwickeln, aber gleichzeitig auch die kognitiven Potentiale, die sich so ansammeln, aus ihren esoterischen Hochformen zu entbinden und für die Praxis, d.h. für eine vernünftige Gestaltung der Lebensverhältnisse zu nützen. Aufklärer vom Schlage eines Condorcet hatten noch die überschwengliche Erwartung, daß Künste und Wissenschaften nicht nur die Kontrolle der Naturkräfte, sondern auch die Welt- und Selbstdeutung, den moralischen Fortschritt, die Gerechtigkeit der gesellschaftlichen Institutionen, sogar das Glück der Menschen befördern würden.

Von diesem Optimismus hat das 20. Jahrhundert nicht viel übriggelassen. Aber das Problem ist geblieben, und nach wie vor scheiden sich die Geister daran, ob sie an den Intentionen der Aufklärung, wie gebrochen auch immer, festhalten, oder ob sie das Projekt der Moderne verloren geben, ob sie zum Beispiel die kognitiven Potentiale, soweit sie nicht in technischen Fortschritt, ökonomisches Wachstum und rationale Verwaltung einfließen, so eingedämmt sehen wollen, daß eine auf erblindete Traditionen verwiesene Lebenspraxis davon nur ja unberührt bleibt.

Selbst unter den Philosophen, die heute so etwas wie eine *Nachhut der Aufklärung* bilden, ist das Projekt der Moderne eigentümlich zersplittert. Sie setzen ihr Vertrauen nur noch in jeweils eines der Momente, in die sich die Vernunft ausdifferenziert hat. Popper, und ich meine den Theoretiker der offenen Gesellschaft, der sich von den Neukonservativen noch nicht hat vereinnahmen lassen, hält an der aufklärenden, in den politischen Bereich hineinwirkenden Kraft der wissenschaftlichen Kritik fest; dafür entrichtet er den Preis eines moralischen Skeptizismus und einer weitgehenden Indifferenz gegenüber dem Ästhetischen. Paul Lorenzen rechnet mit der lebensreformerischen Wirksamkeit des methodischen Aufbaus einer Kunstsprache, in der sich die praktische Vernunft zur Geltung bringt; dabei kanalisiert er aber die Wissenschaften in den engen Bahnen moralanaloger, praktischer Rechtfertigungen und vernachlässigt ebenfalls das Ästhetische. Umgekehrt hat sich bei Adorno der emphatische Vernunftanspruch in die anklagende Geste des esoterischen Kunstwerkes zurückgezogen, während die Moral einer Begründung nicht mehr fähig ist und der Philosophie nur noch die Aufgabe verbleibt, in indirekter Rede auf die in der Kunst vermummten kritischen Gehalte zu verweisen.

Die Ausdifferenzierung von Wissenschaft, Moral und Kunst, durch die Max Weber den Rationalismus der westlichen Kultur kennzeichnet, bedeutet *gleichzeitig* das Autonomwerden von spezialistisch bearbeiteten Sektoren *und* deren Abspaltung von einem Traditionsstrom, der sich in der Hermeneutik der Alltagspraxis naturwüchsig fortbildet. Diese Abspaltung ist das Problem, das sich aus der Eigengesetzlichkeit der ausdifferenzierten Wertsphären ergibt; sie hat auch die fehlschlagenden Versuche, die Expertenkulturen „aufzuheben", hervorgerufen. Das läßt sich am besten an der Kunst ablesen.

Kant und der Eigensinn des Ästhetischen

Aus der Entwicklung der modernen Kunst kann man, grob vereinfacht, eine Linie fortschreitender Autonomisierung herauspräparieren. Zunächst konstituierte sich, in der Renaissance, jener Gegenstandsbereich, der ausschließlich unter Kategorien des Schönen fällt. Im Laufe des 18. Jahrhunderts wurden Literatur, bildende Kunst und Musik dann als ein Handlungsbereich, der sich vom sakralen und höfischen Leben trennt, institutionalisiert. Schließlich entstand um die Mitte des 19. Jahrhunderts auch eine ästhetizistische Auffassung der Kunst, die den Künstler anhält, seine Werke schon im Bewußtsein des l'art pour l'art zu produzieren. Damit kann der Eigensinn des Ästhetischen zum Vorsatz werden.

In der ersten Phase dieses Vorgangs treten also die kognitiven Strukturen eines neuen, vom Komplex der Wissenschaft und der Moral sich abhebenden Bereichs hervor. Später wird es zur Sache der philosophischen Ästhetik, diese Strukturen zu klären. Energisch arbeitet Kant die Eigenart des ästhetischen Gegenstandsbereichs heraus. Er geht von der Analyse des Geschmacksurteils aus, das zwar auf Subjektives, auf das freie Spiel der Einbildungskraft gerichtet ist und doch nicht bloß Vorlieben manifestiert, sondern auf intersubjektive Zustimmung rechnet.

Obwohl die ästhetischen Gegenstände weder zur Sphäre jener Erscheinungen gehören, die mit Hilfe der Verstandeskategorien erkannt werden können, noch zur Sphäre freier Handlungen, die der Gesetzgebung der praktischen Vernunft unterliegen, sind die Werke der Kunst (und der Naturschönheit) einer *objektiven Beurteilung* zugänglich. Neben der Sphäre der Wahrheitsgeltung und des Sollens konstituiert das Schöne einen weiteren Geltungsbereich, der den *Zusammenhang von Kunst und Kunstkritik* begründet. Man „spricht alsdann von der Schönheit, als wäre sie eine Eigenschaft der Dinge" (*KdU* § 7).

Freilich haftet Schönheit nur an der *Vorstellung* von einem Ding, so wie sich das Geschmacksurteil auch nur auf das Verhältnis der Vorstellung eines Gegenstandes zum Gefühl der Lust oder der Unlust bezieht. Nur im *Medium des Scheins* kann ein Gegenstand *als* ästhetischer wahrgenommen werden; einzig als fiktiver kann er die Sinnlichkeit so affizieren, daß zur Darstellung gelangt, was sich der Begrifflichkeit objektivierenden Denkens und moralischer Beurteilung entzieht. Den Gemütszustand, der durch das ästhetisch in Bewegung gesetzte Spiel der Vorstellungskräfte hervorgerufen wird, charakterisiert Kant zudem als *interesseloses* Wohlgefallen. Die Qualität eines *Werkes* bestimmt sich also unabhängig von seinen praktischen Lebensbezügen.

Während die erwähnten Grundbegriffe der klassischen Ästhetik, also Geschmack und Kritik, schöner Schein, Interesselosigkeit und Transzendenz des Werkes, vornehmlich zur Abgrenzung des Ästhetischen gegenüber den anderen Wertsphären und der Lebenspraxis dienen, enthält der Begriff des *Genies*, das zur Hervorbringung eines Kunstwerks erforderlich ist, positive Bestimmungen. Genie nennt Kant „die musterhafte Originalität der Naturgabe eines Subjekts im freien Gebrauch seiner Erkenntnisvermögen" (*KdU* § 49). Wenn wir den Geniebegriff von seinen romantischen Ursprüngen lösen, können wir in freier Umschreibung sagen: der begabte Künstler vermag jenen Erfahrungen authentischen Ausdruck zu verleihen, die er im konzentrierten Umgang mit einer dezentrierten, von den Zwängen des Erkennens und Handelns losgesprochenen Subjektivität macht.

Dieser Eigensinn des Ästhetischen, also das Objektivwerden der dezentrierten, sich selbst erfahrenden Subjektivität, das Ausscheren aus den Zeit- und Raumstrukturen des Alltags, der Bruch mit den Konventionen der Wahrnehmung und der Zwecktätigkeit, die Dialektik von Enthüllung und Schock, konnte erst mit der Geste des Modernismus als Bewußtsein der Moderne hervortreten, nachdem zwei weitere Bedingungen erfüllt waren. Das ist einmal die Institutionalisierung einer vom Markt abhängigen Kunstproduktion und eines durch Kritik vermittelten, zweckfreien Kunstgenusses; und zum anderen ein ästhetizistisches Selbstverständnis der Künstler, auch der Kritiker, die sich weniger als Anwalt des Publikums verstehen, sondern als Interpreten, die zum Prozeß der Kunstproduktion selbst gehören. Jetzt kann in Malerei und Literatur eine Bewegung einsetzen, die einige bereits in den Kunstkritiken Baudelaires vorweggenommen sehen: Farben, Linien, Laute, Bewegungen hören auf, primär der Darstellung zu dienen; die Medien der Darstellung und die Techniken der Herstellung avancieren selber zum ästhetischen Gegenstand. Und Adorno kann seine *Ästhetische Theorie* mit dem Satz beginnen: „Zur Selbstverständlichkeit wurde, daß nichts, was die Kunst betrifft, mehr selbstverständlich ist, weder in ihr, noch im Verhältnis zum Ganzen, nicht einmal ihr Existenzrecht."

Die falsche Aufhebung der Kultur

Freilich, das Existenzrecht der Kunst wäre vom Surrealismus nicht in Frage gestellt worden, wenn nicht auch und gerade die moderne Kunst ein Glücksversprechen mit sich führte, das ihr „Verhältnis zum Ganzen" betrifft. Bei Schiller hat das Versprechen, welches die ästhetische Anschauung zwar gibt, aber nicht einlöst, noch die explizite Gestalt einer über Kunst hinausweisenden Utopie. Diese Linie der ästhetischen Utopie reicht bis zu Marcuses ideologiekritisch gewendeter Klage über den affirmativen Charakter der Kultur. Aber schon bei Baudelaire, der die promesse de bonheur wiederholt, hatte sich die Utopie der Versöhnung zur kritischen Widerspiegelung der Unversöhntheit der sozialen Welt verkehrt. Diese wird um so schmerzlicher bewußt, je weiter sich die Kunst vom Leben entfernt, in die Unberührbarkeit einer vollendeten Autonomie zurückzieht. Dieser Schmerz spiegelt sich im grenzlosen ennui eines Ausgestoßenen, der sich mit den Lumpensammlern von Paris identifiziert.

Auf solchen Gefühlsbahnen sammeln sich die explosiven Energien, die sich schließlich in der Revolte, in dem gewaltsamen Versuch entladen, eine nur zum Scheine autarke Sphäre der Kunst aufzusprengen und mit diesem Opfer die Versöhnung zu erzwingen. Adorno sieht sehr genau, warum das surrealistische Programm „der Kunst absagt, ohne sie doch abschütteln zu können" *(Ästhetische Theorie,* 52). Alle Versuche, die Fallhöhe zwischen Kunst und Leben, Fiktion und Praxis, Schein und Wirklichkeit einzuebnen; den Unterschied zwischen Artefakt und Gebrauchsgegenstand, zwischen Produziertem und Vorgefundenem, zwischen Gestaltung und spontaner Regung zu beseitigen; die Versuche, alles als Kunst und jeden zum Künstler zu deklarieren; alle Maßstäbe einzuziehen, ästhetische Urteile an die Äußerung subjektiver Erlebnisse anzugleichen — diese inzwischen gut analysierten Unternehmungen lassen sich heute als Nonsense-Experimente verstehen, die wider Willen genau die Strukturen der Kunst, die verletzt werden sollten, nur um so greller beleuchten: das Medium des Scheins, die Transzendenz des Werkes, den konzentrierten und planmäßigen Charakter der künstlerischen Produktion sowie den kognitiven Status des Geschmacksurteils.[7] Der radikale Versuch der Aufhebung der Kunst setzt ironisch jene Kategorien ins Recht,

---

[7] Dieter Wellershoff, *Die Auflösung des Kunstbegriffs,* Frankfurt a. M. 1976.

mit denen die klassische Ästhetik ihren Gegenstandsbereich eingekreist hatte; freilich haben sich diese Kategorien dabei auch selber verändert.

Das Scheitern der surrealistischen Revolte besiegelt den doppelten Irrtum einer falschen Aufhebung. Zum einen: wenn man die Gefäße einer eigensinnig entfalteten kulturellen Sphäre zerbricht, zerfließen die Gehalte; vom entsublimierten Sinn und der entstrukturierten Form bleibt nichts übrig, geht eine befreiende Wirkung nicht aus. Folgenreicher ist aber der andere Irrtum. In der kommunikativen Alltagspraxis müssen kognitive Deutungen, moralische Erwartungen, Expressionen und Bewertungen einander durchdringen. Die Verständigungsprozesse der Lebenswelt bedürfen einer kulturellen Überlieferung *auf ganzer Breite*. Deshalb könnte ein rationalisierter Alltag aus der Starre kultureller Verarmung gar nicht dadurch erlöst werden, daß *ein* kultureller Bereich, hier also die Kunst, gewaltsam geöffnet und ein Anschluß zu *einem* der spezialisierten Wissenskomplexe hergestellt wird. Auf diesem Wege könnte *eine* Einseitigkeit und *eine* Abstraktion allenfalls durch eine *andere* ersetzt werden.

Zum Programm und der mißlingenden Praxis falscher Aufhebung gibt es Parallelen auch in den Bereichen der theoretischen Erkenntnis und der Moral. Sie sind freilich weniger klar ausgeprägt. Wohl sind die Wissenschaften einerseits, Moral- und Rechtstheorie andererseits in ähnlicher Weise autonom geworden wie die Kunst. Aber beide Sphären bleiben in Verbindung mit spezialisierten Formen der Praxis: mit der verwissenschaftlichten Technik die eine, mit einer rechtsförmig organisierten, in ihren Grundlagen auf moralische Rechtfertigung angewiesenen Verwaltungspraxis die andere. Und doch haben sich die institutionalisierte Wissenschaft und die im Rechtssystem abgespaltene moralisch-praktische Erörterung so weit von der Lebenspraxis entfernt, daß auch hier das Programm der *Aufklärung* in das der *Aufhebung* umschlagen konnte.

Seit den Tagen der Junghegelianer kursiert die Parole von der Aufhebung der Philosophie, seit Marx ist die Frage nach dem Verhältnis von Theorie und Praxis gestellt. Hier haben sich die Intellektuellen freilich mit der Arbeiterbewegung verbunden. Nur an den Rändern dieser sozialen Bewegung haben sektiererische Gruppen den Spielraum für ihre Versuche gefunden, das Programm der Aufhebung der Philosophie ähnlich durchzuspielen wie die Surrealisten die Melodie der Aufhebung der Kunst. An den Folgen des Dogmatismus und des moralischen Rigorismus offenbart sich hier derselbe Fehler wie dort: eine verdinglichte Alltagspraxis, die auf ein zwangloses Zusammenspiel des Kognitiven mit dem Moralisch-Praktischen und dem Ästhetisch-Expressiven angelegt ist, läßt sich nicht durch den Anschluß an jeweils *einen* der gewaltsam geöffneten kulturellen Bereiche kurieren. Außerdem darf die praktische Entbindung und institutionelle Verkörperung des in Wissenschaft, Moral und Kunst angesammelten Wissens nicht verwechselt werden mit einer Kopie der Lebensführung von außeralltäglichen Repräsentanten dieser Wertsphären — mit der Verallgemeinerung der subversiven Kräfte, die Nietzsche, Bakunin, Baudelaire in ihrer Existenz ausgedrückt haben.

Gewiß, in bestimmten Situationen können terroristische Aktivitäten mit der Überdehnung jeweils eines der kulturellen Momente zusammenhängen, also mit der Neigung, die Politik zu ästhetisieren, sie durch moralischen Rigorismus zu ersetzen oder unter den Dogmatismus einer Lehre zu beugen.

Diese schwer greifbaren Zusammenhänge sollten aber nicht dazu verleiten, bereits die Intentionen der unnachgiebigen Aufklärung als Ausgeburt einer „terroristischen Vernunft" zu diffamieren. Wer das Projekt der Moderne mit der Bewußtseinslage und den öffentlich-spektakulären Handlungen individueller Terroristen zusammenbringt, verhält sich nicht weniger kurzschlüssig als einer, der den unvergleichlich stetigeren und umfangreicheren bürokratischen Terror, der im Dunkeln, in den Kellern der Militär- und Geheimpolizei, in Lagern und psychiatrischen Anstalten ausgeübt wird, zur raison d'être des modernen Staates (und seiner positivistisch ausgehöhlten legalen Herrschaft) erklären würde, nur weil dieser Terror sich der Mittel des staatlichen Zwangsapparates bedient.

Alternativen zur falschen Aufhebung der Kultur

Ich meine, daß wir eher aus den Verirrungen, die das Projekt der Moderne begleitet haben, aus den Fehlern der verstiegenen Aufhebungsprogramme lernen, statt die Moderne und ihr Projekt selbst verloren geben sollten. Vielleicht läßt sich am Beispiel der Kunstrezeption ein Ausweg aus den Aporien der kulturellen Moderne wenigstens *andeuten.* Seit der in der Romantik entwickelten Kunstkritik hat es gegenläufige Tendenzen gegeben, die sich mit dem Auftreten avantgardistischer Strömungen stärker polarisieren: die Kunstkritik beansprucht einmal die Rolle der produktiven Ergänzung zum Kunstwerk, ein anderes Mal die des Anwalts für den Interpretationsbedarf des breiten Publikums. Die bürgerliche Kunst hat an ihre Adressaten *beide* Erwartungen gerichtet: mal sollte sich der kunstgenießende Laie zum Experten heranbilden, mal durfte er sich als Kenner verhalten, der ästhetische Erfahrungen auf eigene Lebensprobleme bezieht. Vielleicht verlor diese zweite, scheinbar harmlosere Rezeptionsweise gerade dadurch, daß sie unklar mit der ersten verkettet blieb, ihre Radikalität.

Gewiß, die künstlerische Produktion muß semantisch verkümmern, wenn sie nicht als spezialisierte Bearbeitung von eigensinnigen Problemen, als Angelegenheit der Experten ohne Rücksicht auf exoterische Bedürfnisse betrieben wird. Dabei lassen sich alle (auch der Kritiker als der fachlich geschulte Rezipient) darauf ein, daß die bearbeiteten Probleme unter genau einem abstrakten Geltungsaspekt aussortiert werden. Diese scharfe Abgrenzung, diese Konzentration ausschließlich auf eine Dimension bricht aber zusammen, sobald die ästhetische Erfahrung in eine individuelle Lebensgeschichte eingeholt oder einer kollektiven Lebensform inkorporiert wird. Die Rezeption durch den Laien, oder vielmehr durch den Experten des Alltags, gewinnt eine *andere Richtung* als die des professionellen, auf die kunstinterne Entwicklung blickenden Kritikers. Albrecht Wellmer hat mich darauf aufmerksam gemacht, wie eine ästhetische Erfahrung, die nicht primär in Geschmacksurteile umgesetzt wird, ihren Stellenwert ändert. Sobald sie explorativ für die Aufhellung einer lebensgeschichtlichen Situation genutzt, auf Lebensprobleme bezogen wird, tritt sie in ein Sprachspiel ein, das nicht mehr das der ästhetischen Kritik ist. Die ästhetische Erfahrung erneuert dann nicht nur die Interpretationen der Bedürfnisse, in deren Licht wir die Welt wahrnehmen; sie greift gleichzeitig in die kognitiven Deutungen und die normativen Erwartungen ein und verändert die Art, wie alle diese Momente aufeinander *verweisen*.

Ein Beispiel für diese explorative, lebensorientierende Kraft, die von der Begegnung mit einem großen Gemälde zu einem Zeitpunkt, da sich eine Biographie zum Knoten schürzt, ausgehen kann, schildert Peter Weiss, als er seinen Helden nach der verzweifelten Rückkehr aus dem spanischen Bürgerkrieg durch Paris irren und in der Imagination jene Begegnung vorwegnehmen läßt, die wenig später im Louvre vor Géricaults Gemälde der Schiffbrüchigen stattfinden wird. Die Rezeptionsweise, die ich meine, wird in einer bestimmten Variante noch genauer getroffen durch den heroischen Aneignungsprozeß, den derselbe Autor im ersten Band seiner *Ästhetik des Widerstands* an einer Gruppe politisch motivierter, lernbegieriger Arbeiter im Berlin des Jahres 1937 darstellt, an jungen Leuten, die auf einem Abendgymnasium die Mittel erwerben, um in die Geschichte, auch die Sozialgeschichte der europäischen Malerei einzudringen. Sie hauen aus dem zähen Gestein dieses objektiven Geistes die Splitter heraus, die sie assimilieren, in den Erfahrungshorizont ihres von der Bildungstradition wie vom bestehenden Regime gleichweit entfernten Milieus einholen und so lange hin und her wenden, bis sie zu leuchten beginnen: „Unsere Auffassung einer Kultur stimmte nur selten überein mit dem, was sich als ein riesiges Reservoir von Gütern, von aufgestauten Erfindungen und Erleuchtungen darstellte. Als Eigentumslose näherten wir uns dem Angesammelten zuerst beängstigt, voller Ehrfurcht, bis es uns klar wurde, daß wir dies alles mit unsern eigenen Bewertungen zu füllen hatten, daß der Gesamtbegriff erst nutzbar werden konnte, wenn er etwas über unsre Lebensbedingungen sowie die Schwierigkeiten und Eigentümlichkeiten unsrer Denkprozesse aussagte."[8]

In solchen Beispielen einer *Aneignung der Expertenkultur aus dem Blickwinkel der Lebenswelt* wird etwas von der Intention der aussichtslosen surrealistischen Revolte, mehr noch von Brechts, selbst von Benjamins experimentellen Überlegungen zur Rezeption nicht-auratischer Kunstwerke gerettet. Ähnliche Überlegungen

---

[8] Peter Weiss, *Die Ästhetik des Widerstands*, Bd. 1, Frankfurt a.M. 1975, S. 54.

lassen sich für die Sphären von Wissenschaft und Moral anstellen, wenn man bedenkt, daß die Geistes-, Sozial- und Verhaltenswissenschaften von der Struktur des handlungsorientierenden Wissens noch keineswegs *ganz* abgekoppelt sind und daß die Zuspitzung universalistischer Ethiken auf Fragen der Gerechtigkeit durch eine Abstraktion erkauft ist, die nach einer Anknüpfung an die zunächst ausgeschiedenen Probleme des guten Lebens verlangt.

Eine differenzierte Rückkoppelung der modernen Kultur mit einer auf vitale Überlieferungen angewiesenen, durch bloßen Traditionalismus aber verarmten Alltagspraxis wird freilich nur gelingen, wenn *auch* die gesellschaftliche Modernisierung in *andere* nichtkapitalistische Bahnen gelenkt werden kann, wenn die Lebenswelt aus sich Institutionen entwickeln kann, die die systematische Eigendynamik des wirtschaftlichen und des administrativen Handlungssystems begrenzen.

Drei Konservativismen

Dafür sind, wenn ich mich nicht täusche, die Aussichten nicht gut. So ist ein Klima entstanden, mehr oder weniger in der gesamten westlichen Welt, das modernismus-kritische Strömungen fördert. Dabei dient die Ernüchterung, die die gescheiterten Programme der falschen Aufhebung von Kunst und Philosophie hinterlassen haben, dienen die sichtbar gewordenen Aporien der kulturellen Moderne als Vorwand für die konservativen Positionen. Lassen Sie mich den Antimodernismus der Jungkonservativen vom Prämodernismus der Altkonservativen und dem Postmodernismus der Neukonservativen kurz unterscheiden.

Die *Jungkonservativen* machen sich die Grunderfahrung der ästhetischen Moderne, die Enthüllung der dezentrierten, von allen Beschränkungen der Kognition und der Zwecktätigkeit, allen Imperativen der Arbeit und der Nützlichkeit befreiten Subjektivität zu eigen — und brechen mit ihr aus der modernen Welt aus. Mit modernistischer Attitüde begründen sie einen unversöhnlichen Antimodernismus. Sie verlegen die spontanen Kräfte der Imagination, der Selbsterfahrung, der Affektivität ins Ferne und Archaische und setzen der instrumentellen Vernunft manichäisch ein nur noch der Evokation zugängliches Prinzip entgegen, ob nun den Willen zur Macht oder die Souveränität, das Sein oder eine dionysische Kraft des Poetischen. In Frankreich führt diese Linie von George Bataille über Foucault zu Derrida. Über allen schwebt natürlich der Geist des in den 70er Jahren wiedererweckten Nietzsche.

Die *Altkonservativen* lassen sich von der kulturellen Moderne gar nicht erst anstecken. Sie verfolgen den Zerfall der substantiellen Vernunft, die Ausdifferenzierung von Wissenschaft, Moral und Kunst, das moderne Weltverständnis und deren nur noch prozedurale Rationalität mit Mißtrauen und empfehlen (worin Max Weber den Rückfall in materiale Rationalität gesehen hatte) eine Rückkehr zu Positionen *vor* der Moderne. Einen gewissen Erfolg hat vor allem der Neuaristotelismus, der sich heute durch die ökologische Problematik zur Erneuerung einer kosmologischen Ethik anregen läßt. Auf dieser Linie, die von Leo Strauss ausgeht, liegen beispielsweise interessante Arbeiten von Hans Jonas und Robert Spaemann.

Die *Neukonservativen* verhalten sich zu den Errungenschaften der Moderne noch am ehesten affirmativ. Sie begrüßen die Entwicklung der modernen Wissenschaft, soweit diese ihre eigene Sphäre nur überschreitet, um den technischen Fortschritt, das kapitalistische Wachstum und eine rationale Verwaltung voranzutreiben. Im übrigen empfehlen sie eine Politik der Entschärfung der explosiven Gehalte der kulturellen Moderne. Eine These lautet, daß die Wissenschaft, wenn man sie recht versteht, für die Orientierung in der Lebenswelt ohnehin bedeutungslos geworden ist. Eine weitere These ist, daß die Politik tunlichst von Forderungen moralisch-praktischer Rechtfertigung freizuhalten ist. Und eine dritte These behauptet die reine Immanenz der Kunst, bestreitet ihr den utopischen Gehalt, beruft sich auf ihren Scheincharakter, um die ästhetische Erfahrung im Privaten einzukapseln. Man könnte den frühen Wittgenstein, den mittleren Carl Schmitt und den späten Gottfried Benn als Zeugen anführen. Mit der definitiven Eingrenzung von Wissenschaft, Moral und Kunst in den autonomen, von der Lebenswelt abgespaltenen, spezialistisch verwalteten Sphären bleibt von der kulturellen Moderne nur noch zurück, was von ihr unter Verzicht auf das Projekt der Moderne zu haben ist. Für den freigewordenen Platz sind Traditionen vorgesehen, die nun von Begründungsforderungen verschont bleiben; freilich ist nicht recht zu sehen, wie diese in der modernen Welt anders denn durch die Rückendeckung von Kultusministerien überdauern sollten.

Diese Typologie ist wie jede eine Vereinfachung; aber für die Analyse der geistig-politischen Auseinandersetzungen heute mag sie nicht ganz unbrauchbar sein. Wie ich fürchte, gewinnen die Ideen des Antimodernismus, mit dem Zusatz einer Prise von Prämodernismus, im Umkreis der grünen und der alternativen Gruppen an Boden. Im Bewußtseinswandel der politischen Parteien zeichnet sich hingegen ein Erfolg der Tendenzwende, und das heißt des Bündnisses der Postmodernen mit den Prämodernen ab. Auf Intellektuellenschelte und Neukonservativismus, so scheint mir, hat keine der Parteien ein Monopol. Ich habe deshalb, und erst recht nach den klärenden Feststellungen, die Sie, Herr Oberbürgermeister Wallmann, in Ihrer Einleitung getroffen haben, guten Grund, für den liberalen Geist dankbar zu sein, in dem mir die Stadt Frankfurt einen Preis verleiht, der mit dem Namen Adornos verbunden ist, mit dem Namen eines Sohnes dieser Stadt, der als Philosoph und Schriftsteller, wie kaum ein zweiter in der Bundesrepublik, das Bild des Intellektuellen geprägt hat, für Intellektuelle zum Vorbild geworden ist.

Beantwortung der Frage: Was ist postmodern?

Jean-François Lyotard

Anfragen

Wir befinden uns in einer Phase der Erschlaffung, ich spreche von Tendenzen der Zeit. Von allen Seiten werden wir gedrängt, mit dem Experimentieren aufzuhören, in den Künsten und anderswo. Ich las einen Kunsthistoriker, der Realismen anpreist und für eine neue Subjektivität eintritt. Ich las einen Kunsthistoriker, der auf Kunstmärkten den „Transavantgardismus" in Umlauf setzt und verkauft. Ich las, daß Architekten sich im Namen des Postmodernismus vom Projekt des *Bauhauses* lossagen und so das Kind, das Experiment, mit dem funktionalistischen Bade ausschütten. Ich las, daß ein neuer Philosoph entdeckt, was er sonderbarerweise Judenchristentum nennt, und womit er der Unfrömmigkeit, die wir verbreitet hätten, ein Ende setzen will. Ich las in einer französischen Wochenschrift, daß die *Mille plateaux* nicht zu befriedigen vermögen, da man, zumal bei der Lektüre eines philosophischen Buches, auf ein wenig Sinn nicht ganz verzichten möchte. Ich las aus der Feder eines einflußreichen Historikers, daß die Schriftsteller und Denker der Avantgarde der sechziger und siebziger Jahre durch ihre Art des Umgangs mit der Sprache Terror ausgeübt hätten und daß wieder Voraussetzungen für eine fruchtbare Debatte geschaffen werden müssen, indem den Intellektuellen eine gemeinsame Sprache zur Pflicht gemacht wird, nämlich die der Historiker. Ich las einen jungen Sprachphilosophen, der sich darüber beklagt, daß das kontinentale Denken angesichts der Herausforderung, die von Sprechmaschinen ausgeht, die Befassung mit der Wirklichkeit, so scheint ihm, an diese abgetreten hat, daß es das Referentielle durch das Paradigma des Adlinguistischen (man spricht über Gesprochenes, schreibt über Geschriebenes, Intertextualität) ersetzt hat, und der meint, es ginge nunmehr darum, die Sprache wieder fest im Referenten zu verankern. Ich las einen begabten Theaterwissenschaftler, für den der Postmodernismus mit seinen Phantasien und Spielen im Vergleich zur Macht nicht schwer wiegt, vor allem, wenn eine beunruhigende Öffentlichkeit von dieser, um die Drohung eines atomaren Krieges abzuwehren, eine Politik totalitärer Wachsamkeit fordert.

Ich las einen angesehenen Denker, der die Moderne gegen diejenigen verteidigt, die er die Neokonservativen nennt. Unterm Banner des Postmodernismus, so glaubt er, wollen sich diese vom unvollendet gebliebenen Projekt der Moderne, der Aufklärung, lösen. Selbst deren letzte Verfechter, wie Popper und Adorno, haben ihm zufolge dies Projekt nur mehr in partikulären Lebensbereichen zu verteidigen vermocht, der Autor von *The Open Society* in der Sphäre des Politischen, der der *Ästhetischen Theorie* in der Kunst. Jürgen Habermas (von ihm ist hier die Rede) meint, daß die Moderne gescheitert ist, da sie zuließ, daß die Totalität des Lebens in voneinander abgetrennte Spezialgebiete zerfiel, die der beschränkten Kompetenz von Experten obliegen — obschon das konkrete Individuum „entsublimierten Sinn" und „entstrukturierte Form" nicht als befreiend erlebt, sondern als jenen entsetzlichen *ennui*, den Baudelaire vor mehr als hundert Jahren beschrieb.

Einem Hinweis Albrecht Wellmers folgend, ist der Philosoph der Ansicht, daß dieser Zersplitterung der Kultur und ihrer Trennung vom Leben nur dadurch abgeholfen werden kann, daß die „ästhetische Erfahrung ... ihren Stellenwert ändert", das heißt „nicht primär in Geschmacksurteile umgesetzt wird", sondern „explorativ für die Aufhellung einer lebensgeschichtlichen Situation genutzt, auf Lebensprobleme bezogen wird". Denn dann tritt sie „in ein Sprachspiel ein, das nicht mehr das der ästhetischen Kritik ist", greift „in die kognitiven Deutungen und die normativen Erwartungen ein und verändert die Art, wie alle diese Momente aufeinander *verweisen*". Kurz, Habermas verlangt von den Künsten und der Erfahrung, die sie vermitteln, eine Brücke über den Abgrund, der die Diskurse der Erkenntnis, der Ethik und der Politik trennt, zu schlagen und so der Einheit der Erfahrung einen Weg zu bahnen.

Meine Frage lautet: Welcher Art ist die Einheit, die Habermas vorschwebt? Besteht das Ziel, das das Projekt Moderne verfolgt, darin, eine soziokulturelle Einheit zu schaffen, in der alle Elemente des Alltagslebens und des Denkens wie in einem organischen Ganzen Platz finden könnten? Oder ist der Übergang, den es zwischen den heterogenen Sprachspielen, dem Spiel der Erkenntnis, der Ethik und der Politik zu eröffnen gilt, von einer anderen Ordnung als diese? Und wenn ja, wie sollte er dann in der Lage sein, deren wirkliche Synthese zu realisieren?

Die erste Hypothese ist Hegelscher Inspiration und stellt den Begriff einer sich dialektisch totalisierenden *Erfahrung* nicht in Frage; die zweite steht dem Geist der *Kritik der Urteilskraft* näher, hat aber wie diese sich der strengen Prüfung zu unterziehen, die die Postmoderne dem Denken der Aufklärung auferlegt, der Vorstellung eines einheitlichen Ziels der Geschichte und eines Subjekts. Nicht nur Wittgenstein und Adorno haben diese Kritik begonnen, sondern auch einige Denker, ob nun Franzosen oder nicht, die indes nicht die Ehre hatten, von Professor Habermas gelesen zu werden — was ihnen freilich erspart, sich wegen Neo-Konservatismus eine schlechte Zensur zuzuziehen.

Der Realismus

Die Anfragen, die ich zu Beginn erwähnte, sind einander nicht gleichwertig. Sie können sich sogar widersprechen. Die einen werden im Namen des Postmodernismus vorgetragen, andere, um ihn zu bekämpfen. Es ist nicht notwendig, dasselbe zu verlangen — man möge einen Referenten (und objektive Wirklichkeit) liefern, einen Sinn (und glaubhafte Transzendenz), einen Empfänger (und ein Publikum), einen Sender (und subjektive Expressivität) oder einen kommunikativen Konsens (einen allgemeinen Verständigungskodex, zum Beispiel in Form des historischen Diskurses). In allen diesen vielförmigen Einladungen jedoch, das künstlerische Experiment zu beenden, tönt derselbe Ruf nach Ordnung wider, ein Wunsch nach Einheit, Identität, Sicherheit, nach Popularität (im Sinne von „ein Publikum finden", eine Öffentlichkeit). Man fordert Künstler und Schriftsteller auf, in den Schoß des Gemeinwesens zurückzukehren, oder betraut sie zumindest, sofern man der Ansicht ist, dieses sei krank, mit der Verantwortung für dessen Genesung.

Es gibt ein untrügliches Zeichen für diese gemeinsame Tendenz: Nichts erscheint all diesen Autoren dringlicher, als das Erbe der Avantgarden zu liquidieren. Insbesondere der sogenannte „Transavantgardismus" zeigt sich darin von großer Ungeduld. Die Antworten, die ein italienischer Kritiker französischen Kritikern erteilte, lassen darüber keinen Zweifel. Indem sie die Avantgarden vermischen, wähnen Künstler und Kritiker sich sicherer in ihrem Unterfangen, diese zu vernichten, als wenn sie sie frontal angriffen. Noch der zynischste Eklektizismus kann so als Überwindung des insgesamt partiellen Charakters der vorausgegangenen Forschungen ausgegeben werden. Ihnen offen den Rücken zu kehren hieße, sich der Lächerlichkeit, dem Vorwurf des Neo-Akademismus auszusetzen. Salons und Akademien mochten zur Zeit, als die Bourgeoisie sich der Geschichte bemächtigte, der Läuterung dienen und, unterm Deckmantel des Realismus, Preise verteilen für gutes plastisches und literarisches Verhalten. Doch der Kapitalismus verfügt über eine solche Macht, Gebrauchsgegenstände, Rollen des sozialen Lebens und Institutionen zu verwirklichen, daß die sogenannten „realistischen" Abbildungen die Wirklichkeit nur noch in Form von Sehnsucht oder Spott beschwören können, als Anlaß von Leiden eher als von Befriedigung. Jeglicher Klassizismus erscheint verboten in einer Welt, in der die Wirklichkeit in einem Maße destabilisiert ist, daß sie keinen Stoff mehr für Erfahrung gewährt, wohl aber für Erkundung und Experiment.

Dieses Thema ist den Lesern Walter Benjamins vertraut. Seine Reichweite indessen gilt es genau zu bestimmen. Die Photographie war keine Herausforderung, die der Malerei von außen her entgegentrat, sowenig wie das industrielle Kino für die erzählende Literatur. Erstere führte eine Reihe von Aspekten des Programms einer Ordnung des Sichtbaren, die vom Quattrocento erarbeitet wurde, zu Ende;

letzteres ermöglichte es, das Verfahren, Diachronien zu organischen Totalitäten zusammenzuschließen, zu vervollkommnen, das seit dem 18. Jahrhundert das Ideal der großen Bildungsromane war. Daß das Mechanische und Industrielle an die Stelle von Handarbeit und Handwerk traten, ist an sich kein Unglück, es sei denn, man glaubt, daß Kunst in ihrem Wesen Ausdruck genialischer Individualität, unterstützt von handwerklicher Elitekompetenz, ist.

Die Herausforderung lag hauptsächlich darin, daß die Verfahren von Photographie und Kino besser, schneller und mit hunderttausendmal größerer Verbreitung als der bildnerische und erzählerische Realismus die Aufgabe erfüllen können, die der Akademismus diesem angewiesen hatte, nämlich das Bewußtsein vorm Zweifel zu bewahren. Industrielle Photographie und industrieller Film müssen der Malerei und dem Roman überlegen sein, wenn es darum geht, den Referenten zu stabilisieren, das heißt ihn so auszurichten, daß er als wiedererkennbarer Sinn erscheint, die Syntax und Lexik zu wiederholen, die dem Empfänger ermöglichen, Bilder und Sequenzen rasch zu entziffern und sich so mühelos seines eigenen Identitätsbewußtseins und gleichzeitig der Zustimmung, die ihm von seiten anderer zuteil wird, zu versichern; denn die Strukturen dieser Bilder und Sequenzen bilden einen Kommunikationscode, der alle umgreift. In dieser Weise vervielfachen sich die Wirklichkeitseffekte oder, wenn man will, die Phantasmen des Realismus.

Wollen sie nicht selbst zu (übrigens unbedeutenden) Anwälten des Bestehenden werden, müssen Maler und Romancier sich solch therapeutischer Praxis verweigern. Sie haben statt dessen die Regeln der Kunst des Malens oder Erzählens in der Form, in der sie sie erlernt oder von ihren Vorgängern übernommen haben, in Frage zu stellen. Diese erscheinen ihnen alsbald als Mittel der Täuschung, Verführung oder Beschwichtigung, die ihnen verbieten, „wahr" zu sein. Hinter Gattungsbegriffen wie Malerei und Literatur sind Verschiebungen, die ihresgleichen nicht kennen, im Gange. Diejenigen, die es ablehnen, die Regeln der Kunst zu hinterfragen, machen Karriere dank des Konformismus der Massen, indem sie vermittels der „guten Regeln" dem endemischen Verlangen nach Realität Objekte und Situationen liefern, die diese zu befriedigen vermögen. Pornographie macht von Photo und Film zu diesem Zweck Gebrauch. Sie wird zum allgemeinen Vorbild für Bild- und Erzählkunst, wenn diese es unterläßt, sich der Herausforderung durch die Massenmedien zu stellen.

Jene Schriftsteller und Künstler aber, die akzeptieren, die Regeln der plastischen und narrativen Künste in Zweifel zu ziehen und ihren Verdacht, indem sie ihre Werke zugänglich machen, eventuell mit anderen zu teilen, müssen damit rechnen, daß sie dem Amateur, der einer Realität und Identität bedürftig ist, nicht glaubwürdig sind; sie sind ohne Gewähr des Publikums. Man kann so die Dialektik der Avantgarden auf die Herausforderung zurückführen, die von den industriellen und massenmedialen Realismen auf die Kunst des Malens und Erzählens ausgeht. Duchamps *ready made* pointiert nur aktiv und in parodistischer Weise jenen Prozeß, der dem Maler sein Metier und selbst seinen Status als Künstler fortwährend entzieht. Wie Thierry de Duve treffend bemerkt, lautet die ästhetische Frage der Moderne nicht: Was ist schön? sondern: Was macht Kunst zur Kunst (und Literatur zur Literatur)?

Der Realismus, dessen einzige Definition darin besteht, die Frage nach der Realität, die in der Frage der Kunst impliziert ist, zu umgehen zu suchen, liegt stets auf halbem Wege zwischen Akademismus und Kitsch. Trägt die Macht den Namen Partei, dann triumphiert der Realismus mit seinen neoklassizistischen Versatzstücken über die experimentelle Avantgarde, indem er diese diffamiert und untersagt. Doch auch die „guten" Bilder, die „guten" Erzählungen, die guten Formen, die die Partei fordert, auswählt und verbreiten läßt, müssen ein Publikum finden, das sie als das angemessene Besserungsmittel für die Bedrückung und Angst, die es empfindet, begehrt. Das Verlangen nach Realität, das heißt nach Einheit, nach Einfachem, nach Mitteilbarkeit usw., hatte im deutschen Publikum zwischen den Kriegen und im russischen nach der Revolution weder dieselbe Intensität noch Kontinuität; dergleichen Unterschiede sind zu berücksichtigen, wenn von nazistischen oder stalinistischen Realismen die Rede ist.

Auf jeden Fall aber ist der Angriff auf das künstlerische Experiment, geht er von der politischen Instanz aus, reaktionär: Als ob das ästhetische Urteil sich nur darüber auszusprechen hätte, ob das eine oder andere Werk mit den festgestellten Regeln des Schönen übereinstimmt oder nicht. Statt daß sich das Werk darum bekümmerte, was es zu einem Kunstwerk macht und ob es eventuell Liebhaber finden kann, erzwingt und anerkennt der politische Akademismus nur Kriterien a priori des „Schönen", die mit einem Schlag und ein für allemal Werke und ein Publikum auswählen. Der Gebrauch der Kategorien wäre so im ästhetischen Urteil von gleicher Natur wie im Erkenntnisurteil. In beiden Fällen handelte es sich, um mit Kant zu sprechen, um bestimmende Urteile: Meist wird der Ausdruck vom Verstand „wohl umgeformt", dann werden in der Erfahrung nur diejenigen „Fälle" festgehalten, die unter diesen Ausdruck subsumierbar sind.

Heißt die Macht nicht Partei, sondern Kapital, so erweist sich die „transavantgardistische" oder, im Sinne von Jencks, „postmoderne" Lösung adäquater als der bloße Antimodernismus. Eklektizismus ist der Nullpunkt zeitgenössischer Bildung: Man hört Reggae, schaut Western an, ißt mittags bei McDonald und kostet zu Abend die heimische Küche, trägt französisches Parfum in Tokyo, kleidet sich nostalgisch in Hong Kong, und als Erkenntnis tritt auf, wonach das Fernsehquiz fragt. Es ist leicht, für eklektische Werke ein Publikum zu finden. Indem die Kunst zu Kitsch wird, schmeichelt sie dem Durcheinander, das den „Geschmack" des Liebhabers beherrscht. Künstler, Galerist, Kritiker und Publikum gefallen sich in schierer Beliebigkeit; es ist die Zeit der Erschlaffung. Aber dieser Realismus der Beliebigkeit ist der des Geldes: In Ermangelung ästhetischer Kriterien ist es möglich und nutzbringend, den Wert der Werke am Profit zu messen, den sie erbringen. Dieser Realismus paßt sich allen Tendenzen an, wie das Kapital, das sich allen „Bedürfnissen" anpaßt, unter der alleinigen Voraussetzung, daß Tendenzen und Bedürfnisse über die nötige Kaufkraft verfügen. Und was den Geschmack anbelangt, so bedarf es keines Feingefühls, wenn man spekuliert oder sich zerstreuen will. Künstlerische und literarische Suche ist in doppelter Weise bedroht, einmal durch „Kulturpolitik" und dann durch den Kunst- und Buchmarkt. Bald wird ihr vom einen, bald vom andern Kanal empfohlen, Werke zu liefern, die erstens den Themen entsprechen, die in den Augen des Publikums existieren, für das sie bestimmt sind, und zweitens in einer Weise gefügt („wohl geformt") sind, daß dieses Publikum in ihnen erkennt, worum es sich handelt, und versteht, was sie bedeuten; ihnen, da es glaubt, Bescheid zu wissen, zustimmen oder seinen Beifall vorenthalten kann; und zuletzt aus Werken, die es billigt, noch Stärkung und Trost zu ziehen vermag.

Das Erhabene und die Avantgarde

Die Interpretation der Art und Weise, wie mechanische und industrielle Künste sich mit den schönen Künsten und der Literatur berühren, wie ich sie eben angedeutet habe, ist zwar in sich schlüssig, bleibt jedoch zu soziologisierend und historisierend, das heißt einseitig. Obschon Benjamin und Adorno in dieser Frage zu zögern scheinen, ist daran zu erinnern, daß Wissenschaft und Industrie nicht weniger vor dem Verdacht, der auf die Wirklichkeit fällt, gefeit sind als die Kunst und das Schreiben. Das Gegenteil anzunehmen hieße, sich eine allzu humanistische Vorstellung von dem mephistophelischen Funktionalismus von Wissenschaft und Technologie zu machen. Zwar ist nicht zu leugnen, daß die sogenannte Techno-Wissenschaft heute vorherrscht, das heißt eine massive Unterordnung kognitiver Aussagen unter das Ziel einer maximalen Performanz, die das Kriterium des Technischen ist. Aber das Mechanische und Industrielle sind, zumal wenn sie in das Feld eintreten, das traditionellerweise dem Künstler vorbehalten war, Träger von noch ganz anderem als bloßen Machteffekten. Denn Objekte und Denkweisen, die aus wissenschaftlicher Erkenntnis und kapitalistischer Ökonomie hervorgehen, kolportieren fortwährend eine der Regeln, der sie ihre Möglichkeit verdanken, jene Regel nämlich, daß es keine Wirklichkeit gibt außer der, die zwischen Partnern in Form eines Konsenses über Erkenntnisse und Verpflichtungen verabredet wird.

Diese Regel ist von nicht geringer Tragweite. Sie ist die Spur, die eine Art Flucht der Realität aus den metaphysischen, religiösen und politischen Sicherheiten, in deren Besitz der Geist sich wähnte, in der Politik des Gelehrten und der des Kapitalverwalters hinterließ. Dieses Zurückweichen ist unerläßlich, damit Wissenschaft und Kapitalismus entstehen können. Keine Physik ohne Zweifel an der Aristotelischen Bewegungstheorie, keine Industrie ohne Widerlegung von Korporatismus, Merkantilismus und Physiokratie. Mit der Moderne geht stets, wie immer man sie auch datieren mag, eine Erschütterung des Glaubens und, gleichsam als Folge der Erfindung anderer Wirklichkeiten, die Entdeckung einher, wie *wenig wirklich* die Wirklichkeit ist.

Was bedeutet dieses „Schwinden der Wirklichkeit", wenn man es von einer bloß historisierenden Deutung abzulösen versucht? Der Ausdruck ist offenbar dem verwandt, was Nietzsche Nihilismus nannte. Eine Abwandlung dieser Bewegung jedoch, die dem Perspektivismus Nietzsches vorausliegt, erblicke ich im Kantischen Thema des Erhabenen. Insbesondere scheint mir, daß in der Ästhetik des Erhabenen die moderne Kunst (einschließlich der Literatur) ihre treibende Kraft und die Logik der Avantgarden ihre Axiome findet.

Das erhabene Gefühl, das auch das Gefühl des Erhabenen ist, ist nach Kant eine heftige und zwiespältige Affektion: in ihm ist zugleich Lust und Unlust enthalten. Oder besser: die Lust geht darin aus der Unlust hervor. In der Tradition der Subjektphilosophie, die von Augustinus und Descartes ausgeht und von Kant nicht grundsätzlich in Frage gestellt wird, entwickelt sich dieser Widerstreit, den andere als Neurose oder Masochismus bezeichnen würden, als Konflikt zwischen dem Vermögen eines Subjekts, dem Vermögen zu denken, und dem Vermögen der „Darstellung". Erkenntnis kommt zustande, wenn eine Aussage intelligibel ist und darüber hinaus der Erfahrung „Fälle" entnommen werden können, die ihr „entsprechen". Schönheit hat statt, wenn anläßlich eines „Falles" (eines Kunstwerks), der zunächst ohne begriffliche Bestimmung in der Sinnlichkeit gegeben ist, das Gefühl der Lust unabhängig von allem Interesse, das dieses Werk hervorrufen mag, Anspruch auf einen im Prinzip universellen Konsens (der vielleicht niemals erreicht werden wird) erhebt.

Der Geschmack bezeugt in dieser Weise, daß zwischen dem Vermögen des Denkens oder der Begriffe und dem Vermögen, einen dem Begriff entsprechenden Gegenstand darzustellen, eine unbestimmte, regellose Übereinstimmung, die ein Urteil veranlaßt, das Kant reflektierend nennt, als Lust erfahren werden kann. Das Erhabene ist ein anderes Gefühl. Es hat statt, wenn die Einbildungskraft nicht vermag, einen Gegenstand darzustellen, der mit einem Begriff, und sei es auch nur im Prinzip, zur Übereinstimmung gelangen könnte. Wir verfügen zwar über die Idee der Welt (der Totalität dessen, was ist), aber wir haben nicht die Fähigkeit, von ihr ein Beispiel aufzuzeigen. Wir haben die Idee des Einfachen (des nicht weiter Teilbaren), aber wir können es nicht durch einen Sinnesgegenstand veranschaulichen, der dafür als ein Fall fungierte. Wir können uns das absolut Große, das absolut Mächtige vorstellen, aber jegliche Darstellung eines Gegenstands, die darauf abzielte, jene absolute Größe oder Macht „sehen zu lassen", erscheint uns schmerzlich unzureichend. Es sind Ideen, deren Darstellung nicht möglich ist; durch sie wird also nichts Wirkliches (was der Erfahrung angehörte) erkannt; sie untersagen die freie Übereinstimmung zwischen den Vermögen, die das Gefühl des Schönen hervorruft; sie verhindern die Bildung und Festigung eines Geschmacks. Man kann sie undarstellbar nennen.

Modern nenne ich die Kunst, die ihre „kleine Technik", wie Diderot sagen würde, darauf verwandte zu zeigen, daß es ein Nicht-Darstellbares gibt. Sichtbar zu machen, daß es etwas gibt, das man denken, nicht aber sehen oder sichtbar machen kann: das ist der Einsatz der modernen Malerei. Aber wie kann man sichtbar machen, daß es etwas gibt, das unsichtbar ist? Kant selbst zeigt die Richtung an, der hier zu folgen ist, indem er das *Formlose*, die *Abwesenheit von Form* als möglichen Index des Nicht-Darstellbaren bezeichnet. Auch sagt er von der leeren *Abstraktion*, welche die Einbildungskraft auf ihrer Suche nach einer Darstellung des Unendlichen (einem weiteren Nicht-Darstellbaren) erfährt, daß diese Abstraktion selber gleichsam eine Darstellung des Unendlichen, seine *negative Darstellung* ist. Er zitiert das „Du sollst dir kein Bildnis machen usw." (*Exodus* 2,4) als die erhabenste Stelle der Bibel, insofern darin jegliche Darstellung des Absoluten untersagt ist. Man braucht diesen Bemerkungen kaum viel hinzuzufügen, um eine Ästhetik der erhabenen Malerei zu skizzieren: Als Malerei würde diese zwar etwas „darstellen", aber nur in negativer Weise, sie würde also alles Figurative und Abbildliche vermeiden, sie wäre „weiß" wie ein Quadrat von Malevitsch, sie würde nur sichtbar machen, indem sie zu sehen verbietet, sie würde nur Lust bereiten, indem sie schmerzt. In diesen Unterweisungen sind die Axiome der künstlerischen Avantgarden in dem Maße wiederzuerkennen, wie sie darauf abzielen, durch sichtbare Darstellungen auf ein Nicht-Darstellbares anzuspielen. Die Systeme und Begründungen, in deren Namen oder mit deren Hilfe diese Aufgabe verfochten und gerechtfertigt wurde, verdienen gewiß große Aufmerksamkeit; sie konnten aber nur im Anschluß an die Bestimmung des Erhabenen gebildet werden und um diese ihrerseits zu legitimieren, das heißt zu maskieren. Ohne die Inkommensurabilität der Wirklichkeit im Verhältnis zum Begriff, die in der Kantischen Philosophie des Erhabenen enthalten ist, bleiben sie unerklärbar.

Ich beabsichtige nicht, hier im einzelnen zu untersuchen, wie die verschiedenen Avantgarden die Wirklichkeit gleichsam gedemütigt und disqualifiziert haben, indem sie das, was an sie zu glauben ermöglicht, nämlich die bildnerischen Techniken, einer rücksichtslosen Prüfung unterzogen. Lokalton, Zeichnung, Farbmischung, Linearperspektive, Beschaffenheit von Träger und Arbeitsmittel, „Rechnung", Plazierung, Museum: Unablässig stöbern die Avantgarden die Kunstmittel der Darstellung auf, die veranlassen, daß das Denken der Herrschaft des Blicks unterliegt und vom Nicht-Darstellbaren abgelenkt wird. Wenn Habermas, wie übrigens auch Marcuse, diese Arbeit der Entwirklichung als einen Aspekt von (repressiver) „Entsublimierung" begreift und darin das Charakteristikum der Avantgarde erblickt, so deshalb, weil er das Erhabene Kants mit der Freudschen Sublimierung verwechselt und die Ästhetik für ihn eine Ästhetik des Schönen bleibt.

Das Postmoderne

Was ist dann also das Postmoderne? Welchen Platz nimmt es oder nimmt es nicht ein in der schwindelerregenden Arbeit der Fragen, die den Regeln des Bildes und der Erzählung entgegengeschleudert werden? Sicher hat es an der Moderne teil. Alles Überkommene, selbst wenn es nur von gestern ist (*modo, modo,* schrieb Petronius), muß hinterfragt werden. Welchem Raum mißtraut Cézanne? Dem der Impressionisten. Welchen Gegenstand hintergehen Picasso und Braque? Denjenigen Cézannes. Mit welcher Voraussetzung bricht Duchamp 1912? Mit der, daß ein Maler ein Bild zu malen hat, und sei es kubistisch. Und Buren stellt jene andere Voraussetzung in Frage, die seines Erachtens vom Œuvre Duchamps unberührt blieb: den Darstellungsort des Werkes. Welch atemberaubende Beschleunigung, „Generationen" überstürzen sich. Ein Werk ist nur modern, wenn es zuvor postmodern war. So gesehen, bedeutet der Postmodernismus nicht das Ende des Modernismus, sondern dessen Geburt, dessen permanente Geburt.

Gleichwohl möchte ich es nicht bei dieser ein wenig mechanisch anmutenden Bedeutung des Wortes belassen. Denn wenn es wahr ist, daß die Moderne sich im Zurückweichen des Realen und als das erhabene Verhältnis von Darstellbarem und Denkbarem entfaltet, so können doch innerhalb dieses Verhältnisses zwei Modi unterschieden werden, zwei Tonarten, wie Musiker sagen würden. Der Akzent kann auf die Ohnmacht des Darstellungsvermögens gelegt werden, auf die Sehnsucht nach einer Anwesenheit, die das menschliche Subjekt empfindet, auf den dunklen und vergeblichen Willen, der es trotz allem beseelt. Der Akzent kann aber auch auf das Denkvermögen gelegt werden – sozusagen auf dessen „Unmenschlichkeit" (eben diese Eigenschaft fordert Apollinaire vom modernen Künstler), da es nicht Sache des Verstandes ist, ob menschliche Sinnlichkeit und Einbildungskraft mit dem übereinstimmen oder nicht, was er begreift –, und auf die Steigerung des Seins und den Jubel, die von der Erfindung neuer Spielregeln, bildnerischer oder künstlerischer, oder ganz anderer, ausgelöst werden. Vielleicht versteht man, was ich sagen will, wenn man auf dem Schachbrett der Geschichte der Avantgarde in fast karikaturhafter Form einige Namen verteilt: auf der Seite der *melancholia* wären die deutschen Expressionisten, auf der Seite der *novatio* Braque und Picasso zu finden; auf der einen Chirico, auf der anderen Duchamp. Es mögen verschwindende Nuancen sein, die diese beiden Modi voneinander trennen, oft genug sind beide in ein und demselben Werk zugegen und nahezu ununterscheidbar, und dennoch zeugen sie von einer Differenz, in der sich seit langem das Schicksal des Denkens ereignet und ereignen wird, der Differenz zwischen Trauer und Wagnis.

Das Werk von Proust ebenso wie das von Joyce spielen auf etwas an, das sich einer Vergegenwärtigung widersetzt. Vielleicht ist die Anspielung – Paolo Fabbri machte mich kürzlich darauf aufmerksam – ein unerläßlicher Zug im Ausdruck jener Werke, die der Ästhetik des Erhabenen unterstehen. Bei Proust entzieht sich die Identität des Bewußtseins, die ausgeliefert ist an das Maßlose der Zeit, um den Preis für diese Anspielung zu entrichten. Bei Joyce hingegen verliert sich die Identität der Ecriture im Unmaß von Buch oder von Literatur. Proust weist auf das Nicht-Darstellbare mittels einer Sprache hin, deren Syntax und Lexik noch heil ist, und mittels einer Ecriture, die hinsichtlich ihrer Operatoren noch in vielem der Erzählweise des Romans verhaftet ist. Zwar wird die literarische Institution, die Proust von Balzac und Flaubert übernahm, erschüttert, da keine Person mehr, sondern das innere Zeitbewußtsein der Held des Romans ist und die Diachronie der Diegese, die bereits von Flaubert mißhandelt wurde, durch die Wahl der Erzählperspektive in Frage gestellt wird. Aber die Einheit des Buches, die Odyssee dieses Bewußtseins, wird dadurch nicht gestört, auch wenn sie sich aufschiebt von Kapitel zu Kapitel: Die Identität der Ecriture mit sich selbst, die sich durch das Labyrinth der endlosen Erzählung hindurch erhält, genügt, um diese Einheit, die man mit der *Phänomenologie des Geistes* vergleichen könnte, zu konnotieren. Joyce hingegen erweckt durch seine Ecriture selbst, durch den Signifikanten, die Ahnung eines Nicht-Darstellbaren. Er bedient sich der Skala der bekannten narrativen und selbst stilistischen Operatoren ohne Rücksicht darauf, die Einheit des Ganzen zu wahren, und experimentiert mit neuen Operatoren. Grammatik und Vokabular der literarischen Sprache werden nicht mehr als Vorgegebenes hingenommen, sie erscheinen vielmehr als Akademismen, als Rituale einer Frömmigkeit (wie Nietzsche sagen würde), die verhindert, daß das Werk auf ein Nicht-Darstellbares hinweist.

Die Differenz ist also folgende: Die moderne Ästhetik ist eine Ästhetik des Erhabenen, bleibt aber als solche nostalgisch. Sie vermag das Nicht-Darstellbare nur als abwesenden Inhalt anzuführen, während die Form dank ihrer Erkennbarkeit dem Leser oder Betrachter weiterhin Trost gewährt und Anlaß von Lust ist. Diese Gefühle aber bilden nicht das wirkliche Gefühl des Erhabenen, in dem Lust und Unlust aufs innerste miteinander verschränkt sind: Die Lust, daß die Vernunft jegliche Darstellung übersteigt, der Schmerz, daß Einbildungskraft und Sinnlichkeit dem Begriff nicht zu entsprechen vermögen.

Das Postmoderne wäre dasjenige, das im Modernen in der Darstellung selbst auf ein Nicht-Darstellbares anspielt; das sich dem Trost der guten Formen verweigert, dem Konsensus eines Geschmacks, der ermöglicht, die Sehnsucht nach dem Unmöglichen gemeinsam zu empfinden und zu teilen; das sich auf die Suche nach neuen Darstellungen begibt, jedoch nicht, um sich an deren Genuß zu verzehren, sondern um das Gefühl dafür zu schärfen, daß es ein Undarstellbares gibt. Ein postmoderner Künstler oder Schriftsteller ist in derselben Situation wie ein Philosoph: Der Text, den er schreibt, das Werk, das er schafft, sind grundsätzlich nicht durch bereits feststehende Regeln geleitet und können nicht nach Maßgabe eines bestimmenden Urteils beurteilt werden, indem auf einen Text oder auf ein Werk nur bekannte Kategorien angewandt würden. Diese Regeln und Kategorien sind vielmehr das, was der Text oder das Werk suchen. Künstler und Schriftsteller arbeiten also ohne Regeln; sie arbeiten, um die Regel dessen zu erstellen, was *gemacht worden sein wird*. Daher rührt, daß Werk und Text den Charakter eines Ereignisses haben. Daher rührt auch, daß sie für ihren Autor immer zu spät kommen oder, was auf dasselbe hinausläuft, daß die Arbeit an ihnen immer zu früh beginnt. *Postmodern* wäre also als das Paradox der Vorzukunft *(post-modo)* zu denken.

Mir scheint, daß der Essay (Montaigne) postmodern ist und das Fragment (das Athenäum) modern.

Es sollte endlich Klarheit darüber bestehen, daß es uns nicht zukommt, *Wirklichkeit zu liefern*, sondern Anspielungen auf ein Denkbares zu erfinden, das nicht dargestellt werden kann. Und man hat sich von dieser Aufgabe nicht die mindeste Versöhnung zwischen „Sprachspielen" zu erwarten: Kant, er nannte sie Vermögen, wußte, daß sie durch einen Abgrund voneinander geschieden sind und daß nur eine transzendentale Illusion (die Hegelsche) hoffen konnte, sie in einer wirklichen Einheit zu tolerieren. Aber er wußte auch, daß für diese Illusion der Preis des Terrors zu entrichten ist. Das 19. und 20. Jahrhundert haben uns das ganze Ausmaß dieses Terrors erfahren lassen. Wir haben die Sehnsucht nach dem Ganzen und dem Einen, nach der Versöhnung von Begriff und Sinnlichkeit, nach transparenter und kommunizierbarer Erfahrung teuer bezahlt. Hinter dem allgemeinen Verlangen nach Entspannung und Beruhigung vernehmen wir nur allzu deutlich das Raunen des Wunsches, den Terror ein weiteres Mal zu beginnen, das Phantasma der Umfassung der Wirklichkeit in die Tat umzusetzen. Die Antwort darauf lautet: Krieg dem Ganzen, zeugen wir für das Nicht-Darstellbare, aktivieren wir die Widerstreite, retten wir die Ehre des Namens.

Die Moderne redigieren[1]

Jean-François Lyotard

Den Titel „Die Moderne redigieren" haben Kathy Woodward und Carol Teneson vom Center of XXth Century Studies in Milwaukee angeregt, wofür ich ihnen danken möchte. Er scheint mir sehr viel besser zu passen als Rubriken wie ‚Postmoderne', ‚Postmodernismus', ‚postmodern', in die man diese Art der Reflexion gewöhnlich einordnet. Der Vorzug besteht in zwei Verschiebungen: der lexikalischen Transformation des Präfixes ‚post' in ‚re' und dem syntaktischen Transfer des auf diese Weise modifizierten Präfixes vom Substantiv ‚Moderne' zum Verb ‚schreiben' *(écrire)*.

Diese doppelte Verschiebung weist in der Hauptsache in zwei Richtungen. Erstens macht sie deutlich, wie verfehlt jegliche Periodisierung der kulturellen Geschichte in Form von ‚prä' und ‚post', vorher und nachher, ist, und zwar schon allein deshalb, weil sie die Position des ‚Jetzt' unhinterfragt läßt, die Position der Gegenwart also, von der aus man die chronologische Abfolge der einzelnen Epochen unserer Geschichte richtig überblicken können soll. Einen alten ‚Kontinentalphilosophen' wie mich erinnert das unweigerlich an Aristoteles' Analyse der Zeit im vierten Buch der *Physik*. Es ist unmöglich, heißt es dort im wesentlichen, den Unterschied zwischen dem zu bestimmen, was stattgefunden hat (*proteron:* das frühere), und dem, was kommt[2] (*hysteron:* das spätere), ohne die Flut der Er-

---

[1] Übersetzung eines an der Universität von Wisconsin, Milwaukee und Madison, im April 1986 gehaltenen Vortrags. Auf englisch veröffentlicht in *Substance*, Herbst 1987.
A.d.Ü.: Für „réécrire" (engl. „rewriting") gibt es im Deutschen keine wörtliche Übersetzung. Es heißt gleichzeitig neuschreiben, umschreiben, umarbeiten, überarbeiten, doch alle diese Übersetzungsmöglichkeiten büßen die Vorsilbe „re" ein, die für den folgenden Text essentiell ist.

[2] A.d.Ü.: frz. „advenir", eigentlich „ankommen" (mit deutlicher Anspielung auf die Zukunft, frz. „avenir"). Das ist im Deutschen nicht immer verständlich, so daß auf Übersetzungen wie „geschehen" bzw. „sich ereignen" zurückgegriffen werden muß (s.u.).

eignisse auf ein ‚Jetzt' zu beziehen. Aber zugleich ist es nicht weniger unmöglich, sich eines solchen ‚Jetzt' zu bemächtigen, weil es sich unaufhörlich verflüchtigt, mitgerissen von dem, was wir den Strom des Bewußtseins, den Lauf des Lebens, der Dinge, der Ereignisse und dergleichen nennen. Daher ist es immer schon sowohl zu spät als auch zu früh, um so etwas wie ein ‚Jetzt' auf identifizierbare Weise zu erfassen. Das ‚zu spät' signalisiert ein Übermaß beim ‚Weggehen', beim Verschwinden; das ‚zu früh' ein Übermaß beim Ankommen. Ein Übermaß im Hinblick worauf? Im Hinblick auf die Identifizierungsabsicht, also auf das Projekt, ein ‚hier und jetzt Seiendes', die Sache selbst, zu erfassen und zu erkennen.

Wenn man dieses Argument auf die Moderne anwendet, ergibt sich, daß weder die Moderne noch die sogenannte Postmoderne als klar umrissene historische Entitäten identifiziert und bestimmt werden können, wobei die letztere stets ‚nach' der ersteren käme. Im Gegenteil: die Postmoderne ist schon in der Moderne impliziert, weil die Moderne — die moderne Temporalität — in sich einen Antrieb enthält, sich selbst im Hinblick auf einen von ihr unterschiedenen Zustand zu überschreiten. Und mehr als das: sich sogar in eine Art letzte Stabilität aufzulösen, nach der z.B. das utopische Projekt strebt, aber ebenso das einfache politische Projekt, das in den großen Emanzipationserzählungen enthalten ist. Die Moderne geht konstitutiv und andauernd mit ihrer Postmoderne schwanger.

Das eigentliche Gegenteil der Moderne wäre in diesem Fall nicht die Postmoderne, sondern eher die Klassik. Letztere enthält einen Zustand der Zeit, sagen wir einen Temporalitätsstatus, in dem mit dem ‚Ankommen' und dem ‚Weggehen', mit Zukunft und Vergangenheit so umgegangen wird, als ob sie zusammengenommen die Totalität des Lebens in einer Sinneinheit umfassen würden. Derart wäre zum Beispiel die Weise, wie der Mythos die Zeit organisiert und einteilt: Er rhythmisiert Anfang und Ende der Geschichte, die er erzählt, bis sie sich sogar reimen.

Diesbezüglich läßt sich beobachten, daß die Periodisierung der Geschichte von einer für die Moderne charakteristischen Obsession herrührt. Die Periodisierung ist eine Art und Weise, die Ereignisse in eine Diachronie zu setzen, die selbst wiederum vom Revolutionsprinzip beherrscht wird. Ebenso wie die Moderne das Versprechen ihrer eigenen Überwindung enthält, soll sie das Ende einer Epoche und den Anfang der nächsten kennzeichnen und datieren. Da man dabei eine für ganz neu gehaltene Ära einführt, geziemt es sich, die Uhren der neuen Zeit anzupassen, sie also wieder auf Null zurückzustellen *(repartir)*[3]. Im Christentum, Cartesianismus oder Jakobinismus bestimmt eben diese Geste ein Jahr Eins — der Offenbarung *(révélation)* und der Erlösung *(rédemption)* hier, der Wiedergeburt

---

[3] A.d.Ü.: Wenn in der deutschen Übersetzung die Vorsilben „re-" und „prä-" nicht beibehalten werden können, wird im folgenden der französische Ausdruck ohne weiteren Kommentar in Klammern in den laufenden Text eingefügt.

(renaissance) oder Erneuerung *(renouveau)* dort oder darüber hinaus der Revolution und der Wiedereinsetzung *(réappropriation)* der Freiheiten.

Diese drei Gestaltungen des ‚Re-' weisen auf einen wesentlichen Aspekt des Redigierens hin. Es handelt sich dabei um die zweite Richtung, in welche die Verschiebung führt, die ich am Anfang vermerkt habe. Die Zweideutigkeit des Terminus ‚Redigieren' lastet nämlich gerade auf dem Verhältnis der Moderne zur Zeit. Das Redigieren kann in der soeben erwähnten Geste bestehen, die Zeiger der Uhr auf Null zurückzustellen, reinen Tisch zu machen und auf einen Schlag eine neue Ära und eine neue Periodisierung einzuführen. Diese Verwendung von ‚Re-' bedeutet eine Rückkehr *(retour)* zum Ausgangspunkt, zu einem Anfang, der vermeintlich frei von allen Vorurteilen *(préjugés)* ist, weil man annimmt, daß Vor-Urteile *(pré-jugés)* lediglich aus der Speicherung und Überlieferung von Urteilen resultieren, die man vorher ohne weitere Überlegung *(re-considérer)* für wahr gehalten hat. Der Einsatz eines derartigen Spiels zwischen ‚Prä-' und ‚Re-' (im Sinne von Rückkehr *[retour]*) besteht in der Tilgung des ‚Prä-', das zumindest in einigen dieser alten Urteile impliziert ist. In diesem Sinn muß man zum Beispiel den Namen ‚Vorgeschichte' *(préhistoire)* verstehen, den Marx der ganzen menschlichen Geschichte gibt, die der von ihm erwarteten und vorbereiteten sozialistischen Revolution vorausgegangen sein würde.

Jetzt kann eine zweite, ganz andere Bedeutung des ‚Re-' geklärt werden. Wenn es vor allem mit dem Schreiben verbunden ist, bedeutet es in keiner Weise eine Rückkehr zum Anfang, sondern eher das, was Freud *Durcharbeitung** *(perlaboration)* genannt hat, d.h. eine Arbeit, die das bedenkt, was uns vom Ereignis und seinem Sinn konstitutiv verborgen ist, und zwar nicht nur durch das vergangene Vorurteil, sondern auch durch Dimensionen der Zukunft wie z.B. das Pro-jekt, das Pro-gramm, die Pro-spektierung und sogar die Pro-position und den Vorsatz *(propos)*, eine Psychoanalyse zu machen.

Freud hat in einem kurzen, aber — wenn ich so sagen darf — erinnerungswürdigen Text, in dem es um die psychoanalytische ‚Technik' geht, zwischen Wiederholung *(répétition)*, Erinnerung *(rémémoration)* und Durcharbeitung unterschieden. Die Wiederholung *(répétition)* ist eine vorliegende Neurose oder Psychose und resultiert aus einem ‚Dispositiv', das dem unbewußten Wunsch erlaubt, sich zu erfüllen, und das die ganze Existenz des Subjekts wie ein Drama inszeniert. Das dem Gesetz des so ‚disponierten' Wunsches unterworfene Leben des Patienten nimmt von daher die Form eines Schicksals oder Loses an. Die Geschichte von Ödipus hat Freud das Modell dafür geliefert. In einem derartigen Schicksal reimen sich Anfang und Ende der Geschichte, und insofern entspringt diese Geschichte der von mir als ‚klassisch' bezeichneten Organisation der Zeit, in der die Götter, ja sogar *der* Gott, wie Hölderlin schreibt, nie aufhören zu intervenieren. Das Dispositiv des Wunsches, das durch das Orakel des Apoll formuliert worden ist, legt

---

* Im Original deutsch.

die Hauptereignisse, die Ödipus im Laufe seiner Geschichte begegnen werden, im voraus fest. Das Leben des Königs ist gleichsam gestempelt. Seine Zukunft ist in der schon festgesetzten Vergangenheit eingeschrieben, in dem *Fatum*, von dem er nichts weiß, das er also wiederholt *(répéter)*.

Doch die Dinge sind nicht so einfach, wie ich sie hier darstelle. Sowohl in Sophokles' Tragödie als auch in Freuds Analyse streben Ödipus bzw. der Patient nach Bewußtwerdung. Sie suchen den ‚Grund' oder die ‚Ursache' der Schwierigkeit zu entdecken, an der sie leiden und im Laufe ihres ganzen Lebens gelitten haben. Sie wollen sich erinnern. Sie wollen die unbewältigte und zerstückelte Temporalität zusammenraffen. Der Name dieser verlorenen Zeit lautet Kindheit. Daher macht sich König Ödipus daran, Nachforschungen über die Ursache des Übels anzustellen, über die Sünde, die am Ursprung der Pest steht, an der die Stadt leidet. Auf der Couch liegend, scheint sich der Patient einer ganz ähnlichen Untersuchung verschrieben zu haben. Wie in einem Detektivroman untersucht man die Angelegenheit, lädt die Zeugen vor, sammelt Informationen. Auf diese Weise spinnt sich eine Intrige, die ich als sekundär bezeichnen würde. Sie breitet ihre eigene Geschichte über die Geschichte, in der sich das Schicksal erfüllt, und hat den Zweck, diese zu therapieren *(remédier)*.

Das „Redigieren der Moderne" wird häufig in diesem Sinne verstanden, also als Erinnerung, als ob es darum ginge, die vom modernen Dispositiv erzeugten Verbrechen, Sünden und Kalamitäten zu ermitteln *(repérer)* und zu identifizieren – und schließlich das Schicksal zu enthüllen *(révéler)*, das ein Orakel zu Beginn der Moderne vorbereitet und in unserer Geschichte erfüllt haben soll.

Man weiß, wie trügerisch ein so verstandenes Redigieren sein kann. Die Täuschung ergibt sich daraus, daß die Untersuchung der Ursprünge des Schicksals selbst zu diesem Schicksal gehört. Und daß die Frage des Anfangs der Intrige sich am Ende der Intrige stellt, weil sie einzig und allein ihre Endabsicht[4] ausmacht. Der Held wird also in dem Maße zum Schuldigen, wie ihn der Detektiv demaskiert. Das ist im übrigen der Grund, warum es kein ‚perfektes Verbrechen' gibt, das für immer unbekannt bleiben könnte. Ein Geheimnis wäre kein ‚echtes' Geheimnis, wenn keiner wüßte, daß es ein Geheimnis ist. Damit ein Verbrechen perfekt ist, muß es als perfekt bekannt sein, und eben dadurch hört es auf, perfekt zu sein. Anders – mit John Cage – gesagt, aber doch innerhalb desselben Gedankenstranges: Es gibt keine Stille, die sich nicht als solche Gehör verschafft, also irgendeinen Lärm macht. Zwischen Stille und Klang, zwischen Verbrechen und Detektiv, zwischen Unbewußtem und Bewußtsein stiftet im Grunde ein und dieselbe Intrige eine Art Intimität.

---

[4] A. d. Ü.: Auch hier spielt Lyotard schon mit der Doppeldeutigkeit des französischen Wortes „fin" (= „Ende" und „Zweck"), auf die er später zu sprechen kommen wird.

Wenn man das „Redigieren der Moderne" auf diese Weise versteht, daß man also die verborgenen Tatsachen sucht, bezeichnet und benennt, die man an der Quelle der Übel vermutet, an denen man leidet – d.h. als einfachen Erinnerungsprozeß –, dann wird man unweigerlich das Verbrechen fortsetzen und es erneut begehen, anstatt ihm ein Ende zu setzen. Weit davon entfernt, die Moderne wirklich zu redigieren – vorausgesetzt, daß das überhaupt möglich ist –, schreibt und realisiert man sie bloß weiter. Sie schreiben heißt immer, sie umzuschreiben, sie zu re-digieren. Die Moderne schreibt sich selbst, schreibt sich in einem immerwährenden Re-digieren über sich selbst ein.

Ich erläutere diese Täuschung an zwei Beispielen. Marx ermittelt die verborgene Funktionsweise des Kapitalismus. In den Mittelpunkt des Emanzipations- und Bewußtwerdungsprozesses stellt er die Aufhebung der Entfremdung der Arbeitskraft. Daher kann er glauben, das ursprüngliche Verbrechen identifiziert und denunziert zu haben, aus dem das Unglück der Moderne entsteht: die Ausbeutung der Arbeiter. Wie ein Detektiv stellt er sich vor, daß die Menschheit durch die Enthüllung der Falschheit der ‚Realität' – d.h. der liberalen Ökonomie und Gesellschaft – ihrer großen Pest entkommen könnte. Heute wissen wir, daß die Oktoberrevolution – unter der Ägide des Marxismus – nichts weiter getan hat und daß jede Revolution nichts weiter tut und tun wird, als dieselbe Plage zu wiederholen. Die Lokalisierung und die Diagnose können sich ändern, aber bei dieser Art des Redigierens bricht dieselbe Krankheit wieder auf *(resurgir)*. Die Marxisten haben geglaubt, gegen die Entfremdung der Menschheit gearbeitet zu haben, aber die Entfremdung des Menschen hat sich – kaum verlagert – wiederholt.

Wenden wir uns nun der Philosophie zu. Nietzsche bemüht sich, das Denken oder die Denkweise von dem zu emanzipieren, was er Metaphysik nennt, also von dem von Platon bis Schopenhauer maßgeblichen Prinzip, daß es für die Menschen nur darum ginge, die Grundlage zu finden, auf der sie in Übereinstimmung mit dem Wahren reden und in Übereinstimmung mit dem Guten oder Richtigen handeln können. Das zentrale Thema von Nietzsches Denken ist, daß es so etwas wie ein erstes oder ursprüngliches Prinzip, einen ‚*Grund*'* nicht gibt, wie es noch bei Platon die Idee des Guten oder bei Leibniz das Prinzip des zureichenden Grundes sein konnte. Jeder Diskurs, einschließlich des wissenschaftlichen und philosophischen, ist nur eine Perspektive, eine *Weltanschauung**.

Doch dann erliegt Nietzsche seinerseits der Versuchung, die Grundlage dieser Perspektivierungen zu bestimmen, und zwar als das, was er Willen zur Macht nennt. Auf diese Weise wiederholt *(réitérer)* seine Philosophie den Prozeß der Metaphysik. Er vollendet sogar hartnäckig und wiederholend ihre Essenz, denn die Metaphysik des Willens, mit der er seine Untersuchung abschließt, verbirgt *(recéler)* sich eben gerade in allen modernen westlichen Philosophiesystemen. Was Heidegger zeigt.

Daß Nietzsches Redigieren denselben Irrtum oder Fehler gegen seinen eigenen Willen wiederholt *(répéter)*, gibt unserer Reflexion einen Wink, was ein Redigieren sein könnte, das so weit wie möglich der Wiederholung *(répétition)* dessen, was es re-digiert, entkäme. Es könnte sein, daß der Wille selbst die Triebfeder für den Erinnerungsprozeß ist. Das ahnt Freud, als er die *Durcharbeitung** von der *Erinnerung** unterscheidet.

Beim Erinnern *will* man noch zuviel: man will sich der Vergangenheit bemächtigen; man will das erfassen, was vorbei ist; man will das anfängliche, das ursprüngliche, das verlorene Verbrechen bewältigen, ausweisen und als solches demonstrieren, als ob man es von seinem affektiven Kontext, von den Konnotationen des Fehlers, der Schande, des Stolzes, der Angst befreien könnte, in denen man selbst gegenwärtig noch steckt und die eben gerade die Idee eines Ursprungs motivieren.

Durch die Anstrengung, wie Ödipus eine objektiv erste Ursache zu finden, vergißt man, daß der Wille, den Ursprung des Übels zu identifizieren, selbst vom Begehren genötigt wird. Denn es gehört zum Wesen des Begehrens, auch die Befreiung von sich selbst zu begehren, weil das Begehren unerträglich ist. Man glaubt also, dem Begehren ein Ende zu setzen, und verwirklicht doch nur seinen Zweck. (Von derselben Zweideutigkeit wie das Begehren ist das Wort *fin* im Französischen, das zugleich Ende und Zweck bedeutet.) Man versucht, sich zu erinnern, was wahrscheinlich ein gutes Mittel ist, um weiter zu vergessen.

Wenn es stimmt, daß die historische Erkenntnis verlangt, daß ihr Gegenstand isoliert und jeglicher libidinösen Investition von seiten des Historikers entzogen wird, dann ist es sicher, daß aus dieser Art des ‚Redigierens' *(rédiger)*[5] der Geschichte nur eine Art, sie zu ‚reduzieren', folgen kann. Ich führe hier die zwei Bedeutungen an, die das lateinische *redigere* und das englische *putting down* gemeinsam haben: schriftlich niederlegen und unterdrücken *(réprimer)*. So wie *writing down* zugleich an Einschreibung oder Aufzeichnung und an Mißkredit denken läßt. Man findet diese Art des Redigierens in vielen historischen Texten. Sie hat Nietzsche in den *Unzeitgemäßen Betrachtungen* im Auge, als er die Falle hinterfragt, die in der historischen Forschung am Werk ist.

Das Bewußtsein dieser Falle bringt dann zweifelsohne auch Freud dazu, letztendlich von seiner Hypothese über den Ursprung der Neurosen Abstand zu nehmen. Er hatte sie zuerst dem zugeschrieben, was er *Urszene* – die Verführungsszene des Kindes durch den Erwachsenen – nennt. Indem er die Annahme aufgibt, daß die Neurose in einem realen Ereignis ihren Anfang nimmt, öffnet Freud sich – auf der anderen Seite des psychoanalytischen Prozesses, auf der Seite seines Endes – der Vorstellung, daß der Behandlungsprozeß endlos sein könnte, ja

---

[5] A.d.Ü.: Im Unterschied zum englischen Original verwendet Lyotard in seiner französischen Übersetzung selbst den Ausdruck „redigieren", den wir bisher als Übersetzung für „réécrire" verwendet haben (siehe Anmerkung 1).

sollte. Im Unterschied zur Erinnerung würde die Durcharbeitung sich als eine Arbeit ohne Zweck, also ohne Willen definieren; ohne Zweck in dem Sinne, daß sie nicht von dem Begriff eines Ziels geleitet wird, aber doch nicht ohne Zweckmäßigkeit ist.

In dieser doppelten Geste – auf ein Vorher und auf ein Nachher hin – liegt zweifelsohne die treffendste Konzeption, die wir vom Redigieren haben können. Bekanntlich legt Freud ganz besonderes Gewicht auf die Regel der „gleichschwebenden Aufmerksamkeit", die der Psychoanalytiker gegenüber dem Patienten beachten soll. Sie besteht darin, allen Bestandteilen der vom Patienten geäußerten Sätze dieselbe Aufmerksamkeit zu widmen, egal wie geringfügig und nichtssagend sie auch erscheinen mögen.

Die Regel lautet im großen und ganzen: keine Vorurteile *(préjugés)*, Suspension der Urteile, Aufnahmebereitschaft, dieselbe Aufmerksamkeit für alles, was geschieht[6], und zwar so, wie es geschieht. Der Patient muß seinerseits die dazu symmetrische Regel respektieren, daß er sich beim Reden gehen lasse, daß er allen „Ideen", Gestalten, Szenen, Namen, Sätzen freien Lauf lasse, wie immer sie ihm in den Sinn und über seinen Körper kommen mögen, also in ‚Unordnung' und ohne Auswahl und Unterdrückung *(répression)*.

Solch eine Regel verpflichtet den Geist, in einem neuen Sinne geduldig *(patient)* zu sein: nicht mehr weiter passiv und wiederholend dieselbe alte und aktuelle Passion zu ertragen, sondern seine eigene Empfänglichkeit *(passibilité)*, dieselbe Antwortbereitschaft oder dasselbe ‚Responsorium' auf alles, was seinen Geist ankommt, anzuwenden und sich für die Ereignisse, die von einem ‚Etwas' aus, das er nicht kennt, auf ihn zukommen, passierbar zu machen. Freud nennt diese Haltung *freie Assoziation*. Sie ist nichts weiter als eine Art und Weise, einen Satz mit einem anderen zu verknüpfen, ohne den logischen, ethischen oder ästhetischen Wert der Verknüpfung zu berücksichtigen.

Sie werden mich fragen, welchen Zusammenhang diese Praxis mit dem Redigieren der Moderne haben soll. Ich erinnere daran, daß der einzige Leitfaden, über den man bei der Durcharbeitung verfügt, im Gefühl liegt, oder besser gesagt im Anhören des Gefühls. Ein Satzfragment, ein Informationsstück, ein Wort kommt an. Sie werden auf der Stelle mit einer anderen ‚Informationseinheit' verknüpft. Kein Ergründen *(raisonnement)*, kein Argumentieren, keine Vermittlung. Indem man so vorgeht, kommt man allmählich einer Szene nahe: der Szene von etwas. Man beschreibt sie. Man weiß nicht, was sie ist. Man ist sich nur sicher, daß sie sich auf die Vergangenheit bezieht, auf die entfernteste sowohl wie auf die nächste;

---

[6] A. d. Ü.: Der französische Ausdruck „arriver" bedeutet – ebenso wie „advenir" (siehe Anmerkung 2) – strenggenommen „ankommen", ist aber auch im Sinne von „geschehen" bzw. „sich ereignen" zu verstehen.

auf die eigene ebenso wie auf die der anderen. Die verlorene Zeit wird nicht wie auf einem Bild repräsentiert, sie wird nicht einmal präsentiert[7]. Sie präsentiert vielmehr die Bestandteile des Bildes, eines unmöglichen Bildes. Redigieren heißt, diese aufzuzeichnen.

Es liegt auf der Hand, daß dieses Redigieren uns keine Erkenntnis der Vergangenheit verschafft. Freud denkt das ebenfalls. Die Analyse ist keine Angelegenheit der Erkenntnis, sondern der ‚Technik‘, der Kunst. Sie endet nicht mit der Definition eines vergangenen Bestandteils. Sie setzt im Gegenteil voraus, daß die Vergangenheit selbst der Schauspieler oder Agent ist, der dem Geist die Elemente verschafft, aus denen die Szene konstruiert werden wird.

Aber diese Szene gibt ihrerseits in keiner Weise vor, die vorgebliche „Urszene" exakt zu reproduzieren. Sie ist ‚neu‘, insofern sie als neu empfunden wird. Was vergangen ist, ist sozusagen da, lebhaft, lebendig. Nicht wie ein Gegenstand gegenwärtig — falls ein Gegenstand überhaupt jemals gegenwärtig sein kann — , sondern wie eine *Aura*, eine leise wehende Brise, eine Anspielung. Prousts *Suche nach der verlorenen Zeit* und Benjamins *Einbahnstraße* oder *Berliner Kindheit* verfahren nach eben dieser *techne* (natürlich ohne sich darauf reduzieren zu lassen). Und selbst auf das Risiko hin, seltsam zu erscheinen, würde ich hinzufügen, daß diese Vorgehensweise der frei und gleich schwebenden Aufmerksamkeit in Montaignes *Essais* am Werk ist.

Drei Beobachtungen statt eines unmöglichen Schlusses. Erstens hat Freud, obwohl er zu der Einsicht gelangt war, daß diese ‚Technik‘ eine Kunst ist (wie es das griechische Wort *techne* sagt), trotzdem an seiner Ansicht festgehalten, daß sie sich als konstitutiver Bestandteil in einen Emanzipationsprozeß einschreibt. Kraft ihrer geht es tatsächlich darum, die Rhetorik des Unbewußten — d. h. die präorganisierten Signifikantenreihen, die das neurotische oder psychotische Dispositiv bilden und das Leben des Subjekts nach Art eines Schicksals organisieren — zu dekonstruieren. Diese Hypothese ist meines Erachtens nicht richtig. Während ich kurz beschrieben habe, was ich unter Redigieren verstehe, hatte ich eine Idee im Kopf, die ich hier unmöglich entwickeln kann. Ich begnüge mich damit, darauf hinzuweisen, wie verwandt die besagte Beschreibung des Redigierens Kants Analyse der Arbeit der Einbildungskraft ist, die im Geschmack, im Wohlgefallen am Schönen, am Werk ist. Beide räumen der Freiheit, mit der die von der Sinnlichkeit gelieferten Elemente behandelt werden, dieselbe Bedeutung ein, und alle beide betonen den Umstand, daß die Formen, die im reinen ästhetischen Wohlgefallen im Spiel sind, möglichst unabhängig von jeglichem empirischen oder kognitiven Interesse zu sein haben. Die Schönheit des Phänomens ist proportional zu seinem Flüssigkeitsgrad, seiner Veränderlichkeit und seiner Flüchtigkeit. Kant illu-

---

[7] A. d. Ü.: „représenter" und „présenter" sind hier — wie im folgenden — auch im Kantischen Sinne, also als „vorstellen" und „darstellen", gemeint.

striert das anhand von zwei Metaphern: den unfaßbaren Flammen eines Kaminfeuers und den flüchtigen Gestalten, die ein lebhaft rieselnder Bach annimmt. Am Ende kommt Kant zu dem Schluß, daß die Einbildungskraft dem Geist ‚viel zu denken' gibt, viel mehr, als es die begriffliche Arbeit des Verstandes kann. Diese These hat, wie man sieht, mit der Frage der Zeit zu tun, mit der ich begonnen habe. Das ästhetische Erfassen von Formen ist nur möglich, wenn man von jeglichem Anspruch auf Bewältigung der Zeit durch eine begriffliche Synthese Abstand nimmt. Nicht die ‚Rekognition' des Gegebenen (wie Kant sagt) steht auf dem Spiel, sondern die Fähigkeit, Dinge ankommen zu lassen, und zwar so, wie sie sich präsentieren. Einer solchen Haltung zufolge ist jeder Moment, jedes Jetzt, gleichsam ein ‚Sich-öffnen'. Zur Unterstützung dieser These möchte ich Theodor W. Adorno und Ernst Bloch anführen, insbesondere die *Spuren* des letzteren. Am Ende der *Negativen Dialektik* und auch in der unvollendet gebliebenen *Ästhetischen Theorie* gibt Adorno zu verstehen, daß die Moderne in der Tat redigiert werden muß und im übrigen ihr eigenes Redigieren ist, daß man sie jedoch nur in Form dessen, was er *Mikrologien* nennt, redigieren kann – was nicht ohne Bezug zu W. Benjamins ‚Passagen' ist.

Ich habe soeben die gemeinsamen Züge des freien Spiels der ästhetischen Einbildungskraft und der freien Assoziation oder Aufmerksamkeit in analytischer Hinsicht hervorgehoben. Selbstverständlich muß auch ihre Heterogenität vermerkt werden. Um es kurz zu machen, werde ich die wesentlichen Unterschiede aufzählen.

Erstens ist das durch das Schöne gewährte Wohlgefallen nicht Gegenstand einer Forschung, sondern ereignet sich oder ereignet sich nicht *(advenir)*, selbst wenn der Künstler diesen Effekt mit seiner Arbeit anstrebt. Er ist niemals Herr über diesen Geschmackseffekt. Das ästhetische Wohlgefallen ‚überfällt' den Geist wie eine Gnade, eine ‚Inspiration'. Im Gegensatz dazu ist der Diskurs des Patienten oder das Zuhören des Analytikers eine Arbeit – die Durcharbeitung –, die zwar in ihren Mitteln ‚frei' ist, aber durch eine Endabsicht *(fin)* hervorgerufen wird. Diese ist zwar keine Erkenntnis, aber die Annäherung an eine ‚Wahrheit' oder an ein ‚Reales', das außerhalb des Zugriffs liegt.

Wenn dem so ist, so deshalb, weil die analytische Arbeit zweitens durch ein unerträgliches Leiden motiviert wird, welches das Subjekt in einen Zustand der Trennung von sich selbst versetzt, wobei dieser Zustand dieses Leiden gleichzeitig nährt, indem er es wiederholt. Es wäre falsch, sich vorzustellen, daß die Behandlung mit einer Versöhnung *(réconciliation)* von Bewußtsein und Unbewußtem enden könnte. Sie ist unendlich, weil für das Subjekt die Enteignung – seine Unterwerfung *(sujétion)* unter eine Heteronomie – konstitutiv ist. Was in ihm an *in-fans* ist – an Unhervorbringbarem –, ist irreduzibel. Wie Stendhal und Adorno schreiben, ist das Wohlgefallen am Schönen ganz im Gegensatz dazu ein ‚Glücksversprechen' oder – wie Kant sagt – das Versprechen einer gefühlsmäßigen Gemeinschaft – *sensus communis* – des Subjekts mit sich selbst und den anderen.

Ebenso wie es eine Ästhetik des Erhabenen gibt, die aus der Ausweitung der schönen Formen bis zur ‚Unform' (Kant) hervorgegangen ist und gerade dadurch die Umkehrung und Zerstörung der Ästhetik des Schönen nach sich zieht, muß man schließlich Freuds These zufolge dasjenige, was Lacan die Sache an sich *(Chose)* und Freud den unbewußten Affekt nannte (die sich niemals vorstellen lassen), von der zweiten Verdrängung unterscheiden, die die ‚Formationen' des Traumes, der Symptome, der verpaßten Handlung usw. veranlaßt, die allesamt Vorstellungen des Unbewußten über die Grenzen der bewußten Szene sind. Die ursprüngliche Verdrängung, die eng mit dieser Sache an sich verbunden ist, verhält sich folglich zur zweiten Verdrängung wie das Erhabene zum Schönen.

Redigieren, wie ich es hier verstehe, betrifft offenbar die Anamnese der Sache an sich. Nicht nur der Sache an sich, die für eine sogenannte ‚individuelle' Singularität der Stein des Anstoßes ist, sondern derjenigen, die ‚die Sprache' heimsucht, die Überlieferung, das Material, mit dem, gegen das und in dem man schreibt. Folglich entstammt das Redigieren ebenso einer Problematik des Erhabenen wie des Schönen — heute sogar eher und offensichtlicher. Was die Frage des Verhältnisses von Ästhetik und Ethik ganz neu aufwirft.

Meine zweite Beobachtung ist ganz einfach. Das hier gemeinte Redigieren hat offensichtlich nichts mit dem zu tun, was auf dem Markt der Ideologien von heute Postmoderne oder Postmodernismus genannt wird. Machen wir es uns klar: Es hat nichts zu tun mit der Verwendung von Parodien und Zitaten der Moderne oder des Modernismus in Bauwerken, Theaterstücken oder Gemälden und noch weniger mit der Bewegung, die in der Literatur auf traditionellste Erzählformen und -inhalte zurückgreift *(faire retour)*. Ich habe bekanntlich selbst den Terminus ‚postmodern' verwendet. Das war eine etwas provokative Art und Weise, die Debatte über die Erkenntnis ins volle Licht zu rücken. Die Postmoderne ist keine neue Epoche, sondern das Redigieren einiger Charakterzüge, die die Moderne für sich in Anspruch genommen hat, vor allem aber ihrer Anmaßung, ihre Legitimation auf das Projekt zu gründen, die ganze Menschheit durch die Wissenschaft und die Technik zu emanzipieren. Doch dieses Redigieren ist, wie gesagt, schon seit langem in der Moderne selbst am Werk.

Die letzte Beobachtung betrifft die Fragen, die durch die spektakuläre Einführung der sogenannten Neuen Technologien in die Produktion, Verbreitung, Verteilung und Konsumtion von kulturellen Gütern entstehen. Warum erwähne ich diese Neuen Technologien hier? Weil sie dabei sind, das, was Kultur genannt wird, in Industrie zu transformieren. Eine banale Beobachtung. Auch diesen Wandel kann man als Redigieren verstehen. ‚Re-writing'[8] ist im Journalistenjargon ein ge-

---

[8] A.d.Ü.: „re-writing" hat im Gegensatz zum französischen „ré-écrire" eindeutiger die Konnotation des deutschen „Redigierens".

läufiges Wort und bezieht sich auf ein altes Gewerbe. Es bedeutet gerade die Tilgung aller Spuren, die von unerwarteten, ‚phantasievollen' Assoziationen auf einem Text zurückgelassen worden sind. Die Neuen Technologien erweitern diesen Prozeß gewaltig, weil sie bekanntlich jede Einschreibung auf jedwedem Träger – also visuelle Bilder, Klänge, Reden, musikalische Linien und schließlich das Schreiben selbst – einer exakten Berechnung unterwerfen. Meiner Meinung nach besteht das bemerkenswerte Resultat dieses Prozesses nicht – wie Baudrillard denkt – in der Ausbildung eines immensen Netzwerkes von Simulakren. Mir scheint die Wichtigkeit, die der Begriff des *Bit*, der Informationseinheit, einnimmt, viel eher wirklich beunruhigend zu sein. Sobald man von *Bits* spricht, ist keine Rede mehr von den freien Formen, die hier und jetzt der Sinnlichkeit und der Einbildungskraft gegeben werden. Sie sind ganz im Gegenteil Informationseinheiten, die von der Computertechnik konzipiert werden und auf allen Sprachniveaus definierbar sind: lexikalisch, syntaktisch, rhetorisch und so fort. Sie werden unter der Kontrolle eines Programmierers nach einer Reihe von Möglichkeiten (einem ‚Menu') so gut zu einem System zusammengestellt, daß die Frage, die die Neuen Technologien der Idee des Redigierens, wie wir sie hier ausgedrückt haben, aufgeben, auf folgende Weise formuliert werden könnte: Gesetzt den Fall, die Durcharbeitung ist vor allem eine Angelegenheit der freien Einbildungskraft und erfordert die Entfaltung der Zeit zwischen ‚noch nicht', ‚bereits nicht mehr' und ‚jetzt', was kann davon in der Anwendung der Neuen Technologien bewahrt oder erhalten werden? Wie kann sich die Durcharbeitung noch dem Gesetz des Begriffs, der Erkenntnis und der Vorhersehbarkeit entziehen? Für den Augenblick werde ich mich auf die folgende Antwort beschränken: Die Moderne zu redigieren heißt, sich jenem vermeintlich postmodernen Schreiben zu widersetzen.

(Aus dem Französischen unter Berücksichtigung des englischen Originals von Christine Pries.)

Am Nullpunkt der Verrücktheit — Jetzt die Architektur[1]

Jacques Derrida

1. *Maintenant* [jetzt], dieses französische Wort wird man nicht übersetzen. Warum? Aus Gründen, aus einer ganzen Serie von Gründen, die vielleicht im Verlauf des Weges, mehr noch nach Durchlaufen [parcours] des Weges zum Vorschein kommen werden. Denn ich lasse mich hier auf einen Durchlauf, vielmehr auf einen Wettlauf unter anderen möglichen und konkurrierenden ein: eine Serie von gewagten, diskontinuierlichen und aleatorischen Bezeichnungen, die quer durch die „Folies" [Verrücktheiten] von Bernard Tschumi hindurchlaufen.

Warum jetzt? Einen derartigen Grund dafür zu geben, das Siegel oder den Stempel dieses Idioms aufrechtzuerhalten, weise ich ab bzw. stelle ich zurück oder *auf die Seite:* Er würde an den Park von La Villette in Frankreich erinnern — und daran, daß hier ein Vorwand Anlaß zu diesen Verrücktheiten gab. Zweifellos nur ein Vorwand im Verlauf eines Weges, eine Station, eine Phase, eine Pause auf einer Wegstrecke, aber der Vorwand wurde in Frankreich geboten. Man sagt im Französischen, daß eine Chance geboten wird, aber auch, vergessen wir es nicht, „Widerstand bieten".

---

[1] Anmerkung des Autors: *Der Text ist dem Werk des Architekten Bernard Tschumi gewidmet und genauer dem Projekt der Folies, das gegenwärtig im Park La Villette in Paris erstellt wird. Er wurde zuerst als zweisprachige Ausgabe in Bernard Tschumi,* La case vide *[Das leere Feld] veröffentlicht, ein Schuber, der Versuche und Platten enthielt (Architectural Association, Folio VIII, London 1986).*
A. d. Ü.: Der Originaltitel lautet: *Point de folie — maintenant l'architecture* und spielt mit dem Doppelsinn des Wortes „point", was „Punkt", als Verneinung aber auch „gar kein/e" bedeuten kann. Zwischen den beiden Aussagen: „Punkt der Verrücktheit" und „Gar keine Verrücktheit" soll das deutsche Wort „Nullpunkt" also vermitteln. Gleichermaßen ist „maintenant" doppelt zu lesen, als Adverb in der Bedeutung „jetzt" und als Partizip des Verbs „maintenir", „aufrechterhalten". Für „folie" ist „Verrücktheit" als Übersetzung gewählt worden, um die zu starke psychiatrische Konnotation des Wortes „Wahnsinn" zu vermeiden.

2. *Maintenant, jetzt,* das Wort wird nicht als Banner der Aktualität im Winde flattern,[2] es wird nicht die Einleitung zu brennenden Fragen sein: Wie steht es heute um die Architektur? Was soll man von der Aktualität der Architektur denken? Was gibt es in diesem Herrschaftsbereich Neues? Denn die Architektur bestimmt keinen Herrschaftsbereich mehr. Jetzt: Weder ein modernistisches Signal noch selbst eine Begrüßung der Post-Modernität. Die *post-* und die *posters,* die sich heute auf diese Weise vervielfältigen (Post-Strukturalismus, Post-Modernismus etc.) geben noch dem historizistischen Druck nach. Alles macht Epoche, bis hin zur Dezentrierung des Subjekts: dem Post-Humanismus. Als wenn man einmal mehr in einer linearen Abfolge Ordnung schaffen wollte, periodisieren, zwischen vorher und nachher unterscheiden wollte und die Risiken der Umkehrbarkeit oder der Wiederholung, der Transformation oder der Permutation begrenzen wollte: Fortschrittsideologie.

3. *Jetzt:* Wenn das Wort noch das bezeichnet, was kommt, gerade ankommt, was *der* Architektur oder genauso *durch* die Architektur zuzustoßen[3] verspricht, dann läßt sich die Dringlichkeit des *just* (kommt *just* an, kommt *just* eben an, wird *just,* gleich, ankommen) nicht mehr in den geregelten Lauf einer Geschichte einschreiben: weder als Mode noch als Periode, noch als Epoche. Das just jetzt bleibt der Geschichte nicht fremd, gewiß, aber der Bezug wäre ein anderer. Und wenn *uns* das *zustößt,* muß man sich darauf vorbereiten, diese beiden Worte aufzunehmen. Einerseits stößt das nicht einem konstituierten *uns* zu, einer menschlichen Subjektivität, deren Wesen zum Stillstand gekommen wäre und sich *darauf* von der Geschichte dieses Dings, genannt Architektur, betroffen sähe. Wir erscheinen uns selbst nur im Ausgang von einer Erfahrung der Verräumlichung, die bereits durch die Architektur markiert ist. Das, was durch die Architektur zustößt, konstruiert und instruiert dieses *uns.* Letzteres *findet sich* durch die Architektur verpflichtet, bevor es deren Sujet ist: als Meister oder als Besitzer. Andererseits kündigt die Dringlichkeit dessen, was uns jetzt zustößt, nicht allein ein zur Architektur gehörendes Ereignis an: vielmehr eine Schrift des Raums, eine Weise der Verräumlichung, die dem Ereignis seinen Platz einräumt. Wenn das Werk Tschumis genau eine Architektur des Ereignisses beschreibt, so nicht allein, um Orte zu konstruieren, in denen etwas passieren muß, noch allein, damit die Konstruktion selbst dort, wie man sagt, Ereignis wird. Das Wesentliche ist nicht dort. Die ereignishafte Dimension sieht sich gerade in der Struktur des zur Architektur gehö-

---

[2] A.d.Ü.: Im Original „flotter", was für den Wortgebrauch auch eine schwimmende Bedeutung im Sinne der flottierenden Triebe bei Freud signalisieren kann.
[3] A.d.Ü.: Auch hier im Original „arriver", was neben „ankommen", „erreichen" und „fertigbringen" im reflexiven Sinne auch „zustoßen" heißt.

renden Dispositivs miteinbegriffen: als Sequenz, offene Serialität, Narrativität, Kinematik, Dramaturgie und Choreographie.

4. Eine Architektur des Ereignisses, ist das möglich? Wenn das, was uns unter diesen Umständen zustößt, nicht von außen kommt oder vielmehr wenn uns dieses Außen in gerade das einbindet, was wir sind, gibt es dann ein Jetzt der Architektur und in welchem Sinn? Alles läuft gerade auf die Frage nach dem Sinn hinaus. Man wird darauf nicht antworten, indem man einen Zugang zum Beispiel in einer von der Architektur gegebenen Form aufzeigt: Präambel, *pronaos,* Schwelle, methodischer Weg, Zirkel oder Zirkulation, Labyrinth, Treppenstufen, Aufstieg, archäologischer Rückgang auf einen Grund etc. Noch weniger in der Form des Systems, und zwar des *Architektonischen:* der Kunst der Systeme, wie uns Kant sagt. Man wird keine Antwort geben, indem man Zugang verschafft zu irgendeinem zweckmäßigen Sinn, dessen Erfüllung uns schließlich versprochen wäre. Nein, es handelt sich gerade um das, was dem Sinn zustößt: nicht im Sinne dessen, was uns erlaubte, endlich zum Sinn vorzustoßen, sondern dessen, was ihm, dem Sinn, zustößt, dem Sinn des Sinns. Und hier haben wir es mit dem Ereignis zu tun, dem, was ihm durch ein Ereignis zustößt, das, weder gänzlich noch einfach vom Sinn abhängend, einen Teil hätte, der mit etwas wie der Verrücktheit verbunden ist.

5. Überhaupt nicht Die Verrücktheit, die allegorische Hypostase einer Unvernunft, der Un-Sinn, sondern *die* Verrücktheiten. Wir müssen mit dem Plural rechnen. Also die Verrücktheiten, die Verrücktheiten von Bernard Tschumi. Wir werden davon fortan als Metonymie sprechen — und zwar metonymisch auf metonymische Weise, denn diese Figur reißt sich, wie wir sehen werden, selbst mit fort; sie hat in sich selbst nichts, um anzuhalten, nichts mehr als die Zahl der Verrücktheiten im Park von La Villette. Folies/Verrücktheiten: Das ist zunächst der Name, gewissermaßen ein Eigenname und eine Signatur. Tschumi benennt so den Punktraster,[4] der eine nicht endliche Anzahl von Elementen in einem Raum verteilt, den er in der Tat verräumlicht, aber den er nicht ausfüllt [sature]. Es ist also eine Metonymie, da *Verrücktheiten* zunächst nichts als einen Teil bezeichnet, eine Serie von Teilen, genau genommen das Punktuelle, einer Gesamtheit, das auch Linien und Oberflächen, ein „Ton-Band" und ein „Bild-Band" umfaßt. Wir werden noch von der Funktion sprechen, die dieser Vielheit von roten Punkten zugeschrieben wird. Halten wir fest, daß sie zur Gesamtheit des Parks einen metonymischen Bezug wahrt. Unter diesem Eigennamen sind die „Verrücktheiten" in der Tat ein gemeinsamer Nenner, der „größte gemeinsame Nenner" dieser „programmati-

---

[4] A.d.Ü.: Im Original „trame", ein Begriff, der beim Weben den „Schuß" oder „Einschlag" von Textilien bezeichnet, hier aber weitgehend in seiner typographischen Bedeutung von „Raster" verwendet wird.

schen Dekonstruktion". Aber weiter noch, bleibt der rote Punkt jeder Verrücktheit seinerseits teilbar, Punkt ohne Punkt, in seiner gegliederten Struktur offen für kombinatorische Substitutionen oder Permutationen, die ihn ebenso auf andere Verrücktheiten wie auf seine eigenen Teile beziehen. Offener Punkt und geschlossener Punkt! Diese doppelte Metonymie wird abgründig, wenn sie das determiniert oder überdeterminiert, was diesen Eigennamen (die „Folies" von Bernard Tschumi) für die große Semantik des Begriffs von Verrücktheit öffnet, für den großen Namen oder gemeinsamen Nenner alles dessen, was dem Sinn zustößt, wenn er außer sich gerät [sort de lui], sich entäußert [s'aliène] und sich auflöst [se dissocie], ohne jemals Subjekt gewesen zu sein, sich dem Außen ausliefert [s'éxpose], sich in dem verräumlicht [s'espace], was er nicht ist: nicht die Semantik, sondern zunächst die Asemantik der Verrücktheiten.

6. Die Verrücktheiten, also diese Verrücktheiten in jedem Wortsinne, *einem einzigen Mal*, wir werden von ihnen sagen, daß sie nicht in der Weise der Niederlage oder der Nostalgie zugrunde gehen. Sie laufen nicht auf „die Abwesenheit des Werkes" hinaus — jenes Schicksal von *Der Wahnsinn im Zeitalter der Vernunft*, von dem uns Foucault erzählt.[5] Sie werden zum Werk, sie bewerkstelligen. Wie das? Wie soll man es denken, daß *sich das Werk in dieser Verrücktheit aufrechterhält?* Wie soll man das Jetzt des zur Architektur gehörenden Werks denken? Durch ein gewisses Abenteuer des Punktes, wir werden darauf kommen, jetzt das Werk — jetzt ist der Punkt —, im Augenblick selbst, im Punkt seiner Implosion. Die Verrücktheiten bewerkstelligen einen allgemeinen Zerfall [dislocation], sie reißen alles mit hinein, was bis jetzt der Architektur Sinn gegeben zu haben scheint. Genauer das, was die Architektur dem Sinn zugeordnet zu haben scheint. Sie dekonstruieren zunächst, aber nicht allein, die zur Architektur gehörende Semantik.

7. Es gibt, vergessen wir das nicht, eine Architektur der Architektur. Bis in seine archaische Schicht hinein ist der fundamentalste Begriff der Architektur *konstruiert* worden. Diese eingebürgerte Architektur ist uns überliefert, wir bewohnen sie, sie wohnt uns inne, wir denken, daß sie zur Wohnstatt bestimmt ist, und das ist für uns kein Gegenstand mehr. Aber man muß darin ein *Artefakt*, ein *Konstrukt*, ein Monument erkennen. Es ist nicht vom Himmel gefallen, es ist nicht natürlich, selbst wenn es eine gewisse Anzeigetafel für den Bezug zur *physis*, zum Himmel, zur Erde, zum Sterblichen und zum Göttlichen instruiert. Diese Architektur der Architektur hat eine Geschichte, sie ist durch und durch historisch. Ihr Erbe setzt

---

[5] A.d.Ü.: Anspielung auf zwei Texte Foucaults: *Wahnsinn und Gesellschaft. Eine Geschichte des Wahns im Zeitalter der Vernunft*, Frankfurt a.M. 1969; und: „Der Wahnsinn, das abwesende Werk", in: *Schriften zur Literatur*, München 1974.

die Intimität unserer Ökonomie ein, das Gesetz unserer Heimstatt [foyer]⁶ (*oikos*), unsere familiale, politische Oikonomie, all die Orte der Geburt und des Todes, den Tempel, die Schule, das Stadion, die Agora, den Platz, das Grab. Es läßt uns bis zu dem Punkt erstarren, daß wir gerade die Geschichtlichkeit dessen vergessen, daß wir es für Natur halten. Das ist gerade der gesunde Menschenverstand [bon sens].

8. Der Begriff von Architektur ist selbst ein bewohntes *Konstruktum*, ein Erbe, das uns miteinbegreift, noch bevor wir versucht haben, es zu denken. Durch alle Wandlungen der Architektur hindurch verweilen Unveränderlichkeiten. Eine Axiomatik durchzieht, unbewegt, unerschütterlich, die ganze Geschichte der Architektur. Eine Axiomatik, das heißt eine Gesamtheit, die durch fundamentale und immer vorausgesetzte Wertbestimmungen organisiert ist. Diese Hierarchie ist im Stein erstarrt, sie informiert fortan den gesamten sozialen Raum. Was sind diese Unveränderlichkeiten? Ich werde vier unterscheiden, die ein wenig artifizielle Charta von vier Zügen, sagen wir besser von vier Punkten. Sie übersetzen ein und dasselbe Postulat: Die Architektur *muß einen Sinn haben,* sie muß ihn *darstellen* [présenter] und dadurch *bedeuten* [signifier]. Der signifikante oder symbolische Wert dieses Sinns muß die Struktur und die Syntax, die Form und die Funktion der Architektur beherrschen. Er muß sie von *außen,* von einem Prinzip (*arché*) her, einem Fundament oder einer Fundierung, einer Transzendenz oder einer Zweckmäßigkeit (*telos*) beherrschen, deren Orte selbst nicht zur Architektur gehören. Es ist eine anarchitekturale Topik dieses Semantismus, von dem unausbleiblich *vier Punkte* der Unveränderlichkeit entspringen:

Die Erfahrung des Sinns muß das *Bewohnen,* das Gesetz des *oikos,* die Ökonomie der Menschen oder der Götter sein. Ohne seine nicht-repräsentative Präsenz, die, im Unterschied zu den anderen Künsten, nur auf sich selbst zu verweisen scheint, wird das Werk der Architektur für die Präsenz der Menschen und der Götter bestimmt gewesen sein. Anlage, Besetzung und Ausstattung der Orte sollten sich an dieser Ökonomie bemessen. An sie erinnert noch Heidegger in dem Moment, wo er die Abwesenheit der *Heimatlosigkeit** als Symptom der Onto-Theologie und genauer der modernen Technik interpretiert. Er lädt uns dazu ein, hinter der Krise des Wohnens die eigentlich wahre Not, die Armseligkeit, die Mangelhaftigkeit des Wohnens selbst (*die eigentliche Not des Wohnens* *) zu denken. Die Sterblichen müssen *das Wohnen erst lernen* *; vernehmen, was sie *ruft/heißt* zu

---

⁶ A.d.Ü.: Zur Bedeutungsvielfalt dieses Begriffs bei Derrida vgl. die Übersetzungsanmerkungen in: J. Derrida, *Feuer und Asche,* aus dem Französischen von M. Wetzel, Berlin 1988, S. 64.

* Im Original deutsch.

wohnen.⁷ Das ist keine Dekonstruktion, sondern der Aufruf, gerade das Fundament der Architektur, die wir bewohnen, die wir zu bewohnen wieder lernen sollten, den Ursprung seines Sinns zu wiederholen. Selbstverständlich, wenn die „Verrücktheiten" diesen Ursprung denken und zerlegen, müssen sie sich nicht länger der Bejubelung der modernen Technologie oder der manischen Beherrschung ihrer Kräfte ausliefern. Das wäre eine neue Wendung derselben Metaphysik. Von daher die Schwierigkeit dessen, was sich just – jetzt – ankündigt.

Als zentrierte, hierarchisierte wird die zur Architektur gehörende Organisation sich der Anamnese des Ursprungs und der Schicht eines Grundes zugeordnet haben müssen. Nicht allein von ihrer Fundierung auf dem Erdboden her, sondern von ihrem politisch-juridischen Fundament her, der Institution, die die Mythen der Stadt, die Gründerhelden oder -götter ins Gedächtnis ruft. Als religiöses oder politisches Gedächtnis hat dieser Historizismus – allem Anschein zum Trotz – die moderne Architektur nicht verlassen. Letztere bewahrt die Nostalgie, sie ist Bewahrerin durch Bestimmung. Es ist eine immer hierarchisierende Nostalgie: Die Architektur wird die Hierarchie im Stein oder im Holz (*hylè*) materialisiert haben, es ist eine Hyletik des Heiligen (*hieros*) und des Prinzips (*arché*), eine *Archi-Hieratik*.

Diese Ökonomie bleibt notwendigerweise eine *Teleologie* der Wohnstatt. Sie pflichtet allen herrschenden Formen der Zweckmäßigkeit bei. Politisch-ethische Zweckmäßigkeit, religiöser Dienst, nützliche oder funktionelle Zweckausrichtung, immer handelt es sich darum, die Architektur *in Betrieb* [en service] und *in Dienst* [au service] zu nehmen. Dieser Endzweck ist das Prinzip der archi-hieratischen Ordnung.

Diese Ordnung hängt schließlich von den *schönen Künsten* ab, was auch immer herrschende Mode, Alter oder Stil ist. Der Wert der Schönheit, Harmonie, Totalität muß dabei noch herrschen.

Diese vier Punkte der Unveränderlichkeit stehen nicht nebeneinander. Von den Winkeln eines Rahmens her zeichnen sie die Karte eines Systems. Man wird nicht nur sagen können, daß sie sich zusammenfügen und untrennbar bleiben, was stimmt. Sie geben Anlaß zu einem gewissen Experiment der *Versammlung*, derjenigen der kohärenten Totalität, der Kontinuität, des Systems. Sie beherrschen also ein Netz von Wertbestimmungen, sie induzieren und instruieren, sei es auch indirekt, die ganze Theorie und die ganze Kritik der spezialisiertesten oder trivialsten Architektur. Die Wertbestimmung schreibt die Hierarchie in eine Hyletik ein, auch in den Raum einer formalen Verteilung der Werte. Aber diese Architektonik der unveränderlichen Punkte beherrscht auch all das, was man die abendländische

---

⁷ A.d.Ü.: Vgl. Martin Heidegger, „Bauen, Wohnen, Denken", in: *Vorträge und Aufsätze*, Pfullingen 1954, S. 162.

Kultur weit über ihre Architektur hinaus nennt. Von daher der Widerspruch, das *double bind* oder die Antinomie, die diese Geschichte zugleich mobilisiert und beunruhigt. Einerseits *löscht* und *überbordet* diese allgemeine Architektonik die zugespitzte Besonderheit der Architektur, sie gilt für andere Künste und für andere Bereiche der Erfahrung. Andererseits bildet die Architektur daraus die mächtigste Metonymie, gibt sie ihr die festeste *Konsistenz*, die objektivste Substanz. Unter Konsistenz verstehe ich nicht allein die logische Kohärenz, diejenige, die in demselben Netz alle Dimensionen der menschlichen Erfahrung bindet: kein Werk der Architektur ohne Interpretation, ja sogar ohne ökonomische, religiöse, politische, ästhetische und philosophische Entscheidung. Sondern unter Konsistenz verstehe ich auch die Dauer, die Härte, die monumentale, mineralische oder hölzerne Subsistenz, das Hyletische der Tradition. Von daher der *Widerstand:* der Widerstand der Materialien als Widerstand der Bewußtheiten und der Unbewußtheiten, die diese Architektur als letzte Festung der Metaphysik einsetzt. Widerstand und Übertragung. Eine konsequente Dekonstruktion wäre nichts, wenn sie diesen Widerstand und diese Übertragung nicht berücksichtigte; sie würde wenig ausrichten, wenn sie sich nicht an die Architektur ebenso wie an das Architektonische hielte. Sich an sie halten:[8] nicht sie angreifen, sie zerstören oder irreführen, sie kritisieren oder disqualifizieren, sondern sie wirklich *denken*, sich von ihr genügend ablösen, um sie durch ein Denken zu ergreifen, das sich über das Theorem hinaus erstreckt — und auf seine Weise zum Werk wird.

9. Man wird jetzt das Maß der Verrücktheiten erfassen — andere würden sagen, der unmäßigen *Hybris* von Bernard Tschumi und von dem, was sie uns zu denken gibt. Diese Verrücktheiten lassen den Sinn erzittern, den Sinn des Sinns, die signifikante Gesamtheit dieser mächtigen Architektonik. Sie verwickeln wieder in die Sache, zerlegen, destabilisieren und dekonstruieren das Gebäude dieser Konfiguration. Sie sind darin „Verrücktheit", wird man sagen. Denn in einem *polemos* ohne Aggressivität, ohne jenen destruktiven Antrieb, der noch einen reaktiven Affekt im Innern der Hierarchie verraten würde, halten sie sich an den Sinn selbst des zur Architektur gehörenden Sinns, so wie er uns überliefert ist und wie wir ihn noch bewohnen. Weichen wir der Frage nicht aus: Wenn diese Konfiguration das leitet, was man im Abendland Architektur nennt, machen dann diese Verrücktheiten nicht tabula rasa? Führen sie nicht in die Wüste der Anarchitektur zurück, zu einem Nullpunkt der zur Architektur gehörenden Schrift, wo letztere sich von nun an ohne Zweckmäßigkeit, ohne ästhetische Aura, ohne Fundament, ohne hierarchisches Prinzip und ohne symbolische Bedeutung verlöre, eine Prosa

---

[8] A. d. Ü.: i. O.: „s'en prendre à", was soviel heißt wie „jmd. die Schuld zuschieben", „vorwerfen" bzw. „sich an jmd. schadlos halten".

schließlich abstrakter, neutraler, inhumaner, unnützer, unbewohnbarer und des Sinns beraubter Räume [volumes]?[9]

Gerade nicht! Die „Verrücktheiten" bejahen, sie fangen mit dem Engagement ihrer Bejahung jenseits von dieser letztlich annihilierenden, heimlich nihilistischen Wiederholung der metaphysischen Architektur an. Sie engagieren sich im jetzt, von dem ich spreche, halten die Architektur aufrecht, wiederbeleben sie und schreiben sie neu ein. Sie wecken in ihr vielleicht eine unendlich anästhesierte, eingemauerte, in einem allgemeinen Grab oder einer Grabesnostalgie beerdigte Energie. Denn man muß damit beginnen zu unterstreichen: Die metaphysische Karte oder der metaphysische Rahmen, dessen Konfiguration wir soeben gezeichnet haben, war bereits, wenn man so sagen kann, der Endzweck der Architektur, ihre „Herrschaft der Endzwecke" in der Gestalt des Todes.

Er unterzog das Werk der Prüfung, er bürdete ihm Bedeutungen und äußerliche, wenn nicht zufällige Normen auf. Er machte aus seinen Attributen sein Wesen: die formale Schönheit, die Zweckmäßigkeit, die Nützlichkeit, die Funktionalität, der Wohnwert, seine religiöse oder politische Ökonomie, all die *Dienste,* so viele nicht zur Architektur gehörende oder meta-architekturale Prädikate! Indem sie die Architektur dem jetzt entziehen – was ich auf diese Weise weiter durch ein Paläonym[10] benenne, um darin einen gedämpften Anruf aufrechtzuerhalten –, indem sie aufhören, das Werk diesen fremden Normen zu unterwerfen, geben die Verrücktheiten die Architektur getreu an das zurück, was sie, seit dem Vorabend selbst ihres Ursprungs, hätte signieren sollen. Das Jetzt, von dem ich spreche, wird jene Signatur sein – die am wenigsten reduzierbare. Sie verstößt nicht gegen die Charta, sie reißt sie fort in einen anderen Text, sie unterschreibt selbst, sie ruft den anderen, damit er unterschreibt, was wir, weiter unten, noch einen *Kontrakt* nennen werden, ein anderes Spiel des Zuges, der Attraktion und der Kontraktion.

Es ist eine Behauptung, die ich nicht ohne Vorsicht, Mahnung und Warnung aufstellen werde. Wieder das Leuchtzeichen[11] aus zwei roten Punkten:

Diese Verrücktheiten zerstören nicht. Tschumi spricht immer von „Dekonstruktion/Rekonstruktion", besonders anläßlich der „Folie" und der Erzeugung ihres Würfels (formale Kombinatorik und transformationelle Relationen). Was die *Manhattan Transcripts* betrifft, handelt es sich darum, dabei „neue Bezüge" zu erfinden, „wo die traditionellen Komponenten der Architektur zerbrochen und nach anderen Axen rekonstruiert werden". Ohne Nostalgie, der lebendigste Gedächtnisakt! Nichts findet sich hier von jener nihilistischen Geste, die im Gegen-

---

[9] A.d.Ü.: Derrida spielt hier mit dem Doppelsinn, demzufolge „volume" auch die antike Schriftrolle bzw. heute den Buchband bedeutet.
[10] A.d.Ü.: Als Paläonym bezeichnet man Namen einer allen anderen Sprachen gemeinsamen Ursprache.
[11] A.d.Ü.: i.O. „voyant", was auch „Seher" heißen kann.

teil ein gewisses Motiv der Metaphysik erfüllte, kein Umsturz der Werte hinsichtlich einer unästhetischen, unbewohnbaren, unnützen, asymbolischen und bedeutungslosen Architektur, die einfach nur leerstehend wäre nach dem Rückzug der Götter und Menschen. Und die Verrücktheiten — wie die Verrücktheit im allgemeinen — sind alles andere als das Chaos einer Anarchie. Ohne aber eine „neue Ordnung" vorzuschlagen, siedeln sie das zur Architektur gehörende Werk anderswo an, das, in seinem Prinzip wenigstens, in seiner wesentlichen Antriebskraft diesen äußeren Imperativen nicht mehr gehorchen wird. Die „erste" Sorge Tschumis wird nicht mehr sein, den Raum in Funktion zu den oder mit Blick auf die ökonomischen, ästhetischen, epiphanen oder techniknützlichen Normen zu organisieren. Diese Normen werden berücksichtigt, sie werden sich allein untergeordnet sehen, an einem Ort des Textes und in einen Raum eingeschrieben, den sie nicht mehr als letzte Instanz beherrschen werden. Indem man „die Architektur an ihre Grenzen" stößt, wird man wieder Anlaß zu „Vergnügen" geben, jede Verrücktheit wird für einen gewissen „Gebrauch" bestimmt sein samt seiner kulturellen, spielhaften, pädagogischen, wissenschaftlichen und philosophischen Zweckmäßigkeit. Über seine Anziehungskraft werden wir weiter unten sprechen. All dies gehorcht einem Programm von Übertragungen, Transformationen oder Permutationen, deren äußere Normen nicht mehr das letzte Wort behalten. Sie werden das Werk nicht mehr angeleitet haben, Tschumi hat sie der allgemeinen Bewerkstelligung angepaßt.

Ja, angepaßt [pliées]! Wo liegt der Kniff [pli]? Wenn man die Architektur dem wieder unterstellt, was sie an singulär *Eigentlichem* [propre] hätte haben sollen, handelt es sich vor allem nicht darum, durch eine puristische oder integristische Besessenheit ein *Einfaches* [simple] der Architektur zu rekonstituieren, eine einfach architekturale Architektur. Es geht nicht mehr darum, das Eigentliche in der unbefleckten Innerlichkeit seiner Ökonomie zu retten und seiner unveräußerlichen Präsenz zurückzugeben, einer schließlich nicht repräsentativen, nicht mimetischen Präsenz, die nur auf sich selbst verwiese. Diese Autonomie der Architektur, die vorgeben würde, auf diese Weise einen Formalismus und einen Semantismus in ihren Extremen zu versöhnen, vollendete nur die Metaphysik, die sie vorgeblich dekonstruierte. Die Erfindung besteht hier darin, das zur Architektur gehörende Motiv mit dem zu kreuzen, was es an Singulärerem und Konkurrierenderem in anderen Schriften gibt, die selbst in die besagte Verrücktheit hineingerissen sind, in ihren Plural, den der photographischen, kinematographischen, choreographischen, ja sogar mythographischen Schrift. Wie die *Manhattan Transcripts* gezeigt haben (aber das würde auch, auf unterschiedliche Weise, für La Villette gelten), läßt eine narrative Montage von großer Komplexität die Erzählung im Außen explodieren, welche die Mythologien zusammenzogen oder in der hieratischen Präsenz des Monument „zum Gedächtnis" löschten. Eine zur Architektur gehörende Schrift interpretiert (im Sinne von Nietzsches aktiver, produktiver, gewalttätiger, transformierender Interpretation) Ereignisse, die durch die Photographie oder die Kinematographie *markiert* sind. Markiert: provoziert, bestimmt *oder* umgeschrieben, befangen, auf jeden Fall immer in einer Szenographie der Passage mobilisiert (Übertragung [transfer], Übersetzung [traduction], Umschrift [transcription], Überschreitung [transgression] von einem Ort zum anderen, von einem Ort der Schrift zum anderen, Pfropfung [greffe], Kreuzung [hybridation]). Weder Architektur noch Anarchitektur: Transarchitektur! Sie setzt sich mit dem Ereignis auseinander, sie bietet ihr Werk nicht Benutzern, Getreuen oder Bewohnern, Betrachtern, Ästheten oder Verbrauchern an, sie beruft sich auf das andere, damit es seinerseits das Ereignis, Zeichen, Pfandzeichen [consigne] oder *Gegenzeichen* [contre-signe] *erfindet:* Sie ist um die Avance avanciert, die sie dem anderen macht, — und jetzt die Architektur!

(Ich höre wohl ein Murmeln: Aber dieses Ereignis, von dem Sie sprechen und das die Architektur in einer Serie von „ein einziges Mal" wiedererfindet, die in ihrer Wiederholung immer einmalig sind, dieses Ereignis, ist es nicht das, was jedesmal nicht *in* einer Kirche oder einem Tempel, und selbst *an* einem politischen Ort, nicht in ihnen, sondern *als* sie stattfindet, wobei es sie zum Beispiel bei jeder Messe zu neuem Leben erweckt, wenn der Leib Christi, wenn der Leib des Königs oder der Nation sich zeigt oder verkündet? Warum nicht, wenn durch die Architektur hindurch oder bis zu ihr das zumindest noch zustoßen könnte? Ohne mich hier in diese Richtung weiter vorwagen zu können, aber um deren Notwendigkeit anzuerkennen, möchte ich nur sagen, daß die zur Architektur gehörenden „Folies" Tschumis *zu denken geben,* was *statt hat,* wenn, *zum Beispiel,* das eucharistische Ereignis eine Kirche durchzieht, hier, jetzt, oder wenn ein Datum, ein Siegel, die Spur des anderen schließlich auf den Körper des Steins kommt — diesmal in der Bewegung seines Ver-schwindens [dis-parition].)

10. Fortan kann man nicht mehr von einem *eigentlich* zur Architektur gehörenden Moment sprechen, wobei die hieratische Unbeweglichkeit des Monuments, jener hylemorphische Komplex, der ein für allemal gegeben ist, nicht mehr an seinem Leib — um ihnen keine Chance mehr gegeben zu haben — die Spuren von Transformationen, Permutationen und Substitutionen erscheinen läßt. In den Verrücktheiten, von denen wir sprechen, durchläuft das Ereignis dagegen zwar diese Probe des monumentalen Moments, aber es schreibt es auch in eine Serie von *Erfahrungen* ein. Wie sein Name es anzeigt, fährt eine Erfahrung umher: Reise, Wegstrecke, Übersetzung, Übertragung. Nicht hinsichtlich einer letztendlichen Darstellung, einer Vergegenwärtigung der Sache selbst, noch um eine Odyssee des Bewußtseins zu vollenden, die Phänomenologie des Geistes als architekturaler Gang. Der Durchlauf der Verrücktheiten ist sicherlich in dem Maße vorgeschrieben, Punkt um Punkt, wie das Punktraster mit einem *Programm* von möglichen Erfahrungen und von neuen Experimenten (Kino, botanischer Garten, Video-

Atelier, Bibliothek, Schlittschuhbahn, Turnhalle) rechnet. Aber die Struktur des Rasters und die eines jeden Würfels — denn diese Punkte sind Würfel — lassen ihre Chance dem Würfelwurf, der formalen Erfindung, der kombinierenden Transformation, dem Umherirren. Diese Chance ist nicht dem Bewohner oder dem Getreuen, dem Benutzer oder dem Theoretiker der Architektur gegeben, sondern dem, der sich seinerseits auf die zur Architektur gehörende Schrift einläßt: ohne Vorbehalt, was eine erfinderische Lektüre, die Unruhe einer ganzen Kultur und die Signatur des Körpers voraussetzt. Dieser würde sich nicht mehr damit zufrieden geben, *an* einem Ort, *auf* Wegen zu *marschieren,* herumzugehen und umherzuziehen, er würde seine elementaren Bewegungen transformieren, indem er ihnen stattgäbe, er würde von dieser anderen Verräumlichung die Erfindung seiner Gesten empfangen.

11. Die Verrücktheit hört nicht auf: weder im hieratischen Monument noch auf dem kreisförmigen Weg. Weder Unbewegtheit noch Schritt. Die Serialität schreibt sich in Stein, Eisen oder Holz ein, aber sie selbst endet nicht darin. Und sie hat früher begonnen. Die Serie der *Proben* (künstlerische Versuche oder Proben, wie man sagt), das, was man unbefangen die Zeichnungen, die Versuche, die Photographien, die Entwürfe, die Filme oder die Schriften nennt (zum Beispiel das, was sich für einige Zeit in diesem Band versammelt), gehört mit vollem Recht zur *Erfahrung* der Verrücktheiten: *von den Verrücktheiten zum Werk.* Man kann ihnen nicht mehr den Wert von Dokumenten, beigefügten Illustrationen, vorbereitenden oder belehrenden Anmerkungen verleihen, insgesamt als Vorspiel oder als Äquivalent der Wiederholungen auf dem Theater. Nein — und darin besteht das, was uns das Bedrohlichste für das zur Architektur gehörende Begehren scheint, das uns noch innewohnt. Die unwiderrufliche Masse von Steinen, die vertikale Aufstellung von Glas und Metall, die wir für „*die Sache selbst*"* oder „*the real thing*" der Architektur hielten, ihre unverschiebbare Effektivität, jetzt erfassen wir sie im voluminösen Text vielfältiger Schriften: als Überdrucken[12] auf einem *Wunderblock* (um auf einen Text Freuds hinzuweisen — und Tschumi setzt[13] die Architektur der Psychoanalyse aus, er führt in sie zum Beispiel das Motiv der Übertragung und der Spaltung [schize] ein), Raster des Palimpsestes, überlagerte Textualität, grundlose, bewegliche, leichte und abgründige, blättrige [feuilletée], blattförmige [foliforme] Stratigraphie. Blättrige Verrücktheit [folie feuilletée], die Blatt und verrückt [feuille et folle] ist, weil sie sich keiner Festigkeit versichern kann: weder des Bodens noch des Baums, weder der Horizontalität noch der Ver-

---

[12] A.a.Ü.: i.O. „surimpression", was zugleich in der Photographie „Überbelichtung" und „Überblendung" heißt (vgl. Derridas Spiel mit dieser Doppeldeutigkeit in: *Recht auf Einsicht,* aus dem Französischen von M. Wetzel, Wien/Graz/Köln 1985).
[13] A.d.Ü.: i.O. „expose", was auch „belichten" heißt (vgl. Anmerkung 12).

tikalität, weder der Natur noch der Kultur, weder der Form noch des Grundes, noch des Zwecks. Der Architekt schrieb mit Steinen, das war es, was er an Lithographien in ein Raumbuch [volume] einrückte – und Tschumi spricht von ihnen als *Folianten*. Ein Raster entsteht [se trame] bei dieser Paginierung [foliotage], dessen Stratagem – aber auch Würfelwurf – mich an einen Verdacht des Littré erinnert: Was den zweiten Wortsinn von *folie* angeht, den von Häusern, die den Namen ihres Unterzeichners tragen, „desjenigen, der sie hat bauen lassen, oder des Ortes, in dem sie gelegen sind", wagt der Littré folgendes im Namen der Etymologie: „Man sieht dort für gewöhnlich das Wort *folie*. Aber das wird zweifelhaft, wenn man in den Texten des Mittelalters findet: *foleia quae erat ante domum* und *domum foleyae* und *folia Johannis Morelli*. Der Verdacht wird erweckt, daß dort eine Abwandlung des Wortes *feuillie* [belaubt] oder *feuillée* [Laubwerk] vorliegt." Das Wort *folie* hat nicht einmal mehr den Gemeinsinn, es verliert selbst noch die versichernde Einheit seines Sinns. Die Verrücktheiten [folies] von Tschumi spielen zweifellos auch mit dieser „Abwandlung" und überdrucken, gegen den Gemeinsinn, mit diesem anderen Sinn, diesem Sinn des anderen, der anderen Sprache, die Verrücktheit dieser Asemantik.

12. Als ich das Werk Bernard Tschumis entdeckte, habe ich eine leichtfertige Hypothese abwenden müssen: daß der Rekurs auf die Sprache der Dekonstruktion, auf das, was sich in ihm kodieren konnte, auf ihre am meisten insistierenden Worte und Motive, auf bestimmte Strategien von ihr, nur eine *analoge* Übertragung, ja sogar eine *Applikation* der Architektur sei. In allen Fällen gerade das Unmögliche! Denn der Logik dieser Hypothese zufolge, die nicht lange Widerstand leistete, hätte man sich fragen müssen: Was könnte wohl eine dekonstruktive Architektur sein? Ist das, was die dekonstruktiven Strategien zu destabilisieren beginnen oder aufhören, nicht gerade das strukturale Prinzip der Architektur (System, Architektonik, Struktur, Fundierung, Konstruktion etc.)? Diese letzte Frage hat mich dagegen zu einer anderen Wendung der Interpretation geführt: Diejenige, zu der uns die *Manhattan Transcripts* oder die *Folies* von La Villette verpflichten, ist der *obligatorische Weg* einer Dekonstruktion in einer seiner intensivsten, affirmativsten und notwendigsten *Bewerkstelligungen*. Nicht *die* Dekonstruktion *selbst*, es gibt niemals dergleichen, sondern dasjenige, was den Anstoß über die semantische Analyse, die Kritik dieses Diskurses oder der Ideologien, der Begriffe oder der Texte, im traditionellen Sinne des Ausdrucks, hinausträgt. Die Dekonstruktionen wären schwach, wenn sie negativ wären, wenn sie nicht konstruieren würden, vor allem aber wenn sie sich nicht zunächst mit den Institutionen darin messen würden, was sie an Solidität *anstelle ihres größten Widerstandes* haben: den politischen Strukturen, den ökonomischen Entscheidungshebeln, den materiellen und phantasmatischen Dispositiven der Verkoppelung zwischen Staat, bürgerlicher Gesellschaft, Kapital, Bürokratie, kulturellen Kräften und der Lehre der Architek-

tur — diesem so sensiblen Relais —, aber auch zwischen den Künsten, von den schönen Künsten zu den Kriegskünsten, der Wissenschaft und der Technologie, der alten und der neuen. Es gibt so viele Kräfte, die in einer Operation von der Spannweite der Architektur voranstürzen, erhärten oder zementieren, vor allem wenn diese Operation den Körper einer Metropole näherbringt und mit dem Staat verhandelt. Das ist hier der Fall.

13. Man erklärt nicht den Krieg. Zwischen Feindseligkeiten und Verhandlung entsteht das Raster [se trame] einer anderen Strategie. In seinem allerstriktesten, wenn nicht buchstäblichsten Sinn verstanden, führt das Raster [trame] der Verrücktheiten ein singuläres Dispositiv in den Raum der Transaktion ein. Der eigentliche Sinn von „Raster" wird nicht versammelt. Er durchquert. Ein Raster einschießen heißt durchqueren, durch Ritzen hindurchdringen. Es ist die Erfahrung einer Permeabilität. Und die Durchquerung erfolgt nicht durch ein schon gegebenes Gewebe, sie webt, sie erfindet die Gewebestruktur eines Textes, wie man im Englischen sagt von etwas „fabric". Fabrique, so sei am Rande vermerkt, das ist der französische Name — mit einem ganz anderen Sinn —, den einige Entschlossene an die Stelle des beunruhigenden Titels *folies* zu setzen vorgeschlagen hatten.
Der webende Architekt. Er erstellt ein Raster, und er verflicht die Fäden der Kette, seine Schrift stellt ein Netz auf. Immer noch ein Raster, Raster in mehreren Sinnen und jenseits des Sinns. Ein Netz-Stratagem, folglich ein singuläres Dispositiv. Welches?
Eine aufgelöste Serie von „Punkten", von roten Punkten, bildet das Raster, in dem sie eine Vielheit von Matrizes oder Erzeugungszellen verräumlicht, deren Transformationen sich nie in einem Kontinuum zufriedenstellen, stabilisieren, installieren, identifizieren lassen. Als selbst teilbare punktieren diese Zellen auch die Bruch-, Diskontinuitäts- und Disjunktionsmomente. Aber gleichzeitig, oder vielmehr durch eine Serie von Unzeiten [contretemps], von rhythmisierten Anachronien oder aphoristischen Abschweifungen, versammelt der Nullpunkt der Verrücktheit das, was er just gerade zerstreut hat, versammelt er es *als* Zerstreuung. Er versammelt es in einer Vielheit von *roten* Punkten. Ähnlichkeit [ressemblance] und Versammlung [rassemblement] laufen nicht auf dieselbe Farbe hinaus, aber die *chromographische* Erinnerung spielt dabei eine notwendige Rolle.
Was ist folglich ein Punkt, *dieser* Nullpunkt der Verrücktheit? Wie stoppt er die Verrücktheit? Denn er hebt sie auf und stoppt sie in dieser Bewegung, aber *als* Verrücktheit. Haltepunkt [arrêt] der Verrücktheit: überhaupt keine Verrücktheit, keine Verrücktheit mehr, keine Verrücktheit. Auf einen Schlag entscheidet er darüber, aber durch welches Dekret, welchen Entscheid — und welche Gerechtigkeit des Aphorismus? Was macht das Recht? Wer macht das Recht? Es teilt *und* stoppt die Teilung, es *hält* diesen Punkt der Verrücktheit *aufrecht,* diese Chromosomen-

zelle, und zwar im Prinzip der Erzeugung. Wie soll man sich das zur Architektur gehörende *Chromosom* denken, seine Farbe, seine Arbeit der Teilung und der Individuation, die nicht mehr zur Bio-Genetik gehört?

Wir kommen darauf, aber erst nach einem Umweg. Man muß durch einen weiteren Punkt hindurch.

14. Es gibt in der Lexik Tschumis starke Wörter. Sie situieren die Punkte mit größter Intensität. Es sind Wörter mit *trans-* (transcript, transfer, trame etc.) und vor allem mit *Dé-* oder *Dis-*. Sie besagen Destabilisierung, Dekonstruktion, Dehiszenz und zunächst Dissoziation, Disjunktion, Disruption und Differenz. Es ist eine Architektur des Heterogenen, der Unterbrechung [interruption], der Nicht-Koinzidenz. Aber wer wird so etwas je konstruieren? Wer wird je mit den alleinigen Energien des *dis-* oder *de-* rechnen? Man kann aus einer einfachen Verschiebung [déplacement] oder dem bloßen Zufall [dislocation] kein Werk machen. Man muß also erfinden. Man muß seine Passage für eine andere Schrift bahnen. Ohne auf die dekonstruktive Affirmation zu verzichten, deren Notwendigkeit wir erprobt haben, um sie aufs Gegenteil zurückzuwerfen, *hält* diese Schrift das *Dis-jungierte* als solches *aufrecht*, verbindet sie das *Dis-*, indem sie die Abweichung aufrechterhält, versammelt sie die Differenz. Diese Versammlung wird singulär sein. Was die Gesamtheit aufrechterhält, hat nicht notwendigerweise die Form des Systems, es untersteht nicht immer dem Architektonischen und kann der Logik der Synthese oder der Ordnung einer Syntax auch nicht gehorchen. Das Jetzt [maintenant] der Architektur wäre dieses Manöver, um das *Dis-* einzuschreiben und daraus ein Werk als solches zu machen. Indem es sich hält und aufrechterhält [maintenant], gießt dieses Werk die Differenz nicht in Beton, löscht es nicht den differentiellen Zug, reduziert noch installiert es den Zug [trait], die Zerstreuung [dis-trait] oder das Abstrakte [abs-trait] in einer homogenen (*konkreten*) Masse. Das Architektonische oder die Kunst des Systems bildet nur eine Epoche, sagt Heidegger, in der Geschichte des Mit-Seins. Es ist nur eine bestimmte Möglichkeit der Versammlung.

Von dieser Art wäre also die Aufgabe und das Wagnis, die Sorge des Unmöglichen: der Auflösung [dissociation] Recht geschehen zu lassen, aber sie *als solche* im Raum einer Versammlung zu bewerkstelligen. Es handelt sich um eine Transaktion hinsichtlich einer Verräumlichung und eines *Sozius* der Dissoziation, der im übrigen erlaubte, *diese selbst*, die Differenz, mit den empfangenen Normen, den politisch-ökonomischen Kräften des Architektonischen, der Herrschaft der Werkmeister zu vermitteln. Diese „Schwierigkeit" ist das Experiment Tschumis. Er verbirgt es nicht, „das geht nicht ohne Schwierigkeiten ab": „In La Villette handelt es sich um eine Formung und Aktivierung der Dissoziation. ... Das geht nicht ohne Schwierigkeiten ab. Die Formung der Dissoziation macht es notwendig, daß der Träger [support] (der Park, die Institution) wie ein System zur Versammlung organisiert ist. Der rote Punkt der Folies ist die Heimstatt dieses dissoziierten Raumes." (*Textes parallèles*, Institut français d'architecture)

15. Eine Kraft verbindet und hält das Dis-jungierte als solches zusammen. Sie affiziert das *dis-* nicht von außen. Das *Dis-jungierte* selbst, das die Architektur aufrechterhält, diejenige, die die Verrücktheit mit ihrem Zerfall [dislocation] stoppt. Es ist nicht einfach *ein* Punkt. Eine offene Vielheit von roten Punkten läßt sich nicht mehr totalisieren, sei es auch durch Metonymien. Diese Punkte fragmentieren vielleicht, aber ich würde sie nicht als Fragmente bestimmen. Ein Fragment verweist noch auf eine verlorene oder versprochene Totalität.

Die Vielheit öffnet nicht jeden Punkt *von außen her*. Um zu verstehen, inwiefern sie zu ihm auch von innen her kommt, muß man das *double bind* analysieren, dessen Nullpunkt der Verrücktheit den Knoten zuschnürt, ohne das zu vergessen, was ein *double bind* mit der Spaltung [schize] und der Verrücktheit verbinden kann.

Einerseits konzentriert der Punkt, zieht er auf sich die größte Anziehungskraft zurück, *kontrahiert* er die Züge in Richtung auf das Zentrum. Auf nichts als sich selbst in einem selbst auch autonomen Raster verweisend, fasziniert und magnetisiert er, verführt er durch das, was man seine Selbst-Genügsamkeit und seinen „Narzißmus" nennen könnte. Im gleichen Atemzug scheint er, durch seine magnetische Anziehungskraft (Tschumi spricht diesbezüglich von einem „Magnet" [aimant], der die „Fragmente eines zersprungenen Systems" „versammeln" würde), die, wie Freud sagen würde, verfügbare, im freien Zustand befindliche Energie in einem gegebenen Feld zu binden. Er übt seine Anziehung gerade durch seine Punktualität aus, das *Stigma* eines augenblicklichen Jetzt, gegen das alles zusammenläuft und augenscheinlich seine Teilung aufhebt, aber auch aufgrund der Tatsache, daß er, indem er die Verrücktheit stoppt, den Transaktionspunkt mit der Architektur konstituiert, die er seinerseits dekonstruiert oder teilt. Es ist eine diskontinuierliche Serie von Augenblicken und *Attraktionen*: In jedem Punkt der Verrücktheit werden die Attraktionen des Parks, die nützlichen und spielerischen Aktivitäten, die Zweckmäßigkeiten, Bedeutungen, ökonomischen oder ökologischen Einsätze und Dienste ihr Recht auf das Programm wiederfinden. Gebundene Energie und semantische Wiederaufladung! Von daher auch die Unterscheidung *und* die Transaktion zwischen dem, was Tschumi die Normalität und die Abweichung der Verrücktheiten nennt. Jeder Punkt ist ein Bruchpunkt, er unterbricht absolut die Kontinuität des Textes oder des Rasters. Aber der Unter-brecher hält die Gesamtheit *und* die Unterbrechung *und* den Bezug zum anderen aufrecht, das selbst zugleich als Attraktion *und* als Unterbrechung, als Interferenz und als Differenz strukturiert ist: als Bezug ohne Beziehung [rapport sans rapport]. Das, was sich hier kontrahiert, geht durch einen „verrückten" Kontrakt zwischen dem *Sozius* und der Dissoziation hindurch. Und das ohne Dialektik, ohne jene *Aufhe-*

bung, deren Prozeß uns Hegel erklärt und die sich immer wieder ein solches Jetzt wiederaneignen kann: Der Punkt negiert den Raum und erzeugt in dieser räumlichen Negation seiner selbst die Linie, auf der er *sich als sich aufhebend** aufrechterhält. Die Linie wäre also die Wahrheit des Punktes, die Oberfläche die Wahrheit der Linie, die Zeit die Wahrheit des Raums und schließlich das Jetzt die Wahrheit des Punktes (*Enzyklopädie*[14]). Ich erlaube mir, hier auf meinen Text *Ousia und gramme* („Die Paraphrase: Punkt, Linie, Oberfläche", in: *Randgänge der Philosophie*[15]) zu verweisen. Unter demselben Namen würde das Jetzt, von dem ich spreche, die Unterbrechung dieser Dialektik markieren.

Aber andererseits, wenn die Dissoziation dem Punkt nicht von außen her zustößt, dann weil er *zugleich* teilbar und unteilbar ist. Er scheint atomar, er hat also die Funktion und die individualisierende Form des Punktes nur von einem *Gesichtspunkt* aus, in der Perspektive der seriellen Gesamtheit, die er punktiert, organisiert und erhält, ohne jemals deren Träger zu sein. Gesehen und von außen gesehen, skandiert und unterbricht er zugleich, hält er aufrecht und teilt, koloriert er und rhythmisiert er die Verräumlichung des Rasters. Aber dieser Gesichtspunkt sieht nicht, er ist blind für das, was *in* der Verrücktheit passiert, denn wenn man ihn *absolut* betrachtet, abstrahiert von der Gesamtheit und an sich selbst (er ist auch dazu bestimmt, sich zu abstrahieren, sich zu zerstreuen [distraire] oder zu entziehen [soustraire]), dann ist der Punkt nicht mehr ein Punkt, hat er nicht mehr die atomare Unteilbarkeit, die man dem geometrischen Punkt verleiht. Offen in seinem Innern durch eine Leere, die den Teilen Spiel gibt, konstruiert und dekonstruiert er sich wie ein Würfel, der einer formalen Kombination geboten wird. Die gegliederten Teile disjungieren sich, setzen sich zusammen und gestalten sich neu. Das *Dis*-jungierte beim Gliedern der Teile [pièces], die mehr sind als Teile, Steine eines Spiels [pièces d'un jeu], Theaterstücke [pièces de théâtre], bewohnbare Zimmer [pièces habitables],[16] zugleich Orte und Räume der *Bewegung*, die Ereignissen *versprochenen* Figuren: damit sie statt haben.

16. Denn man mußte von Versprechen und Unterpfand sprechen, vom Versprechen, das das privilegierte Beispiel für eine performative Schrift abgibt. Mehr als ein Beispiel, die Bedingung selbst für eine solche Schrift. Ohne zu übernehmen, was die Theorien der performativen Sprache und der *speech acts* — hier angeschlossen an eine zur Architektur gehörende Pragmatik — an Voraussetzungen

---

[14] A.d.Ü.: Vgl. G. W. F. Hegel, „Enzyklopädie der philosophischen Wissenschaften", in: *Werke*, hrsg. v. Moldenhauer/Michel, Frankfurt a.M. 1970, Bd. 9, S. 44ff.

[15] A.d.Ü.: Vgl. Jacques Derrida, „Ousia und Gramme", in: *Randgänge der Philosophie*, aus dem Französischen von G. Ahrens, Frankfurt a.M. 1976, S. 50ff.

[16] A.d.Ü.: Zur Vieldeutigkeit des Wortes „pièce" vgl. auch Derrida, *Recht auf Einsicht*, a.a.O., S. XVI, sowie Anm. 43, S. XXXV.

zugrunde legten (zum Beispiel den Wert der Präsenz, des Jetzt als Gegenwart), ohne hier darüber diskutieren zu können, schließen wir uns allein an folgenden Zug an: die Provokation des Ereignisses, von dem ich spreche („ich verspreche", zum Beispiel), das ich beschreibe oder entwerfe, des Ereignisses, das ich kommen *mache* oder das ich kommen *lasse*, indem ich es markiere. Man muß auf der Markierung oder auf dem Zug insistieren, um diese Performativität der Vorherrschaft der Rede und der menschlich genannten Rede zu entziehen. Die performative Markierung *verräumlicht,* dies ist das Ereignis der Verräumlichung. Die roten Punkte verräumlichen, sie halten die Architektur in der Dissoziation der Verräumlichung aufrecht. Aber dieses Jetzt hält nicht allein eine Vergangenheit oder eine Tradition aufrecht, es sichert keine Synthese zu, es hält die Unterbrechung, anders gesprochen den Bezug zum anderen als solchem aufrecht. Zum anderen im magnetischen Feld der Attraktion, des „gemeinsamen Nenners" oder der „Heimstatt", auch zu den anderen Bruchpunkten, zunächst aber zum Anderen: zu dem, durch den das versprochene Ereignis eintritt oder nicht eintritt. Denn er findet sich gerufen, allein gerufen, das Unterpfand [gage], das Engagement oder das Wagnis [gageure] gegenzuzeichnen. Dieser Andere präsentiert sich niemals, er ist nicht präsent, jetzt. Er kann durch das repräsentiert werden, was man zu schnell die Macht, die politisch-ökonomischen Entscheidungsträger, die Verbraucher, die Repräsentanten der Herrschaftsbereiche oder der kulturellen Beherrschung, hier besonders einer Philosophie der Architektur nennt. Dieser Andere, das wird irgend jemand sein, noch gar kein Subjekt, Ich oder Bewußtsein, gar kein Mensch — irgend jemand antwortet auf das Versprechen, *ver*antwortet zunächst das Versprechen: die Zukunft eines Ereignisses, das die Verräumlichung aufrechterhält, das Jetzt in der Dissoziation, der Bezug zum anderen als solchem. Nicht die Aufrechterhaltung [maintenue], sondern die über den Abgrund gereichte Hand [main tendue].

17. Verborgen durch die ganze Geschichte der Architektur, offen für die nicht antizipierbare Chance einer Zukunft, ist diese andere Architektur, diese Architektur des anderen nichts, was wäre. Es ist keine Gegenwart, das Gedächtnis einer vergangenen Gegenwart, das Erfassen oder das Vor-Verständnis einer zukünftigen Gegenwart. Sie vergegenwärtigt weder eine (konstative) Theorie noch eine Politik, noch eine Ethik der Architektur. Nicht einmal eine Erzählung, obgleich sie diesen Raum allen narrativen Matrizes, ihren Ton-Bändern und ihren Bild-Bändern öffnet (im Moment, wo ich dies schreibe, denke ich an *Der Wahnsinn des Tages* von Blanchot, an die Forderung und an die Unmöglichkeit der Erzählung, die dort das Licht des Tages erblickt. Alles, was ich darüber habe schreiben können, besonders in *Parages,* betrifft direkt, bisweilen buchstäblich — ich werde mir dessen nachträglich dank Tschumi bewußt — die Verrücktheit der Architektur: den Tritt, die Schwelle, die Treppe, die Stufe, das Labyrinth, das Hotel, das Hospital,

die Mauer, die Schließungen, die Ränder, das Zimmer, das Bewohnen des Unbewohnbaren. Und da all das, was die Verrücktheit des Zuges, die Verräumlichung der Zerstreuung [dis-traction] betrifft, auf Englisch erscheinen muß, denke ich auch an die idiomatische Weise, den Verrückten, den Zerstreuten, den Irrenden zu bezeichnen: *the one who is spacy, or spaced out*).

Aber wenn er weder eine Theorie noch eine Ethik, noch eine Politik, noch eine Erzählung („Nein, keine Erzählung, niemals mehr", *Der Wahnsinn des Tages*) vergegenwärtigt, gibt er zu all dem Anlaß. Er schreibt und signiert im voraus, hält einen geteilten Zug am Rande des Sinns aufrecht, vor aller Vergegenwärtigung, jenseits von ihr, dies selbst, das andere, das die Architektur, ihren Diskurs, ihre politische Szenographie, ihre Ökonomie und ihre Moral engagiert. Unterpfand [gage], aber auch Wagnis [gageure], symbolische Ordnung und Wette: Diese roten Würfel werden geworfen wie die Würfel der Architektur. Der Wurf gibt nicht allein das Programm einer Strategie des Ereignisses, wie ich es weiter oben suggeriert habe, er geht der Architektur, die kommt, entgegen. Er geht ihr Risiko ein und gibt uns dadurch die Chance.

(Aus dem Französischen von Michael Wetzel.)

Nihilismus und Postmoderne in der Philosophie

Gianni Vattimo

1. Wenn eine Abhandlung über die Postmoderne in der Philosophie nicht eine bloß rhapsodische Suche nach denjenigen Zügen der zeitgenössischen Philosophie sein will, die man in die Nähe dessen rücken kann, was sich auf anderen Gebieten — von der Architektur über die Literatur bis hin zur Kunstkritik — dieses Namens bedient, dann sollte sie sich meines Erachtens von einem durch Heidegger in die Philosophie eingeführten Begriff leiten lassen, nämlich dem der *Verwindung**. Heidegger benutzt das Wort *Verwindung** — im übrigen ziemlich selten (einmal in *Holzwege*, dann in einer Abhandlung der *Vorträge und Aufsätze* und vor allem im ersten der beiden Aufsätze von *Identität und Differenz*) —, um etwas der *Überwindung**, also dem Überschreiten oder Übersteigen Analoges zu bezeichnen, was sich davon aber insofern unterscheidet, als es weder von der dialektischen *Aufhebung** noch von dem Hintersichlassen etwas an sich hat, wie es das Verhältnis zu einer Vergangenheit charakterisiert, die uns nichts mehr zu sagen hat. Es ist nun genau der Unterschied zwischen *Verwindung** und *Überwindung**, der uns helfen kann, das „post" der Postmoderne philosophisch zu bestimmen.

Der erste Philosoph, der von *Verwindung** spricht, auch wenn er sich natürlich nicht dieses Wortes bedient, ist nicht Heidegger, sondern Nietzsche. Man kann mit Recht behaupten, daß die philosophische Postmoderne im Werk Nietzsches entsteht, und zwar genau in dem Zwischenraum, der die Zweite Unzeitgemäße Betrachtung, *Vom Nutzen und Nachteil der Historie für das Leben* (1874), von der Werkgruppe trennt, die wenige Jahre später durch *Menschliches, Allzumenschliches* (1878) eröffnet wird und *Morgenröte* (1881) und *Die fröhliche Wissenschaft* (1882) einschließt. In der Unzeitgemäßen Betrachtung über die Historie wirft Nietzsche zum ersten Mal das Problem des *Epigonentums* auf, das heißt des Übermaßes an historischem Bewußtsein, das den Menschen des 19. Jahrhunderts

---

* Im Original deutsch.

(man könnte sagen: den Menschen des Anfangs der Spätmoderne) quält und hindert, etwas geschichtlich wirklich Neues hervorzubringen. Vor allem hindert es ihn daran, einen eigenen Stil zu besitzen, weshalb dieser Mensch gezwungen ist, die Formen seiner Kunst, seiner Architektur und der Mode dem großen Theater-Fundus zu entnehmen, zu dem die Vergangenheit für ihn geworden ist. All das bezeichnet Nietzsche als historische Krankheit, und er ist, zumindest zur Zeit der Zweiten Unzeitgemäßen Betrachtung, davon überzeugt, daß man mit Hilfe der „überhistorischen" oder „äternisierenden Mächte" von Religion und Kunst, und insbesondere durch die Wagnersche Musik, einen Ausweg daraus finden kann. Bekanntlich markiert *Menschliches, Allzumenschliches* dann den Abschied von diesen in Wagner und die erneuernde Kraft der Kunst gesetzten Hoffnungen. Doch auch Nietzsches Einstellung zur historischen Krankheit unterliegt von diesem Werk an einschneidenden Veränderungen. Beobachtete er in der Unzeitgemäßen Betrachtung von 1874 noch mit Schrecken, daß der Mensch des 19. Jahrhunderts die Stilarten der Vergangenheit übernimmt, um seine Umgebung und die eigenen Werke, die er wie Theatermasken beliebig auswählt, zu stilisieren, so schreibt Nietzsche viele Jahre später auf einem seiner Anfang Januar 1889 von Turin aus an Burckhardt gesandten Wahn-Zettel, „daß im Grund jeder Name in der Geschichte ich bin"[1]. Obwohl eine solche Feststellung schon in den Kontext des psychischen Zusammenbruchs gehört, von dem Nietzsche sich nicht wieder erholen wird, kann man sie sehr wohl als ungebrochenen Ausdruck einer Position ansehen, die er der Geschichte gegenüber seit *Menschliches, Allzumenschliches* einnimmt.

In diesem Werk stellt sich das Problem, einen Ausweg aus der historischen Krankheit zu finden, oder genauer gesagt: das Problem der als Dekadenz beschriebenen Moderne auf völlig neue Weise. Während die Schrift von 1874 auf übergeschichtliche und äternisierende Mächte zurückzugreifen gedachte, wird in *Menschliches, Allzumenschliches* eine regelrechte Auflösung der Moderne vollzogen, und zwar auf dem Weg der Radikalisierung eben der diese Moderne selbst konstituierenden Tendenzen. Wenn sich die Moderne als das Zeitalter der Überwindung definiert, als Zeitalter des Neuen, das veraltet und umgehend von einer neueren Neuigkeit ersetzt wird, und zwar in einer unaufhaltsamen Bewegung, die jegliche Kreativität im gleichen Moment entmutigt, in dem sie sie als einzige Lebensform verlangt und auferlegt —, wenn dem so ist, dann kann man die Moderne nicht verlassen, indem man sie zu *überwinden* gedenkt. Die Berufung auf die äternisierenden Mächte deutet auf dieses Erfordernis hin, einen anderen Weg zu finden. Nietzsche sieht — bereits in der Abhandlung von 1874 — ganz klar, daß die

---

[1] Friedrich Nietzsche, „Briefe", in *Werke in 3 Bänden*, hrsg. von Karl Schlechta, München 1956, Bd. 3, S. 1351.

Überwindung eine typisch moderne Kategorie und daher gänzlich ungeeignet ist, einen Ausweg aus der Moderne anzugeben. Nicht nur ist die Moderne durch die Kategorie der zeitlichen Überwindung bestimmt (die unvermeidliche Aufeinanderfolge der historischen Phänomene, deren sich der moderne Mensch aufgrund des Übermaßes an Historie bewußt wird), sondern sie ist – in sehr strenger Konsequenz daraus – auch durch die Kategorie der kritischen Überwindung bestimmt. In der Tat führt die Zweite Unzeitgemäße Betrachtung den relativistischen *Historismus*, der die Geschichte als bloße zeitliche Aufeinanderfolge begreift, auf die Hegelsche Geschichtsmetaphysik zurück, die den historischen Prozeß als Prozeß der *Aufklärung** begreift, als zunehmende Erhellung des Bewußtseins und Absolutwerdung des Geistes. Wahrscheinlich liegt darin der Grund, weshalb Nietzsche schon in der Zweiten Unzeitgemäßen Betrachtung den Ausweg aus der Moderne nicht als Ergebnis einer kritischen Überwindung denken kann, sondern auf den Mythos und die Kunst zurückgreift. *Menschliches, Allzumenschliches* bleibt dieser Auffassung der Moderne grundsätzlich treu; aber Nietzsche denkt jetzt nicht mehr an einen Ausweg mittels äternisierender Mächte, sondern sucht die Auflösung der Moderne durch die Radikalisierung ihrer eigenen Tendenzen zu bewirken.

Die Radikalisierung besteht in folgendem: *Menschliches, Allzumenschliches* geht von dem Vorsatz aus, eine Kritik der obersten Werte der Kultur durchzuführen, und zwar – diesseits jeglicher Sublimation – auf dem Weg einer „chemischen" Reduktion (vgl. Aphorismus 1) dieser Werte auf die sie konstituierenden Elemente. Dieses Programm einer chemischen Analyse führt jedoch, wenn man es bis ins letzte durchführt, zu der Entdeckung, daß die Wahrheit, in deren Namen die chemische Analyse sich legitimierte, selbst ein Wert ist, der sich auflöst. Der Glaube an die Überlegenheit der Wahrheit über die Unwahrheit oder den Irrtum ist ein Glaube, der sich in bestimmten Lebenssituationen durchgesetzt hat (Unsicherheit, *bellum omnium contra omnes* in den Anfangsphasen der Geschichte usw.) und der sich andererseits auf die Überzeugung gründet, der Mensch könne die Dinge „an sich" erkennen, was sich jedoch als unmöglich herausstellt, da gerade die chemische Analyse des Erkenntnisprozesses aufdeckt, daß es sich bei der Erkenntnis um nichts anderes als eine Reihe von Metaphernbildungen handelt: vom Ding zum Vorstellungsbild; von diesem zum Wort, das den Gemütszustand des Individuums ausdrückt; von diesem zu einem von den gesellschaftlichen Konventionen als „richtig" auferlegten Wort; und dann wiederum von diesem genormten Wort zum Ding, von dem wir nur diejenigen Merkmale wahrnehmen, die sich mit unserem ererbten Vokabular am leichtesten in eine Metapher bringen lassen … Durch diese „Entdeckung" der chemischen Analyse – die sich, wie immer bei Nietzsche, sowohl auf der Ebene der *Erkenntniskritik**, die sich auf einen positivierten Kant beruft, als auch auf einer anthropologischen bzw. phylogenetischen Ebene bewegt – löst sich der Begriff der Wahrheit selbst auf. Oder, was das gleiche ist: Gott „stirbt", getötet von der Religiosität, von dem Willen zur Wahrheit, den seine Gläubigen immer gepflegt haben und der sie jetzt dazu führt, auch ihn als einen Irrtum zu erkennen, den man fortan entbehren kann.

Genau mit dieser nihilistischen Schlußfolgerung läßt man Nietzsche zufolge die Moderne wirklich hinter sich. Da der Begriff der Wahrheit keine Gültigkeit mehr besitzt und das Fundament nicht mehr tragfähig ist – denn es gibt kein Fundament des Glaubens an ein Fundament und demzufolge an eine Begründungsaufgabe des Denkens mehr –, kann man die Moderne nicht durch eine kritische Überwindung hinter sich lassen, denn dies wäre ein noch gänzlich innerhalb der Moderne selbst verbleibender Schritt. Daraus wird deutlich, daß man einen anderen Weg suchen muß. Dies ist der Moment, den man als Geburt der Postmoderne in der Philosophie bezeichnen könnte; ein Ereignis, dessen Bedeutung und Konsequenzen wir – ebenso wie die des im Aphorismus 125 der *Fröhlichen Wissenschaft* angekündigten Todes Gottes – noch lange nicht genügend ermessen haben. Die erste und bedeutendste Konsequenz, die sich im selben Werk, der *Fröhlichen Wissenschaft*, ankündigt, in dem Nietzsche erstmals vom Tod Gottes spricht, ist der Gedanke der ewigen Wiederkehr des Gleichen, was im übrigen das Ende des Zeitalters der Überwindung, also der Epoche des im Zeichen des *novum* gedachten Seins, bedeutet. Was immer die anderen – recht problematischen – Bedeutungen des Gedankens der ewigen Wiederkehr auf metaphysischer Ebene sein mögen, er hat mit Sicherheit zumindest diesen „selektiven" Sinn (das Adjektiv stammt von Nietzsche selbst); für uns deckt er das Wesen der Moderne als Zeitalter der Reduktion des Seins auf das *novum* auf. Sowohl die künstlerischen Avantgarden zu Anfang des Jahrhunderts (selbstverständlich vor allem der Futurismus) als auch Philosophien wie der Hegel-Marxismus Blochs, aber auch Adornos und Benjamins können hier als Beispiele einer solchen Reduktion angeführt werden; aber ebensogut könnte man daran erinnern, daß heutzutage im Bereich der Ethik der ganz allgemein – und stillschweigend – anerkannte Wert der der „Entwicklung" zu sein scheint; das Gute ist mehr oder minder ausdrücklich dasjenige, was die Möglichkeit einer Weiterentwicklung der Persönlichkeit, des Lebens usw. eröffnet. Den „epochalen" Charakter des Phänomens kann man auch aus dem Umstand ersehen, daß es – obwohl man mit Nietzsche und Heidegger einsehen kann, daß man die Ethik nicht auf einen solchen Wert gründen kann – nicht leicht ist, einen Ersatzwert dafür zu finden. Die Postmoderne hat erst begonnen, doch die Gleichsetzung des Seins mit dem *novum* (die Heidegger bekanntlich mit schlagender Klarheit in Nietzsches Begriff des Willens zur Macht ausgedrückt sieht), wirft weiterhin ihren Schatten auf uns, gerade so wie der bereits gestorbene Gott, von dem die *Fröhliche Wissenschaft* spricht.

Die *Aufklärung** – die Entfaltung der Kraft des Grundes in der Geschichte – ist mit der Zerstörung der Idee der Wahrheit und des Grundes nicht zu Ende; diese Zerstörung macht historische Neuheit bedeutungslos, die gerade in der Perspektive der *Aufklärung** als einziger Bedeutungsgehalt des metaphysischen Seins in der Moderne übriggeblieben war, wurde dieses Zeitalter doch als Zeitalter der Überwindung und der Kritik bestimmt oder, auf etwas niedrigerer Ebene, auch als das der Mode (ich denke hier an den Aufsatz von Georg Simmel). Die Aufgabe des Denkens besteht nicht mehr, wie die Moderne stets angenommen hat, darin, zum Grund zurückzugehen und *auf diesem Weg* den Komplex von *novum*, Sein und Wert wiederzufinden (der in seiner immer weitergetriebenen Entfaltung der Geschichte Sinn verleiht; man denke nur daran, wie die Renaissancen in der abendländischen Kunst und Kultur immer wieder von Wiederaufnahmen des Ursprungs, der „Klassik" usw. inspiriert waren).

„Mit der Einsicht in den Ursprung nimmt die Bedeutungslosigkeit des Ursprungs zu."[2] Dieser Satz aus der *Morgenröte* faßt mindestens einen Teil dessen zusammen, was sich in der chemischen Analyse von *Menschliches, Allzumenschliches* als Schicksal des Fundaments, der Wahrheit und des *Grundes** erwies. Der Gedanke des Fundaments löst sich nicht nur „logisch" auf, also unter dem Gesichtspunkt der Begründbarkeit seines Anspruchs, als Norm für das wahre Denken zu gelten, sondern er entpuppt sich auch in inhaltlicher Hinsicht sozusagen als leer: Die Bedeutungslosigkeit des Ursprungs nimmt, wenn dies erkannt wird, zu, und eine Konsequenz davon ist, daß „*das Nächste*, das Um-uns und In-uns allmählich Farben und Schönheiten und Rätsel und Reichtümer von Bedeutung aufzuzeigen beginnt, von denen sich die ältere Menschheit nichts träumen ließ"[3].

Vor allem dieser Vergleich zwischen der Bedeutungslosigkeit des Ursprungs und dem Farbreichtum der nächsten Wirklichkeit vermag uns eine Idee dessen zu geben, was Nietzsche für die Aufgabe des Denkens in der Epoche hält, in der sich die Begründung und die Idee der Wahrheit aufgelöst haben. Was in den letzten Zeilen des ersten Bandes von *Menschliches, Allzumenschliches* als „Philosophie des Vormittages" bezeichnet wird, ist genau ein solches nicht mehr auf den Ursprung oder das Fundament, sondern auf die nächste Nähe ausgerichtetes Denken. Dieses Denken der nächsten Nähe könnte ebensogut als Denken des Irrtums bestimmt werden oder vielleicht besser noch als Denken des Irrens, um zu verdeutlichen, daß es nicht darum geht, das Un-wahre zu denken, sondern die „falschen" Konstruktionen der Metaphysik, Moral, Religion und Kunst in ihrem Entstehen und Vergehen zu beobachten — also das ganze Gewebe der Irrtümer, die allein den Reichtum oder, einfacher gesagt, das *Sein* der *Wirklichkeit* konstituieren. In Anbetracht der Tatsache, daß es keine Wahrheit und keinen *Grund** mehr gibt, die sie widerlegen könnten, da, wie es in der *Götzendämmerung* heißt, die wahre Welt zur Fabel geworden ist und damit auch die „scheinbare" Welt sich aufgelöst hat,

---

[2] Ders., *Morgenröte*, a.a.O., Bd. 1, S. 1044, Aphor. 44.
[3] Ebd.

sind all diese Irrtümer eher Irrungen oder Irrnisse, das Entstehen und Vergehen von Geistesformen, deren einzige Regel in einer gewissen historischen Kontinuität, ohne jeglichen Bezug zu irgendeiner fundamentalen Wahrheit besteht.

Hiermit verliert die in *Menschliches, Allzumenschliches* unternommene chemische Analyse auch den Anschein einer „kritischen" Analyse. In der Tat geht es nicht darum, Irrtümer zu entlarven und aufzulösen, sondern sie als eigentliche Quelle des Reichtums zu sehen, der uns ausmacht und der Welt Interesse, Farbe und *Sein* verleiht.

Alle Schriften der mit *Menschliches, Allzumenschliches* beginnenden Periode (also in erster Linie *Morgenröte* und *Die fröhliche Wissenschaft*) zeugen von dem Bemühen, die Idee dieser Philosophie des Vormittages näher zu bestimmen. Und auch die anscheinend „metaphysischeren" Thesen der Spätschriften und der posthum unter dem Titel *Wille zur Macht* edierten Fragmente sollten weit mehr, als es gewöhnlich geschieht, im Hinblick auf dieses Bemühen gelesen werden: das gilt beispielsweise für den Gedanken der ewigen Wiederkehr oder den des *Übermenschen*. Was aber soll es genauer heißen, daß das Denken des Vormittages – wie eine weitere, in *Menschliches, Allzumenschliches* aufgestellte methodische Regel lautet – die Irrwege der Metaphysik und Moral „geschichtlich" durchläuft, wobei es nicht eine kritische Auflösung zum Ziel hat, sondern, wie wir sagen könnten, eher eine destruktive Absicht verfolgt? Um eine solche Frage zu beantworten, bedient sich Nietzsche häufig „physiologischer" Metaphern: Der Mensch, der zur Philosophie des Vormittages fähig ist, sei der Mensch von gutem Temperament, das „nichts von dem knurrenden Tone und der Verbissenheit an sich trüge – jenen bekannten, lästigen Eigenschaften alter Hunde und Menschen, die lange an der Kette gelegen haben"[4]. Denselben Sinn haben die auch aus biographischen Gründen ziemlich häufigen Anspielungen auf die Gesundheit und die Genesung, wie sie die Schriften eben dieser Periode seitenlang füllen. Wir finden uns hier wieder einem Bemühen gegenüber, den Ausweg aus der Metaphysik in einer Form zu denken, die nicht – wie in der Zweiten Unzeitgemäßen Betrachtung – dem Vorhaben einer kritischen Überwindung verbunden ist; aber hier wissen wir, infolge der Radikalisierung der chemischen Analyse, daß es nicht um einen Rekurs auf „übergeschichtliche" Werte geht, sondern darum, die Erfahrung der Notwendigkeit des Irrtums so tief wie möglich zu durchleben und sich für einen Augenblick über den Prozeß zu erheben oder das Irren mit einer anderen Einstellung zu erleben. Vor allem aber wissen wir, daß der Inhalt des Denkens des Vormittages gar nichts anderes ist als eben das Irren der Metaphysik, nur daß es jetzt aus einem anderen Blickwinkel betrachtet wird, nämlich aus dem des Menschen von „gutem Temperament".

---

[4] Ders., *Menschliches, Allzumenschliches*, a.a.O., Bd. 1, S. 473, Aphor. 34.

2. Für die Beschreibung dieser Einstellung — deren wesentlicher Sinn darin besteht, sich auf die Vergangenheit der Metaphysik (und damit auch auf die Moderne als Endergebnis der Metaphysik und der platonisch-christlichen Moral) in einer Weise zu beziehen, die weder die der bloßen Hinnahme von deren Irrtümern noch die der überbietenden Kritik ist, welche diese Irrtümer in Wirklichkeit nur verlängert —, für die Beschreibung dieser Einstellung (die Nietzsche selbst mit den Begriffen der Genesung und des guten Temperaments faßt) ist es meines Erachtens notwendig, auf den Heideggerschen Begriff der *Verwindung** zurückzugreifen. Ich habe bereits darauf hingewiesen, daß es sich dabei um einen Begriff handelt, der in Heideggers Schriften relativ selten vorkommt. Gleichwohl werde ich hier keine vollständige Analyse vorlegen. In allen oben erwähnten Texten handelt es sich um einen Begriff, der eine Art von uneigentlicher *Überwindung** anzeigt, die weder im gebräuchlichen Sinn des Wortes noch im Sinn der dialektischen *Aufhebung** zu verstehen ist. Der Text, der vom uns interessierenden Standpunkt aus am wenigsten zweideutig ist, findet sich im ersten Teil von *Identität und Differenz* (Pfullingen 1957). Wo Heidegger vom *Ge-Stell** spricht, d.h. von der Welt der modernen Technologie als Vereinigung von *stellen**, anordnen, auferlegen usw., da schreibt er, „was wir im Ge-Stell ... erfahren, ist ein *Vorspiel* dessen, was Er-eignis heißt. Dieses verharrt jedoch nicht notwendig in seinem Vorspiel. Denn im Er-eignis spricht die Möglichkeit an, daß es das bloße Walten des Ge-Stells in ein anfänglicheres Ereignen verwindet."[5] Im weiteren Verlauf des Textes wird deutlich, daß das *Ge-Stell**, die Welt der Technik, nicht nur dasjenige ist, worin die Metaphysik ihren Gipfel und ihre höchste und vollständige Entfaltung erlangt, sondern auch — und gerade deshalb — „ein erstes ... Aufblitzen des Er-eignisses" bedeutet.[6] Wir müssen bald auf diesen Text über das *Ge-Stell** zurückkommen; hier möchte ich lediglich zeigen, in welcher Hinsicht uns das Wort *Verwindung** bei der Bestimmung dessen behilflich sein kann, was Nietzsche unter dem Namen einer Philosophie des Vormittages anstrebt und was dem hier von mir gemachten Vorschlag zufolge die Essenz der philosophischen Post-Moderne ausmacht. Wie also soll man den Begriff *Verwindung** auf diesen Seiten von *Identität und Differenz* (und, nötigenfalls mit Spezifizierungen, auch in den anderen Texten Heideggers, in denen er vorkommt) übersetzen? Wir wissen aus Hinweisen, die Heidegger den französischen Übersetzern der *Vorträge und Aufsätze* gegeben hat (wo der Begriff in einer Abhandlung gebraucht wird, in der es um die *Überwindung** der Metaphysik geht), daß er eine Überholung anzeigt, welche Züge der Hinnahme und der Vertiefung in sich enthält. Andererseits enthält die

---

[5] Martin Heidegger, *Identität und Differenz*, Pfullingen 1957, S. 29.
[6] Ebd., S. 31.

lexikalische Bedeutung des Ausdrucks im deutschen Wortschatz noch zwei weitere Hinweise: den der Genesung (*eine Krankheit verwinden**: genesen, sich von einer Krankheit erholen) und den des Verdrehens (eine ziemlich marginale Bedeutung, die mit *winden** zusammenhängt und eine abweichende Veränderung ausdrückt, wie es — unter anderem — zur Vorsilbe *ver-** gehört). An die Bedeutung der Genesung ist des weiteren die der „Erhebung" geknüpft; man *verwindet** nicht nur eine Krankheit, sondern *verwindet** auch einen Verlust oder einen Schmerz. Kommt man mit diesen Wortschatzkenntnissen auf die *Verwindung** des *Ge-Stells** oder auch der Metaphysik (deren Endform das *Ge-Stell** ist) zurück, so entdeckt man, daß für Heidegger die Möglichkeit einer Änderung, die uns zu einem anfänglicheren *Ereignis** — bzw. außerhalb oder jenseits der Metaphysik — führt, an deren *Verwindung** gebunden ist. Bei Heidegger heißt das: „Die Metaphysik läßt sich nicht wie eine Ansicht abtun. Man kann sie keineswegs als eine nicht mehr geglaubte und vertretene Lehre hinter sich bringen."[7] Die Metaphysik ist etwas, das wie die Spuren einer Krankheit in uns bleibt oder wie ein Schmerz, in den man sich fügt; oder man könnte, mit der Mehrdeutigkeit des italienischen Begriffs „rimettersi" (sich wieder erholen) ein zusätzliches Wortspiel treibend, sagen: etwas, von dem man sich wieder erholt, wohin man sich wieder begibt und was einen wieder aufrichtet. Zu all diesen Bedeutungen kommt noch die der Verdrehung hinzu, die man im übrigen schon an der Bedeutung von Genesung-Ergebung ablesen kann: Die Metaphysik wird nicht restlos und einfach anerkannt, genausowenig wie man sich dem *Ge-Stell** als System technologischer Gebote ohne Vorbehalte aussetzt. Man kann die Metaphysik und das *Ge-Stell** wie eine *Chance* leben, wie die Möglichkeit einer Veränderung, kraft derer diese sich in eine Richtung drehen, die nicht die von ihrem eigenen Wesen vorgesehene ist und die dennoch mit ihm zusammenhängt.

Die in dieser Bedeutungsvielfalt verstandene *Verwindung** definiert die für Heidegger charakteristische Position, seine Auffassung von der Aufgabe des Denkens zum gegenwärtigen Zeitpunkt, also am Ende der Philosophie in ihrer Form als Metaphysik. Auch für ihn hat das Denken, ebenso wie für Nietzsche, keinen anderen „Gegenstand" (in sehr vielen Anführungsstrichen) als die Irrungen der Metaphysik, die in einer Einstellung er-innert werden, die weder die der kritischen Überschreitung noch die der wiederaufnehmenden und fortführenden Hinnahme ist. An dieser Stelle könnte man daran erinnern, daß das Problem der *Wiederholung**, verbunden mit der Unterscheidung von *Tradition** und *Überlieferung** als unterschiedlichen Modi der Aneignung von Vergangenheit, bereits in *Sein und Zeit* zentral ist.

---

[7] Ders., *Vorträge und Aufsätze*, Pfullingen 1954, S. 68.

Die Bedeutung, die der Begriff des *An-denkens** in den Werken des spätesten Heidegger erlangt, in denen das post-metaphysische Denken als Andenken, Wiederaufnahme und Wiederdurchdenken usw. bestimmt wird, rückt ihn ganz wesentlich in die Nähe des Nietzsche der Philosophie des Vormittages. Zwar schien der Ausgangspunkt von *Sein und Zeit* dem Denken die Aufgabe zuzuschreiben, das Problem des Sinnes von Sein neu aufzunehmen, und zwar alternativ zu dem, was jahrhundertelang der Inhalt der das Sein als solches vergessenden Metaphysik war. Doch wurde dann schon in jenem Werk ein wesentlicher Teil dieser Aufgabe als „Destruktion der Geschichte der Ontologie" bestimmt, und die Entwicklung des Heideggerschen Denkens nach der Kehre der dreißiger Jahre hat ihn schließlich dazu geführt, die Aufgabe des Denkens immer mehr mit dieser Tätigkeit der Destruktion oder, besser gesagt, der Dekonstruktion zu identifizieren.

Die *Kehre** in Heideggers Denken besteht bekanntlich im Übergang von einer Ebene, auf der es ausschließlich den Menschen gibt (wie im humanistischen Existentialismus eines Sartre), zu einer Ebene, wo an erster Stelle das Sein steht, wie es in der Schrift *Über den Humanismus* von 1946 heißt. Doch das bedeutet neben den anderen Konsequenzen auch, daß die Seinsvergessenheit, die die Metaphysik konstituiert, nicht als ein Irrtum des Menschen gedacht werden kann, von dem man sich durch einen Willensakt und durch die Wahl einer strengeren Methode befreien könnte. Daher ist die Metaphysik nicht nur ein Schicksal in dem Sinn, daß sie uns zugehört und uns konstituiert und wir sie nur *verwinden** können; sondern auch die Seinsvergessenheit ist, wenigstens in gewissem Sinn, dem Sein selbst eingeschrieben (nicht einmal das Vergessen hängt von uns ab). Das Sein läßt sich niemals vollständig vergegenwärtigen.

Also kann auch das Andenken, von dem Heidegger spricht, uns nicht dazu bringen, das Sein wie einen vor uns liegenden Gegenstand zu ergreifen. Was denken wir dann, wenn wir uns zum Sein andenkend verhalten? Wir können das Sein nur als *gewesen**, als nicht (mehr) gegenwärtig denken. Der Rückgang in die Geschichte der Metaphysik, wie Heidegger ihn in seinen auf die Kehre folgenden Schriften immer wieder betreibt, hat die Struktur eines *regressus in infinitum*, der für die etymologische Rekonstruktion absolut charakteristisch ist. Dieser Rückgang führt uns zu keinerlei Position, außer zur Erinnerung an das Sein als etwas, von dem wir immer schon Abschied genommen haben. Das Sein gibt sich hier nur in der Form des *Geschicks** (des Ganzen der Schickung) und der *Überlieferung** (der Trans-mission). Mit Nietzsches Ausdrücken gesagt: Das Denken geht nicht zum Ursprung zurück, um sich desselben zu bemächtigen; es tut vielmehr nichts anderes, als die Bahnen des Irrens noch einmal zu durchlaufen, in denen der einzige Reichtum und das einzige uns gegebene Sein liegt.

Die Abschnitte des Heideggerschen Denkwegs lassen sich sehr klar in eine Nähe zu denen Nietzsches bringen: Die nihilistische Wirkung der Selbstauflösung der Begriffe der Wahrheit und des Grundes bei Nietzsche hat ihre Parallele in der Heideggerschen „Entdeckung" des „epochalen" Charakters des Seins; auch bei Heidegger kann das Sein nicht (mehr) als *Grund** fungieren, und zwar weder als Sach- noch als Denkgrund. Um den Ausweg aus der Metaphysik vorzubereiten, wird Heidegger später in *Zeit und Sein*, dem Vortrag, der das Werk von 1927 zumindest der Idee nach vollendet, schreiben, daß es darauf ankommt, „das Sein als den Grund des Seienden fahren zu lassen".[8] Man kann sich an das Sein nicht erinnern; man kann nichts anderes tun, als aus dem Blickwinkel des *Geschicks** die Geschichte der metaphysischen Irre selbst, die uns und das Sein als *Überlieferung** „konstituiert", wieder-zudenken. Das Moment der Verdrehung, das in der *Verwindung** enthalten ist, bedeutet, daß diese Wiederholung der Metaphysik nicht dem Zweck dient, sie als das anzuerkennen, was sie ist: z.B. wird man Platon nicht mit der Fragestellung wieder-denken, ob die Ideenlehre wahr ist oder nicht; sondern man wird sich um ein An-denken der Lichtung bemühen, der vorgängigen schicksalhaften Eröffnung, innerhalb deren so etwas wie die Ideenlehre hat auftreten können. Eine solche Einstellung, sagt Heidegger auf einer Seite von *Der Satz vom Grund*, hat eine befreiende Wirkung: Vom Blickwinkel des *Geschicks** des Seins aus zu denken, bedeutet, „uns ... der lösenden Bindung in die Überlieferung ... anzuvertrauen".[9]

Auf welche Weise soll man sich nun – vorläufig, wie Heidegger das wünscht – diese emanzipatorische Wirkung des *Andenkens** vorstellen, in der der Sinn der Verdrehung bestehen soll, die im Wort *Verwindung** enthalten ist? Ein Schritt nach vorne kann hier allein durch die Betonung dessen erfolgen, daß die Sicht, welche die Thesen der Metaphysik als *Ge-Schick** – als Sendung, als historische und schicksalhafte Überlieferung – nimmt, den Verbindlichkeitsansprüchen der Metaphysik ihre ganze Kraft nimmt. Die sich daraus ergebende Einstellung ist eine Art von historischem Relativismus: Es gibt keinen *Grund** und keine letzte Wahrheit, es gibt nur geschichtliche, bestimmte oder geschickte Öffnungen eines *Selben**, das sich nur in diesen Öffnungen und durch sie vergegenwärtigt (sie durchquerend, nicht sie als Mittel benützend). Dieser Historismus ist gleichwohl gemäßigt, und auch er *verwindet**, aus dem Bewußtsein heraus, daß die Geschichte der Öffnungen nicht „nur" die Geschichte der Irrtümer ist, die als solche von irgend einem anders zugänglichen *Grund** dementiert werden, sondern daß diese Geschichte das Sein selbst ist – und das macht, wie Nietzsche in der Metapher vom „guten Temperament" treffend herausgestellt hat, einen tiefen Unterschied. Das Wort, das diese Einstellung zur Vergangenheit und zu all dem, was uns – auch gegenwärtig – über-liefert wird, zu umreißen vermag, könnte noch einmal ein anderes sein: das der *pietas*.

---

[8] Ders., „Zeit und Sein", in *Zur Sache des Denkens*, Tübingen 1969, S. 1–25, hier: S. 6.
[9] Ders., *Der Satz vom Grund*, Pfullingen 1957, S. 187.

An-denken* und *Verwindung** zeigen uns auf diese Weise auch, in welchem Sinn Heideggers Philosophie als Hermeneutik bestimmt werden muß: nicht im Sinne einer technischen Interpretationslehre und ebensowenig im Sinne einer Philosophie, die bei der Beschreibung der Existenz dem Phänomen der Interpretation besonderes Gewicht verleiht; sondern in einem Sinn, der am radikalsten ontologisch gemeint ist: Das Sein ist nichts anderes als die Überlieferung der geschichtlich-schicksalhaften Öffnungen, die für jede einzelne geschichtliche Menschheit, *je und je**, ihre ureigenste Möglichkeit des Weltzugangs konstituieren. Die Erfahrung des Seins — als Erfahrung von Empfang und Antwort dieser Überlieferungen — ist immer *Andenken** und *Verwindung**.

3. Ist es möglich, auf den so von Nietzsche und Heidegger namhaft gemachten Grundlagen (die — und das dürfen wir nicht vergessen — in ihrer Kontinuität nur durch eine Verdrehung der Interpretation Nietzsches erkannt werden können, wie Heidegger sie vorgeschlagen hat) einige Schritte auf dem Weg zu einer genaueren Bestimmung der Postmoderne in der Philosophie voranzukommen? Ich meine ja und möchte hier in Form einer vorläufigen Schlußfolgerung drei Merkmale des postmodernen Denkens anführen.

a) Ein Denken des Genusses. Auch wenn man, wie es hier geschehen ist, auf der emanzipatorischen Tragweite des *Andenkens** besteht, läuft dieses doch stets Gefahr, wie eine bloße und einfach apologetische Wiederholung der metaphysischen Tradition zu erscheinen (mit allen Implikationen auch praktischer Art, die sich daraus ergeben). Zwar verlangt die Verabschiedung der Metaphysik, eine „funktionalistische" Konzeption des Denkens aufzugeben. Von dem Moment an, in dem das *Andenken** keinerlei *Grund** zu fassen kriegt, ist es seinerseits um so weniger in der Lage, als Basis für eine praktische Umformung der „Realität" zu dienen. Das bringt offensichtlich Probleme mit sich, die der Diskussion bedürfen. Aber jetzt schon ist offensichtlich, daß die hermeneutische Ontologie eine Ethik impliziert, die man im Gegensatz zu einer Ethik der Imperative als eine Ethik der Güter bestimmen könnte: ich meine diese beiden Begriffe in dem Sinne, den sie in der Ethik Schleiermachers haben, der ja gerade auch einer der ersten Theoretiker der Hermeneutik war. Das Andenken oder sogar der Genuß (das Wiedererleben) — auch im „ästhetischen" Sinne verstanden — der Geistesformen der Vergangenheit hat nicht die Funktion, etwas anderes vorzubereiten, sondern hat in sich selbst eine emanzipatorische Wirkung. Von hier aus könnte wohl eine postmoderne Ethik den noch metaphysischen Ethiken der „Entwicklung", des Wachstums und des *novum* als obersten Werts entgegengestellt werden.

b) Ein Denken der Kontamination. Die von mir vorgeschlagene Annäherung zwischen Nietzsches Philosophie des Vormittages und Heideggers *Andenken** beinhaltet zugegebenermaßen eine *Verwindung**, eine Wiederaufnahme und Verdrehung, die sich auf Heidegger selbst bezieht. Sie besteht darin, daß hier der eher hermeneutischen oder sogar nihilistischen Seite von Heideggers Denken der Vorzug gegeben wird. Tatsächlich scheint Heidegger bei seinem Rückgang durch die Irrungen der Metaphysik hindurch immer ein Ziel vor Augen zu haben, das nicht einfach mit jenen Irrungen selbst identisch ist, wie wenn uns der Rückgang vielmehr umgekehrt in gewissem Maß in ein Jenseits dieser Irrungen führen könnte. Der Vortrag über „Das Ende der Philosophie und die Aufgabe des Denkens" von 1964 z. B. schließt, nachdem er von der *Lichtung** und ihrer Unzurückführbarkeit auf die Wahrheit (weil diese eher *aletheia* ist) gesprochen hat, mit der Hypothese: „Die Aufgabe des Denkens wäre dann die Preisgabe des bisherigen Denkens an die Bestimmung der Sache des Denkens."[10] Diese Ausrichtung auf ein Jenseits der Metaphysik ist allerdings bei Heidegger von einer philosophischen Arbeit begleitet, welche die Metaphysik und ihre Irrungen zum Hauptinhalt hat. Es läßt sich leicht absehen, welche Folgen die Betonung des einen oder des anderen dieser beiden Aspekte der Heideggerschen Philosophie nach sich zieht. Die Ausrichtung auf ein ganz anderes Denken kann auf das Mystische hinauslaufen; hingegen führt das Interesse an einem Rückgang nicht so sehr in ein Jenseits der Metaphysik, sondern durch ihre Irrungen hindurch in die Richtung einer „Philosophie des Vormittages", wie Nietzsche sie konzipiert hat, und unterstreicht einen „nihilistischen" Zug im Denken Heideggers. Die *Verwindung** der Irrungen der Metaphysik, also ihre resignierte (aber auch: wieder-bezeichnete, mit einem neuen Zeichen versehene) bzw. ihre gesundende und durch eine Verdrehung gekennzeichnete Hinnahme, stellte dieser zweiten Perspektive zufolge den einzigen Zug dar, der eine Ausrichtung auf das Andere beinhaltet: Die *Überwindung** der Metaphysik führt nicht zu einem anderen Ort, sondern vollzieht sich allein auf dem Weg einer Wiederholung und Verdrehung.

In diese Richtung weist meines Erachtens auch die Entwicklung der Hermeneutik nach Heidegger und insbesondere der Gadamerschen Hermeneutik. Für Gadamer geht es nicht darum, ein Jenseits der Metaphysik ins Auge zu fassen, sondern das Denken nimmt im Bewußtsein, daß „Sein, das verstanden werden kann, Sprache ist" (und nichts anderes, wie wir hinzufügen könnten), seine Bahnen, die Botschaften der *Überlieferung**, wieder auf und hat dabei allein die immer wieder neue Herstellung der Kontinuität der individuellen und kollektiven Erfahrung zum Ziel. Diese Kontinuität ist, zumindest heute in unserer Gesellschaft, weniger durch Faktoren der Kommunikationsunterbrechung als vielmehr durch die abnorme Entwicklung der Spezialsprachen, insbesondere der Wissenschaftssprachen, bedroht. Bei Gadamer bezieht sich die Hermeneutik also nicht nur auf die aus der Vergangenheit stammenden Über-lieferungen zurück, sondern ist auch auf

---

[10] Ders., „Das Ende der Philosophie und die Aufgabe des Denkens", in *Zur Sache des Denkens*, Tübingen 1969, S. 61–80, hier: S. 80.

all jene linguistischen Kontinente bezogen, die uns so fern, fremd und unergründlich erscheinen wie zeitlich und räumlich entfernte Kulturen.

Obwohl diese andere, von Gadamer vorgeschlagene *Verwindung** der Hermeneutik Probleme aufwerfen könnte (vornehmlich besteht die Gefahr, daß die Hermeneutik zu einem Denken der Wiederherstellung einer Einheit der Erfahrung in Begriffen der Alltagssprache oder des Gemeinsinns wird — so versteht Gadamer im Grund den *logos* —, das die faktisch bestehenden Regeln der Sprache gegen jede Möglichkeit neuer Öffnungen und Verlagerungen kanonisiert), eröffnet sie doch äußerst suggestive Möglichkeiten für die Entwicklung einer postmodernen Philosophie in dem Sinn, den man als einen der Kontamination bezeichnen könnte. Es ginge darum, das hermeneutische Bestreben nicht mehr nur auf die Vergangenheit und ihre Mitteilungen zu richten, sondern sie auch auf die vielfältigen Inhalte des zeitgenössischen Wissens anzuwenden, angefangen von der Wissenschaft über die Technik und die Kunst bis hin zu jenem „Wissen", das in den Massenmedien zum Ausdruck kommt, um sie immer wieder von neuem in eine Einheit zu bringen. Eine solche — in dieser Dimensionenvielfalt gewonnene — Einheit hätte nichts mehr von der Einheit eines dogmatischen philosophischen Systems an sich und wiese auch keinen der starken Züge der metaphysischen Wahrheit mehr auf, vielmehr würde es sich um ein ausgesprochen nachträgliches Wissen handeln, das viele Merkmale der „Verbreitung" besäße (mit der Philosophie nicht als Fundament, sondern als Ergebnis der Wissenschaften) und das sich folglich auf der Ebene einer „schwachen" Wahrheit ansiedeln würde, deren Schwäche sich auf die Zweideutigkeit von Entbergung und Verbergung berufen könnte, wie sie der Heideggerschen *Lichtung** eigen ist.

c) *Ein Denken des Ge-Stells**. Bereits Nietzsche hatte die Erfahrung vom Tod Gottes — d. h. der ausdrücklichen Überflüssigkeit jeglichen Fundaments — an die neue Situation relativer Sicherheit geknüpft, die die individuelle und soziale Existenz aufgrund der gesellschaftlichen Organisation und technischen Entwicklung erreicht hat. Bei Heidegger kommt eine analoge Verbindung im Begriff des *Ge-Stells** und seiner Zweideutigkeit zum Ausdruck. Und genau auf diese Zweideutigkeit beruft sich die *Verwindung**. Man könnte sagen: Der „Gegenstand" der *Verwindung** ist in erster Linie das *Ge-Stell**. In ihm vollendet sich in der Tat die Metaphysik in ihrer höchstentfalteten Form, als totale Organisation der Erde mittels der Technik. Das bedeutet, daß sich die *Verwindung** der Metaphysik als *Verwindung** des *Ge-Stells** vollzieht. Heidegger hat nicht sämtliche Konsequenzen einer derartigen These ausgearbeitet. Aber auch hier finden wir uns, wie im oben erwähnten Fall der „Kontamination", einem Hinweis gegenüber, der das Denken *verwindend** auf die Welt der modernen Wissenschaft und Technologie ausrichtet und nicht nur — wie man dort zu glauben geneigt ist, wo man der Hermeneutik eine ausschließlich humanistische Berufung zuschreibt — auf den Bereich der Tradition und der Botschaften der Vergangenheit. Gewiß muß man sich, da Heidegger zufolge „das Wesen der Technik nichts Technisches ist", dem *Ge-Stell** mit dem Ziel zuwenden, es in Richtung auf ein anfänglicheres *Ereignis** zu ver-winden.

Es wird, mit anderen Worten, darum gehen, das Hervortreten der ultra- oder post-metaphysischen *Chancen* der planetarischen Technologie zu entdecken und vorzubereiten. Diese *Verwindung** wird offensichtlich auch durch die Wiederherstellung der Kontinuität zwischen Technologie und vergangener abendländischer Tradition bewirkt, und zwar im durch Heideggers These von der Technik als Weiterentwicklung und Vollendung der abendländischen Metaphysik angezeigten Sinn. Was steht als Ergebnis dieser erneuten Verbindung der Technik mit der Seinsvergessenheit, die jene in der Geschichte des europäischen Denkens vorbereitet, zu erwarten? Auch das ist – in sehr knapper Form – in *Identität und Differenz* angegeben. Diesem Text zufolge ist das *Ge-Stell** ein erstes Aufblitzen des *Ereignisses**, denn „das Er-eignis ist der in sich schwingende Bereich, durch den Mensch und Sein einander in ihrem Wesen erreichen, ihr Wesendes gewinnen, in dem sie jene Bestimmungen verlieren, die ihnen die Metaphysik geliehen hat".[11] Welches sind die Bestimmungen, die die Metaphysik dem Menschen und dem Sein zugeschrieben hat? Es sind vor allem die Festlegungen des Subjekts und des Objekts. Sie haben den noch für den Wirklichkeitsbegriff verbindlichen Rahmen konstituiert. Indem der Mensch und das Sein diese Bestimmungen verlieren, treten sie in einen *schwingenden** Bereich ein, den man sich meines Erachtens wie die Welt einer „erleichterten" Wirklichkeit vorstellen muß – erleichtert, weil hier die Trennung zwischen dem Wahren und der Fiktion, der Information, dem Bild weniger scharf geworden ist: es handelt sich um die Welt der totalen Medialisierung unserer Erfahrung, in der wir uns schon weitgehend befinden. Und in dieser Welt wird die Ontologie *tatsächlich* zur Hermeneutik, und die metaphysischen Begriffe von Subjekt und Objekt und darüber hinaus von Wirklichkeit und Wahrheit als Fundament verlieren an Gewicht. In dieser Situation sollte man mir zufolge von einer „schwachen Ontologie" als einziger Möglichkeit eines Auswegs aus der Metaphysik sprechen – auf dem Weg einer Hinnahme-Genesung-Verdrehung, die nichts mehr von der kritischen Überwindung an sich hat, wie sie für die Moderne so charakteristisch war. Vielleicht liegt darin für das postmoderne Denken die Chance eines neuen – eines schwach neuen – Anfangs.

(Aus dem Italienischen von Wolfgang Welsch unter Mitarbeit von Bettina Hesse.)

---

[11] Ders., *Identität und Differenz*, a.a.O., S. 26.

Kunst und industrielle Produktion
Zur Dialektik von Moderne und Postmoderne*

Albrecht Wellmer

I

Bei seiner Gründung im Jahre 1907 hat der Deutsche Werkbund sich gewissermaßen an die Spitze der industriellen Entwicklung zu setzen versucht.[1] Seine führenden Vertreter glaubten, daß technologischer und ästhetischer Modernismus langfristig zu einer Art von Konvergenz gebracht werden könnten. Sie hofften, daß die seit dem Ende der handwerklichen Produktionsweise auseinandergetretenen Bereiche von Kunst und Industrie miteinander versöhnt werden, daß die Funktionen des Künstlers, des Technikers und des Kaufmanns – vormals in der Person des Handwerkers miteinander verbunden – auf einer höheren Stufe der Differenzierung wieder zu einer harmonischen Einheit verknüpft werden könnten. Das Resultat würde die Freisetzung und Entfaltung einer genuin modernen ästhetisch-moralischen Kultur sein.

Wenn man von einer zentralen, den ursprünglichen Programmen des Werkbundes weithin zugrundeliegenden Illusion sprechen könnte, so wäre es wohl diese: daß die Interessen an einer Humanisierung der Arbeitswelt, an der Ausdehnung kapitalistischer Märkte und an der Entwicklung einer neuen Form- und Materialgesinnung letztlich miteinander konform liefen oder doch zur Konvergenz

---

* Vortrag aus Anlaß des 75jährigen Bestehens des Deutschen Werkbundes in München am 10. Oktober 1982.
[1] Zur Geschichte des Deutschen Werkbundes vgl. neuerdings Joan Campell, *Der Deutsche Werkbund: 1907–1934*, Stuttgart 1981; Kurt Junghans, *Der Deutsche Werkbund. Sein erstes Jahrzehnt*, Berlin/DDR 1982; Lucius Burckhardt, *Der Werkbund in Deutschland, Österreich und der Schweiz*, Stuttgart 1978. Eine schöne Sammlung von Dokumenten der Werkbund-Geschichte ist das Buch zur Ausstellung des Werkbundes im Staatlichen Museum für angewandte Kunst in München 1975: Wend Fischer (Hrsg.), *Zwischen Kunst und Industrie. Der Deutsche Werkbund*, München 1975.

gebracht werden könnten.² Die großen Leistungen des Werkbundes bis zum Ende der zwanziger Jahre liegen gleichsam unterhalb der Schwelle der von den Gründern antizipierten Kulturerneuerung, nämlich dort, wo es um den angemessenen Umgang mit neuen Materialien und Konstruktionsverfahren bei einigermaßen eindeutigen – und das heißt: eingegrenzten – Problemstellungen ging; Beispiele wären die wegweisenden Fabrikbauten von Behrens und Gropius, die Stuttgarter Weißenhofsiedlung oder der Entwurf moderner Formen für Gegenstände des alltäglichen Gebrauchs. Demgegenüber haben nicht nur die beiden Weltkriege, sondern auch die Dynamik der industriellen Entwicklung selbst inzwischen zur Evidenz gebracht, daß die von den Künstlern, Architekten und Sozialpolitikern des Werkbundes erträumte kulturelle Erneuerung keineswegs in der Logik dieser Entwicklung lag; anders als für einen wichtigen Teil der kulturellen Avantgarde zu Beginn des Jahrhunderts und noch in den zwanziger Jahren ist für die heutige kulturelle Avantgarde die technische Modernisierung vielfach zu einem Synonym für Umwelt- und Traditionszerstörung geworden: in dem Maße, in dem der Prozeß der Modernisierung die tiefsten Schichten überkommener – städtischer wie ländlicher – Lebensformen anzugreifen beginnt, in dem Maße, in dem er die ökologischen Gleichgewichte und damit die Naturbasis des menschlichen Lebens bedroht, in dem Maße sind auch die zerstörerischen Folgen des industriellen Fortschritts allgemein sichtbar geworden. Heute liegt ein Bündnis zwischen Kunst und Ökologie näher als eines zwischen Kunst und Industrie.

Die Geschichte des Werkbundes ist zutiefst verbunden mit den funktionalistischen und konstruktivistischen Impulsen der modernen Architektur und des modernen Industrie-Designs. Zugleich läßt sich der Werkbund weithin verstehen als eine Instanz des Einspruchs gegen den Zug zur Barbarei, der einer sich selbst überlassenen kapitalistischen Massenproduktion innewohnt: diese beiden zentralen Motive ergänzen einander, zugleich stehen sie aber in einem Spannungsverhältnis zueinander. Schon früh erkannten auch „modernistische" Vertreter des Werkbundes, daß funktionalistische Postulate nicht ausreichen, um eine ästhetisch-moralische Erneuerung der Kultur gegen den Eigensinn des kapitalistischen Modernisierungsprozesses durchzusetzen. Das meint die von Muthesius und anderen gebrauchte Formel von dem „Geistigen" der Form, welches gegenüber dem bloß Zweckmäßigen und der Materialgerechtigkeit erst „Schönheit" in einer Welt der industriellen Produktion ermögliche. Mit dem „Geistigen" der Form sollte zugleich die Rolle des Künstlers im Zusammenspiel von Kunst und Industrie bezeichnet werden. Gegen eine solche Rollenverteilung zwischen Kunst und Industrie hatte freilich Adolf Loos schon 1908, kurz nach der Gründung des Werkbun-

---

² Ich sehe hier von den chauvinistischen Untertönen ab, an denen es in der Anfangsphase des Deutschen Werkbundes nicht gefehlt hat. Vgl. die o.a. Literatur.

des, mit polemischer Schärfe eingewandt, „die Verquickung der Kunst mit dem Gebrauchsgegenstand" bedeute „die stärkste Erniedrigung, die man ihr antun kann"[3]. Denkt man an die Geschichte des industrial design, so erscheint dieser Einwand rückblickend als durchaus nicht unberechtigt; denkt man andererseits an die realen gesellschaftlichen Probleme, die den Anstoß zur Gründung des Werkbundes gaben und die ihn immer wieder am Leben erhielten, so sieht man, daß auch Loos' konsequent funktionalistische Parolen keinen Schlüssel zu ihrer Lösung enthielten. Welches aber wären die tatsächlichen Grenzen des Funktionalismus, auf die jene Formel vom „Geistigen" der Form bloß hindeutet?

Ich möchte den Begriff des „Funktionalismus" hier in einem weiteren Sinne verwenden, so daß er die Forderung der Materialgerechtigkeit und Durchsichtigkeit der Konstruktion ebenso umfaßt wie das Postulat „form follows function". Der Funktionalismus hat zunächst unzweifelhaft eine ideologiekritische Bedeutung gehabt: gegenüber dem Industriekitsch, gegenüber dem Eklektizismus und Historismus der Architektur zur Zeit der Jahrhundertwende bedeuten die funktionalistischen Postulate so etwas wie eine moralisch-ästhetische Reinigung, vergleichbar der Sprachkritik von Karl Kraus oder des frühen Wittgenstein. So wie der frühe Wittgenstein forderte, „Worüber man nicht reden kann, darüber soll man schweigen", so könnte man die funktionalistischen Postulate zusammenfassen in der Forderung „Was keine Bedeutung (keine Funktion) hat, das soll auch nicht in Erscheinung treten (nämlich als hätte es eine Bedeutung)". Und wie die sprachliche Askese beim frühen Wittgenstein zu einer äußersten Verdichtung der ästhetischen Qualität seiner Prosa führt, so könnte man von den besten Werken der neuen Architektur behaupten, daß die Klarheit der funktionalistischen Sprache in ihnen zu einer äußersten ästhetischen Verdichtung geführt hat, die aus der Verschmelzung von Konstruktion, Zweck und Ausdruck herrührt. So wie aber schon im Logischen Positivismus, verglichen mit der Philosophie des frühen Wittgenstein, der Impuls zur Sprachreinigung in die Hypostasierung der naturwissenschaftlich-technischen Rationalität umschlägt, so im Vulgärfunktionalismus die Kritik des Ornaments in die Hypostasierung des Eigensinns der technologischen Entwicklung. Dies bedeutete unter anderem eine äußerste Reduktion im Verständnis der grundlegenden Funktionszusammenhänge selbst: Licht, Luft, hygienische Bedürfnisse, Erfordernisse des Verkehrs — niemand kann die Wichtigkeit dieser Bedürfnisse bestreiten, besonders solange sie massenhaft unbefriedigt waren; aber man kann kaum sagen, daß sie einen Begriff dessen geben, was den Funktionszusammenhang der europäischen Stadtkultur einmal ausgemacht hat, oder einen Begriff dessen, was eine moderne Stadt sein könnte, die das humane Potential der Technik gegen ihre destruktiven Potentiale zur Geltung gebracht hätte. In Analo-

---

[3] Adolf Loos, „Kulturentartung", in *Sämtliche Schriften 1*, Wien/München 1962, S. 274.

gie zu Marx' Kritik am mechanischen Materialismus könnte man von einem „mechanischen Funktionalismus" sprechen, dem ein „historischer", das heißt ein Geschichte reflektierender und in sich aufbewahrender Funktionalismus gegenübergestellt werden könnte.

Züge eines mechanischen Funktionalismus, einer technokratischen Vereinfachung finden sich auch bei großen Architekten der Moderne, auch in den utopischen Entwürfen Le Corbusiers. Aber gerade Corbusier repräsentiert in seinen besten Bauwerken die *andere* Seite der modernen Architektur, ihr ästhetisches Potential. Selbst Corbusiers „menschliche Freuden" — air, son, lumière — lassen sich, wie Julius Posener betont hat, kaum angemessen verstehen als physiologische Bedürfnisse im Sinne des Vulgärfunktionalismus. Es scheinen vielmehr Freuden gemeint zu sein, wie sie vielleicht einmal die Bauwerke der griechischen Antike einer noch mythischen Landschaft abgewannen. Bei diesem großen Architekten, der, wie Posener sagt, „Europa von hinten packte",[4] kommen das radikal Moderne und das Archaische zur Berührung; die befreite Architektur erscheint nicht zuletzt als Freisetzung von Impulsen und Erfahrungen, die im Prozeß der Entzauberung der Welt verschüttet wurden, als gelungene Verschränkung von Ursprung und Utopie. Die besten Gebäude Corbusiers erscheinen wie beredte Objekte — darin übersteigen sie jeden vulgarisierenden Funktionalismus —; und es ist, als schlügen in ihnen die toten Materialien die Augen auf — darin zeigen sie die Möglichkeiten des Konstruktivismus.

Demgegenüber krankt der Funktionalismus, so wie er historisch wirksam geworden ist, an formalen und mechanischen Simplifizierungen, die ihn dem technokratischen Zeitgeist kongenial werden ließen. Insbesondere krankt er daran, daß er keine angemessene Reflexion auf die Funktions- und Zweckzusammenhänge einschließt, *auf die hin* funktional zu produzieren und zu bauen wäre. Nur so wäre es möglich, daß ein vulgarisierter Funktionalismus bruchlos in den Dienst eines Modernisierungsprozesses treten konnte, der vor allem Kapitalverwertungsinteressen sowie Imperativen bürokratischer Planung gehorchte. Erst als in den sechziger Jahren die letzten — oder vorletzten — ornamentalen Fassaden der Wilhelminischen Ära der Modernisierungswelle im Nachkriegsdeutschland zum Opfer zu fallen drohten, entstand ein verbreitetes Bewußtsein dessen, daß noch in den von Funktionalisten verteufelten Wilhelminischen Schnörkelfassaden mehr von der Urbanität und Humanität der europäischen Stadtkultur aufbewahrt war als in den funktionalistischen Einöden modernisierter Stadtquartiere. Gewiß, die überbordenden und eklektizistischen Fassaden der achtziger und neunziger Jahre des vorigen Jahrhunderts mögen, wie W. J. Siedler in *Die gemordete Stadt* 1964 be-

---

[4] Julius Posener, „Le Corbusier", in *Aufsätze und Vorträge 1931–1980*, Braunschweig/Wiesbaden 1981, S. 188.

tont,⁵ eine schlechte und unproportionierte Architektur verdeckt haben; mit der Beseitigung der ornamentalen Fassaden wurden aber nicht nur die schlechten Maße der darunter liegenden Architektur in ihrer Nacktheit sichtbar, sondern auch die der funktionalistischen Bewegung eigentümliche Dialektik. Denn ein Funktionalismus, der sich die Definition der grundlegenden Funktionen und ihre Prioritätsverhältnisse unkritisch vorgeben läßt, kann am Ende nur die Sanktionierung einer im Zeichen von Kapitalverwertungs-, Verkehrsplanungs- und Verwaltungsimperativen vollzogenen Verwüstung der Städte bedeuten. Wenn die ornamentalen Fassaden der Jahrhundertwende verlogen und ideologisch waren, so enthielten sie doch noch eine Erinnerung an urbane Lebensformen und ein Versprechen ihrer Fortsetzung, während die bloße Zerstörung eines zum Ornament gewordenen Überbaus, hier wie überall, nur die Trostlosigkeit dessen, was als „Basis" darunter liegt, zutage fördert und zugleich die Erinnerungsspuren auszulöschen droht, an denen allein verändernde Impulse sich entzünden können. Die funktionalistische Modernisierung westdeutscher Nachkriegsstädte trägt Züge einer Selbstverstümmelung; als sollte durch sie die Verwandlung des Menschen in ein bloß noch funktionierendes und geschichtsloses Wesen nach Kräften beschleunigt werden. Dieser Zug fort von der Stadt – im überlieferten Sinne – und hin zur Geschichtslosigkeit moderner Nomadensiedlungen vollendet sich in den durchsonnten und durchgrünten, familien- und verkehrsgerechten Schlafstädten der Nachkriegszeit. Selbstverständlich kann niemand die ungeheuren Fortschritte des allgemeinen Wohnkomforts bestreiten, die die Modernisierung der Städte *auch* mit sich gebracht hat; insofern sollte man sich vor Mietskasernen-Romantik hüten. Was aber bei dieser Modernisierung weithin verloren ging, war die Stadt als öffentlicher Raum, als Durchdringung einer Mannigfaltigkeit von Funktionen und Kommunikationsformen, oder – in Jane Jacobs' Worten – die Stadt im Sinne „organisierter Komplexität";⁶ kurz, die Stadt, wie sie in der europäischen Geschichte zu einem Ort der Bürgerfreiheit ebenso werden konnte wie zu einem kulturellen Kraftzentrum.

II

Theodor W. Adorno hat in einer 1965 vor dem Werkbund gehaltenen Rede noch einmal die funktionalistischen und konstruktivistischen Impulse der modernen Architektur gegen deren vulgär-funktionalistische Verwirklichung in Schutz genommen. „Architektur", so sagt er dort, „dürfte desto höheren Ranges sein, je

---

⁵ W.J. Siedler, E. Niggemeyer, G. Angreß, *Die gemordete Stadt*, Berlin/München/Wien 1964, S. 13.
⁶ Jane Jacobs, *The Death and Life of Great American Cities*, New York 1961, Kap. 22.

inniger sie die beiden Extreme, Formkonstruktion und Funktion, durcheinander vermittelt."[7] Adorno denkt an eine gegenseitige Durchdringung von Materialien, Formen und Zwecken, und zwar so, daß keines dieser Momente als ein Letztes, als „Urphänomen" zu verabsolutieren wäre. Auch die Materialien und Formen sind nichts geschichtslos Gegebenes; in ihnen hat sich Geschichte niedergeschlagen, ist Geist „aufgespeichert". „Künstlerische Phantasie erweckt das Aufgespeicherte, indem sie des Problems gewahr wird. Ihre Schritte, stets minimal, antworten auf die wortlose Frage, welche die Materialien und Formen in ihrer stummen Dingsprache an sie richten. Dabei schießen die getrennten Momente, auch Zweck und immanentes Formgesetz, zusammen."[8] Erst in diesem Vermittlungszusammenhang von Materialien, Formen und Zwecken liegt für Adorno das tiefere Recht des funktionalistischen Impulses beschlossen, auch das, was im Funktionalismus über bloße Zweckmäßigkeitsrelationen hinausweist. „Raumgefühl", so sagt er, „ist ineinandergewachsen mit den Zwecken; wo es in der Architektur sich bewährt als ein die Zweckmäßigkeit Übersteigendes, ist es zugleich den Zwecken immanent. Ob solche Synthesis gelingt, ist wohl ein Kriterium großer Architektur. Diese fragt: wie kann ein bestimmter Zweck Raum werden, in welchen Formen und in welchem Material; alle Momente sind reziprok aufeinander bezogen. Architektonische Phantasie wäre demnach das Vermögen, durch die Zwecke den Raum zu artikulieren, sie Raum werden zu lassen; Formen nach Zwecken zu errichten."[9] Adorno versucht, in der Sprache des Funktionalismus ein über bloße Funktionszusammenhänge – im geläufigen Sinne des Wortes – Hinausgehendes zu treffen: Ausdruck, Bedeutung, Sprachlichkeit von Gebilden der Architektur – also das, wofür Muthesius oder Le Corbusier die Chiffre „Geist" verwandt hätten – versucht Adorno als ein den Postulaten der Funktionalität und der Materialgerechtigkeit *Immanentes* zu entschlüsseln. Wahrhaft funktional wäre Architektur für Adorno vermöge einer Gliederung konkreter Räume, bei der die Menschen ihre Subjektivität als vergegenständlichte wiederzufinden vermöchten und die zugleich ihre subjektiven Impulse an einer mit Sinn aufgeladenen räumlichen Struktur sich brechen und sich entfalten ließe. Bewohnbare und belebbare Räume also, räumliche Objektivationen kommunikativer Beziehungen und Sinnpotentiale.

In Adornos Interpretation weist der Funktionalismus – so wie praktisch in den Bauwerken Le Corbusiers – immanent über sich selbst hinaus auf jene sprachlich-ästhetische Dimension der Architektur, auf die – im Gegensatz zur bloß formal- oder funktional-ästhetischen – erst die Vertreter der sogenannten

---

[7] Theodor W. Adorno, „Funktionalismus heute", in *Gesammelte Schriften 10.1*, Frankfurt a.M. 1977, S. 389.
[8] Ebd., S. 387.
[9] Ebd., S. 388.

postmodernen Architektur mit Emphase wieder aufmerksam gemacht haben.[10] Unter ihnen hat insbesondere Charles Jencks[11] als die eigentliche Entdeckung der postmodernen Architektur die Wiederentdeckung der Sprache der Architektur gefeiert. Freilich dient die Metapher der „Sprachlichkeit" bei Jencks als Schlüssel für eine Kritik am Funktionalismus und Konstruktivismus. Da die Postmodernen, im Gegensatz zu Adorno, im Funktionalismus vor allem das sehen, was historisch aus ihm geworden ist: den Vulgärfunktionalismus des international style, steht die Wiederentdeckung der Sprache der Architektur für sie im Zeichen einer Abkehr vom „Rationalismus" der Moderne.

Unter dem Gesichtspunkt der Sprachlichkeit erscheint in der Tat ein Großteil dessen, was in der Ära der modernen Architektur gebaut worden ist, als äußerst verarmt, bloßes Zeichen der technischen Verfahren selbst. Jencks kritisiert die „Univalenz", die Eindimensionalität, die Ungeschichtlichkeit und den Rationalismus des Zeichensystems der modernen Architektur; dagegen setzt er die Polyvalenz, die semiotische Komplexität, die Kontextualität und den stilistischen Pluralismus und Eklektizismus der postmodernen Architektur. Die Rehabilitierung des Eklektizismus ist bei Jencks durch eine einfache Überlegung begründet: stilistische Homogenität einer „Bedeutungen" verkörpernden Architektur kann es nur in Gesellschaften mit einem allgemein-verbindlichen „Signifikationssystem" geben, also in traditionalen Gesellschaften. Da es ein solches Signifikationssystem in industriellen Gesellschaften nicht mehr gibt, kann die Architektur heute nur noch ad hoc, im Bewußtsein der historischen Distanz oder in ironischer Brechung aus den semantischen Potentialen der Vergangenheit schöpfen, während ihr andererseits doch dies semantische Potential in seiner vollen Ausbreitung und bis hin zu exotischen und archaischen Ausdrucksformen zur freien Verfügung steht.

Wäre dies alles, so läge im Programm der postmodernen Architektur freilich das Zugeständnis, daß sie es zu einer eigenen Sprache nicht mehr bringen kann: aus der Not der eigenen Sprachlosigkeit würde sie die Tugend eines willkürlichen oder frivolen Spiels mit Sprachformen der Vergangenheit machen. Und dies, so scheint mir, ist in der Tat die eine, die wirklich postmoderne Seite der postmodernen Architektur. Ihre andere, produktive Seite dagegen deutet eher auf eine *immanente* Überschreitung der modernen Architektur hin, im Sinne einer Befreiung von den Simplifikationen und Einschränkungen eines technokratischen Rationa-

---

[10] Vgl. zum folgenden Jürgen Habermas' Rede über „Moderne und postmoderne Architektur" (in diesem Sammelband S. 110ff.), die ich erst nach Fertigstellung des hier vorliegenden Textes zu Gesicht bekommen habe. Die Berührungspunkte sind offensichtlich und nicht zufällig.
[11] Charles Jencks, *Die Sprache der postmodernen Architektur*, Stuttgart 1978.

lismus. Der für mich interessanteste Aspekt der Überlegungen von Jencks liegt dort, wo er einen Zusammenhang herstellt zwischen der Entfaltung der sprachlichen Dimension der Architektur einerseits und neuen, partizipatorischen Formen der Stadtplanung andererseits. An dieser Stelle wird nämlich deutlich, was bei Adorno sich nur andeutet, daß die Metapher der „Sprachlichkeit" der Architektur auf die reale Sprachlichkeit der von der Architektur Betroffenen verweist. Anders als bei der Komposition, deren Modell Adorno vor Augen stand, muß ja in der Architektur die wechselseitige Durchdringung von Materialien, Formen und Zwecken sich mit einer kommunikativen Klärung der Zwecke real verschränken, wenn „Bedeutung" oder „Ausdruck" nicht willkürlich werden sollen: Bauwerke sind keine sich selbst genügenden Kunstwerke. Ich finde Jencks' Überlegungen daher durchaus hilfreich, um den Begriff einer Architektur zu klären, die weder in funktionalen Relationen aufgeht noch in selbstherrlich ästhetische Gesten sich verliert. Es wäre der Begriff einer Architektur, die jenseits bloß technischer, ökonomischer und bürokratischer Rationalität, aber auch jenseits der bloßen Willkür ästhetischer Gesten in Zusammenhänge „kommunikativer Rationalität" – in einem Ausdruck von Habermas[12] – eingebunden wäre. Partizipatorische Formen der Stadtplanung und Stadt-„Reparatur" wären *ein* Aspekt einer solchen Architektur, ein anderer wäre das, was die Holländer „polyvalenten Raum" genannt haben, das heißt, die Konzeption eines Raumes, der für eine individuelle Variation und Interpretation kollektiver Grundmuster offen ist – also die Konzeption individuell *interpretierbarer* Räume (Hertzberger). Van Eyck hat in diesem Zusammenhang den schönen Ausdruck „labyrinthische Klarheit"[13] geprägt. Der Begriff des Labyrinths steht für all das, was aus der Perspektive einer technokratischen Planung als dysfunktional, unvorhersehbar, ungeplant und überflüssig erscheint; er steht zugleich für die Umwegigkeit, Vieldeutigkeit und Komplexität von Strukturen und Beziehungen, wie sie aus der unreglementierten Erfahrung und Eigentätigkeit einer *Vielzahl* von Subjekten sich herstellen mögen; aus *ihrer* Perspektive aber kann als klar und durchsichtig erscheinen, was für den von technokratischen Idealen besessenen Betrachter als verworren sich darstellt. Wiederum bietet sich eine Parallele zur Sprachphilosophie an: Wittgensteins Kritik am „Vorurteil der Kristallreinheit" in der Sprachphilosophie entspricht der Kritik postmoderner Architekten an den Idealen geometrischer Klarheit und funktionaler Eindeutigkeit; Wittgensteins Forderung, „die Betrachtung (müsse) gedreht werden, aber um unser eigentliches Bedürfnis als Angelpunkt"[14], ist die Forderung, die Strukturen

---

[12] Jürgen Habermas, *Theorie des kommunikativen Handelns*, 2 Bde., Frankfurt a.M. 1981.
[13] Vgl. Kenneth Frampton, *Modern architecture,* New York 1980, S. 293 (dt.: *Die Architektur der Moderne*, Stuttgart 1983).
[14] Ludwig Wittgenstein, *Schriften*, Bd. 1, Frankfurt a.M. 1963, S. 342.

der Alltagssprache vom Standpunkt der *Benutzer* zu betrachten; dann könnte als klar und geordnet erscheinen, was vom Standpunkt einer konstruktiven Semantik als verworren sich darstellt. Der Begriff der „labyrinthischen Klarheit" ließe sich, so verstanden, dem der „kommunikativen Rationalität" zuordnen; gemessen an den Rationalitätsvorstellungen eines technokratischen Bewußtseins verdanken beide sich einer „Drehung" der Betrachtung, als deren Angelpunkt die Bedürfnisse konkreter, geschichtlicher Subjekte anzusehen sind.

Im Begriff der kommunikativen Rationalität ist freilich beides: Kommunikation *und* Rationalität, zusammengedacht. Der Begriff steht nicht nur für die komplexen Strukturen alltagssprachlicher Kommunikation, sondern ebenso für den normativen Kern eines emanzipierten Bewußtseins: er trägt in sich die Idee einer „offenen Gesellschaft" im Sinne der Moderne, das heißt einer post-traditionalen, universalistisch verstandenen Demokratie. Der Begriff der kommunikativen Rationalität bezeichnet daher Bedingungen, unter denen es allgemein verbindliche Signifikationssysteme − im Sinne von Jencks − außer auf der Meta-Ebene der universalistischen Grundwerte *legitimerweise* nicht mehr geben kann; gegen die falsche Uniformität technisch verarmter Zeichensysteme können wir kein System objektiv verbindlicher Bedeutungen mehr aufbieten − es sei denn, um den Preis einer gewaltsamen Einschränkung der Kommunikation −, sondern nur einen aus der Freisetzung kommunikativer Potentiale resultierenden *Pluralismus* von Werten, Bedeutungen und Lebensformen. Zu diesem Pluralismus von Werten und Lebensformen gehört auch die Freigabe eines je verschiedenen Rückgriffs auf Traditionen und auf die semantischen Potentiale der Vergangenheit. Dies hat Jencks wohl im Sinn, wenn er von der Möglichkeit eines − gegenüber dem Eklektizismus des neunzehnten Jahrhunderts − neuartigen, authentischeren Eklektizismus in der Architektur der Postmoderne spricht.[15] Gedacht ist an eine produktive Nutzung der neuen Freiheitsgrade, die das moderne Bewußtsein im Verhältnis zur Tradition sich erworben hat, an die Möglichkeit, aus den versteinerten Schriften der Vergangenheit Funken zu schlagen und ihre Zeichen durch die Einfügung in neue Konfigurationen bis zur Lesbarkeit zu verändern. Wenn man dies Eklektizismus nennen will, so wäre es ein Eklektizismus der *Vergegenwärtigung*, eine auswählende Kraft, Vergangenheitsspuren zum Leben zu erwecken; nicht jedoch der Eklektizismus eines unverbindlichen Spiels mit Stilformen, der, unfähig zur Gegenwart, vergeblich einen Halt in der Vergangenheit sucht. Auch die Idee eines „authentischen" Eklektizismus bei Jencks ist somit zu verstehen im Zusammenhang mit seiner Forderung, „das ganze System der Architekturproduktion" müsse geändert werden[16], einer Forderung, die auf die Rückeroberung des Gebrauchswertes der Architektur durch die von ihr betroffenen Subjekte abzielt.

[15] Jencks, a.a.O., S. 128.
[16] Ebd., S. 14.

Die Zurückweisung eines einseitig technokratisch ausformulierten Modernismus durch die postmoderne Architektur *muß* ersichtlich nicht als Abkehr von der Moderne, von der Tradition der Aufklärung verstanden werden, sie kann auch im Sinne einer immanenten Kritik an einer hinter ihren eigenen Begriff zurückgefallenen Moderne verstanden werden; die Wiederentdeckung der sprachlichen Dimension der Architektur, der Kontextualismus, partizipatorische Planungsmodelle, die Betonung des Stadt-„Gewebes" anstelle des kontextlosen Baudenkmals, selbst Historismus und Eklektizismus, wenn man sie versteht im Sinne einer Wiederentdeckung der geschichtlich-sozialen Dimension der Architektur sowie der kulturellen Tradition als eines Reservoirs semantischer Potentiale — kurz, vieles von dem, was die sogenannte postmoderne Architektur von den technokratisch-utopischen Zügen der klassischen Moderne sich abheben läßt, läßt sich als Fortschritt im architektonischen Bewußtsein und als ein Korrektiv *innerhalb* der modernen Tradition verstehen. Demgegenüber haben Eklektizismus und Historismus aber auch die potentielle Bedeutung einer *Abkehr* von den konstitutiven Zügen der Moderne: von Aufklärung, Universalismus und Rationalität. Insofern partizipiert die postmoderne Architektur an einer Zweideutigkeit, die für viele Strömungen kennzeichnend ist, die heute unter dem Titel der Postmoderne genannt werden: ob es sich nun um alternative soziale Bewegungen handelt oder um „post-moderne" Wissenschafts- und Kulturtheorien — vom erkenntnistheoretischen Anarchismus Paul Feyerabends bis zum französischen Post-Strukturalismus. Es ist die Zweideutigkeit von Bewegungen, von politischen und theoretischen Impulsen, die auf der einen Seite gegenüber einer technokratisch pervertierten Moderne auf die Verteidigung kommunikativer Strukturen, semantischer Potentiale, ökologischer Gleichgewichte oder von Möglichkeiten einer unreglementierten Selbstäußerung der Subjekte ausgerichtet sind, also auf die Verteidigung von Bedingungen, ohne deren Erhaltung die Moderne das ihr eigentümliche Potential an Humanität unter sich begraben müßte; und die auf der anderen Seite häufig genug mit der Abkehr von der technokratischen Moderne den Rückzug aus der Moderne überhaupt proklamieren. Wo letzteres geschieht, wird die Kritik am technokratischen Rationalismus zum Irrationalismus, der Kontextualismus zum Partikularismus, der Kult der Bodenständigkeit zur bloßen Mode oder — schlimmer — zur Regression und die Wiederentdeckung der symbolischen Funktion der Architektur zur ideologischen oder autoritären Geste. Jencks, soviel scheint mir kaum zweifelhaft, gehört letztlich zu jenen Verfechtern einer postmodernen Architektur und Städteplanung, die in dem hier vertretenen Sinne radikale Moderne sind; der klarste Indikator hierfür ist seine Betonung des Zusammenhangs zwischen städtischer Lebensform und Demokratie. Jencks konstruiert in gewissem Sinne seine „postmoderne" Kritik der modernen Architektur aus dem Blickwinkel einer demokratisch verstandenen Stadtplanung. Insoweit ist seine Kritik an der modernen Architektur — entgegen seinen Intentionen — keine Kritik der Aufklärung, sondern Teil einer „Kritik der instrumentellen Vernunft".

III

Das Beispiel der in Bewegung geratenen Architektur läßt keine direkten Schlüsse zu auf Möglichkeiten einer neuen Vermittlung von Kunst und industrieller Produktion in anderen Bereichen. Individualität und „Sprachlichkeit" sind in besonderer Weise Möglichkeiten von Gebilden der Architektur; die Architektur ist zur bildenden Kunst hin offen. Industrielle Massenprodukte entbehren mit der Individualität auch einer wichtigen Bedingung der Sprachlichkeit: sie können die Zwecke, die sie verkörpern, nicht individualisieren, und dies setzt der Möglichkeit eines aus der Vermittlung von Materialien, Formkonstruktionen und Zwecken resultierenden *Ausdrucks* Grenzen. Zeichen sind die industriellen Produkte häufig nur als Zeichen einer Funktion, wie Octavio Paz sagt; vielleicht auch als Statussymbole, als Symbole des technischen Fortschritts oder als projektive Symbole einer infantilen Bildwelt. Will heißen: industrielle Massenprodukte, wo sie nicht von außen ornamental oder auch symbolisch aufgeladen werden, bringen vermöge ihrer eigenen Komplexion keinen Zusammenhang von *Bedeutungen* zum Ausdruck; sie *verkörpern* einen Zusammenhang von *Funktionen*, aber sie drücken ihn nicht aus.

Freilich müssen industrielle Produkte deswegen nicht ausdrucks*los* sein. Ausdruck ist ein Interferenzphänomen, wie Adorno sagte[17], und von Schönheit kaum zu trennen. Industrielle Produkte können aber durchaus schön sein: dann nämlich, wenn eine vollkommene Konstruktion bei einsichtigen Zwecken auch *sichtbar* wird. Die Unterscheidung zwischen sichtbaren und unsichtbaren Konstruktionen ist in mancher Hinsicht wichtiger als die zwischen Häusern und Maschinen: daß die Eisenkonstruktionen des 19. Jahrhunderts heute oft schön erscheinen, ist nicht nur Nostalgie, nicht nur romantische Verklärung der zu „Ruinen" gewordenen Überbleibsel eines vergangenen Industriezeitalters, sondern auch eine Folge der *Sichtbarkeit* ihrer Konstruktion; auch bei Dampflokomotiven und sogar Fahrrädern hängt das Ausdrucksmoment an der Sichtbarkeit der Konstruktion. Wo die Vollkommenheit der Konstruktion bei einsichtigen Zwecken, und sei es die gelungene Korrespondenz zum gestisch-motorischen Bewegungsraum des Körpers, in Ausdruck resultiert, dort erlangen die Dinge ein Eigengewicht, sind als funktional schöne zugleich mehr als bloße Mittel, ein Stück Zweckmäßigkeit *ohne* Zweck. Freilich ist diese Form der Schönheit im Zeitalter der elektronischen Technologien im Verschwinden begriffen; deren Produkte sind nichtssagend oder monströs, sichtbar nur noch als glatte Oberfläche, die etwas sinnlich Unfaßbares verbirgt, so wie die alltäglichen Dinge die Vorgänge im

---

[17] Theodor W. Adorno, *Ästhetische Theorie. Gesammelte Schriften* Bd. 7, Frankfurt a. M. 1970, S. 174.

Atomkern. Heute sind es vor allem diejenigen Gebrauchsgegenstände, die dem menschlichen Körper, den Augen und Händen noch nahe sind – Werkzeuge, Möbel, Lampen –, die als gut konstruierte immer noch schön sein können. Aber auch diese Schönheit vollkommener Konstruktionen ist von der „beredten" Schönheit vollkommener Bauwerke verschieden, und zwar um so mehr, je technisch präziser – und das heißt: allgemeiner – die Funktionen der Gegenstände sich beschreiben lassen. Insofern hätte Loos immer noch recht.

Die Lehren, die sich aus dem Beispiel der Architektur ziehen lassen, liegen auf einer anderen Ebene. Sie betreffen die Zweck*zusammenhänge* und *Lebensformen*, die in Produkten der Industrie sich verkörpern. Die Produkte der Industrie treten ja zu Konfigurationen, zu Funktionsnetzen zusammen, die Lebens- und Arbeitsabläufe *determinieren*, soziale Hierarchien oder Kommunikationsformen *reproduzieren* oder gesellschaftliche Prioritäten *verkörpern*. Diese Konfigurationen sind mit Gebilden der Architektur darin vergleichbar, daß sie Lebensäußerungen einengen oder erweitern, die Sensibilität abstumpfen oder stimulieren, die Selbsttätigkeit blockieren oder provozieren können; sie bilden die Grenzlinien, Öffnungen, Durchlässe, Utensilien oder auch Gefängnismauern der menschlichen Lebenswelt im Großen. Anknüpfend an Ivan Illichs Begriff der „tools for conviviality" könnte man eine an menschlichen Bedürfnissen, menschlicher Selbsttätigkeit und kommunikativer Rationalität orientierte Technologie unterscheiden von einer auf Kapitalverwertung, bürokratische Kontrolle oder politische Manipulation hin angelegten Technologie. *Diese* Unterscheidung, und nicht die zwischen Industriekitsch und funktionalem Design, bezeichnet heute die Grenzlinie zwischen ästhetisch-moralischer Kultur auf der einen Seite und Barbarei auf der anderen.

Gegenüber dem Beginn des 20. Jahrhunderts, als der Werkbund gegründet wurde, deutet sich hier eine tiefgreifende Problemverschiebung, wenn nicht objektiver Art, so doch im gesellschaftlichen Bewußtsein an: sie findet ihren Ausdruck im Zurücktreten der, wie ich es nennen möchte, „produktionsästhetischen" Probleme gegenüber solchen der „Gebrauchsästhetik". Hinter den funktionalistischen und konstruktivistischen Impulsen des modernen Design und der modernen Architektur stand ja gewissermaßen die Überzeugung, man müsse bei *vorgegebenen* Zwecken technisch einwandfreie, materialgerechte und ästhetisch verbindliche Problemlösungen finden: dies ist das Problem der zeitgemäßen Form. Auch wenn man diese Problemstellung im Adornoschen Sinne einer wechselseitigen Durchdringung von Materialien, Zwecken und Formkonstruktionen versteht, bleibt doch – und Adorno wäre der Letzte gewesen, dies zu bestreiten – die Frage nach einer angemessenen Klärung der Zwecke selbst zurück. Im Vermittlungszusammenhang von Materialien, Formen und Zwecken können die Zwecke zwar konkretisiert und materialisiert, aber nicht eigentlich geklärt werden; andererseits ist der Zusammenhang zwischen der Schönheit und Zweckmäßigkeit von

Gebrauchsdingen nur dort ein realer und nachvollziehbarer, wo die Zwecke selbst einsichtig und solche der betroffenen Subjekte sind. Wo daher die Klärung der Zwecke und der sie tragenden Zweckzusammenhänge unterbleibt, kann eine Welt von Gebrauchsdingen selbst im funktionalistischen Sinne des Wortes nicht „schön" sein. Ich glaube, dies ist einer der Gründe, warum so vieles in der modernen Architektur, selbst wo es nach immanenten Kriterien gelungen erscheint, der sterilen Schönheit eines „dekorativen Formalismus" (A. Schwab)[18] sich annähert, zum „Lichtkitsch"[19] wird, wie Bloch es nannte, oder zum „polierten Tod", der „wie Morgenglanz verabreicht"[20] wird. „Zwischen Plüsch und Stahlsessel", sagt Bloch, „zwischen Postämtern in Renaissance und Eierkisten (greift) kein Drittes mehr in die Phantasie".[21] Dies Dritte aber könnte nur aus einer Veränderung des „Lebenszuschnitts" kommen, also aus einer Klärung und Veränderung der Zweckzusammenhänge, *aus denen heraus* und *für die* produziert wird. Von „Gebrauchsästhetik" möchte ich dort sprechen, wo es um die ästhetische Qualität der Lebenswelt in Abhängigkeit von der Einsichtigkeit der Zweckzusammenhänge geht, die in Gebrauchsdingen verkörpert sind. Meine These ist, daß die Probleme der „zeitgemäßen Form" heute vor allem solche der Gebrauchsästhetik sind, für deren Bearbeitung das Modell eines Zusammenspiels von Kunst und Industrie sicherlich keine zureichende Idee mehr liefert.

In der Vorstellung, die Eigendynamik des industriellen Fortschritts ließe sich mit den schwachen Kräften einer ästhetischen Aufklärung humanisieren und domestizieren, hat wohl immer schon ein Stück Naivität gelegen, selbst wenn man die material- und produktionsästhetische Aufklärung eines breiten Publikums als Desiderat mit einschloß. Aber erst seit etwa Mitte der sechziger Jahre ist allgemeiner ins Bewußtsein gedrungen, daß in der Welt der industriell gefertigten Produkte Zweckzusammenhänge sich niedergeschlagen haben, die oft kaum noch in einen einsichtigen Zusammenhang gebracht werden können mit dem, was die in dieser Welt lebenden Subjekte als den Zweckzusammenhang *ihres* Lebens anerkennen könnten. Überall dort, wo Fragen der Gestaltung von Gebrauchsdingen heute von mehr als nur privatem oder ephemerem Interesse sind, wo es sich nicht nur um Fragen eines neuen „Stils" oder einer neuen Mode handelt, ist es die Frage nach den Zwecken und Zweckzusammenhängen selbst, die ins öffentliche Be-

---

[18] Alexander Schwab, „Zur Abteilung Städtebau und Landesplanung", *Die Form*, Heft 3, 1930, zitiert nach F. Schwarz/F. Gloor, *„Die Form". Stimme des Deutschen Werkbundes 1925–1934*, Gütersloh 1969, S. 157.
[19] Ernst Bloch, *Das Prinzip Hoffnung*, Frankfurt a. M. 1959, S. 860.
[20] Ebd., S. 862.
[21] Ebd., S. 860. Vgl. auch A. M. Vogt, „Entwurf zu einer Architekturgeschichte 1940–1980", in Vogt/Jehle/Reichlin, *Architektur 1940–1980*, Berlin 1980, S. 12.

wußtsein tritt. Dies gilt für Fragen der Stadtplanung, Stadterneuerung und Stadterhaltung ebenso wie für Fragen der Abwasserregulierung, des Landschaftsschutzes, des Krankenhaus-, Straßen- oder Kernkraftbaus oder schließlich Fragen einer alternativen Technologie. In allen diesen Problembereichen haben Fragen des Designs neben einer technisch-ästhetischen eine unübersehbare soziale, politische oder ökologische Komponente bekommen. In der alten Werkbund-Formel von der Aufspaltung des traditionellen Handwerkers in die Funktionen des Technikers, des Kaufmanns und des Künstlers fehlen nicht nur der Arbeiter und der Kapitalist, es fehlt auch die *soziale* Komponente des Designs (Burckhardt)[22], nämlich die Rolle des Handwerkers als Repräsentant einer kollektiven Lebensform, die er in seinen Produkten artikulierte. Wo aber die kollektiven Lebensformen in Fluß geraten, problematisiert, in ihrer Substanz bedroht und auf demokratische Klärungsprozesse angewiesen sind, dort wird *sichtbar*, daß die Frage nach den Zweck- und Funktionszusammenhängen bis in die ästhetischen Probleme des Designs hineinreicht.

Dies bedeutet nicht zuletzt eine neue Herausforderung für die ästhetische Phantasie. Zwecke sind ja, in Adornos Worten, wie Materialien und Formen keine „Urphänomene"; will heißen: wo es sich, wie zum Beispiel in der Architektur, nicht einfach um technisch präzis umschreibbare Zwecke handelt, ist die Artikulation der Zwecke selbst auch wieder angewiesen auf die aus den Materialien und Formkonstruktionen zuwachsenden Möglichkeiten, Konkretisierungen und Versprachlichungen. In der traditionellen Beziehung zwischen Architekt und Bauherr ist es ja der erstere, der den Zwecken erst präzise Gestalt und Artikulation verschafft. Entsprechend könnte heute die konstruktive und ästhetische Phantasie der gestaltenden Künstler in den Prozeß der kommunikativen Klärung von Zwecken experimentell und artikulierend eingreifen, wie es aus Beispielen im Städtebau schon belegt ist. Ohne diesen Beitrag der ästhetischen Phantasie zur *Klärung* der Zwecke – und nicht nur zu ihrer *Realisierung* – dürften die Beziehungen zwischen den Menschen eine entscheidende Dimension ihrer Sprachlichkeit einbüßen, ihre Zwecke selbst *sprachlos* werden.

Die doppelte Überschreitung des Kults der Nützlichkeit und der Religion der Kunst, die Octavio Paz der handwerklichen Produktion attestierte, läßt sich im Kernbereich der industriellen Produktion nicht durch eine direkte Wiederannäherung von Kunst und Industrie verwirklichen, wie sie den Gründern des Werkbundes vorschwebte. Wohl aber wäre denkbar, daß die industrielle Produktion an kommunikativ geklärte Zwecksetzungen *zurückgebunden* würde und daß Kunst und ästhetische Phantasie sich in die kommunikative Klärung gemeinsamer

---

[22] Lucius Burckhardt, „Design ist unsichtbar", in *Design ist unsichtbar*, hrsg. von Helmuth Gsöllpointner u.a., Wien 1981, S. 13–20.

Zwecke *verstricken* ließen. Dann könnten vielleicht Kunst und Industrie durch Vermittlung eines Dritten, nämlich im Medium einer aufgeklärten demokratischen Praxis, zu Momenten einer industriellen Kultur zusammentreten.

Nach der Geschichte

Peter Sloterdijk

In memoriam Jacob Taubes

Das Zeitalter des Epilogs

In jüngster Zeit hat die Vorsilbe „nach" eine denkwürdige Karriere gemacht. Kaum ein Feuilleton käme ohne sie auf die Höhe der Zeit. Als lateinisches „post" sprenkelt sie die neuere Kulturkritik, sie verbreitet ein Flair von eleganter Reflexivität, sie suggeriert, daß etwas im Gang ist, weil etwas anderes vorüber ist, zu ihr gehört ein Bewußtsein, das viele Welten hinter sich hat – auch jene, die eine schöne neue werden wollte. Richtig eingesetzt, stößt die Vorsilbe sich vom Vergangenen ab wie von einer unhaltbar gewordenen Stellung. Sie springt mit einem Satz in eine Gegenwart, die immerhin von sich sagen kann, daß sie nach der Vergangenheit kommt. Von dieser ist nicht viel bekannt, und doch ist es ein besonderes Gefühl, sie hinter sich zu haben. Ein kleines Nach – und Epochen versinken ins Überholte. Postmoderne – 's klingt so wunderlich. Noch nie nahm man so kühl Abschied von gestern. Mit einer Vorsilbe ist man seiner Epoche voraus. Wofür spricht das?

Die Karriere der Vorsilbe „nach" deutet an, daß uns, obwohl Haarsträubendes geschieht, kein Geschichtsbild mehr zur Verfügung steht, das es der Gegenwart erlaubt, sich zu datieren. Seit allgemein sich der Eindruck verbreitet, daß die Geschichte keinen Fahrplan hat, tasten wir uns durch ein prozessuales Niemandsland voran. Es steht um die Erzählbarkeit der entfesselten Realitäten ebenso schlecht wie um ihre Vorhersagbarkeit – von ihrer Ordnung unter ein geschichtsphilosophisches Schema ganz zu schweigen. Auch kein präziser Epochentitel scheint für die Gegenwart zuständig zu sein, ja nicht einmal zwischen Epochen und Moden läßt sich noch deutlich unterscheiden. Man kann den Eindruck haben, daß sich der Aggregatzustand des Wirklichen selbst verändert und ins Undarstellbare verdampft.

Postmoderne kann darum zunächst kein Epochenbegriff mit Anspruch auf geschichtsphilosophische Substantialität, sondern nur ein Index für Reflexionssteigerungen sein. Was mit der Reflexion hier steigt, ist aber nur die ernüchternde Wirkung der Betrachtung. Die postmoderne Reflexivität führt nicht auf Gipfel, von denen ein hochgekämpftes Bewußtsein synthetisch und satt auf seine Zeit hinunterschauen könnte. Große Blicke, Querschnitte, Panoramen – wer hätte sie nicht gern, und mit ihnen den Rausch am Zusammenhang, das Gipfelerlebnis, das seine Zeit in Gedanken faßt? Aber wo heute das Denken selbst bei seiner Sache ist, dort ist ihm nicht so gipfelig zumute, es bleibt ganz nachgedanklich und nachkulminativ, es streitet die alten Aufstiegsphantasien ab, nach denen Prozesse in der sozialen und logischen Wirklichkeit mit progressiv-alpinen Metaphern zu charakterisieren wären. Prozeß und Progreß bilden aufeinander nur einen trügerischen Reim, auf den man postmodern nicht mehr viel gibt. Es geht zwar weiter voran, aber nicht hinauf – das ist die Quintessenz nachprogressistischer Reflexionen über das Verhältnis von Geist und Zeit – womit bestätigt wird, daß sich im postmodernen Rummel auch prämoderne Geister umhertreiben, denen das Glücksrad als Sinnbild für geschichtliche Zeit mehr einleuchtet als die Fortschrittsleiter. Wer später lebt, weiß es auch nicht besser – mit diesem Fazit endet das historische Experiment, das die Wahrheit dazu zwingen wollte, sich im Laufe der Zeit immer mehr „herauszustellen". Was im Laufe des Experiments wirklich sich herausgestellt hat, ist gerade dies, daß das spätere Wissen nicht mit Sicherheit das bessere ist.

Postmoderne Prozeßgefühle sind nicht die von Leuten, die von sich glauben, es gehe mit ihnen geschichtlich bergauf. Sie sind eher die Empfindungen von Passanten auf einer Rolltreppe, auf der man automatisch vorankommt, gleichgültig, ob man sich an die Vorschrift hält oder nicht, rechts zu stehen bzw. links zu gehen (wie es im Reglement der rolltreppenreichen Münchner U-Bahn-Betriebe vorgesehen ist). Solange man sich auf der Treppe befindet, geht es konstant in einer Richtung voran – doch wollte man Bewegungen auf der Rolltreppe mit der Fortschrittsidee in Zusammenhang bringen, so wäre dies, um das mindeste zu sagen, eine Überinterpretation. Da sind die räumlichen und die Bewegungsmetaphern der Altaufklärung nicht mehr am Platz, auch ist der Aufstiegsgedanke zur Markierung von Standortunterschieden auf Rolltreppen ungeeignet. Wenn der eine unten, der andere weiter oben rollt, so hat der Abstand zwischen beiden keinen evolutionären Sinn und kann keinen essentiellen Vorsprung für den Obenrollenden bedeuten, wenn er auch scheinbar der ist, der „weiter" gekommen ist – weiter auf die „Höhe der Zeit", deren Hochsein sich darin erschöpft, hier und jetzt und sonst nichts zu sein.

Seit der Fortschritt selbstläufig geworden ist, hat sich der Zukunftsoptimismus in Prozeßmelancholie verwandelt. Wir fahren nicht mehr von Genua aus in die Neuzeit, wir rollen auf einem Förderband ins Unabsehbare. Dabei zählt unsere Eigenbewegung kaum noch im Verhältnis zur Totalität der Bewegungsmasse, und die Schritte, die der Einzelne auf seinem Rolltreppenabschnitt tun kann, verschwinden fast spurlos im rollenden Ganzen. Auch kann kein Mensch wissen, wohin die Treppe führt, nur läßt sich der Gedanke nicht ganz verdrängen, daß auch das längste Förderband einmal zu Ende sein muß und die Passanten abwerfen wird.

Seit dies alles sich zu einer modernen „Ordnung der Dinge" verfestigt hat, sind Lagebesprechungen auf der Rolltreppe zum Massenbedürfnis geworden. Man muß fürchten, daß der heutige Kulturbetrieb nicht mehr viel anderes ist als die Summe der geistigen Werkeleien von Rolltreppenfahrern. Auch diese Werkeleien sind inzwischen von ihrer Selbstläufigkeit so durchdrungen, daß es kaum noch einen Unterschied macht, ob einer affirmativ rollt oder kritisch rollt — ja es kann sogar revolutionär gerollt werden. Zwischen der Bewegung der Rolltreppe und den kulturellen Manifestationen auf ihr besteht seit langem keine effektive Differenz mehr, weil der Bereich der Kultur als Markt der Differenzen selber durchweg rolltreppenartig organisiert ist. Von seiner Motorik wird das Gestrige unaufhörlich entaktualisiert; aus der Geste der Entaktualisierung selbst wird die neue Aktualität lanciert, um schon im Entwurf zu stürzen; eine Flüchtigkeit jagt die andere.

Die dem rollenden Betrieb entsprechende Geste ist die des Nachrufs. Sie ist die herrschende Äußerungsform einer Kultur, die ganz vom Spiel der aktuellen Entaktualisierung lebt. Aus diesem Grund bedeutet das „Post" der Postmoderne in erster Linie das „Nach" des Nachrufs. Keine Redeform ist dem Prinzip der Rolltreppenkultur so adäquat wie der Nachruf, der inmitten permanenter Bewegung und chronischer Unklarheit an die letzte sichere Tatsache erinnert: daß die Vergangenheit nicht die Gegenwart ist. Wo niemand mehr wissen kann, was morgen gilt, da wirkt es fast wie ein Geschenk, daß wenigstens das Vergangene vorüber ist. Damit liefert es ein Kriterium, das Stürme übersteht. Die Gegenwartskultur ist eine große epilogische Maschine, die Nachreden ausstößt und durch Außerkraftsetzung des Gestrigen einen Hauch von Orientierung in der Gegenwart erzeugt. Zeitgenössische Gehirne sind im Augenblick noch warm vom Durchlauf der letzten Epilogwellen — dieser ganzen postfreudianischen, postmarxistischen, poststrukturalistischen, postmetaphysischen Rhetorik, mit denen die jeweiligen Sprecher eine Viertelstunde lang auf der Höhe des Möglichen erschienen. Je heftiger die Nachrede aufs Vergangene, desto eher öffnet sich im Gegenwärtigen ein Raum für neue Setzungen, und wäre es nur ein Schein von Raum. Für die Rolltreppenbürger ist allein durch nachrednerische Überholung des letzten Trends der so begehrte Gegenwartsrausch zu erzeugen, ohne den keine moderne Generation es mit sich selbst aushält. Wie unter Zwang fällt da der Blick zurück — auf keinen Fall nach vorn, wo sich die Fahrt des Förderbands ins Aussichtslose zeigen würde. Man hat lieber die Moderne hinter sich als die Rolltreppenewigkeit vor sich, man tummelt sich lieber in der Nachmoderne als in der Vorhölle der Einheitszivilisation, man steht lieber am offenen Grab des Fortschrittszeitalters als vor jener Wende in die Zukunft, zu der uns die Konjunkturberater überreden wollen. Für das zeitgenössische Bewußtsein bedeutet der Tod nicht mehr die „Unmöglichkeit, ein Projekt zu haben", wie Levinas einst formulierte, sondern die Unmöglichkeit, eine Nachrede zu halten. Mag sein, daß wir es mit solchen Reden nicht weit bringen, aber mit ihrem epilogischen Genius erreicht die vielgeschmähte Postmoderne allen zum Trotz ein Optimum an heute möglicher Geistesgegenwart. Denn es ist nun einmal nicht anders, Programme bringt jeder zusammenhanglose Träumer zustande, doch zu Nachworten gehört ein Minimum an Wachheit und Sinn für Kontexte.

Das Nach an der Nachmoderne kommt nicht nur von der Kunst der Nachrede in einer epilogischen Zivilisation, es kommt natürlich auch vom Nach des Nachplapperns, das die Szene beherrscht, wo es keine Epilogik gibt, nur Epigonalität. Da hat man nun der Nachahmung den Krieg erklärt, hat in der Mimesis den ontologischen Sündenfall erkannt und das Zeitalter der Differenz ausgerufen, und trotzdem sagen sie alle dasselbe ...

Das Nach kommt zusätzlich vom Nach des Nachsitzens, in dem wir nur zu oft das versäumte Pensum der Moderne aufzuholen haben. Es gibt Gründe zu der Annahme, daß für eine starke Majorität von Zeitgenossen die substantielle Moderne noch gar nicht da war und daß diese nur in Form von Nachholung und Auffrischung noch zu ihrem Recht kommen könnte (vgl. Arnold Gehlen, *Zeit-Bilder*, Stichwort „Repristination", S. 202 ff.). Man sieht überdies zur Zeit viele suspekte Figuren herumspuken, die aus dem Busch oder dem Biedermeier direkt in die Postmoderne übertreten wollen, ohne zwischendurch ein bißchen Modernität kennengelernt zu haben. An ihnen wird sich zeigen, ob nicht auch postmoderne Zeiten genügend Niveau und Prägekraft besitzen, um die neuen Buschmänner zum Nachsitzen zu bringen.

Das Nach der Nachmoderne hat noch einen weiteren Sinn, der über das Epilogische und Nekrologische hinausreicht. Mit der Nachrede allein und mit dem Totsagen des Gestrigen ist es ja nicht getan. Zumindest in einem Winkel seines Bewußtseins weiß heute jeder, daß die Selbstläufigkeit des Weltprozesses noch andere Perspektiven birgt als das Undsoweiter der braven Rolltreppe. Es läuft auch etwas Katastrophisches und Beispielloses ab, das mit der Rolltreppe nur die Selbstläufigkeit gemeinsam hat, ansonsten aber uns mit einer ganz anderen Bewegungsart nach vorne treibt. Wir sind als subjektive Elemente eingeschaltet in eine historisch-planetarische Kettenreaktion, die wir in ihrer relativ langsamen Phase „Geschichte" nannten und die jetzt einem Explosionspunkt entgegenzulaufen scheint. Was wir im Blick auf so bedrohliche Dinge zu sagen hätten, scheint fürs erste nicht mehr Epilog, sondern Prognose zu sein, weil dabei von einer Katastrophe die Rede ist, die zwar längst im Gang ist und uns doch mit den größten Schlägen noch bevorsteht. In Wahrheit handelt es sich bei dieser Prognostik um die radikalste Form der Nachrede — nämlich um eine prophetische Epilogik, die uns von einem Standort nach der Vernichtung nachruft, was dann über uns zu sagen wäre. Somit durchbricht die aktuelle epilogische Apokalyptik die Zeitmauer und spricht wie von der anderen Seite des Schicksals aus über die Vorgänge diesseits der Mauer. Dabei entstehen nicht nur vorweggehaltene Nekrologe auf die Menschheit, sondern auch Totenreden in dem sehr merkwürdigen Sinn, daß die Redner sich selbst tot denken müssen, um den Standpunkt einzunehmen, auf dem sie die Wahrheit sagen werden. Das „Nach" der Nachmoderne enthüllt sich hier als das „Nach" der Selbstnachrede, mit der sich eine von ihrer Unhaltbarkeit überzeugte Zivilisation Rechenschaft über ihre Aussichten gibt. Die Aufklärung vollendet sich in der Koinzidenz von Prognose und Nachruf, sie gipfelt in einem absoluten Nekrolog, der jede mögliche Zukunft überholt und den Untergang als das letzte Wort des Wissens schon jetzt ausspricht. Darum ist die Gegenwart, die ihre Zukunftsperspektive prüft, gezwungen, von sich selbst in einem tragischen Futur zu reden und sich im voraus die Nachreden zu halten, für die es zu gegebener Zeit an Rednern fehlen wird.[1]

An dieser Stelle kommt ein unvorhergesehenes „Nach" ins Spiel. Es gehört einem Bewußtsein, das die erwähnten Selbstnachreden hinter sich hat – zumindest in dem Sinn, daß es sie gehört und nachvollzogen hat und dennoch nicht bei ihnen haltmachen kann. Offensichtlich steht auch der routinierteste Pessimismus unter der Einschränkung, daß schlimme Vorhersagen schneller reisen als schlimme Ereignisse. Vor deren Eintreffen bleibt die Beobachtung wahr, daß es uns trotz allem noch gibt. Auch vorgezogene Nachrufe ändern nichts daran, daß bis auf weiteres neue Tage anbrechen, fragil und vorläufig wie alle vorangegangenen. Der wache Geist überlebt manchmal die rotglühende Verzweiflung an seiner Endlichkeit. Vor einen Hintergrund aus Untergängen gesetzt, beginnt unser Aufenthalt im Provisorat des Wirklichen merkwürdig heiter zu werden – die Sorgen durchscheinend, die Unsicherheiten selbstbewußt. Vielleicht war Erwachsenheit nie etwas anderes als ein verschlüsseltes Wort für das, was nach dem Verzweifeln kommt. Noch atmen wir, noch geht die Sonne auf, noch erfahren wir in den Hauptnachrichten das Wichtigste vom Tage. – Die Letzten Dinge halten sich bedeckt, die Apokalypse kommt vorerst aufs Regal zur übrigen unschönen Literatur, der schwarze Frack für die Menschheitsbeerdigung bleibt im Schrank, das Eschaton zeigt Geduld. Dieses nachdesparate Leben gleicht der Sorglosigkeit aufs Haar und unterscheidet sich von Blindheit nur in kaum merklichen Details. Wir sagen Nachmoderne mit einem verlegenen Lächeln, als wüßten wir, daß es Nochmoderne heißen müßte.

Sollte man die spezifische Zeitstruktur des gegenwärtigen Lebens charakterisieren, so käme man auf den Begriff einer Zwischenzeit *nach* der Prognose des

---

[1] Sind nicht, um ein Analogon zu bemühen, die meisten Tierfilme heute Tiernachrufe, Nekrologe auf Arten? Dementsprechend Anthropologie heute eine Zoologie des nekrologischen Tiers?

Schlimmsten und *vor* der Verifikation der Prognosen durch das Wirkliche. Für eine solche Lage gibt es keinen passenderen Begriff als den der Frist (vgl. Günther Anders, *Endzeit und Zeitenende. Gedanken über die atomare Situation*, München 1972, S. 170ff.). Weil unsere Frist aber auf keinen präzisen Termin zuläuft, sondern die Katastrophe nach Tag und Stunde und Ursache offenläßt, kann sich auch das Leben, das von seiner Riskantheit und Ehrlichkeit weiß, in der gedehnten Frist einrichten und ausbreiten, als wäre es seiner sicher. In der Ungenauigkeit der Frist erst findet die Hoffnung ihren Spielraum. Darum ist Hoffnung kein Prinzip, sondern ein Sekundärprodukt der Ungewißheit über den schlechten Ausgang der Geschichte. Zwar ist Hoffnung als eine geschichtemachende Kraft wirksam geworden, aber ihre Wirkungen sind bei der Eschatologie und bei der Ungenauigkeit unseres Wissens über die Grenzen der Frist geliehen. Dies erklärt, warum das Wort Hoffnung weder jetzt noch künftig groß geschrieben werden darf. Ihr richtiger Platz ist hinter den Kulissen, ihre angemessene Tonart das Pianissimo. Nur Bloch durfte zum Thema Hoffnung die Stimme heben, weil er, ohne es zu wissen, ihren Nachruf schrieb — der einzige legitime Anlaß, einen Effekt zu einem Prinzip zu verklären. Im übrigen sind heute laute Reden über Hoffnung nur zynische Fabrikate. Wer aggressive Hoffnungskampagnen führen will, gehört in die Nachbarschaft jenes deutschen Leitartiklers, der nach dem Ereignis von Tschernobyl gesagt haben soll: „Das Leben ist geschmacklos. Es geht einfach weiter." Dasselbe läßt sich triftig von der Hoffnung sagen, von der auch zu Recht behauptet wird, sie gehöre zum Leben. Das einzige, was der Hoffnung in ihrer makabren Allianz mit dem unbelehrbar weitergehenden Leben weiterhilft, ist unnachgiebige Diskretion. Wir müssen private Hoffnungen künftig dem Beichtgeheimnis unterstellen und für öffentliches Hoffen Freiheitsstrafen androhen. Wer sich tatsächlich Hoffnungen macht, der soll sie, so tief er kann, in sich vergraben — denn nur als stille Kräfte werden sie hilfreich sein; nur so mischen sie sich nicht in die Kausalreihen ein, die in die Katastrophen führen; nur so tragen sie nicht zur Mobilmachung von Unternehmungen wider besseres Wissen bei; nur so werden sie zu Lebenskräften, die im Rücken der Individuen wirken und sie über die Abgründe tragen, über denen die Tagwelten errichtet sind.

Die Zwischenzeit — oder: Die Geburt der Geschichte aus dem Geist des Aufschubs

Der Begriff Frist umschreibt nicht nur den Spielraum, den Illusion und Hoffnung sich teilen; er erinnert zugleich an die Grundfigur des abendländischen Geschichtsdenkens. Denn was Geschichte im eminenten okzidentalen Sinn des Wortes bedeutet, läßt sich allein aus ihrem Frist- und Zwischencharakter verstehen.

Zwischenzeit kann es nur geben, wo ein Geschehen in der Zeit auf ein letztes Ziel oder einen Schlußtermin hinstrebt, von dem aus es als Frist überschaubar wird. Eben dies sind die grundlegenden Merkmale des spätjüdischen und des christlichen Geschichtsdenkens, das für das Phänomen Europa konstitutiv ist. Wenige Historiker legen sich mit der nötigen Ausdrücklichkeit darüber Rechenschaft ab, daß nicht nur die frühe abendländische Geschichte, sondern auch die Neuzeit einschließlich der jüngsten Gegenwart durch die Überlieferung und Abwandlung messianischer und eschatologischer Motive modelliert worden ist. Was aber das seit Marx und Dilthey offene Programm einer Kritik der historischen Vernunft angeht, so dürfte es keinen Zweifel daran geben, daß die Messianologie, wie sie aus jüdischer Tradition hervorging und in christlicher Abwandlung Geschichte machte, ihr Kernstück bilden muß.

Das messianische Geschichtsdenken orientiert sich an der Idee, daß der lange Marsch der Völker durch die Zeitwüste eines Tages ein Ende finden muß — wenn der Messias die Entfremdungsära abschließt und ein Endreich aufrichtet, das der gegenwärtigen schlimmen Welt in keinem Punkt mehr gleichen wird. Die christliche Variante dieses Modells wurde in dem Augenblick wirkungsmächtig, in dem Jesus die Unterstellung seiner Jünger, er sei der Messias, akzeptierte und damit begann, die in ihm erreichte Gegenwart des Gottesreiches zu predigen.[2] Nach der Katastrophe von Golgatha wurde deutlich, welche Sprengkraft in diesem Vorgang lag. Die Möglichkeit eines christlichen Messianismus war in dem unerträglichen Paradoxon angelegt, daß der Messias sich nicht als endzeitlicher Weltenkönig durchsetzte, sondern den Schauplatz als kläglich hingerichteter Verbrecher verließ. Dieser Skandal wurde für die ersten Gläubigen nur verwindbar durch die Verkündigung einer baldigen Wiederkehr des Herrn in seiner Herrlichkeit — sichtbar für alle, befreiend für die Gläubigen, entsetzlich für die Gegner. So steht am Anfang des christlichen Geschichtsdenkens die Verwandlung der Weltzeit in eine Wartezeit, die den Horizont einschrumpfen läßt auf die kleine Spanne zwischen der Kreuzigung und der Wiedererscheinung des Messias. Von diesem Minimum mußten die späteren Horizonterweiterungen ausgehen, die fällig wurden, als das Warten auf die Wiederkehr existentiell unvollziehbar zu werden begann. Die erste Christengeneration starb mit einer Frage, auf die die europäische Geschichte die Antwort werden sollte: wie ist das Ausbleiben des Messias zu verstehen? Bereits die folgende Generation mußte mit größeren Zeitspannen zu rechnen lernen und die Parusie in die Zeit der Enkel oder Großenkel verlegen. Für sie wurde damit die Frage akut, ob sich nicht auch Christen in die Geschäfte dieser Welt ein-

---

[2] Die beiden aufschlußreichsten Varianten eines solchen Vorgangs liefern Sabbatai Zwi im 17. und Jiddu Krishnamurti im 20. Jahrhundert.

lassen müßten – und wenn nicht mit Leib und Seele, so doch mit größerer Verbindlichkeit, als es geboten wäre, wenn morgen das Gericht käme und das Endreich anbräche. In den Grübeleien der frühen Christen wurde die abendländische Geschichte auf ihre äußerst merkwürdige Bahn gebracht. Geduld und Hoffnung traten damals zuerst zueinander in ein geschichtemachendes Spannungsverhältnis. Nie zuvor war Hoffnung so zur Tugend erhoben und zu einer Größe der religiösen Psychopolitik entwickelt worden. Man darf sagen, daß die von Paulus in Gang gebrachte christliche Revolution in das Zeiterleben der alten Welt tiefer eingegriffen hat, als eine imperiale Kalenderreform es vermocht hätte. Auch für Paulus ist die kommende Zeit eine knapp bemessene Zwischenzeit. Doch bedeutet sie nicht nur einen belanglosen Durchgang, sondern eine Zeit mit eigener Würde, sofern sie durch die neue Botschaft bereits unter dem Licht der Erlösung steht. Dadurch sind alle kosmischen und mythischen Kalender außer Kraft gesetzt. Auch mit dem Vorbehalt der kurzen Frist ist die Existenz *post Christum* als Epoche eigenen Rechts ausgezeichnet und von dem vormessianischen Leben der Juden ebenso unterschieden wie von der Welt der Griechen und Römer. Vermutlich ist Paulus der erste Mensch, der prinzipiell in Eile lebte, weil es ihm darauf ankam, in der vermeintlich kurzen Frist seinen universal verstandenen Missionsauftrag zu erfüllen. Im Inhalt der Mission liegt für ihn die umstürzende Neuheit jedes Lebens nach Christus. Wie weit die epochemachende Gewalt dieses Einschnitts reicht, wird nicht zuletzt daran deutlich, daß auch die gegenwärtigen Gerüchte von einer *Postmoderne* ohne die paulinische *Postantike* gegenstandslos wären. Ohne den großen Wurf des Paulus gäbe es kein Christentum als Weltreligion und ohne dieses nicht die Periodisierung der Geschichte, deren Auflösung heute die Gemüter bewegt. Das Christentum als historische Religion aber steht und fällt mit dem Bewußtsein, daß die Zeit zwischen der Kreuzigung und der Wiederkehr des Messias an einer epochalen Neuheit teilhat und damit einen objektiven heilsgeschichtlichen Inhalt besitzt. Wäre dieses Bewußtsein nicht wirksam gewesen, so hätte sich der christliche Impuls nach wenigen Generationen im Synkretismus der Spätantike verloren. Die Nichtwiederkehr des Christus hätte die Heilserwartung ausgelaugt und der christlichen Botschaft jeden futurisch-geschichtemachenden Charakter genommen. Wahrscheinlich hätte eine mystische und symbolistische Psychotherapeutik die Christuslegende absorbiert und sie in eine Selbsterlösungslehre orientalischen Typus aufgelöst. Wie mächtig die Ansätze zu solchen Entwicklungen waren, zeigt die frühe Kirchengeschichte, die einen einzigen Kampf gegen die gnostische Versuchung des individuellen Ausstiegs aus der Realgeschichte des Heils darstellt. Nach jahrhundertelangem Ringen erst konnte sich die real existierende Kirche, als katholische, gegen die Privaterlösungskulte durchsetzen und sich als heils- und hoffnungspolitisches Organon einer neuen Weltzeit konstituieren. Der neue Aion ist bereits in dem phantastischen Apostolat des dreizehnten Apostels ausgebildet, der sich ausdrücklich dazu berufen fühlte, den Völkern der ganzen nichtjüdischen Welt die Nachricht von Christus zu bringen. In der Person des Paulus kristallisiert sich zuerst heraus, was den historischen Gehalt des neuen Weltalters ausmachen wird: die Selbstüberschreitung des Judentums. Seither ist christliche Weltzeit substantiell *apostolische* Zeit – Zeit für die Verbreitung einer überschwenglichen und gegenweltlichen Botschaft, Zeit für den wie auch immer widersprüchlichen Einbau von Gerechtigkeit und Brüderlichkeit in eine wüste Welt, Zeit für die Einträufelung von Hoffnung in verfallene Seelen, die der Krieg des Lebens auf die gierige und verzweifelte Bahn gebracht hatte. Für diese beispiellose Mission wird ein erheblicher Bedarf an Zeit erkennbar, da die Christianisierung der Völker nicht über Nacht geschehen kann. Im Licht des Missionsgedankens läßt sich die Parusieverzögerung nicht nur als Enttäuschung, sondern auch als heilbringender Aufschub des Endes begreifen. Wenn wirklich die Geschichte von einer apostolischen Substanz zehrt, dann darf das Ende aller Tage nicht vor der Universalisierung der Botschaft eintreten.

Fast von Anfang an enthält das christliche Denken über Zeit und Geschichte somit den Gegensatz zwischen einer eschatologisch-kurzen und einer apostolisch-langen Bestimmung der Zwischenzeitlichkeit in sich. (Bei Paulus fällt beides noch zusammen.) Während das eschatologische Motiv ständig an die Nähe des Gerichts erinnert, hält das apostolische Motiv die Geschichte als Zeit der Heilsausbreitung über die bewohnte Erde offen. Im Ringen zwischen den beiden Polen gewinnt die spannungsreiche Zeitstruktur des christlichen Weltalters ihr Profil. In dieses prägt sich die revolutionäre Ungeduld ebenso ein wie das konservative Kontinuitätsdenken; der Elan der messianischen Unruhe ebenso wie die Trägheit des sakramentalen Establishments; die eschatologische Bereitschaft für die Letzten Dinge ebenso wie das anti-eschatologische Sicheinlassen aufs Vorläufige. Wo das Motiv der langen Geschichte in reifer Ausführlichkeit herrscht, dort tritt die apostolische Zielgerichtetheit der Zeit am deutlichsten hervor – denn nur vom erfolgreichen Ausgang der Mission her wird der Zusammenhang der Weltgeschichte als eines Heilsgeschehens im ganzen sichtbar. Mit seinem apostolischen Programm für die nachantike Welt wurde Paulus nicht nur zum Stifter der christlichen Religion, sondern auch zum Initiator einer „heiligen Mobilmachung", die über Jahrtausende hinweg einen Großteil der psychischen und politischen Energien Europas in Marsch gesetzt hat. Hieran läßt sich eine Spekulation über das „Ende der Geschichte" knüpfen: Wenn der Inhalt der christlichen Weltgeschichte die universale Ausbreitung einer Botschaft war, so wäre die Geschichte in dem Augenblick zu Ende, in dem für die Ausbreitung der Botschaft kein nennenswerter Zeitbedarf mehr angenommen werden muß. So wäre Geschichte im tradierten Sinn bedingt durch die Langsamkeit der Botschaft. Von einer bestimmten Geschwindigkeit der Nachrichtenübermittlung an löst sich der Effekt Geschichte auf. Der apostolische Historismus wird von einer planetarischen Informatik abgelöst. Geschichte ist die Zeit der Medieninstallation – Nachgeschichte die Ära der Programme. Alle Politik wird Programmpolitik.

Für die neuzeitliche Phase des Christentums ist es aber charakteristisch, daß das eschatologische Element zunehmend in den Hintergrund gedrängt wird. Die Vorstellung von Geschichte als Frist zwischen Schöpfung und Erlösung oder zwischen Tod und Parusie des Messias verliert im entgrenzten Horizont der neuzeitlich bewegten Geschichte ihre Plausibilität. Die „christliche Welt" — die nicht einmal mehr ihre *contradictio in adiecto* spürt — beginnt sich in einem scheinbar unendlichen Kontinuum einzurichten. Der lästig gewordene Gedanke an ein letztes Ende wird von der Philosophie des unendlich perfektiblen Fortschritts überdeckt. So werden vom 18. Jahrhundert an christliche Ideen gegen das überlieferte Christentum auf paradoxe Weise wirksam, indem sie dezidiert nachchristliche oder antichristliche Geschichtsphilosophien ins Leben rufen. Gerade in den entschieden weltlichen und atheistischen Flügeln der Aufklärung erwacht der ein Jahrtausend lang gezügelte messianische Impuls wieder zu radikaler Offensivität. Er wird vor allem im Marxismus zur weltpolitischen Gewalt und gibt dem modernen Fortschrittsdenken die messianische Perspektive auf einen Anfang vom Ende zurück — auf das Ende des Wegs durch die Wüste der entfremdeten Zwischenzeit und auf den Beginn eines Aions nachgeschichtlicher Erfüllungen. Es hat den Anschein, daß der christliche Impuls in der Moderne unter atheistischem, sozialistischem und humanistischem Inkognito zu einem weltlichen Wirkungsmaximum gelangt. In diesem vollzieht sich zugleich seine irreligiöse Liquidierung.

Tatsächlich ist die Gegenwart eine Zeit der historischen Zweideutigkeit. Es ist für sie typisch, daß sie sich zwischen Religion und Irreligion ebensowenig entscheiden kann wie zwischen der Proklamation und dem Widerruf des Fortschritts. Zwar ist die abendländische Zivilisation ohne Zweifel in ein nachchristliches Zeitalter eingetreten, aber der Abschied vom christlichen Aion zieht nicht auch den von seinem Geschichtsdenken und seiner Eschatologie nach sich. Im Gegenteil, man kann sich des Eindrucks nicht erwehren, daß das eschatologische Motiv der jüdisch-christlichen Tradition in nachchristlicher Zeit heftiger denn je zuvor zu dominieren beginnt. Die jüdisch-christliche Apokalyptik lebt in der neopaganen Panik fort. Das Ende der christlichen Weltepoche bedeutet gerade nicht, daß auf den apokalyptischen Streß das neukosmologische Aufatmen folgt. Nur in der Generation unserer Großväter war die Vision suggestiv, daß wir neue Griechen werden könnten; bis zum Vorabend des Nationalsozialismus war es verlockend, mit Nietzsche zu glauben, man könne aus der christlichen Dekadenz in die heidnische Gesundheit emigrieren und die Geschichte für den Kosmos opfern. Selbst wenn das Christentum für die meisten Zeitgenossen nur noch eine unwirkliche zitathafte Größe sein mag: vom kosmischen Kreislauf der Zeiten war keine Generation jemals so entfernt wie die heutige. Nie war die Rückkehr von der linearen Geschichte in eine zyklische Ordnung der Dinge so unwahrscheinlich wie jetzt. Natürlich würde jeder, der auf der abschüssigen Bahn der Naturverwüstung torkelt, sich gern in ein kosmologisches Posthistoire hinüberretten, in dem ein souveränes zeitfreies Sein waltet. Ohne Zweifel hätte es seinen Reiz, sich nachpaulinisch und ohne illusorische Hoffnung als „ungeheure" Sterbliche auf der mütterlichen Erde anzusiedeln. Aber es ist offenkundig, daß es mit dieser Neuansiedlung nichts werden kann, weil der von der christlichen Hoffnung ebenso wie von der griechischen Episteme angestoßene Weltprozeß auf katastrophale Weise außer Kontrolle geraten ist. Da will keine rechte Freude am Wohnen aufkommen. Für die wünschbaren großen kosmischen Zyklen scheint in unserem *countdown* kein Platz mehr offen.

In diese Situation platzt das Gerede von der Postmoderne hinein. Es treibt das seit über hundert Jahren latente Dilemma auf den Punkt, wo es zum offenen Eklat kommt. Sobald sich ein Bewußtsein meldet, das beansprucht, von einem Standort nach der Moderne zu sprechen, wird die Moderne durch diese Anmaßung aus der Reserve gelockt und zu dem Geständnis gezwungen, daß sie sich selbst als die Epoche begreift, auf die keine andere mehr folgen kann. Das Postmoderne-Gerede, das anfangs nur schneidig für Abwechslung sorgen sollte, zwingt die Moderne dazu, sich als Endzeit zu bekennen, das heißt als Ära, die keinen Zwischenzeitcharakter mehr haben will, sondern in die dauernde Gegenwart einer unbegrenzt perfektiblen Nachgeschichte übergegangen ist. Für die Moderne ist der bloße Gedanke an eine Postmoderne illegitim und schockierend, weil ihrem Selbstverständnis gemäß der Nachfolger der Moderne nie ein anderer sein darf als wiederum die Moderne. Das dumpfe Rolltreppengefühl erweist sich nun als Symptom von geschichtsphilosophischer Signifikanz: die Gegenwart ist ihrem geschichtlichen Grundzug nach schon eine kleinlaute Endzeit, die nur noch sich selber vor sich hat. In ihr kann nichts mehr „postmodern" Epoche machen, außer in dem schlechten Sinn, daß unerhörte Regressionen oder Katastrophen die gesamte Formation der Neuzeit zersprengen. Weil die Moderne bereits ein heimliches und von Komplexen beladenes Millenium ist, kann von ihrem Inneren her gesehen nur noch das Schlimmste über sie hinausführen.

Wir berühren den nervösesten Punkt der Gegenwartskrise: solange die Modernität nicht gesteht, daß sie sich diskret, aber unnachgiebig als endzeitliches Reich etabliert hat, solange bleibt sie mit unbewußter Gewaltsamkeit in ihren Anspruch verkrampft, daß nach ihr keine andere Zeit mehr Epoche machen dürfe. Durch diese Prätention wird sie in ein unlösbares Dilemma gestürzt: einerseits kann die Moderne nach sich selber nur noch das Schlimmste kommen sehen; andererseits liegt das Schlimmste präzise auf ihrem eigenen Kurs, den zu verlassen sie sich verbietet, weil sie keine Alternative zu sich für denkbar hält. Sie kann sich somit weder überschreiten noch wirklich eine Zukunft für sich vorstellen. Macht sie weiter wie bisher, so produziert sie das Schlimmste; hört sie auf, das Schlimmste zu produzieren, so wäre sie nicht mehr sie selbst, sondern etwas epochal Anderes. Da sie aber nach sich selbst buchstäblich „nichts" mehr sieht außer der Sintflut, bleibt die Moderne zu sich verurteilt. Durch ihren unausgesprochenen und unkorrigierbaren Glauben an sich selbst als letzte Ära wird sie in einer trüben linearen Prozessualität fixiert, die nur noch den endlosen Aufschub des Endes vor sich zu sehen vermag, nicht mehr aber die Möglichkeit eines Novum.

Das Rolltreppengeplapper über Postmodernismus wird jetzt kostspielig. Es wächst den Galeristen, den Architekten, den Zeitgeistdesignern und den Kulturredakteuren über den Kopf und steigt zum Epochenthema in dem genauen Wortsinn auf, daß es die Epochenqualität der Jetztzeit auf die Probe stellt. Mit ihm wird die Frage ausdrücklich und unabweisbar, ob die Moderne tatsächlich schon Endzeitcharakter hat oder noch eine überschreitbare Zwischenzeit ist. Bildet sie – mit anderen Worten – überhaupt noch einen Abschnitt einer offenen Geschichte oder nicht schon die Schlußformation des abendländisch-planetarischen Zivilisationsprozesses? Für die emsigen Zeitgeistkritiker in den Medien läßt sich die Problematik auch in die Frage fassen, ob nicht die Mode bereits die Geschichte abgelöst hat.

So entpuppt sich in letzter Instanz das „Nach" der Nachmoderne als das „Nach" eines sich noch suchenden nachabendländischen Weltalters. Es ist ein Nach, das an den Gitterstäben der Gegenwart rüttelt und einer endzeitlichen Platzangst Ausdruck verleiht. Da ist es um die elegante Nachdenklichkeit des postmodernen *small talk* geschehen, die süffige Vorsilbe ist plötzlich nur noch ein Symptom der Panik und ein ohnmächtiges Postulat, es möge nach der knapp werdenden Endzeit, in der wir uns gefangen wissen, noch neue offene Zeitspannen für nachgeschichtliche menschliche Existenz geben. Wer Nachmoderne sagt, möchte seinen Hals aus der geschichtlichen Schlinge ziehen. Am Sinn oder Unsinn einer Vorsilbe hängt nun die Zukunftsperspektive einer Zivilisation, und wenn es auch anfangs nicht so ernst gemeint war, so hat der unfreiwillige Ernst der Sache die leichtsinnigen Zugänge zu ihr vergessen gemacht. Tatsächlich steht hier nicht weniger auf dem Spiel als die Möglichkeit einer nachmodernen Geschichtlichkeit – nämlich die Chance einer nachgeschichtlichen Zeitoffenheit. Man muß es in Kauf nehmen, daß solche Fragen nach einem „Verrat an der Geschichte" klingen. Die ominöse Vorsilbe führt ihre Benutzer in die geschichtsphilosophische Illegitimität. Sie verführt zum Spiel mit dem Unvorstellbaren und macht bereit zur Reise in eine Zukunft, die keine Moderne mehr wäre. Ein kleines „Nach", und aus dem Niedagewesenen lösen sich, noch nebelhaft, Umrisse einer Zeit nach dem Ende der „Geschichte".

Bibliographie zur Postmoderne-Diskussion

1. Philosophie

Baynes, Kenneth/Bohmann, James/McCarthy, Thomas (Hrsg.): *After Philosophy: End of Transformation?*, Cambridge 1987.
Benhabib, Seyla: Kritik des ‚postmodernen Wissens' — eine Auseinandersetzung mit Jean-François Lyotard, in: Huyssen, Andreas/Scherpe, Klaus (Hrsg.): *Postmoderne*, Reinbek b. Hamburg 1986, S. 103–127.
Benjowski, Regina: Die ‚Neue Rechte' in Frankreich — nur eine ‚neue Denkschule'?, in: *Deutsche Zeitschrift für Philosophie*, 34 (1986) S. 904–913.
Bolz, Norbert: Das innere Ausland der Philosophie, in: Bolz, Norbert (Hrsg.): *Wer hat Angst vor der Philosophie?*, Paderborn 1982, S. 95–136.
– odds and ends. Vom Menschen zum Mythos, in: Bohrer, Karl Heinz (Hrsg.): *Mythos und Moderne*, Frankfurt 1983, S. 471–492.
– Die Zeit des Weltspiels, in: *Ästhetik und Kommunikation*, 63 (1986) S. 113–120.
Borghesi, Massimo: L'essenza del potere nell'era ‚post-moderna', in: Volpi, Franco (Hrsg.): *Ansia per l'umo — Riflessioni sul pensiero di Romano Guardini*, Gualandi 1987, S. 45–78.
Bové, Paul: The End of Humanism: Michel Foucault and the Power of Disciplines, in: *Humanities in Society*, 3/1 (1980) S. 23–40.
– Mendacious Innocents or The Modern Genealogist as Conscientious Intellectual: Nietzsche, Foucault, Said, in: *boundary 2*, 9/3 (1981) S. 359–388.
Brock, Bazon: *Ästhetik gegen erzwungene Unmittelbarkeit*, Köln 1986 (vgl. v. a. Kap. 1.4, S. 419–429).
Buci-Glucksmann, Christine: La postmodernité, in: *Magazine Littéraire*, Dez. 1985, S. 41–42 (Antwort v. Jean-François Lyotard, ebd. S. 43).
Cacciari, Massimo: Der Tod der Zeit, in: Kamper, Dietmar/Wulf, Christoph (Hrsg.): *Die sterbende Zeit*, Darmstadt 1987, S. 13–21.
Les Cahiers de Philosophie, 5 (1988) (Themenheft: Réécrire la modernité).
Cioran, Emile M.: *Ein Gespräch* (mit Gerd Bergfleth), Tübingen 1985.
Deleuze, Gilles: *Différence et répétition*, Paris 1968.
– *Logique du sens*, Paris 1939.
– *Foucault*, Paris 1986.
  (dt.): *Foucault*, Frankfurt a.M. 1987.
Deleuze, Gilles/Guattari, Félix: *L'Anti-Oedipe*, Paris 1972.
  (dt.): *Anti-Ödipus. Kapitalismus und Schizophrenie I*, Frankfurt a.M. 1974.

- *Rhizome. Introduction,* Paris 1976.
  (dt.): *Rhizom,* Berlin 1977.
Derrida, Jacques: *Husserl, L'origine de la géométrie,* Paris 1962 (Übers. u. Einl.).
  (dt.): *Husserls Weg in die Geschichte am Leitfaden der Geometrie.* Ein Kommentar zur Beilage III der ‚Krisis‘, München 1987.
- A propos de ‚Cogito et histoire de la folie‘, in: *Revue de Métaphysique et de Morale,* 69 (1964) S. 116–119.
- Nature, culture, écriture (de Lévi-Strauss à Rousseau), in: *Les Cahiers pour l'analyse,* 4 (1966) S. 1–45.
- *De la grammatologie,* Paris 1967.
  (dt.): *Grammatologie,* Frankfurt a.M. 1974.
- *L'écriture et la différence,* Paris 1967.
  (dt.): *Die Schrift und die Differenz,* Frankfurt a.M. 1975.
- *Éperons – Les styles de Nietzsche,* Venedig 1967 (franz., engl., ital. Parallelversionen).
  (dt.): *Sporen – die Stile Nietzsches,* Venedig 1967.
- *La voix et le phénomène,* Paris 1967.
  (dt.): *Die Stimme und das Phänomen,* Frankfurt a.M. 1979.
- D'un texte à l'écart, in: *Les Temps Modernes,* 25/284 (1970) S. 1546–1552.
- *Marges de la philosophie,* Paris 1972.
  (dt.): *Randgänge der Philosophie,* Frankfurt a.M./Berlin/Wien 1976 (Teilsammlung).
- *La Dissémination,* Paris 1972.
- Avoir l'oreille de la philosophie, in: *La Quinzaine Littéraire* v. 30.11.1972, S. 213–216 (Gespräch), wieder abgedruckt in: *Écarts. Quatre essais à propos de Jacques Derrida,* Paris 1973, S. 303–312.
- *Positions,* Paris 1972 (Interview-Sammlung).
  (dt.): *Positionen,* Wien 1986.
- L'archéologie du frivole, in: Condillac, Etiennes: *Essai sur l'origine des connaissances humaines,* Paris 1973, S. 9–91, einzeln veröff. Paris 1976.
- *Glas,* Paris 1974, 1982 (2).
- Économimesis, in: Agacinski, Sylviane u.a. (Hrsg.): *Mimesis des articulations,* Paris 1975, S. 55–93.
  (engl.): Economimesis, in: *Diacritics,* 11/2 (1981) S. 3–25.
- Entre crochets, in: *Digraphe,* 8 (1976) S. 97–114 (Gespräch).
- Ja, ou le faux-bond, in: *Digraphe,* 11 (1977) S. 83–121 (Fortsetzung des Gespräches in: *Digraphe,* 8).
- Pour la philosophie, in: *La Nouvelle Critique,* 84 (1975) S. 25–29, wieder abgedruckt in: *Qui a peur de Philosophie – GREPH,* Paris 1977, S. 451–458.
- La philosophie et ses classes, in: *Qui a peur de la Philosophie – GREPH,* Paris 1977, S. 445–450.
- Où commence et comment finit un corps enseignant, in: Grisoni, Dominique u.a. (Hrsg.): *Politique de la philosophie,* Paris 1976, S. 55–97.
- Fors. Les mots anglés de Nicolas Abraham et Maria Torok, in: Abraham, Nicolas/Torok, Maria: *Cryptonymie. Le Verbier de l'Homme aux Loups,* Paris 1976.
  (dt.): Fors. Die Winkelwörter von Nicolas Abraham und Maria Torok, in: Abraham, Nicolas/Torok, Maria: *Kryptonymie. Das Verbarium des Wolfsmanns,* Frankfurt a.M./Berlin/Wien 1979.
- L'âge de Hegel, in: *Qui a peur de la Philosophie – GREPH,* Paris 1977.
- Scribble. Pouvoir/écrire, in: Warburton, William: *Essai sur les hiéroglyphes des Égyptiens,* Paris 1978.

- (dt.): Scribble. Macht/Schreiben, in: Warburton, William: *Versuch über die Hieroglyphen der Ägypter,* Frankfurt a.M./Berlin/Wien 1980.
- (engl.): Coming into one's Own, in: Hartmann, Geoffrey (Hrsg.): *Psychoanalysis and the Question of the Text,* Baltimore 1978, S. 114-118.
- Philosophie des États Généraux, in: *États Généraux de la philosophie,* Paris 1979, S. 27-44 (Diskussion: S. 47-77).
- *La Carte postale: de Socrate à Freud et au-delà,* Paris 1980.
  (dt.): *Die Postkarte. Von Sokrates bis an Freud und jenseits,* 1. Lieferung: *Sendungen,* Berlin 1982; 2. Lieferung: *Spekulieren – Über/Auf Freud,* Berlin 1987.
- En ce moment même dans cet ouvrage me voici, in: *Textes pour Emmanuel Lévinas,* Paris 1980, S. 21-60.
- (dt.): Nietzsches Otobiographie oder Politik des Eigennamens. Die Lehre Nietzsches, in: *Fugen,* 1 (1980) S. 64-98.
  (frz.): *L'oreille de l'autre. otobiographies, transferts, traductions. Textes et débats avec Jacques Derrida,* Montreal 1982.
  (einzelner Text): *Otobiographies: l'einseignement de Nietzsche et la politique du nom propre,* Paris 1984.
  (engl.): *The Ear of the Other: Texts and Discussions,* New York 1985.
- ocelle comme pas un, in: Joliet, Jos: *L'Enfant au chien-assis,* Paris 1980, S. 9-43.
- Télépathie, in: *Furor,* 2 (1981) S. 5-41.
  (dt.): *Telepathie,* Berlin 1982.
- D'un ton apocalyptique adopté naguère en philosophie, in: *Les fins de l'homme. A partir du travail de Jacques Derrida,* Paris 1981, S. 445-479 (Diskussion: S. 480-486).
  (dt.): Von einem neuerdings erhobenen apokalyptischen Ton in der Philosophie, in: *Apokalypse,* Wien 1985 (ohne Diskussionsbeiträge).
- *Sopra-vivere,* Mailand 1982.
- Geschlecht: différence sexuelle, différence ontologique, in: Haar, Michel (Hrsg.): *Martin Heidegger,* Paris 1983, S. 419-430.
  (engl.): Geschlecht: Sexual Difference, Ontological Difference, in: *Research in Phenomenology,* 13 (1983) S. 65-83.
- The Principle of Reason. The University in the Eyes of its Pupils, in: *Diacritics,* Herbst 1983, S. 3-21.
- (engl.): My chances/Mes chances: A Rendezvous with Some Épicurean Stereophonies, in: Smith, Joseph/Kerrigan, William: *Taking Chances: Derrida, Psychoanalysis and Literature,* Baltimore 1984, S. 1-32.
- Mochlos ou le conflit des facultés, in: *Philosophie,* 2 (1984).
- (span.): *La Filosofía como institución,* Barcelona 1984.
- (dt.): Guter Wille zur Macht (I). Drei Fragen an Hans-Georg Gadamer, in: Forget, Philippe (Hrsg.): *Text und Interpretation,* München 1984, S. 56-58. Guter Wille zur Macht (II). Die Unterschriften interpretieren (Nietzsche/Heidegger), ebd. S. 62-77.
- *Popularités. Du droit à la philosophie du droit, avant propos à Les sauvages dans la cité,* Champ Vallon 1985.
- Le dernier mot du racisme, in: Derrida, Jacques: *Psyché,* Paris 1987, S. 353-362.
  (engl.): Racism's Last Word, in: *Critical Inquiry,* 12/1 (1985) S. 290-299.
- (engl.): On the University, in: *Southern Review,* 19/1 (1986) S. 3-12.
- (engl.): But, beyond ... (Open Letter to Anne McClintock and Rob Nixon), in: *Critical Inquiry,* 13/1 (1986) S. 155-170.
- *Parages,* Paris 1986.
- La main de Heidegger (Geschlecht II), in: Derrida, Jacques: *Psyché,* Paris 1988, S. 415-452.

(engl.): *Geschlecht II: Heidegger's Hand*, in: Sallis, John (Hrsg.): *Deconstruction and Philosophy*, Chicago/London 1987, S. 161-196.
- *Feu la cendre*, Paris 1987.
    (dt.): *Feuer und Asche*, Berlin 1988.
- *De l'esprit. Heidegger et la question*, Paris 1987.
- *Psyché. Inventions de l'autre*, Paris 1987.

Derrida, Jacques u.a. (Hrsg.): *La Faculté de juger*, Paris 1985.
- *Pour Nelson Mandela*, Paris 1986.
    (dt.): *Für Nelson Mandela*, Reinbek b. Hamburg 1987.

Diacritics, 14/3 (1984) (Themenheft zu Lyotard).

Donner, Willi u.a. (Hrsg.): *Postmoderne – Philosophem und Arabeske. Eine Begriffsreise durch Sozialphilosophie und Ästhetik*, Frankfurt a.M./Bern 1988.

Eco, Umberto: Über die Krise der Krise der Vernunft, in: *Merkur*, 39 (1985) S. 530-535.

Engelmann, Peter (Hrsg.): *Philosophien* (Wien 1985), (Gespräche mit Foucault u.a.).

Fekete, John (Hrsg.): *The Structural Allegory: Deconstructive Encounters with New French Thought*, Minneapolis 1984.

Ferry, Luc/Renaut, Alain: *La pensée 68. Essai sur l'anti-humanisme contemporain*, Paris 1985.
    (dt.): *Antihumanistisches Denken. Gegen die französischen Meisterphilosophen*, München 1987.

Forget, Philippe: Leitfäden einer unwahrscheinlichen Debatte, in: Forget, Philippe (Hrsg.): *Text und Interpretation*, München 1984, S. 7-23.

Foucault, Michel: *Les mots et les choses*, Paris 1966.
    (dt.): *Die Ordnung der Dinge*, Frankfurt a.M. 1971.
- *L'archéologie du savoir*, Paris 1969.
    (dt.): *Archäologie des Wissens*, Frankfurt a.M. 1981.
- *L'ordre du discours*, Paris 1971.
    (dt.): *Die Ordnung des Diskurses*, München 1974.
- *Surveiller et punir: Naissance de la prison*, Paris 1975.
    (dt.): *Überwachen und Strafen. Die Geburt des Gefängnisses*, Frankfurt a.M. 1976.
- *Histoire de la sexualité*, 3 Bde.:
    La Volonté de savoir (Bd. 1), Paris 1976.
    L'Usage des plaisirs (Bd. 2), Paris 1984.
    Le Souci de soi (Bd. 3), Paris 1984.
    (dt.): *Sexualität und Wahrheit*, 3 Bde.:
    Der Wille zum Wissen (Bd. 1), Frankfurt a.M. 1983.
    Der Gebrauch der Lüste (Bd. 2), Frankfurt a.M. 1986.
    Die Sorge um sich (Bd. 3), Frankfurt a.M. 1986.
- (dt.): *Mikrophysik der Macht. Über Strafjustiz, Psychiatrie und Medizin*, Berlin 1976.
- (dt.): *Dispositive der Macht. Über Sexualität, Wissen und Wahrheit*, Berlin 1978.
- Um welchen Preis sagt die Vernunft die Wahrheit?, in: *Spuren*, 1 (1983) S. 22-26, u. *Spuren*, 2 (1983) S. 38-40 (Gespräch mit Gérard Raulet).
- Des Espaces Autres, in: *October*, 1984.
    (engl.): Of Other Spaces, in: *Diacritics*, 16/1 (1986) S. 22-27.
- (dt.): *Von der Freundschaft als Lebensweise*, Berlin 1984 (Gespräche).

Frank, Manfred: *Was ist Neostrukturalismus?*, Frankfurt a.M. 1984.
- *Die Unhintergehbarkeit von Individualität. Reflexion über Subjekt, Person und Individuum aus Anlaß ihrer ‚postmodernen' Toterklärung*, Frankfurt a.M. 1986.
- Zwei Jahrhunderte Rationalitätskritik und ihre postmoderne Überbietung, in: Kamper, Dietmar/Reijen, Willem van (Hrsg.): *Die unvollendete Vernunft: Moderne versus Postmoderne*, Frankfurt a.M. 1987, S. 99-121.

- *Die Grenzen der Verständigung. Ein Geistergespräch zwischen Lyotard und Habermas,* Frankfurt a.M. 1988.
Frank, Manfred/Raulet, Gérard/Reijen, Willem van (Hrsg.): *Die Frage nach dem Subjekt,* Frankfurt a.M. 1987.
Freeman, Barbara: ‚Frankenstein' with Kant: A Theory of Monstrosity, or the Monstrosity of Theory, in: *SubStance,* 52 (1987) S. 21–31.
Friis, Helmut: Den glade nihilisme. On postmodernisme, in: *Kritik,* 70 (1985) S. 6–17.
Georg-Lauer, Jutta: Das ‚postmoderne Wissen' und die Dissens-Theorie von Jean-François Lyotard, in: Kemper, Peter (Hrsg.): *‚Postmoderne' oder Der Kampf um die Zukunft. Die Kontroverse in Wissenschaft, Kunst und Gesellschaft,* Frankfurt a.M. 1988, S. 189–206.
Glucksmann, André: (dt.): *Die Meisterdenker,* Reinbek b. Hamburg 1978.
GREPH: *Qui a peur de la philosophie?,* Paris 1977.
Guattari, Félix: L'impasse post-moderne, in: *La Quinzaine littéraire,* S. 456.
Habermas, Jürgen: Die Moderne — ein unvollendetes Projekt, in: Habermas, Jürgen: *Kleine politische Schriften Bd. 1–4,* Frankfurt a.M. 1981, S. 444–464.
- (engl.): Modernity versus Postmodernity, in: *New German Critique,* 22 (1981) S. 3–14.
- Die Verschlingung von Mythos und Aufklärung. Bemerkungen zur ‚Dialektik der Aufklärung' — nach einer erneuten Lektüre, in: Bohrer, Karl Heinz (Hrsg.): *Mythos und Moderne,* Frankfurt a.M. 1983, S. 405–431.
- The French Path to Postmodernity: Bataille Between Eroticism and General Economics, in: *New German Critique,* 33 (1984) S. 79–102.
- Der Eintritt in die Postmoderne, in: *Merkur,* 421 (1983) S. 752–761.
- *Die Neue Unübersichtlichkeit,* Frankfurt a.M. 1985.
- *Der philosophische Diskurs der Moderne,* Frankfurt a.M. 1985.
- Die Einheit der Vernunft in der Vielheit ihrer Stimmen, in: *Merkur,* 42 (1988) S. 1–14.
Haslinger, Josef u.a.: Leitmotiv und Warenzeichen. Über die Allegorese des Postmodernen, in: *Spuren,* Juli 1985, S. 65–68.
Holland, Eugene W.: The Anti-Oedipus: Postmodernism in Theory; or the Post-Lacanian Historical Contextualization of Psychoanalysis, in: *boundary 2,* 14/1–2 (1985/86) S. 291–308.
Holland, Norman: Postmodern Psychoanalysis, in: Hassan, Ihab/Hassan, Sally (Hrsg.): *Innovation/Renovation,* Madison (Wisc.) 1983, S. 291–309.
Honneth, Axel: Der Affekt gegen das Allgemeine. Zu Lyotards Konzept der Postmoderne, in: *Merkur,* 430 (1984) S. 893–902.
- Foucault und Adorno. Zwei Formen einer Kritik der Moderne, in: Kemper, Peter (Hrsg.): *‚Postmoderne' oder Der Kampf um die Zukunft. Die Kontroverse in Wissenschaft, Kunst und Gesellschaft,* Frankfurt a.M. 1988, S. 127–144.
Horstmann, Ulrich: *Das Untier.* Konturen einer Philosophie der Menschenflucht, Wien/Berlin 1983.
- Die Menschenleere ist ausdenkbar. Plädoyer für eine Philosophie des Abschieds, in: *Tumult,* 9 (1987) S. 17–26.
Hudson, Wayne: Zur Frage postmoderner Philosophie, in: Kamper, Dietmar/Reijen, Willem van (Hrsg.): *Die unvollendete Vernunft: Moderne versus Postmoderne,* Frankfurt a.M. 1987, S. 122–156.
Hübner, Kurt: Wissenschaftliche Vernunft und Post-Moderne, in: Koslowski, Peter/Spaemann, Robert/Löw, Reinhard (Hrsg.): *Moderne oder Postmoderne?,* Weinheim 1986, S. 63–78.
Kammler, Clemens/Plumpe, Gerhard: Antikes Ethos und postmoderne Lebenskunst. Michel Foucaults Studien zur Geschichte der Sexualität, in: *Philosophische Rundschau,* 34 (1987) S. 186–193.

Köhler, Jochen: Geistiges Nomadentum. Eine kritische Stellungnahme zum Poststrukturalismus, in: *Philosophisches Jahrbuch,* 1 (1984) S. 158-175.

Köhler, Michael: ‚Postmodernismus': Ein begriffsgeschichtlicher Überblick, in: *Amerikastudien,* 22/1 (1977) S. 8-18.

(ital.): ‚Postmodernismus': una sintesi storico-concettuale, in: Bell, Daniel u. a.: *Immagini del Post-Moderno. Il dibattito sulla società post-industriale e l'architettura,* Venedig 1983, S. 115-130.

Koslowski, Peter: Die Baustellen der Postmoderne – Wider den Vollendungszwang der Moderne, in: Koslowski, Peter/Spaemann, Robert/Löw, Reinhard (Hrsg.): *Moderne oder Postmoderne?,* Weinheim 1986, S. 1-16.

– Sein-lassen-können als Überwindung des Modernismus. Kommentar zu Claus Offe, in: Koslowski, Peter/Spaemann, Robert/Löw, Reinhard (Hrsg.): *Moderne oder Postmoderne?,* Weinheim 1986, S. 173-184.

– Über Totalismus. Metaphysik und Gnosis, in: Löw, Reinhard (Hrsg.): *Oikeiosis. Festschrift für Robert Spaemann,* Weinheim 1987, S. 101-111.

Koslowski, Peter/Spaemann, Robert/Löw, Reinhard (Hrsg.): *Moderne oder Postmoderne?,* Weinheim 1986.

Krisis, 2 (1984) (Themenheft zu negativem Denken, Krise und Postmodernität).

– 3-4 (1985) (Themenheft zur Kriterienbestimmung von Postmodernität).

Kutassowa, M.: *Anti-filossofija nowoj filossofi,* Moskau 1984.

Lacoue-Labarthe, Philippe: Talks, in: *Diacritics,* 14/3 (1984) S. 24-29 (Antwort auf Lyotard).

Lacoue-Labarthe, Philippe/Nancy, Jean-Luc: Genre, in: *Glyph,* 7 (1980), S. 1-14.

– Où en étions-nous?, in: Derrida, Jacques u. a. (Hrsg.): *La Faculté de juger,* Paris 1985, S. 165-194.

Lang, Berel: Postmodernism in Philosophy: Nostalgia for the Future, Waiting for the Past, in: *New Literary History,* 18 (1986) S. 209-223.

Latraverse, François: Von der Moderne zur Postmoderne. Die Sprachspiele als Formen der neuen Rationalität bei Wittgenstein, in: Raulet, Gérard/Le Rider, Jacques (Hrsg.): *Verabschiedung der (Post-)Moderne?,* Tübingen 1987, S. 149-166.

Lindsay, Cecile: Experiments in Postmodern Dialogue, in: *Diacritics,* 14/3 (1984) S. 52-63.

Löw, Reinhard: Ontologische Aspekte der Postmoderne. Kommentar zu Kurt Hübner, in: Koslowski, Peter/Spaemann, Robert/Löw, Reinhard (Hrsg.): *Moderne oder Postmoderne?,* Weinheim 1986, S. 79-86.

Lübbe, Hermann: Der verkürzte Aufenthalt in der Gegenwart. Wandlungen des Geschichtsverständnisses, in: Kemper, Peter (Hrsg.): *‚Postmoderne' oder Der Kampf um die Zukunft. Die Kontroverse in Wissenschaft, Kunst und Gesellschaft,* Frankfurt a.M. 1988, S. 145-164.

Lyotard, Jean-François: Nés en 1925, in: *Les Temps Modernes,* 32 (1948) S. 2052-2057.

– *La Phénoménologie,* Paris 1954, 1982 (9).

– Le seuil de l'histoire, (entstanden) 1966, abgedruckt in: *Digraphe,* 33 (1984) S. 7-56 (Einf. Bernhard Stiegler) u. *Digraphe,* 34 (1984) S. 36-74.

– *Discours, figure: Un essai d'esthétique,* Paris 1971.

– *Dérive à partir de Marx et Freud,* Paris 1973.

– *Les dispositifs pulsionnels,* Paris 1973.

(dt. Teilübers.): *Intensitäten,* Berlin 1978 und (dt.): *Essays zu einer affirmativen Ästhetik,* Berlin 1982.

– Ante diem rationis, in: Eizykman, Boris (Hrsg.): *Science-Fiction et capitalisme. Critique de la position de désir de la science,* Paris 1973, S. 225-243.

– *Économie Libidinale,* Paris 1974.

(dt.): *Die Ökonomie des Wunsches,* Bremen 1984.

– La confession coupée, in: Raillard, Georges (Hrsg.): *Butor,* Paris 1974, S. 124-169.

- Considérations préliminaires à une histoire païenne: notes sur la déchristianisation, in: *Vers une esthétique sans entraves. Mélanges offerts à Mikel Dufrenne*, Paris 1975, S. 255-289.
- Que le signe est hostie, et l'inverse; et comment s'en débarrasser, in: *Critique*, 342 (1975) S. 1111-1126.
- A propos du département de psychoanalyse à Vincennes, in: *Les Temps Modernes*, 342 (1975) S. 862-863.
- (ital.): Che cosa è in gioco nelle lotte feministe, in: *Annuario 1976. Eventi del 1975, La Biennale di Venezia*, Venedig 1976.
  (dt.): Ein Einsatz in den Kämpfen der Frauen, in: Lyotard, Jean-François: *Das Patchwork der Minderheiten*, Berlin 1977, S. 52-72.
- Petite mise en perspective de la décadence et de quelques combats minoritaires à y mener, in: Grisoni, Dominique (Hrsg.): *Politiques de la philosophie*, Paris 1976, S. 121-153.
  (dt.): Kleine Perspektivierung der Dekadenz und einiger minoritärer Gefechte, die hier zu führen sind, in: Lyotard, Jean-François: *Das Patchwork der Minderheiten*, Berlin 1977, S. 7-51.
- Sur la force des faibles, in: *L'Arc*, 64 (1. Trimester 1976).
  (dt.): Über die Stärke der Schwachen, in: Lyotard, Jean-François: Das Patchwork der Minderheiten, Berlin 1977, S. 73-92.
- Puissance des traces, ou Contribution de Ernst Bloch à une histoire païenne, in: *Melanges Ernst Bloch*, Paris 1976.
  (dt.): Macht der Spuren oder Ernst Blochs Beitrag zu einer heidnischen Geschichte, in: Lyotard, Jean-François: *Das Patchwork der Minderheiten*, Berlin 1977, S. 93-113.
- *Instructions païennes*, Paris 1977.
  (dt.): Heidnische Unterweisungen, in: Lyotard, Jean-François: *Apathie in der Theorie*, Berlin 1979, S. 7-71.
- (dt.): *Das Patchwork der Minderheiten. Für eine herrenlose Politik*, Berlin 1977.
- *Rudiments païens*, Paris 1978
  (dt. Teilsammlung): *Apathie in der Theorie*, Berlin 1979 u. *Philosophie und Malerei im Zeitalter ihres Experimentierens*, Berlin 1986.
- L'autre dans les énoncés prescriptifs et le problème de l'autonomie, in: *En marge: L'Occident et ses ,autres'*, Paris 1978, S. 237-256.
- L'endurance et la profession, in: *Critique*, 369 (1978) S. 198-205.
- *Le Mur du pacifique*, Paris 1979.
  (dt.): *Die Mauer des Pazifik*, Wien 1985.
- *La Condition postmoderne. Rapport sur le savoir*, Paris 1979.
  (dt.): *Das postmoderne Wissen. Ein Bericht*, Bremen 1982; darin: Gespräch mit Jean-Pierre Dubost, S. 127-150. (dt. Neuausgabe) Wien 1986.
  (engl.): *The Postmodern Condition: A Report on Knowledge*, Minneapolis 1984 (Vorwort v. Frederic Jameson).
- Logique de Lévinas, in: Laruelle, François (Hrsg.): *Textes pour Emmanuel Lévinas*, Paris 1980, S. 127-150.
- Le jeu de l'informatique et du savoir, in: *Dialectiques*, 29 (1980) S. 3-12.
- Discussions, ou: phraser ,après Auschwitz', in: Lacoue-Labarthe, Philippe/Nancy, Jean-Luc (Hrsg.): *Les fins de l'homme*, Paris 1981, S. 283-310.
  (dt.): *Streitgespräche oder ,Sprechen nach Auschwitz'*, Bremen 1986.
- Introduction à une étude du politique selon Kant, in: *Rejouer le politique*, Paris 1981, S. 91-134.
- Essai d'analyse du dispositif spéculatif, in: *Degrés, Revue de Synthèse à Orientation Sémiologique*, 26/27 (1981) b1-b11.

- (engl.): A lesson concerning the secret nature of language, in: *The Oxford Literary Review*, 1981, S. 35–37.
- Réponse à la question: Qu'est-ce que le postmoderne?, in: *Critique*, 37/419 (1982) S. 357–367.
  (dt.): Beantwortung der Frage: Was ist postmodern?, *Tumult*, 4 (1982) S. 131–142.
- *Le Différend*, Paris 1983.
  (dt.): *Der Widerstreit*, München 1987.
- Présentations, in: Montefiore, Alan (Hrsg.): *Philosophy in France today*, Cambridge 1983, S. 116–135.
- Un succès Sartre, in: *Critique*, 430 (1983) S. 177–189.
- L'archipel et le signe (Sur la pensée kantienne de l'historico-politique), in: *Recherches sur la Philosophie et le Langage*, 3 (1983) S. 107–128.
- La défection des grands récits, in: *Interventions*, 7 (1983/84) S. 48–58 (Gespräch).
- (dt.): Das Erhabene und die Avantgarde, in: *Merkur*, 424 (1984) S. 151–164.
- *Driftworks, foreign agents series (S. Lotringer)*, New York 1984.
- (engl.): The Différend, The Referent, And the Proper Name, in: *Diacritics*, 14/3 (1984) S. 4–15. (Der Aufsatz wird ergänzt durch ein Interview, ebd. S. 16–23.)
- *Tombeau de l'intellectuel et autres papiers*, Paris 1984.
  (dt.): *Grabmal des Intellektuellen*, Graz/Wien 1985.
- *Immaterialität und Postmoderne*, Berlin 1985 (v. a. Gespräche mit Jacques Derrida, François Burkhardt, Giairo Daghini).
- Histoire universelle et différences culturelles, in: La Traversée de l'Atlantique, *Critique*, 456 (1985) S. 559–568.
- (engl.): *Just Gaming*, Manchester 1985 (Nachwort v. Samuel Weber).
- *Le Postmoderne expliqué aux enfants*, Paris 1986.
  (dt.): *Postmoderne für Kinder*, Wien 1987.
- Grundlagenkrise, in: *Neue Hefte für Philosophie*, 26 (1986) S. 1–33.
- Das Schöne und das Erhabene, in: *Spuren*, 15 (1986) S. 34–42 (Gespräch mit Gérard Raulet).
- *L'Enthousiasme*, Paris 1986.
  (dt.): *Der Enthusiasmus*, Wien 1988.
- (engl.): On Terror and the Sublime, in: *Telos*, 67 (1986) S. 196–198.
  (dt.): Über den Terror und das Erhabene – Ein Nachtrag, in: Raulet, Gérard/Le Rider, Jacques (Hrsg.): *Verabschiedung der (Post-)Moderne?*, Tübingen 1987, S. 269–274.
- (dt.): Zeit haben, in: *Ästhetik und Kommunikation*, 67/68 (1987) S. 34–40.
- *Heidegger et ,les juifs'*, Paris 1988.
- Réécrire la modernité, in: *Réécrire la modernité. Les Cahiers de Philosophie*, 5 (1988) S. 193–203.
  (dt.): *Die Moderne redigieren*, Bern 1988.
- L'intérêt du sublime, in: Deguy, Michel/Nancy, Jean-Luc (Hrsg.): *Du sublime*, Paris 1988, S. 149–177.

Lyotard, Jean-François/Rogozinski, Jacob: La polizia del pensiero, in: *Alfabeta*, Jan. 1988, S. 2f.

Lyotard, Jean-François/Thébaud, Jean-Loup: *Au juste: conversations*, Paris 1979.

Madison, Gary B.: Merleau-Ponty und die Postmodernität, in: Métraux, Alexandre/Waldenfels, Bernhard (Hrsg.): *Leibhaftige Vernunft. Spuren von Merleau-Pontys Denken*, München 1986, S. 162–193.

Manschot, Henk: Nietzsche und die Postmoderne in der Philosophie, in: Kamper, Dietmar/Reijen, Willem van (Hrsg.): *Die unvollendete Vernunft: Moderne versus Postmoderne*, Frankfurt a. M. 1987, S. 478–496.

Marquard, Odo: *Abschied vom Prinzipiellen*, Stuttgart 1981.
- Nach der Postmoderne. Bemerkungen über die Futurisierung des Antimodernismus und

die Usance Modernität, in: Koslowski, Peter/Spaemann, Robert/Löw, Reinhard (Hrsg.): *Moderne oder Postmoderne?*, Weinheim 1986, S. 45-54.
- *Apologie des Zufälligen*, Stuttgart 1987.

Marramao, Giacomo: Hypermodernität und Verzeitlichung der Geschichte. Notizen zur Frage der Säkularisation, in: Koslowski, Peter/Spaemann, Robert/Löw, Reinhard (Hrsg.): *Moderne oder Postmoderne?*, Weinheim 1986, S. 93-102.
- „Idola" del postmoderno, in: Vattimo, Gianni (Hrsg.): *Filosofia '87*, Rom/Bari 1988, S. 163-181.

Maurer, Reinhart: Moderne oder Post-Moderne? Ein Resümee, in: Koslowski, Peter/Spaemann, Robert/Löw, Reinhard (Hrsg.): *Moderne oder Postmoderne?*, Weinheim 1986, S. 277-282.

Nägele, Rainer: The Scene of the Other: Theodor W. Adorno's Negative Dialectic in the Context of Poststructuralism, in: *boundary 2*, 11/1-2 (1982/83) S. 59-79.

Nancy, Jean-Luc: DIES IRAE, in: Derrida, Jacques u. a. (Hrsg.): *La Faculté de juger*, Paris 1985, S. 9-54.
- *L'oubli de la philosophie*, Paris 1986.
  (dt.): *Das Vergessen der Philosophie*, Wien 1987.

Norris, Christopher: *The Contest of Faculties. Philosophy and theory after deconstruction*, London/New York 1985 (v.a. Kap. 1, 2 u. 6).

Palmer, Richard E.: Toward a Postmodern Interpretative Self-Awareness, in: *Journal of Religion*, 55 (1975).
- The Postmodernity of Heidegger, in: *boundary 2*, 4 (1976) S. 411-5432.
- Postmodernity and Hermeneutics, in: *boundary 2*, 5/2 (1977) S. 363-393.
- Expostulations on the Postmodern Turn, in: *Krisis*, 2 (1984) S. 140-149.

Pannwitz, Rudolf: *Die Krisis der europäischen Kultur*, in: Pannwitz, Rudolf: *Werke*, Bd. 2, Nürnberg 1917.

Polanyi, Michael: *Personal Knowledge: Towards a Post-Critical Philosophy*, Chicago 1958.

Radhakrishnan, R.: The Post-Modern Event and the End of Logocentrism, in: *boundary 2*, 12 (1983) S. 33-60.

Rajchman, John: Foucault or the Ends of Modernism, in: *October*, 24 (1983) S. 37-62.

Raulet, Gérard: La fin de la ‚Raison dans l'histoire'?, in: *Social Science Information*, 23/3 (1984) S. 559-576.
- From Modernity as One-Way Street to Postmodernity as Dead End, in: *New German Critique*, 33 (1984) S. 155-177.
- Zur Dialektik der Postmoderne, in: Huyssen, Andreas/Scherpe, Klaus (Hrsg.): *Postmoderne*, Reinbek b. Hamburg 1986, S. 128-150.
- *Gehemmte Zukunft. Zur gegenwärtigen Krise der Emanzipation*, Darmstadt 1986.
- Marxism and the Post-Modern Condition, in: *Telos*, 67 (1986) S. 147-162.
- Leben wir im Jahrzehnt der Simulation? Neue Informationstechnologien und sozialer Wandel, in: Kemper, Peter (Hrsg.): *‚Postmoderne' oder Der Kampf um die Zukunft. Die Kontroverse in Wissenschaft, Kunst und Gesellschaft*, Frankfurt a.M. 1988, S. 165-188.
- Raulet, Gérard/Le Rider, Jacques (Hrsg.): *Verabschiedung der (Post-)Moderne?*, Tübingen 1987.

Rehfus, Wulff D.: Denkorientierung und Kontemplation. Philosophie lernen nach dem Ende der Philosophie in der Postmoderne, in: *Information Philosophie*, 4 (Okt. 1987) S. 5-18.

Rochlitz, Rainer: The Missed Meeting: A Conference Report on French and German Philosophy, in: *Telos*, 66 (1985/86) S. 124-128.
- Zwischen Subversion und Orthodoxie. Zur geistigen Situation in Frankreich, in: Rötzer, Florian: *Französische Philosophen im Gespräch*, München 1986, S. 7-14.

Roderick, Rick: Reading Derrida Politically (Contra Rorty), in: *Praxis International*, 6/4 (1987) S. 442-449.
Rötzer, Florian: *Französische Philosophen im Gespräch*, München 1986 (Interviews mit Jean Baudrillard, Cornelius Castoriadis, Jacques Derrida, Emmanuel Levinas, Jean-Frannçois Lyotard, Gérard Raulet, Michel Serres und Paul Virilio).
Rorty, Richard: Derrida on Language, Being, and Abnormal Philosophy, in: *Journal of Philosophy*, 74 (1977) S. 673-681.
- Deconstruction and Circumvention, in: *Critical Inquiry*, 11/1 (1984) S. 1-23.
- Habermas and Lyotard on Postmodernity, in: *Praxis International*, 4/1 (1984) S. 32-44. (frz.): Habermas, Lyotard et la postmodernité, in: *Critique*, 442 (1984) S. 181-197.
- (frz.): Le cosmopolitisme sans émancipation (en réponse à Jean-François Lyotard), in: *Critique*, 456 (1985) S. 569-580.
Rossum, Walter van: Simulierte Kontingenz. ‚Der Widerstreit' von J. F. Lyotard, in: *Merkur*, 42 (1988) S. 62-67.
Ryan, Michael: New French Theory in New German Critique, in: *New German Critique*, 22 (1981) S. 145-162.
- *Marxism and Deconstruction: A Critical Articulation*, Baltimore 1982.
Sallis, John (Hrsg.): *Deconstruction and Philosophy*, Chicago 1987.
Schirmacher, Wolfgang: The end of metaphysics — what does this mean?, in: *Social Science Information*, 23/3 (1983) S. 589-602.
- Post-moderne — ein Einspruch, in: *Konkursbuch*, 11 (1984).
Schiwy, Günther: *Poststrukturalismus und ‚Neue Philosophen'*, Reinbek b. Hamburg 1985.
Schmidt, Burghart: (engl.): Postmodernism as agressive and conflict-avoiding dialects, in: *Social Science Information*, 23/3 (1983) S. 589-602.
- *Postmoderne — Strategien des Vergessens*, Darmstadt 1985.
Sens, Eberhard: Aufklärung im zynischen Zwielicht, in: *Ästhetik und Kommunikation*, 14 (1983) S. 131-146.
Simon, Josef: Vornehme und apokalyptische Töne in der Philosophie, in: *Zeitschrift für Philosophische Forschung*, 40 (1986) S. 489-519.
Singer, Mona: Ohne zentrale Sinngebung. Postmoderne und Autonomie, in: *Konkursbuch*, 19 (1986) S. 131-140.
Sloterdijk, Peter: *Kritik der zynischen Vernunft*, Frankfurt a.M. 1983.
- Cynicism — The Twilight of False Consciousness, in: *New German Critique*, 33 (1984) S. 190-206.
- *Kopernikanische Mobilmachung und ptolemäische Abrüstung*, Frankfurt a.M. 1986.
- Intellektuellendämmerung, in: *Ästhetik und Kommunikation*, 61/62 (1986) S. 229-237.
- *Euro-Taoismus*, Frankfurt a.M. 1988.
Spanos, William V.: Heidegger, Kierkegaard, and the Hermeneutic Circle: Towards a Postmodern Theory of Interpretation as Dis-Closure, in: *boundary 2*, 4 (1976) S. 455-488.
Taubes, Jacob: Die ‚Aufhebung der Philosophie' — Karriere einer Metapher und einer Gesinnung, in: Bolz, Norbert (Hrsg.): *Wer hat Angst vor der Philosophie?*, Paderborn 1982, S. 210-220.
- Zur Konjunktur des Polytheismus, in: Bohrer, Karl Heinz (Hrsg.): *Mythos und Moderne*, Frankfurt a.M. 1983, S. 457-470.
- Ästhetisierung der Wahrheit im Posthistoire, in: *Festschrift: Margherita v. Brentano*, Berlin 1988, S. 41-52.
Taylor, Mark C.: *ERRING. A Postmodern A/theology*, Chicago 1984.
Toulmin, Stephen: *The Return of Cosmology. Postmodern Science and the Theology of Nature*, Berkeley, Zweite Auflage London 1982.

- The Construal of Reality: Criticism in Modern and Postmodern Science, in: *Critical Inquiry*, 9/1 (1982/83) S. 93-279.
Trabant, Jürgen: Große Wäsche in Paris. Ist das 68er Denken anti-humanistisch?, in: *Merkur*, 40 (1986) S. 977-981.
Ungar, Steven: Philosophy after Philosophy: Debate and Reform in France since 1968, in: *Enclitic*, 8/1-2 (1984) S. 13-26.
Vattimo, Gianni: *Le avventure della differenza. Che cosa significa pensare dopo Nietzsche e Heidegger*, Mailand 1980.
- Dialettica, differenza, pensiero debole, in: Pier Adlo Rovatti u. a. (Hrsg.): *Il pensiero debole*, Mailand 1983, S. 12-28.
- *Al di là del soggetto. Nietzsche, Heidegger e l'ermeneutica*, Mailand 1984.
  (dt.): *Jenseits vom Subjekt. Nietzsche, Heidegger und die Hermeneutik*, Graz/Wien 1986.
- *La fine della modernità*, Mailand 1985.
- (engl.): Verwindung: Nihilism and the Postmodern in Philosophy, in: *SubStance*, 53 (1987) S. 7-17.
- (dt.): Die Säkularisierung der Philosophie, in: *Tumult*, 9 (1987) S. 39-48.
Villani, Antonio: Le ‚chiavi‘ del postmoderno. Un dialogo a distanza, in: *Il Mulino*, 35-303/1 (1986) S. 5-22.
Volpi, Franco: Nuova intrasparenza e paradigmi di razionalità nella dialettica di moderno e postmoderno, in: Barbieri, Giuseppe/Vidali, Paolo (Hrsg.): *Metamorfosi. Dalla verità al senso della verità*, Rom/Bari 1986, S. 169-190.
Watson, Stephen: Jürgen Habermas and Jean-François Lyotard: Post-modernism and the crisis of rationality, in: *Philosophy and Social Criticism*, 10 (1984) S. 1-24.
Weber, Samuel: ‚Postmoderne‘ und ‚Poststrukturalismus‘. Versuch eine Umgebung zu benennen, in: *Ästhetik und Kommunikation*, 63 (1986) S. 105-111.
Weimann, Robert: Poststrukturalismus, in: *Weimarer Beiträge*, 30 (1985) S. 1061-1099.
Wellmer, Albrecht: *Zur Dialektik von Moderne und Postmoderne. Vernunftkritik nach Adorno*, Frankfurt a.M. 1985.
Welsch, Wolfgang: Postmoderne und Postmetaphysik. Eine Konfrontation von Lyotard und Heidegger, in: *Philosophisches Jahrbuch*, 92/1 (1985) S. 116-122.
- Philosophie in der Postmoderne. Von Integration, Fragmentierung, Differenzierung und Indifferenz, Subjektivität und Vernunft, in: Rehfus, W.D./Becker, H. (Hrsg.): *Handbuch des Philosophie-Unterrichts*, Düsseldorf 1986, S. 169-185.
- Nach welcher Moderne? Klärungsversuche im Feld von Philosophie und Architektur, in: Koslowski, Peter/Spaemann, Robert/Löw, Reinhard (Hrsg.): *Moderne oder Postmoderne?*, Weinheim 1986, S. 237-257.
- *Neuzeit und Moderne. Eine geschichtliche Liaison und ihre postmoderne Kritik*, Università di Padova, Separatdruck 1986.
- Heterogenität, Widerstreit und Vernunft. Zu Jean-François Lyotards philosophischer Konzeption von Postmoderne, in: *Philosophische Rundschau*, 34 (1987) S. 161-186.
- Vielheit ohne Einheit? Zum gegenwärtigen Spektrum der philosophischen Diskussion um die Postmoderne, in: *Philosophisches Jahrbuch*, 94 (1987) S. 111-141.
- Zwischen Universalismus und Partikularismus. Zum Verhältnis von Philosophie und Heimat in Antike, Neuzeit und Postmoderne unter besonderer Berücksichtigung Heideggers, in: *Heimat der Philosophie. Ein deutsch-japanisches Symposion*, Meßkirch 1987, S. 83-111.
- *Unsere postmoderne Moderne*, Weinheim 1987.
- ‚Postmoderne‘. Ein Diskussionsbericht, in: *Information Philosophie*, 15/5 (Dez. 1987) S. 20-33.

- ‚Postmoderne'. Genealogie und Bedeutung eines umstrittenen Begriffs, in: Kemper, Peter (Hrsg.): ‚Postmoderne' oder Der Kampf um die Zukunft. Die Kontroverse in Wissenschaft, Kunst und Gesellschaft, Frankfurt a.M. 1988, S. 9-36.
- Philosophie zwischen Weisheit und Wissenschaft, in: Oelmüller, Willi (Hrsg.): Philosophie und Wissenschaft, Paderborn 1988.
- Die Postmoderne in Kunst und Philosophie und ihr Verhältnis zum technologischen Zeitalter, in: Zimmerli, Walther Ch. (Hrsg.): *Technologisches Zeitalter oder Postmoderne?*, Paderborn 1988.
- Postmoderne. Zwischen Indifferenz und Pluralität, in: Donner, Willi u.a. (Hrsg.): *Postmoderne — Philosophem und Arabeske. Eine Begriffsreise durch Sozialphilosophie und Ästhetik,* Frankfurt a.M./Bern 1988.
- Weisheit in einer Welt des Widerstreits, in: *Studia Philosophica,* 47 (1988).
- (Hrsg.): *Wege aus der Moderne — Schlüsseltexte der Postmoderne-Diskussion,* Weinheim 1988.

West, Cornel: Nietzsche's Prefiguration of Postmodern American Philosophy, in: *boundary 2,* 9/3 (1981) S. 241-270.
Wilson, Neil: Punching out the Enlightenment, in: *New German Critique,* 41 (1987) S. 53-70.
Wolin, Richard: Modernism vs. Postmodernism, in: *Telos,* 62 (1984/85) S. 9-29.
Zimmerli, Walther Ch. (Hrsg.): *Technologisches Zeitalter oder Postmoderne?*, Paderborn 1988.

2. Gesellschaftswissenschaft

Anderson, Perry: Modernity and Revolution, in: *new left review,* 144 (1984) S. 96-113.
Arac, Jonathan (Hrsg.): *Postmodernism and Politics,* Minneapolis 1986.
Baacke, Dieter/Frank, Andrea/Frese, Jürgen/Nonne, Friedhelm (Hrsg.): *Am Ende — postmodern? Next Wave in der Pädagogik,* Weinheim/München 1985.
Baier, Lothar: Der Schwindel der Simulation, in: *Merkur,* 40 (1986) S. 807-824.
Barthes, Roland: *Mythologies,* Paris 1957.
   (dt.): *Mythen des Alltags,* Frankfurt a.M. 1964.
- *L'Empire des signes,* Pris 1980.
   (dt.): *Das Reich der Zeichen,* Frankfurt a.M. 1981.
Baudrillard, Jean: *Pour une critique de l'économie politique du signe,* Paris 1972.
- *Le Système des objets,* Paris 1972.
- *Le Miroir de la production ou l'illusion critique du matérialisme historique,* Paris 1973.
- *La Société de consommation: ses mythes, ses structures,* Paris 1974, 1986 (2).
- *L'Échange symbolique et la mort,* Paris 1976.
   (dt. Teilübers.): *Der Tod tanzt aus der Reihe,* Berlin 1979.
   (dt.): *Der symbolische Tausch und der Tod,* München 1985.
- *Oublier Foucault,* Paris 1977.
   (dt.): *Oublier Foucault,* München 1983 (2).
- (dt.): *Agonie des Realen,* Berlin 1978.
- (dt.): *Kool Killer oder Der Aufstand der Zeichen,* Berlin 1978.
- *De la séduction,* Paris 1979.
- *Simulacres et simulation,* Paris 1981.
- *A l'ombre des majorités silencieuses: La Fin du social: L'Extase du socialisme,* Paris 1982.
- (dt.): Vom zeremoniellen zum geklonten Körper: Der Einbruch des Obszönen, in: Kamper, Dietmar/Wulf, Christoph (Hrsg.): *Die Wiederkehr des Körpers,* Frankfurt a.M. 1982, S. 350-362.

- (engl.): The Ecstacy of Communication, in: Foster, Hal (Hrsg.): *The Anti-Aesthetic: Essays on Postmodern Culture*, Port Townsend (Wash.) 1983, S. 126–134.
- (engl.): What Are You Doing After the Orgy?, in: *Artforum*, (Okt. 1983), S. 43.
- (dt.): *Laßt euch nicht verführen!*, Berlin 1983.
- *Les Stratégies fatales*, Paris 1983, 1985 (2).
  (dt.): *Die fatalen Strategien*, München 1985.
- *La Gauche divine: chronique des années 1977–1984*, Paris 1985.
  (dt.): *Die göttliche Linke, Chronik der Jahre 1977–1984*, München 1986.
- Fraktales Subjekt, fatale Strategien, in: *Spuren*, 3 (1985) S. 38–42 (Gespräch mit Hans-Joachim Lenger).
- (dt.): *Subjekt und Objekt*, Bern 1986.
- *Amérique*, Paris 1986.
  (dt.): *Amerika*, München 1987.
- *L'Autre par lui-même: habilitation*, Paris 1987.
  (dt.): *Der Andere selbst, Habilitation*, Wien 1988.
- (dt.): Die Abschreckung der Zeit, in: *Tumult*, 9 (1987) S. 109–118.
- (dt.): Das fraktale Subjekt, in: *Ästhetik und Kommunikation*, 67/68 (1987) S. 35–38.

Beck, Ulrich: *Risikogesellschaft. Auf dem Weg in eine andere Moderne*, Frankfurt a. M. 1986.

Bell, Daniel: *The Coming of Post-Industrial Society. A Venture in Social Forecasting*, New York 1973.
  (dt.): *Die nachindustrielle Gesellschaft*, Frankfurt a. M./New York 1975.
- *The Cultural Contradictions of Capitalism*, New York 1976.
  (dt.): *Die Zukunft der westlichen Welt. Kultur und Technologie im Widerstreit*, Frankfurt a. M. 1976.
- Beyond modernism, Beyond Self, in: Anderson, Quentin u. a. (Hrsg.): *Art, Politics and Will. Essays in Honor of Lionel Trilling*, New York 1977, S. 213–253.
- *The Winding Passage. Essays and Sociological Journeys 1960–1980*, Cambridge (Mass.) 1980.
- (ital.): Note sulla società post-industriale, in: Bell, Daniel u. a. (Hrsg.): *Immagini del Post-Moderno. Il dibattito sulla società post-industriale e l'architettura*, Venedig 1983, S. 33–68.
- Kapitalismus und Kultur. Vom Ende des Modernismus, in: *Der Monat (N. F.)*, 288 (1983) S. 158–172.
- (Hrsg.): New Directions in Modern Thought, in: *Partisan Review*, 51 (1984) S. 215–300.

Berger, Peter L./Berger, Brigitte/Kellner, Hansfried: *Das Unbehagen in der Modernität*, Frankfurt a. M./New York 1975.

Bergfleth, Gerd: *Zur Kritik der palavernden Aufklärung*, München 1984.

Berman, Marshall: *All That Is Solid Melts Into Air: The experience of Modernity*, New York 1982.
- The Signs in the Street: a response to Perry Anderson, in: *new left review*, 144 (1984) S. 114–123.

Bertens, Hans: Die Postmoderne und ihr Verhältnis zum Modernismus, in: Kamper, Dietmar/Reijen, Willem van (Hrsg.): *Die unvollendete Vernunft: Moderne versus Postmoderne*, Frankfurt a. M. 1987, S. 46–98.

Bové, Paul: The Ineluctability of Difference: Scientific Pluralism and the Critical Intelligence, in: *boundary 2*, 11/1 (1982) S. 155–175, wieder abgedruckt in: Arac, Jonathan (Hrsg.): *Postmodernism and Politics*, Minneapolis 1986, S. 3–25.

Brooks, Rosetta: From the Night of Consumerism to the Dawn of Simulation, in: *Artforum* (Febr. 1985) S. 76–81.

Bürger, Christa: The Reality of ‚Machines', Notes on the Rhizome-Thinking, in: *Telos*, 64 (1985) S. 33–44.

- Moderne als Postmoderne: Jean-François Lyotard, in: Bürger, Christa/Bürger, Peter (Hrsg.): *Postmoderne. Alltag, Allegorie und Avantgarde,* Frankfurt a. M. 1987, S. 122-143.
Bürger, Christa/Bürger, Peter (Hrsg.): *Postmoderne. Alltag, Allegorie und Avantgarde,* Frankfurt a. M. 1987.
Calinescu, Matei: Avant-Garde, Neo-Avant-Garde, Post-Modernism: The Culture of Crisis, in: *Clio,* 4 (1975) S. 317-340.
Castoriadis, Cornelius: *L'institution imaginaire de la société,* Paris 1975.
  (dt.): *Gesellschaft als imaginäre Institution,* Frankfurt a. M. 1984.
- *Les carrefours du labyrinthe,* Paris 1978.
  (dt.): *Durchs Labyrinth. Seele, Vernunft, Gesellschaft,* Frankfurt a. M. 1983.
Cullum, J. W.: Nathan Scott and the Problem of a Postmodern Ethic, in: *boundary 2,* 4 (1976) S. 965-972.
Dallmayr, Fred R.: *Twilight of Subjectivity. Contributions to a Post-Individualist Theory of Politics,* Amherst (Mass.) 1981.
Debord, Guy: *La Société du Spectacle,* Paris 1967.
  (dt.): *Die Gesellschaft des Spektakels,* Hamburg 1981.
Diacritics, 15/4 (1985) (Themenheft: Marx nach Derrida).
Eco, Umberto: (dt.): *Apokalyptiker und Integrierte. Zur kritischen Kritik der Massenkultur,* Frankfurt a. M. 1986, 1987 (2).
- (dt.): *Über Gott und die Welt,* München/Wien 1985.
Einrauch, Volker/Kurzawa, Lothar: Baudrillard und die Medien, in: *Spuren,* 2 (1983) S. 31-34.
Enzensberger, Hans Magnus: Zwei Randbemerkungen zum Weltuntergang, in: Enzensberger, Hans Magnus: *Politische Brosamen,* Frankfurt a. M. 1982, S. 225-236.
- Der Triumph der Bild-Zeitung oder Die Katastrophe der Pressefreiheit, in: *Merkur,* 420 (1983) S. 651-659.
Etzioni, Amitai: *The Active Society. A Theory of Societal and Political Processes,* New York 1968.
  (dt.): *Die aktive Gesellschaft. Eine Theorie gesellschaftlicher und politischer Prozesse,* Opladen 1975.
Fehér, Ferenc: Was ist jenseits von Kunst? Zu den Theorien der Nachmoderne, in: Roberts, David (Hrsg.): *Tendenzwenden. Aspekte des Kulturwandels der Siebziger Jahre,* Frankfurt a. M. 1984, S. 91-107.
- Der Pyrrhussieg der Kunst im Kampf um ihre Befreiung. Bemerkungen zum postmodernen Intermezzo, in: Bürger, Christa/Bürger, Peter (Hrsg.): *Postmoderne. Alltag, Allegorie und Avantgarde,* Frankfurt a. M. 1987, S. 13-33.
Ferre, Frederick: *Shaping the Future: Resources for the Postmodern World,* New York 1976.
Foster, Hal (Hrsg.): *The Anti-Aesthetic: Essays on Postmodern Culture,* Port Townsend (Wash.) 1983, 2. Aufl. unter dem Titel: *Postmodern Culture,* London 1983.
- (Post)Modern Polemics, in: *New German Critique,* 33 (1984) S. 67-78.
Fraser, Nancy: The French Derrideans: Politicizing Deconstruction or Deconstructing Politics, in: *New German Critique,* 33 (1984) S. 127-154.
Gehlen, Arnold: Über kulturelle Kristallisation, in: *Studien zur Anthropologie und Soziologie,* Neuwied/Berlin 1983, S. 311-328.
- Ende der Geschichte?, in: Gehlen, Arnold: *Einblicke,* Frankfurt a. M. 1975, S. 115-133.
Gershuny, Jonathan: La società post-industriale. Il mito dell'economia di servizio, in: Bell, Daniel u. a.: *Immagini del Post-Moderno. Il dibattito sulla società post-industriale e l'architettura,* Venedig 1983, S. 69-88.
Guggenberger, Bernd: *Sein oder Design. Zur Dialektik der Abklärung,* Berlin 1987.
Guillaume, Marc: Effets post-modernes de la modernisation.
  (dt.): Post-Moderne Effekte der Modernisierung, in: Raulet, Gérard/Le Rider, Jacques (Hrsg.): *Verabschiedung der (Post-)Moderne?,* Tübingen 1987, S. 75-90.

Hayes, Michael: A Response to Mark Poster on Jean Baudrillard, in: *boundary 2*, 8/1 (1979) S. 289-294.
Heinrichs, Hans Jürgen: *Die katastrophale Moderne*, Frankfurt a.M. 1984.
Herron, Jerry: The Genrification of Desire and Posthistorical Pastiche, in: *SubStance*, 52 (1987) S. 45-58.
Higgins, Dick: *A Dialectic of Century*, New York 1978.
Hochkeppel, Willy: Nebelwerfer als Aufklärer, in: *Merkur*, 439/440 (1985) S. 831-842.
Hoek, Leo H.: Indifférence, outrance et participation, dispositifs postmodernes, in: Varga, A. Kinédi (Hrsg.): *Littérature et postmodernité*, Groningen 1986, S. 31-44.
Hoffman-Axthelm, Dieter/Scarpa, Ludovica: ‚Reaganscher Hedonismus'. Beobachtungen und Vorurteile zur Postmoderne, in: *Ästhetik und Kommunikation*, 63 (1986) S. 121-126.
Horowitz, Irving Louis: *Communicating Ideas: The Crisis of Publishing in a Post-Industrial Society*, New York 1986.
Huyssen, Andreas: From counter-culture to neo-conservatism and beyond: stages of the postmodern, in: *Social Science Information*, 23/3 (1983) S. 611-624.
- Stationen der Postmoderne, in: *Spuren*, 6 (1984) S. 33-36.
- Postmoderne – eine amerikanische Internationale, in: Huyssen, Andreas/Scherpe, Klaus (Hrsg.): *Postmoderne*, Reinbek b. Hamburg 1986, S. 13-44.
- *After the Great Divide. Modernism, Mass Culture, Postmodernism*, Bloomington (Ind.) 1986.
Huyssen, Andreas/Scherpe, Klaus (Hrsg.): *Postmoderne – Zeichen eines kulturellen Wandels*, Reinbek b. Hamburg 1986.
Jameson, Frederic: The Ideology of the Text, in: *Salmagundi*, 31/32 (1975/76) S. 204-246.
- *The Political Unconscious. Narrative as a Socially Symbolic Act*, Ithaca (N.Y.) 1981.
- Postmodernism and Consumer Society, in: Foster, Hal (Hrsg.): *The Anti-Aesthetic: Essays on Postmodern Culture*, Port Townsend (Wash.) 1983, abgedruckt in: *Amerikastudien*, 29/1 (1984) S. 55-77.
- The Politics of Theory: Ideological Positions in the Postmodernism Debate, in: *New German Critique*, 33 (1984) S. 53-65.
- Postmoderne – Zur Logik der Kultur im Spätkapitalismus, in: Huyssen, Andreas/Scherpe, Klaus (Hrsg.): *Postmoderne*, Reinbek b. Hamburg 1986, S. 45-102.
Jung, Hwa Yol: The Joy of Textualizing Japan: A Metacommentary on Roland Barthes' Empire of Signs, in: *Framework*, 32-33 (1986) S. 144-167.
Kamp, Martin Werner: Die erforschte Neue Rechte, in: *Criticón*, 14 (1984) S. 263-265.
- Rechts, links, postmodern, in: *Criticón*, 15 (1985) S. 176-177.
Kamper, Dietmar: Aufklärung – was sonst?, in: *Merkur*, 436 (1985) S. 535-540.
- *Zur Soziologie der Imagination*, München 1986.
Kamper, Dietmar/Reijen, Willem van (Hrsg.): *Die unvollendete Vernunft: Moderne versus Postmoderne*, Frankfurt a.M. 1987.
Kamper, Dietmar/Wulf, Christoph (Hrsg.): *Die Wiederkehr des Körpers*, Frankfurt a.M. 1982.
- (Hrsg.): *Das Schwinden der Sinne*, Frankfurt a.M. 1984.
- Die kupierte Apokalypse – Eschatologie und Posthistoire, in: *Ästhetik und Kommunikation*, 60 (1985) S. 83-90.
- (Hrsg.): *Die sterbende Zeit*, Darmstadt 1987.
Karnoouh, Claude: The Lost Paradise of Regionalism: The Crisis of Post-Modernity in France, in: *Telos*, 67 (1986) S. 11-26.
Kauffmann, R. Lane: Post-Criticism, or the Limits of Avant-Garde Theory, in: *Telos*, 67 (1986) S. 186-195.
Kavolis, Vyantes: Post-Modern Man: Psycho-Cultural Responses to Social Trends, in: *Social Problems*, 17 (1970) S. 435-439.

- Notes on Post-Industrial Culture, in: *Arts in Society,* 11 (1974).
Kemper, Peter (Hrsg.): ‚*Postmoderne' oder Der Kampf um die Zukunft. Die Kontroverse in Wissenschaft, Kunst und Gesellschaft,* Frankfurt a.M. 1988.
Koslowski, Peter: *Die postmoderne Kultur. Gesellschaftliche und kulturelle Konsequenzen der technischen Entwicklung,* München 1987.
Kristol, Irving: *Reflections of a Neoconservative. Looking Back, looking ahead,* New York 1973.
Kroker, Arthur: *The postmodern scene: excremental culture and hyper-aesthetics,* St. Martins 1986.
LaCapra, Dominick: Intellectual History and Defining the Present as ‚Postmodern', in: Hassan, Ihab/Hassan, Sally (Hrsg.): *Innovation/Renovation,* Madison (Wisc.) 1983, S. 47-64.
Laermann, Klaus: Von der Apo zur Apokalypse. Resignation und fröhliche Wissenschaft am Beispiel von Peter Sloterdijk, in: Kemper, Peter (Hrsg.): ‚*Postmoderne' oder Der Kampf um die Zukunft. Die Kontroverse in Wissenschaft, Kunst und Gesellschaft,* Frankfurt a.M. 1988, S. 207-230.
Lasch, Christopher: *The Culture of Narcissism,* New York 1978.
Latimer, Dan: Jameson and Post-Modernism, in: *new left review,* 1148 (1984) S. 116-128.
Le Rider, Jacques: Das Werk des Weiblichen in der (Post-)Moderne, in: Raulet, Gérard/Le Rider, Jacques (Hrsg.): *Verabschiedung der (Post-)Moderne?,* Tübingen 1987, S. 133-148.
Linker, Kate: A Reflection on Post-Modernism, in: *Artforum,* (Sept. 1985) S. 104-105.
Maffesoli, Michel/Bruston, André: *Violence et transgression,* Paris 1979.
Man, Hendrik de: *Vermassung und Kulturverfall. Eine Diagnose,* München 1951.
Marien, Michael: Le due visioni della società post-industriale, in: Bell, Daniel u.a.: *Immagini del Post-Moderno. Il dibattito sulla società post-industriale e l'architettura,* Venedig 1983, S. 89-114.
Martin, Michael: The Two Visions of Post-Industrial Society, in: *Future,* 9 (1977) S. 415-431.
McLuhan, Marshall: *Understanding Media: The Extensions of Man,* New York 1964.
- *The Gutenberg Galaxy: The Making of Typographic Man,* New York 1969.
Michel, Karl Markus: Abschied von der Moderne?, in: *Kursbuch,* 73 (1983) S. 169-197.
Minnesota Review, 23 (Herbst 1984) (Themenheft zur Politizität der Postmoderne).
Modernen versus Postmodernen. De dehumanisering van de cultur I-II, hrsg. v. Studium Generale Filosofisch Instituut, Rijksuniversiteit Utrecht, Utrecht 1983/84.
Mohler, Armin: Cioran — der postrevolutionäre Denker, in: *Criticón,* 95 (1986) S. 138-139.
- Was ist ‚postmodern'?, in*Criticón,* 96 (1986) S. 157-161.
- Nachlese zur ‚Postmoderne', in: *Criticón,* 99 (1987) S. 38.
- Entsorgung der Postmoderne, in: *Criticón,* 106 (1988) S. 81-83.
Murphy, John W.: Deconstruction, discourse, and liberation, in: *Social Science Information,* 26/2 (1987) S. 417-433.
New German Critique, 22 (1981) (Themenschwerpunkt: Moderne und Postmoderne).
- 33 (1984) (Themenschwerpunkt: Postmoderne).
Owens, Craig: The Discourse of Others: Feminists and Postmodernism, in: Foster, Hal (Hrsg.): *The Anti-Aesthetic: Essays on Postmodern Culture,* Port Townsend (Wash.) 1983.
 (dt.): Der Diskurs der Anderen — Feministinnen und Postmoderne, in: Huyssen, Andreas/Scherpe, Klaus (Hrsg.): *Postmoderne,* Reinbek b. Hamburg 1986, S. 172-195.
Peper, Jürgen: Postmodernismus: Unitary Sensibility (Von der geschichtlichen Ordnung zum synchron-environmentalen System), in: *Amerikastudien,* 22/1 (1977) S. 65-89.
Phillips, Kevin R.: *Post-Conservative America: People, Politics, and Ideology in a Time of Crisis,* New York 1982.
Poirier, Richard: *The Performing Self: Compositions and Decompositions in the Languages of Contemporary Life,* New York 1971.

- The Difficulties of Modernism and the Modernism of Difficulty, in: *Humanities in Society*, 1/1 (1978) S. 271-282.
Porush, David: Technology and Postmodernis: Cybernetic Fiction, in: *SubStance*, 27 (1980) S. 92-100.
Poster, Mark: Semiology and Critical Theory: From Marx to Baudrillard, in: *boundary 2*, 8/1 (1979) S. 275-288.
Riesmann, David: Leisure and Work in Post-Industrial Society, in: Larrabee, Eric/Meyersohn, Rolf (Hrsg.): *Mass Leisure*, Glencoe (Ill.) 1958, S. 365-385.
Roszak, Theodore: *Where the Wasteland Ends: Politics and Transcendence in Postindustrial Society*, Garden City (N.Y.) 1972.
Rüb, Matthias: ‚Schneller leben'. Zu Paul Virilio, Dromologe, in: *Merkur*, 40 (1986) S. 166-169.
Ruyer, R.: *L'humanité de l'avenir d'après Cournot*, Paris 1930.
Sanders, Hans: Postmoderne. Alltäglichkeit als Utopie, in: Bürger, Christa/Bürger, Peter (Hrsg.): *Postmoderne. Alltag, Allegorie und Avantgarde*, Frankfurt a.M. 1987, S. 72-83.
Sassoon, Joseph: Ideology, symbolic action and rituality in social movements: the effects on organizational forms, in: *Social Science Information*, 23/4-5 (1984) S. 861-873.
Schneider, Michael: Apokalypse, Politik als Psychose und die Lebemänner des Untergangs, in: Schneider, Michael: *Nur tote Fische schwimmen mit dem Strom*, Köln 1984, S. 34-75.
Schnur, Roman: Ein Prophet der verwalteten Welt. A.A. Cournots Prognose des posthistorischen Zeitalters, in: *Wort und Wahrheit*, 16 (1961) S. 743-758.
Seidenberg, Roderick: *Posthistoric Man*, Chapel Hill (N.C.) 1950.
Shorter, Edward: *Bedside Manners*, New York 1986.
Sloterdijk, Peter: Wieviel Katastrophe braucht der Mensch?, in: *Psychologie heute* (Okt. 1986) S. 29-37.
Solomon, Robert: Beyond Postmodernism, in: *Krisis*, 2 (1985) S. 151-153.
Stallybrass, Peter/White, Allen: *The Politics and Poetics of Transgression*, Ithaca (N.Y.) 1986.
Tibon-Cornillot, Michel: Die transfigurativen Körper. Zur Verflechtung von Techniken und Mythen, in: Kamper, Dietmar/Wulf, Christoph (Hrsg.): *Die Wiederkehr des Körpers*, Frankfurt a.M. 1982, S. 145-164.
Der Tod der Moderne, Eine Diskussion, Tübingen 1983 (geführt v. Jean Baudrillard, Gerd Bergfleth u.a.).
Tourraine, Alain: *La société postindustrielle*, Paris 1979.
(engl.): *The Post-Industrial Society*, New York 1972.
Trachtenberg, Stanley (Hrsg.): *The Postmodern Moment. A Handbook of Contemporary Innovation in the Arts*, Westport (Con.) u. London 1985 (darin: Introduction, S. 3-18).
Der Traum der Vernunft. Vom Elend der Aufklärung, Darmstadt/Neuwied 1985 u. 1986, 2 Bde. (Vortragsreihe der Akademie der Künste, Berlin).
Trilling, Lionel: *Beyond Culture*, New York 1981.
Ulmer, Gregory L.: *Applied Grammatology: Post(e)-Pedagogy from Jacques Derrida to Joseph Beuys*, Baltimore 1984.
Valente, Joseph: Hall of Mirrors: Baudrillard on Marx, in: *Diacritics*, 15/2 (1985) S. 54ff.
Vaneigem, Raoul: *Das Buch der Lüste*, Hamburg 1984.
Vester, Heinz-Günter: *Die Thematisierung des Selbst in der postmodernen Gesellschaft*, Bonn 1984.
- Verwischte Spuren des Subjekts — Die zwei Kulturen des Selbst in der Postmoderne, in: Koslowski, Peter/Spaemann, Robert/Löw, Reinhard (Hrsg.): *Moderne oder Postmoderne?*, Weinheim 1986, S. 189-204.

Virilio, Paul: *Vitesse et politique: essai de dromologie,* Paris 1977.
  (dt.): *Geschwindigkeit und Politik. Ein Essay zur Dromologie,* Berlin 1980.
- (dt.): *Fahren, fahren, fahren ...,* Berlin 1978.
- *Défense populaire et luttes écologiques,* Paris 1978.
- (dt.): Der Urfall (Accicens Originale) in: *Tumult,* 1 (1979) S. 77-82.
  (dt.): Versuche, per Unfall zu Denken, in: *Tumult,* 1 (1979) S. 83-87 (Gespräch).
- (dt.): Die Ästhetik des Verschwindens, in: *Tumult,* 2 (1979) S. 116-128.
- (dt.): Strategien der Spannung, in: *Konkursbuch,* 9 (o.J.) S. 19-40.
- (dt.): Transpolitik. Vom unfähigen zum abwesenden Körper, in: Kamper, Dietmar/Wulf, Christoph (Hrsg.): *Die Wiederkehr des Körpers,* Frankfurt a.M. 1982, S. 363-379.
- *L'Espace critique,* Paris 1984.
- *L'Horizon négatif: essai de dromoscopie,* Paris 1984.
- (dt.): Der kritische Raum, in: *Tumult,* 7 (1985) S. 16-27.
- (dt.): *Ästhetik des Verschwindens,* Berlin 1986.
- (dt.): Der Augenblick der beschleunigten Zeit, in: Kamper, Dietmar/Wulf, Christoph (Hrsg.): *Die sterbende Zeit,* Darmstadt 1987, S. 249-258.
- (dt.): *Das öffentliche Bild,* Bern 1987.
- (dt.): Die Spannungsstrategie. Auf dem Weg in ein transpolitisches Jenseits, in: *Ästhetik und Kommunikation,* 65/66 (1987) S. 81-99.
Virilio, Paul/Lotringer, Sylvère: (engl.): *Pure War,* New York 1983.
  (dt.): *Der reine Krieg,* Berlin 1984.
Welsch, Wolfgang: Platons neue Höhle. Zur postmodernen Medienkultur, in: *Erwachsenenbildung,* 34/1 (1988) S. 32-37.
- Kulturpolitik der Postmoderne, in: *Revier-Kultur,* Sonderheft *Forum Kultur 90,* Essen 1988.
White, Hayden: The Politics of Historical Interpretation: Discipline and De-Sublimation, in: *Critical Inquiry,* 9 (Sept. 1982) S. 124-128.
Wolin, Richard: False Criteria: The New Criterion or the Cultural Politics of Neo-Conservatism, in: *Telos,* 66 (1985/86) S. 115-124.
Woodward, Kathleen (Hrsg.): *The Myths of Information-Technology and Postindustrial Culture,* Madison (Wisc.) 1980.
Zylberberg, Jacques (Hrsg.): *Masses et Postmodernité,* Paris 1986 (Vorwort v. Jean Baudrillard).

3. Sprach- und Literaturwissenschaft

Allen, Donald/Butterick, George F.: *The Postmoderns: The New American Poetry Revised,* New York 1982.
Alter, Robert: The Self-Conscious Moment: Reflections on the Aftermath of Modernism, in: *TriQuarterly,* 33 (1975) S. 209-230.
Altieri, Charles: From Symbolist Thought to Immanence. The Ground of Postmodern American Poetics, in: *boundary 2,* 1/3 (1973) S. 605-641.
- *Enlarging the Temple: New Directions in American Poetry during the 1960's,* Lewisburg 1979.
- Postmodernism: A Question of Definition, in: *Par Rapport,* 2 (1979) S. 87-100.
Amerikastudien, Frühjahr 1978 (Themenheft: Postmodernismus).
Antin, David: Modernism and Postmodernism: Approaching the Present in American Poetry, in: *boundary 2,* 1 (Herbst 1972) S. 98-133.
- Is There a Postmodernism?, in: Garvin, Harry R. (Hrsg.): *Romanticism, Modernism, Postmodernism,* Lewisburg (Penn.) 1980, S. 127-135.

Arac, Jonathan u.a. (Hrsg.): *boundary 2*, 11/1 (1982) (Themenheft zu Marxismus, Politik und Postmoderne, darin: Introduction, S. 1ff.).
- *The Yale Critics: Deconstruction in America*, Minneapolis 1983.

Barry, Thomas F.: Postmodern Longings for the Static Moment. On Recent Peter Handke Criticism, in: *The German Quarterly*, 60/1 (1987) S. 88-98.

Barth, John: The Literature of Exhaustion, in: *Atlantic Monthly*, 220 (Aug. 1967) S. 29-43.
- The Literature of Replenishment: Postmodernist Fiction, in: *Atlantic Monthly*, 245 (Jan. 1980) S. 65-71.

Barthes, Roland: *Le Degré zéro de l'écriture*, Paris 1953.
  (dt.): *Am Nullpunkt der Literatur*, Frankfurt a.M. 1981.
- *Le Plaisir du Texte*, Paris 1973.
  (dt.): *Die Lust am Text*, Frankfurt a. M. 1974.
- *Leçon*, Paris 1978.
  (dt./frz.): *Leçon/Lektion*, Frankfurt a.M. 1980.
- *Sollers écrivain*, Paris 1979.
- *Le Grain de la voix*, Paris 1981 (Interviews).
- *L'Aventure sémiologique*, Paris 1985.
  (dt.): *Das semiologische Abenteuer*, Frankfurt a. M. 1988.

Beebe, Maurice: Selected Bibliography on Theories of Modernism and Postmodernism, in: *Journal of Modern Literature*, 3 (1974) S. 1080-1084.

Bertens, Hans: The Postmodern ‚Weltanschauung' and its Relation with Modernism: An Introductery Survey, in: Fokkema, Douwe/Bertens, Hans (Hrsg.): *Approaching Postmodernism*, Amsterdam/Philadelphia 1986, S. 9-52.

Blonsky, Marshall: *On Signs*, Baltimore 1985.

Bloom, Harold: *Deconstruction and Criticism*, New York 1979.

Böhme, Hartmut: Zeit ohne Eigenschaften. Robert Musil und die Posthistoire, in: *Spuren*, 15 (1986) S. 22-34.

Bohrer, Karl-Heinz: Das Böse eine ästhetische Kategorie?, in: *Merkur*, 436 (1985) S. 459-473.

Booth, Wayne: The Empire of Irony, in: *The Georgia Review*, 37 (Winter 1983) S. 719-737.

Bornstein, George: Beyond Modernism, in: *Michigan Quarterly Review*, 12 (1973) S. 278-284.

boundary 2, 1/1 (1972) (Themenheft: Postmodernismus).
- 5/2 (Winter 1977) (Themenheft: Postmoderne Literaturtheorie).

Bové, Paul A.: Beckett's Dreadful Postmodern: The Deconstruction of Form in Molloy, in: Orr, Leonhard (Hrsg.): *De-Structing the Novel: Essays in Applied Postmodern Hermeneutics*, Troy (N.Y.) 1982, S. 185-222.

Bradbury, Malcolm: Modernisms/Postmodernism, in: Hassan, Ihab/Hassan, Sally (Hrsg.): *Innovation/Renovation*, Madison (Wisc.) 1983, S. 311-327.

Bürger, Peter: Das Altern der Moderne, in: Friedeburg, Ludwig von/Habermas, Jürgen (Hrsg.): *Adorno-Konferenz*, Frankfurt a.M. 1983, S. 177-197.
- Das Verschwinden der Bedeutung. Versuch einer postmodernen Lektüre von Michel Tournier, Botho Strauß und Peter Handke, in: Kemper, Peter (Hrsg.): ‚Postmoderne' oder Der Kampf um die Zukunft. Die Kontroverse in Wissenschaft, Kunst und Gesellschaft, Frankfurt a.M. 1988, S. 294-312.

Bukdahl, E.M.: Den postmoderne billedkunst og dens foruds at ninger, in: *Kritik*, 72 (1985) S. 45-68.

Burgin, Victor: *The end of art theory: Criticism and Postmodernity*, Atlantic Highlands 1986.

Butterick, George F.: Editing Postmodern Texts, in: *Sulfur*, 11 (1984) S. 113-140.

Caliban, 12 (1975) (Themenheft: Postmoderne).

Calinescu, Matei: From the One to the Many, in: Hassan, Ihab/Hassan, Sally (Hrsg.): *Innovation/Renovation,* Madison (Wisc.) 1983, S. 311–327.
- Postmodernism and Some Paradoxes of Periodization, in: Fokkema, Douwe/Bertens, Hans (Hrsg.): *Approaching Postmodernism,* Amsterdam/Philadelphia 1986, S. 239–254.
Caramello, Charles: On Styles of Postmodern Writing, in: Benamou, Michel/Caramello, Charles (Hrsg.): *Performance in Postmodern Culture,* Madison (Wisc.) 1977, S. 221–234.
- Performing Self as Performance: James Joyce and the Posmodern Turn, in: *Southern Humanities Review,* 15 (1981) S. 301–3405.
- *Silverless Mirros: Book, Self, and Postmodern American Fiction,* Tallahassee (Fla.) 1983.
Chicago Review, 33/2-3 (1978) (Themenhefte zur postmodernen Literatur und Literaturkritik).
Clurmann, Stuart: An Archeology of Contextual Space, in: *Journal of Modern Literature,* 3/2 (1973) S. 309–322.
Corvalan, Octavio: *El postmodernismo,* New York 1961.
Culler, Jonathan: Structuralism and Grammatology, in: *boundary 2,* 8/1 (1979) S. 75–86.
- *The Pursuit of Signs: Semiotics, Literature, Deconstruction,* Ithaka (N.Y.) 1981.
- *On Deconstruction,* Ithaka (N.Y.) 1982.
Davidson, Michael: Languages of Post-Modernism, in: *Chicago Review,* 26 (1975) S. 11–22.
Deguy, Jacques: Sartre critique littéraire: une autre postmodernité?, in: Varga, A. Kinédi (Hrsg.): *Littérature et postmodernité,* Groningen 1986, S. 55–70.
Deleuze, Gilles: *Proust et les signes,* Paris 1987 (7).
   (dt.): *Proust und die Zeichen,* Frankfurt a. M./Berlin/Wien 1978.
Deleuze, Gilles/Gualtari, Félix: *Kafka, pour une littérature mineure,* Paris 1975.
   (dt.): *Kafka, Für eine kleine Literatur,* Frankfurt a. M. 1976.
Derrida, Jacques: Mallarmé, in: *Tableau de la littérature française: De Madame de Staël à Rimbaud,* Paris 1974, S. 368–379.
- (frz./engl.): *Signéponge,* Columbia 1983 (verwendet zwei gleichnamige Texte v. 1975 u. 1976).
- Pas I, in: *Gramma. Lire Blanchot,* 1/3-4 (1976) S. 111–215.
- (engl.): Limited Inc, in: *Glyph,* 2 (1977) S. 162–254.
- Le retrait de la métaphore, in: Derrida, Jacques: *Psyche,* Paris 1988, S. 63–94 [zuerst in: *Poesie,* 7 (1978) S. 103–126].
   (dt.): Der Entzug der Metapher, in: Bohn, Volker: *Romantik,* Frankfurt a.M. 1987, S. 317–355.
- Living on – Border Lines, in: Bloom, Harold (Hrsg.): *Deconstruction and Criticism,* New York 1979, S. 75–176.
- Titre (à préciser) (ungedruckt).
   (dt.): Titel (noch zu bestimmen) in: Kittler, Friedrich A. (Hrsg.): *Austreibung des Geistes aus den Geisteswissenschaften,* Paderborn 1980, S. 15–37.
- (frz./engl.): La Loi du genre/The Law of Genre, in: *Glyph,* 7 (1980) S. 176–232.
- Les morts de Roland Barthes, in: *Poetique,* 47 (1982) S. 269–292.
   (dt.): *Die Tode von Roland Barthes,* München 1987.
- Préjugés, in: Bolz, Norbert/Hübener, Wolfgang (Hrsg.): *Spiegel und Gleichnis, Festschrift Jacob Taubes,* Würzburg 1983, S. 343–366.
- (engl./frz.): (Diskussionsbeitrag), in: On Feminine Writing, A *boundary 2* Symposion, 12/2 (1984) S. 76–93.
- (ital.): Pacific Deconstruction, 2. Lettera a un amico giapponese, in: *rivista di estetica,* 17 (1984) S. 5–10.
- (engl.): *Memoires for Paul de Man,* New York 1986.
   (dt.): *Memoires. Für Paul de Man,* Wien 1988.

- *Schibboleth*, Paris 1986.
  (dt.): *Schibboleth*, Wien 1986.
- *Ulysse. grammophon: deux mots pour Joyce*, Paris 1987.
  (dt.): *Ullysses. Grammophon*, Berlin 1988 (angek.).

Detweiler, Robert: Theological Trends of Postmodern Fiction, in: *American Academy of Religion Journal*, 44 (1976) S. 225-237.

D'haen, Theo: Postmodernism in American Fiction and Art, in: Fokkema, Douwe/Bertens, Hans (Hrsg.): *Approaching Postmodernism*, Amsterdam/Philadelphia 1986, S. 221-232.

Dimitriu, Petru: *Die Transmoderne. Zur Situation des Romans*, Frankfurt a.M. 1965.

Ebert, Teresa L.: The Convergence of Postmodern Innovative Fiction and Science Fiction, in: *Poetics Today*, 1/4 (1980) S. 91-104.

Eco, Umberto: (dt.): Postmodernismus, Ironie und Vergnügen, in: Eco, Umberto: *Nachschrift zum ‚Namen der Rose‘*, München 1984.
- *Postille a ‚Il nome della rosa‘*, Mailand 1983.
  (dt.): *Nachrift zum ‚Namen der Rose‘*, München 1984.
- (dt.): Die Zeit der Kunst, in: Kamper, Dietmar/ Wulf, Christoph (Hrsg.): *Die sterbende Zeit*, Darmstadt 1987, S. 235-248.

Enzensberger, Hans Magnus: Die Aporien der Avantgarde, in: Enzensberger, Hans Magnus: *Einzelheiten II*, Frankfurt a.M. 1963, S. 50-80.

Fiedler, Leslie: Cross the Border — Close the Gap, in: *Playboy* (Dez. 1969), wieder abgedruckt in: *Cunliffe* (1975) S. 344-366.
  (dt.): in: Schröder, Jörg (Hrsg.): *März-Mammut. März-Texte*, Herbstein 1984 (2), S. 673-697.
- *Collected Essays*, New York 1971.

Fokkema, Douwe W.: *Literary History, Modernism and Postmodernism*, Amsterdam/Philadelphia 1984.
- The Semantic and Syntactic Organization of Postmodern Texts, in: Fokkema, Douwe/Bertens, Hans (Hrsg.): *Approaching Postmodernism*, Amsterdam/Philadelphia 1986, S. 81-98.

Fokkema, Douwe/Bertens, Hans (Hrsg.): *Approaching Postmodernism*, Amsterdam/Philadelphia 1986.

Fokkema, Douwe/Calinescu, Matei (Hrsg.): *Exploring Postmodernism*, Amsterdam/Philadelphia (angek.).

Frank, Manfred: Die Entropie der Sprache. Überlegungen zur Debatte Searle-Derrida, in: Frank, Manfred: *Das Sagbare und das Unsagbare*, Frankfurt a.M. 1980, S. 141-210.

Galloway, David D.: Postmodernism, in: *Contemporary Literature*, 14 (1973) S. 398-405.

Garvin, Harry R. (Hrsg.): *Romanticism, Modernism, Postmodernism*, Lewisburg (Penn.) 1980.

Giddens, Anthony: Modernism and Post-Modernism, in: *New German Critique*, 22 (1981) S. 15-18.

Goldberg, Jonathan: *Voice, Terminal, Echo: Postmodernism and English Renaissance texts*, New York/London 1986.

Graff, Gerald: The Myth of the Postmodernist Breakthrough, in: Graff, Gerald: *Literature against Itself*, Chicago 1979, S. 31-62 [zuerst in: *TriQuarterly*, 26 (1973) S. 383-417].
- Babbitt at the Abyss, in: Graff, Gerald: *Literature against Itself*, Chicago 1979, S. 207-240 [zuerst in: *TriQuarterly*, 33 (1976) S. 307-319; zusätzlicher Untertitel: The Social Context of Postmodern American Fiction].
- Some Doubts About Postmodernism, in: *Par Rapport*, 2 (1979) S. 101-106.

Grimminger, Rolf: Heimsuchungen der Vernunft — Die Postmoderne und Matthes & Seitz, in: *Merkur*, 39 (1985) S. 842-858.

Gumbrecht, Hans Ulrich: Posthistoire now, in: Gumbrecht, Hans Ulrich/Link-Heer, Ursula (Hrsg.): *Epochenschwellen und Epochenstrukturen im Diskurs der Literatur- und Sprachhistorie,* Frankfurt a. M. 1986, S. 34-50.
- Déconstruction Deconstructed. Transformationen französischer Logozentrismus-Kritik in der amerikanischen Literaturtheorie, in: *Philosophische Rundschau,* 33 (1986) S. 1-35.

Hafrey, Leigh: The Gilded Cage: Postmodernism and After, in: *TriQuarterly,* 56 (1983) S. 126-136.

Hartman, Geoffrey: *Saving the Text: Literature/Derrida/Philosophy,* Baltimore 1981.

Hartung, Harald: Pop als ‚postmoderne' Literatur. Die deutsche Szene: Brinkmann und andere, in: *Neue Rundschau,* 82 (1971) S. 723-743.

Hassan, Ihab: *Paracriticisms: Seven Speculations on the Times,* Urbana (Ill.) 1967, Neuaufl. 1975.
- *The Dismemberment of Orpheus. Toward a Postmodern Literature,* New York 1971; Neuauflage Madison (Wisc.) 1982 [darin: Toward a Concept of Postmodernism, wieder abgedruckt in: Hassan, Ihab: *The Postmodern Turn,* Columbus (Ohio) 1987].
- Joyce, Beckett, and the Postmodern Imagination, in: *TriQuarterly,* 34 (1976) S. 179-200. (dt.): Joyce, Beckett und die postmoderne Imagination, in: Mayer, Hans/Johnson, Uwe (Hrsg.): *Das Werk von Samuel Beckett,* Frankfurt a. M. 1975, S. 1-25.
- Prometheus as Performer: Toward a Posthumanist Culture?, in: *Georgia Review,* 31 (1977) S. 830-850, auch in: Benamou, Michel/Caramello, Charles (Hrsg.): *Performance in Postmodern Culture,* Madison (Wisc.) 1977, S. 201-217.
- Culture, Indeterminacy, and Immanence: Margins of the (Postmodern) Age, in: *Humanities in Society,* 1/1 (1978) S. 51-85, wieder abgedruckt in: Hassan, Ihab: *The Postmodern Turn,* Columbus (Ohio) 1987.
(ital.): Cultura, indeterminazione & immanenza: margini dell'età (Postmoderna), in: Bell, Daniel u. a.: *Immagini del Post-Moderno. Il dibatti sulla società post-industriale e l'architettura,* Venedig 1983, S. 131-169.
- ( ): ‚Finnegans Wake' and the Postmodern Imagination in: *The Right Promethean Fire,* Urbana (Ill.) 1980, wieder abgedruckt in: Hassan, Ihab: *The Postmodern Turn,* Columbus (Ohio) 1987.
(dt.): ( ): ‚Finnegans Wake' und die schöpferische Fantasie der Postmoderne, in: *Schreibheft,* 29 (1987) S. 48-58.
- The Question of Postmodernism, in: Garvin, Harry R. (Hrsg.): *Romanticism, Modernism, Postmodernism,* Lewisburg (Penn.) 1980, S. 117-126.
- Desire and Dissent in the Postmodern Age, in: *Kenyon Review,* 5 (1983) S. 1-18.
- Pluralism in Postmodern Perspective, in: *Critical Inquiry,* 12 (1986) S. 503-520, wieder abgedruckt in: Hassan, Ihab: *The Postmodern Turn,* Columbus (Ohio) 1987.
(dt.): Pluralismus in der Postmoderne, in: Kamper, Dietmar/Reijen, Willem van (Hrsg.): *Die unvollendete Vernunft: Moderne versus Postmoderne,* Frankfurt a. M. 1987, S. 157-185.
- Making Sense: The Trials of Postmodern Discourse, in: *New Literary History,* 18 (1987) S. 437-459, wieder abgedruckt in: Hassan, Ihab: *The Postmodern Turn,* Columbus (Ohio) 1987.
- *The Postmodern Turn. Essays in Postmodern Theory and Culture,* Columbus (Ohio) 1987 (Textsammlung).,

Hassan, Ihab/Hassan, Sally (Hrsg.): *Innovation/Renovation,* Madison (Wisc.) 1983.

Hayman, David: Double-Distancing: An Attribute of the Post-Modern Avant-Garde, in: *Novel,* 12 (Herbst 1978) S. 33-47.

Hays, Michael: Peter Handke and the End of the Modern, in: *Modern Drama,* 23 (1981) S. 346-366.

Heise, Hans Juergen: Das Dilemma der Postmoderne. Gegen eine Wegwerf-Lyrik, in: *Merkur,* 34 (1980) S. 1004-1011.

Hoffmann, Gerhard/Hornung, Alfred/Kunow, Rüdiger: ‚Modern', ‚Postmodern' and ‚Contemporary' as Criteria for the Analysis of 20th Century Literature, in: *Amerikastudien,* 22/1 (1977) S. 19-46.
- The Fantastic in Fiction: Its ‚Reality' Status, its Historical Development and its Transformation in Postmodern Narration, in: *REAL,* 1 (1982) S. 267-364.
- Social Criticism and the Deformation of Man: Satire, the Grotesque, and Comic Nihilism in the Modern and Postmodern American Novel, in: *Amerikastudien,* 28 (1983) S. 141-203.
- The Absurd and its Form of Reduction in Postmodern American Fiction, in: Fokkema, Douwe/Bertens, Hans (Hrsg.): *Approaching Postmodernism,* Amsterdam/Philadelphia 1986, S. 185-210.
- *Der zeitgenössische amerikanische Roman,* 3 Bde., München 1988.

Holthusen, Hans Egon: Heimweh nach Geschichte: Postmoderne und Posthistoire in der Literatur der Gegenwart, in: *Merkur,* 430 (1984) S. 902-917.

Holub, Richard C.: Trends in Literary Criticism. Politicizing Post-Structuralism: French Theory and the Left in the Federal Republic and in the United States, in: *The German Quarterly,* 57/1 (1984) S. 75-90.

Horstmann, Ulrich: *Parakritik und Dekonstruktion. Eine Einführung in den amerikanischen Poststrukturalismus,* Würzburg 1983.

Howe, Irving: Mass Society and Postmodern Fiction, in: *Partisan Review,* 26 (1959) S. 420-436.

Hutcheon, Linda: A Poetics of Postmodernism?, in: *Diacritics,* Winter 1983, S. 33-42.

Huyssen, Andreas: The Search for Tradition. Avantgarde and Postmodernism in the 1970ths, in: *New German Critique,* 22 (1981) S. 23-40.
- Mapping the Postmodern, in: *New German Critique,* 33 (1984) S. 5-52.

Ibsch, Elrud: From Hypothesis to ‚Korrektur': Refutation as a Component of Postmodernist Discourse, in: Fokkema, Douwe/Bertens, Hans (Hrsg.): *Approaching Postmodernism,* Amsterdam/Philadelphia 1986, S. 119-134.

Ickstadt, Heinz: Kommunikationsmüll und Sprachcollage. Die Stadt in der amerikanischen Fiktion der Postmoderne, in: Scherpe, Klaus (Hrsg.): *Die Unwirklichkeit der Städte,* Reinbek b. Hamburg 1988, S. 197-224.

Isernhagen, Hartwig: Power and Freedom: The Pragmatics of ‚Metaization', in: *Amerikastudien,* 30/1 (1985) S. 37-46.

Jauß, Hans Robert: Der literarische Prozeß des Modernismus von Rousseau bis Adorno, in: Friedeburg, Ludwig von/Habermas, Jürgen (Hrsg.): *Adorno-Koferenz,* Frankfurt a.M. 1983, S. 95-133.

Jenkins, Alan: Outsoaring the Hob-Nailed Boot: Modern and Postmodern Poets, in: *Encounter,* 57 (1981) S. 70-77.

Johnson, Barbara: The Frame of Reference: Poe, Lacan, Derrida, in: *Yale French Studies,* 55/56 (1978) S. 457-505.

Jones, Michael T.: Avant-garde: the convulsions of a concept, in: *Studies in Twentieth Century Literature,* 5 (1980/81) S. 27-40.

Journal of Modern Literature, 3/5 (1974) (Themenheft: Von der Moderne zur Postmoderne).

Kafalenos, Emma: Fragments of a Partial Discourse on Roland Barthes and the Postmodern Mind, in: *Chicago Review,* 35 (1985) S. 72-94.

Kilb, Andreas: Die allegorische Phantasie. Zur Ästhetik der Postmoderne, in: Bürger, Christa/Bürger, Peter (Hrsg.): *Postmoderne. Alltag, Allegorie und Avantgarde,* Frankfurt a.M. 1987, S. 84-113.

Kittler, Friedrich A. (Hrsg.): *Austreibung des Geistes aus den Geisteswissenschaften. Programme des Poststrukturalismus,* München 1976.

– Vergessen, in: Nassen, Ulrich: *Texthermeneutik. Aktualität, Geschichte, Kritik,* Paderborn 1979, S. 195–221.
Kittler, Friedrich A./Turk, Horst (Hrsg.): *Urszenen. Literaturwissenschaft als Diskursanalyse und Diskurskritik,* Frankfurt a.M. 1977.
Klinkowitz, Jerome: *Literary Disruptions: The Making of a Post-Contemporary American Fiction,* Urbana (Ill.) 1975, Champaign (Ill.) 1977 (2) u. 1980 (3).
– Avant-Garde and After, in: *SubStance,* 27 (1980) S. 125–137.
– *The Self-Apparent Word,* Carbondale 1984.
Knapp, Steven/Michaels, Walter Benn: Against Theory, in: *Critical Inquiry,* 8 (1982) S. 723–742.
– Against Theory 2: Hermeneutics and Deconstruction, in: *Critical Inquiry,* 14/1 (1988) S. 49–68.
Kristeva, Julia: ‚Postmodernism'?, in: Garvin, Harry R. (Hrsg.): *Romanticism, Modernism, Postmodernism,* Lewisburg (Penn.) 1980, S. 136–141.
Krysinski, Wladimir: Fragment e fragmentation: le destin de la modernité et les pratiques romanesques, in: *Social Science Information,* 23/3 (1983) S. 577–587.
Kutnik, Jerzy: On the Modern Element in Modern Literature: A Post-Modern Stance, in: *Kwartalnik Neofilologiczny,* 27 (1980) S. 385–396.
L'80, 34 (1985) (Themenheft: Literatur im Schatten der Postmoderne).
Laermann, Klaus: Lacancan und Derridada. Über die Frankolatrie in den Kulturwissenschaften, in: *Kursbuch,* 84 (1986) S. 34–43.
Lauretis, Teresa de: Gaudy Rose: Eco and Narcissism, in: *SubStance,* 47 (1985) S. 13–29.
– Das Rätsel der Lösung — Umberto Ecos ‚Der Name der Rose' als postmoderner Roman, in: Huyssen, Andreas/Scherpe, Klaus (Hrsg.): *Postmoderne,* Reinbek b. Hamburg 1986, S. 251–269.
Lethen, Helmut: Modernism Cut in Half: the Exclusion of the Avant-garde and the Debate on Postmodernism, in: Fokkema, Douwe/Bertens, Hans (Hrsg.): *Approaching Postmodernism,* Amsterdam/Philadelphia 1986, S. 233–238.
Lodge, David: *Modernism, Antimodernism and Postmodernism,* Birmingham 1977.
Man, Paul de: *Blindness and Insight. Essays in the Rhetoric of Contemporary Criticism,* New York 1971.
Martin, Richard: The Critic as Entertainer, Ten Digressions and a Diversion on Stereotypes and Innovation, in: *Amerikastudien,* 30/3 (1985) S. 425–427.
Martin, Wallace: Postmodernism: Ultima Thule or Seim Anew?, in: Garvin, Harry R. (Hrsg.): *Romanticism, Modernism, Postmodernism,* Lewisburg (Penn.) 1980, S. 142–154.
Mazzaro, Jerome: *Postmodern American Poetry,* Urbana (Ill.) 1980.
– The Genesis of Postmodernism in Postmodern American Poetry, in: *New Literary History,* 18 (1986) S. 1–31.
McCaffery, Larry: Literary Disruptions: Fiction in a ‚Post-Contemporary' Age, in: *boundary 2,* 5 (1976) S. 137–151.
McConnell, Frank: The Corpse of the Dragon: Notes on Postromantic Fiction, in: *TriQuarterly,* 33 (1975) S. 273–303.
McHale, Brian: Modernist Reading, Postmodernist Text: The case of Gravity's Rainbow, in: *Poetics Today,* 1/1–2 (1980) S. 85–110.
– Writing about Postmodern Writing, in: *Poetics Today,* 3/3 (1982) S. 211–227.
– Change of Dominant from Modernist to Postmodernist Writing, in: Fokkema, Douwe/Bertens, Hans (Hrsg.): *Approaching Postmodernism,* Amsterdam/Philadelphia 1986, S. 53–80.
McNamara, Eugene: The Post-Modern American Novel, in: *Queen's Quarterly,* 69 (1962) S. 265–275.

Meder, Norbert: Wittgenstein oder Die Poetik der Postmoderne, in: *Spuren*, 9 (1984/85) S. 33-36.
Mesch, Harald: *Verweigerung endgültiger Prädikation. Ästhetische Formen und Denkstrukturen der amerikanischen Postmoderne 1950-1970*, München 1984.
Montfrans, Manet van: Vers une issue de l'impasse postmoderne: à propos de Robbe-Grillet, in: Varga, A. Kinédi (Hrsg.): *Littérature et postmodernité*, Groningen 1986, S. 81-89.
Müller, Heiner: Reflections on post-modernism, in: *New German Critique*, 16 (1979) S. 55-57.
Musarra, Ulla: Duplication and Multiplication: Postmodernist Devices in the Novels of Italo Calvino, in: Fokkema, Douwe/Bertens, Hans (Hrsg.): *Approaching Postmodernism*, Amsterdam/Philadelphia 1986, S. 135-156.
Nägele, Rainer: Modernism and Postmodernism. The Margins of Articulations, in: *Studies in Twentieth Century Literature*, 5/1 (1980/81) S. 5-25.
New Literary History, 3 (1971) (Themenschwerpunkt: Moderne und Postmoderne).
Newman, Charles: *The Post-Modern Aura* — The Act of Fiction in an Age of Inflation, Evanston 1985, Vorabdruck in: *Salmagundi*, 63-64 (1984).
Noel, Daniel C.: Tales of Fictive Power: Dreaming and Imagination in Ronald Sukenick's Postmodern Fiction, in: *boundary 2*, 5 (1976) S. 21-44.
O'Hara, Daniel: The Romance of Interpretation: A ‚Postmodern' Critical Style, in: *boundary 2*, 8/3 (1980) S. 259-284.
Olson, Charles: The Act of Writing in the Context of Postmodern-Man, in: *Olson: The Journal of the Charles Olson Archives*, 2 (1974) S. 28 (Text v. 1952).
Orr, Leonhard (Hrsg.): *De-Structing the Novel: Essays in Applied Postmodern Hermeneutics*, Troy (N.Y.) 1982.
Perloff, Marjorie: Contemporary/Postmodern: The ‚New' Poetry?, in: Garvin, Harry R. (Hrsg.): *Romanticism, Modernism, Postmodernism*, Lewisburg (Penn.) 1980, S. 171-179.
Pinsker, Sanford: Ulysses and the Post-Modern Temper, in: *Midwest Quarterly*, 15 (1974) S. 406-416.
Pütz, Manfred: The Struggle of the Postmodern: Books on a New Concept in Criticism, in: *Kritikon Litterarum*, 2 (1973) S. 225-237.
Pütz, Manfred/Freese, Peter (Hrsg.): *Postmodernism in American Literature: A Critical Anthology*, Darmstadt 1984.
Rapaport, Herman: *Milton and the Postmodern*, Lincoln 1983.
Raulet, Gérard: The Logic of Decomposition: German Poetry in the 1960s, in: *New German Critique*, 21 (1980) S. 81-107.
Roberts, David: Marat/Sade oder die Geburt der Postmoderne aus dem Geist der Avantgarde, in: Bürger, Christa/Bürger, Peter (Hrsg.): *Postmoderne. Alltag, Allegorie und Avantgarde*, Frankfurt a.M. 1987, S. 170-195.
Rochberg, George: The Avant-Garde and the Aesthetics of Survival, in: *New Literary History*, 3/1 (1971) S. 71-93.
Russell, Charles: Individual Voice in the Collective Discourse: Literary Innovation in Postmodern American Fiction, in: *SubStance*, 27 (1980) S. 28-39.
- *The Avant-Garde Today*, Urbana (Ill.) 1981.
- *Poets, Prophets, and Revolutionaries. The Literary Avant-Garde from Rimbaud through Postmodernism*, New York/Oxford 1985.
Said, Edward: Abecedarium Culturae: Structuralism, Absence Writing, in: *TriQuarterly*, 20 (1971).
- What is Beyond Formalism?, in: *Modern Language Notes*, 86 (1971) S. 933-945.
- Contemporary Fiction and Criticism, in: *TriQuarterly*, 33 (1975) S. 231-256.
- *The World, the Text and the Critic*, Cambridge 1983.

- Intellectuals in the Post-Colonial World, in: *Salmagundi,* 70/71 (1986) S. 44-64 (anschließend Diskussion, S. 65-81).
Salmagundi, 67 (1985) (Sammlung von Reaktionen auf Charles Newmans ‚The Post-Modern Aura', Kurzbeiträge von: Ihab Hassan: S. 163-170; John O'Kane: S. 171-181; Charles Molesworth: S. 182; William O'Rourke: S. 183f.; Reed Way Dasenbrock: S. 185-187; Leslie Woolf Hedley: S. 188f.; Stellungnahme Newmans: Taking Stock, S. 190-197).
Scherpe, Klaus R.: Dramatisierung und Entdramatisierung des Untergangs – zum ästhetischen Bewußtsein von Moderne und Postmoderne, in: Huyssen, Andreas/Scherpe, Klaus (Hrsg.): *Postmoderne,* Reinbek b. Hamburg 1986, S. 270-301.
- (Hrsg.): *Die Unwirklichkeit der Städte. Großstadtdarstellungen zwischen Moderne und Postmoderne,* Reinbek b. Hamburg 1988.
Schmid, Herta: Postmodernism in Russian Drama: Vampilov, Amalrik, Aksënov, in: Fokkema, Douwe/Bertens, Hans (Hrsg.): *Approaching Postmodernism,* Amsterdam/Philadelphia 1986, S. 157-184.
Schmitz, Neil: Gertrude Stein as Post-Modernist: The Rhetoric of ‚Tender Buttons', in: *Journal of Modern Literature,* 3 (1974) S. 1203-1218.
Schor, Naomi/Majewski, Henry F. (Hrsg.): *Flaubert and Postmodernism,* Lincoln/London 1984.
Schreibheft, 29 (1987) (Themenheft: Palmen in Alaska – Ein Streifzug durch die postmoderne Literatur US-Amerikas).
Schütze, Jochen C.: Aporien der Literaturkritik – Aspekte der postmodernen Theoriebildung, in: Huyssen, Andreas/Scherpe, Klasu (Hrsg.): *Postmoderne,* Reinbek b. Hamburg 1986, S. 196-218.
Searle, John R.: Reiterating the Differences: A Reply to Derrida, in: *Glyph,* 1 (1977) S. 198-208.
Shattuck, Roger: After the Avant-Garde, in: *New York Review of Books* (März 1970) S. 41-47.
Sontag, Susan: *Against Interpretation,* New York 1966.
 (dt.): *Kunst und Antikunst,* München 1980.
- *Styles of Radical Will,* New York 1969.
- *Under the Sign of Saturn,* New York 1981.
Spanos, William V.: The Detective and the Boundary; Some Notes on the Postmodern Literary Imagination, in: *boundary 2,* 1 (1972) S. 147-168.
- De-Struction and the Question of Postmodernist Literature: Towards a Definition: in: *Par Report,* 2 (1979) S. 107-122.
Stevick, Philip: *Alternative Pleasures: Postrealist Fiction and the Tradition,* Urbana (Ill.) 1981.
- Literature, in: Trachtenberg, Stanley (Hrsg.): *The Postmodern Moment. A Handbook of Contemporary Innovation in the Arts,* Westport (Conn.)/London 1985, S. 135-156.
Studies in Twentieth Century Literature, 5/1 (1980) (Themenschwerpunkt: Moderne und Postmoderne).
Suleiman, Susan Rubin: Naming and Difference: Reflections on ‚Modernism versus Postmodernism' in Literature, in: Fokkema, Douwe/Bertens, Hans (Hrsg.): *Approaching Postmodernism,* Amsterdam/Philadelphia 1986, S. 255-270.
Tani, Steffano: *The Doomed Detective: The Contribution of the Detective Novel to Postmodern American and Italian Fiction,* Carbondale (Ill.) 1984.
Tatham, Campbell: Critical Investigations: Language Games: (Post)Modern(Ism) in: *SubStance,* 10 (1974) S. 67-80.
Thiher, Allen: *Words in Reflection. Modern Language Theory and Postmodern Fiction,* Chicago/London 1984.

Todd, Richard: The Presence of Postmodernism in British Fiction: Aspects of Style and Selfhood, in: Fokkema, Douwe/Bertens, Hans (Hrsg.): *Approaching Postmodernism*, Amsterdam/Philadelphia 1986, S. 99–118.
Updike, John: Modernist, Postmodernist, What Will They Think of Next?, in: *New Yorker*, 10 Sept. 1984, S. 136–142.
Varga, A. Kibédi (Hrsg.): *Littérature et postmodernité*, Groningen 1986 (vgl. Kap.: Récit et postmodernité, S. 1–16).
Vester, Heinz-Günter: Konjunktur der Konjunkturen. Postmodernität bei Pynchon, Eco, Strauß, in: *L'80*, 34 (1985) S. 11–28.
Vormweg, Heinrich: Auf dem Rückmarsch durch die Moderne. Die Literatur der Gegenwart als Indikator gesellschaftlicher Prozesse, in: Vormweg, Heinrich (Hrsg.): *Das Elend der Aufklärung*, Darmstadt/Neuwied 1985.
Voss, Dietmar: Metamorphosen des Imaginären – nachmoderne Blicke auf Ästhetik, Poesie und Gesellschaft, in: Huyssen, Andreas/Scherpe, Klaus (Hrsg.): *Postmoderne*, Reinbek b. Hamburg 1986, S. 219–250.
Wallace Stevens Journal, 7 (1983) (Themenheft: Stevens und postmoderne Kritik).
Wasson, Richard: From Priest to Prometheus: Culture and Criticism in the Post-Modern Period, in: *Journal of Modern Literature*, 3 (1974) S. 1188–1202.
Wellbery, David E.: Postmodernism in Europe: On Recent German Writing, in: Trachtenberg, Stanley (Hrsg.): *The Postmodern Moment. A Handbook of Contemporary Innovation in the Arts*, Westport (Conn.)/London 1985, S. 229–250.
Wetzel, Michael: Der „Post"-Strukturalismus als postmodernes Phänomen. Authentizität und Travestie der Telekommunikation im Anschluß an „The Crying of Lot 49" von Thomas Pynchon, in: *Fragmente* 25 (1987) S. 39–45.
Wetzig, Karl-Ludwig: Postmodernes Panorama, in: *norrøna*, 4 (1987) S. 22–34.
Widmer, Kingsley: The Post-Modernist Art of Protest: Kesey and Mailer as American Expressions of Rebellion, in: *Centennial Review*, 19 (1975) S. 121–135.
Wilde, Alan: Barthelme Unfair to Kierkegaard: Some Thoughts on Modern and Postmodern Irony, in: *boundary 2*, 5 (1976) S. 45–70.
– *Irony in the Postmodern-Age: Toward a Map of Suspensiveness*, in: *boundary 2*, 9/1 (1980) S. 5–46.
– *Horizons of Assent: Modernism, Postmodernism, and the Ironic Imagination*, Baltimore 1981.
Ziolkowski, Theodore: Toward a Post-Modern Aesthetic, in: *Mosaic*, 2 (1969) S. 1121–129.

4. Architektur, Bildende Kunst, Kunsttheorie

Akin, Omer: A style named post-modern, in: *Architectural Design*, 49/8–9 (1979) S. 224–226.
Alexander, Christopher: *Community and Privacy: Toward a New Architecture of Humanism*, Garden City (N.Y.) 1963.
Alloway, Lawrence/Kuspit, Donald B./Rosler, Martha/Marck, Jan van der: *The Idea of the Post-Modern: Who is teaching it?*, Seattle 1981.
Archetype, 3/1 (1982) (Themenheft: The Presence of the Past).
Arnell, Peter/Bickford, Ted (Hrsg.): *Robert A. M. Stern 1965–1980: Toward a Modern Architecture after Modernism*, New York 1981.
– *Charles Gwathney and Robert Siegel: Buildings and Projects 1964–1984*, New York 1984.
Bartetzko, Dieter: Endstation Sehnsucht. Bühnenbauten und postmoderne Architektur, in: *Jahrbuch für Architektur* (1985/86) S. 15–32.

Barthes, Roland: (dt.): *Cy Twombly,* Berlin 1983.
Battcock, Gregory (Hrsg.): *Idea Art — A Critical Anthology,* New York 1973.
Baudrillard, Jean: Astral American, in: *Artforum* (Sept. 1984) S. 70-74.
Beaucamp, Eduard: Moderne, Postmoderne, Ultramoderne. Kunsthistorische Anmerkungen, in: *Moderne und Tradition, Festschrift Max Imdahl,* München 1985, S. 9-12.
Bell, Daniel u. a.: *Immagini del Post-Moderno. Il dibattito sulla società post-industriale e l'architettura,* Venedig 1983.
Bell, David: Unity and aesthetics of incompletion in architecture, in: *Architectural Design,* 49/7 (1979) S. 175-182.
Bergonzi, Bernard (Hrsg.): *Innovations: Essays on Art and Ideas,* London 1968.
Blake, Peter: *Form Follows Fiasco: Why Modern Architecture Hasn't Worked,* Boston 1977.
Blomeyer, G.R./Tietze, B. (Hrsg.): *In Opposition zur Moderne,* Braunschweig 1977.
Bloomer, Kent/Moore, Charles W.: *Body, Memory and Architecture,* New Haven (Conn.) 1977.
Böhringer, Hannes: Die Ruine in der Posthistoire, in: *Merkur,* 406 (1982) S. 367-375.
- Traumverwaltung — Über die neofeudale Inanspruchnahme der modernen Kunst, in: *Merkur,* 41 (1987) S. 344-349.
Branzi, Andrea: *Moderno postmoderno millenario,* Turin/Mailand 1980.
Brix, Michael: Hans Hollein — Architekturdesign, in: *Idea,* 3 (1984) S. 167-196.
Broadbent, Geoffrey/Bulint, Richard/Jencks, Charles (Hrsg.): *Signs, Symbols and Architecture,* New York 1980.
- Functionalism versus Post-Modernism, in: Papadakis, Andreas (Hrsg.): *The Post-Modern Object, Art & Design,* 3/3-4 (1987) S. 73-75.
Brüderlin, Markus: Postmoderne Seele und Geometrie: Perspektive eines neuen Kunstphänomens, in: *Kunstforum,* 86)1986) S. 80-142.
Bruegmann, Robert: Two Post-Modernist Visions of Urban Design: Venturi and Scott. Brown and Rob Krier, in: *Landscape,* 26/2 (1982) S. 31-37.
Buchloh, B.H.D.: *Postmoderne — Neo-Avantgarde: Essays zur europäischen und amerikanischen Kunst zwischen 1960 und 1980,* Köln 1984.
Bürger, Christa (Hrsg.): (engl.): The Disappearance of Art: The Postmodernism Debate in the U.S., in: *Telos,* 68 (1986) S. 93-106.
   (dt.): Das Verschwinden der Kunst. Die Postmoderne-Debatte in den USA, in: Bürger, Christa/Bürger, Peter (Hrsg.): *Postmoderne. Alltag, Allegorie und Avantgarde,* Frankfurt a.M. 1987, S. 34-55.
Centre International d'expérimentation artistique. Marie-Louise Jeanneret/Dopo l'architettura postmoderna, Rom 1983.
Chao, Sonia R./Abramson, Trevor D.: *Kohn Pedersen Fox: Buildings and Projects. 1976-1986,* New York 1987.
Coleman, Alice: Whither Post-Modern Housing?, in: *Architectural Design,* 56/10-11 (1986) S. 70-72.
Collins, Michael: Post-Modern Design, in: Papadakis, Andreas (Hrsg.): *The Post-Modern Object, Art & Design,* 3/3-4 (1987) S. 11-23.
Colquhoun, Alan: *Essays in Architectural Criticism: Modern Architecture and Historical Change,* Cambridge (Mass.) 1981.
Contemporary Landscape from the Horizon of Postmodern Design, Kyoto/Tokio 1985 (Katalog mit Beiträgen v. Shinji Kohmoto, Alessandro Mendini).
Crimp, Douglas: The Postmodern Museum, in: *Parachute,* 46 (1987) S. 61-69.
CRIT: The Architectural Student Journal, 4 (1978) (Themenheft: The Search for a Postmodern Architecture).

Crotti, Sergio: Chi a paura della modernità?, in: *Casabella*, 537 (1987) S. 32-32 (Rezension zu Maldonado, Tomas: Il futuro della modernità, Mailand 1987).
Curtis, William J.R.: Grundsätze vs. Pastiche, in: *Archithese*, 15/6 (1985) S. 21-32.
Dahle, Terje Nils (red.Bearb.): *Post-Moderne*, Stuttgart 1984 (Bibliographie, hrsg. v. Informationszentrum Raum und Bau der Fraunhofer Gesellschaft).
Davis, Douglas: *Artculture: Essays on the Post-Modern*, New York 1977.
- Post-Everything, in: *Art in America*, 68 (1980) S. 11 u. 13-14.
Davis, Mike: Urban Renaissance and the Spirit of Postmodernism, in: *new left review*, 151 (1985) S. 106-113.
Deleuze, Gilles: *Francis Bacon: Logique de la sensation*, Paris 1981.
Dennis, Michael: Architektur und die City der Postmoderne, in: *Werk, Bauen und Wohnen*, 38/1-2 (1983) S. 52-59 (Zusammenfass. engl./frz.).
Derrida, Jacques: +R (par dessus le marché) in: *Adami*, Paris 1975.
  (dt.): *Adami*, München 1986.
  (dt. Teilübersetzung): Ein Porträt Walter Benjamins, in: Lindner, Burckhardt: ,*Links hatte noch alles sich zu enträtseln ...*', Frankfurt a.M. 1978, S. 171-178.
- *La vérité en peinture*, Paris 1978.
  (engl.): *The Truth in Painting*, Chicago 1988.
- Point de folie − maintenant l'architecture, in: Tschumi, B.: *La case vide*, London 1986, wieder abgedruckt in: Jacques Derrida, *Psyché*, Paris 1988, S. 477-493.
  (dt.): Am Nullpunkt der Verrücktheit − Jetzt die Architektur, in: Welsch, Wolfgang (Hrsg.): *Wege aus der Moderne*, Weinheim 1988, S. 215-232.
Derrida, Jacques/Lascault, Gilbert: *Titus Carmel. (The pocket size Tlingit Coffin)*, Paris 1978.
Derrida, Jacques/Meyer, Eva: Labyrinth und Archi/Textur, in: *Das Abenteuer der Ideen. Architektur und Philosophie seit der industriellen Revolution*, Berlin 1984.
Derrida, Jacques/Thevenin, Paul: *Antonin Artaud, dessins et portraits*, Paris 1986.
  (dt.): *Antonin, Artaud: Das graphische Werk*, München 1985.
Dilnot, Clive: The postmodern condition, in: *Art history*, 9/2 (1986) S. 245-263 (Rezension).
Douglas, Davis: *Artculture. Essays on the Post-Modern*, New York 1977.
- Late Postmodern: The End of Style, in: *Art in America* (Juni 1987) S. 14-23.
Drücke, Eberhardt: Schwierigkeiten mit der Moderne. Zur Oppositionsstrategie der Postmoderne, in: *Arch+*, 57-58 (1981) S. 78-83.
Durant, Stuart: Proto Post-Modernism, in: Papadakis, Andreas (Hrsg.): *The Post-Modern Object, Art & Design*, 3/3-4 (1987) S. 76-77.
Eco, Umberto: Funktion und Zeichen. Semiologie der Architektur, in: *Konzept 1. Architektur als Zeichensystem*, Tübingen 1981.
- Komponentenanalyse einer Säule, in: *Werk*, 10 (1971).
Eisenman, Peter: Notes on Conceptual Architecture, in: *Casabella*, 25/359-360 (1971) S. 49-58.
- Post-funzionalismo, in: Bell, Daniel u.a.: *Immagini del Post-Moderno. Il dibattito sulla società post-industriale e l'architettura*, Venedig 1983, S. 289-296.
- Post-scritto: le ,tombe' del Modernismo, in: Bell, Daniel u.a.: *Immagini del Post-Moderno. Il dibattito sulla società post-industriale e l'architettura*, Venedig 1983, S. 309-316.
Eisenman, Peter/Venturi, Robert: Non siamo filosofi, siamo architetti, in: Bell, Daniel u.a.: *Immagini del Post-Moderno. Il dibattito sulla società post-industriale e l'architettura*, Venedig 1983, S. 327 ff.
Eyck, Aldo van: Rats, Posts and Pests, in: *Royal Institute of British Architects*, 88/4 (1981) S. 47-50.
Feldmann, Morton: After Modernism, in: *Art in America*, 59 (1971) S. 68-77.

Ferraris, Maurizio: ‚Postmoderno', in: Bell, Daniel u. a.: *Immagini del Post-Moderno. Il dibattito sulla società post-industriale e l'architettura,* Venedig 1983, S. 21–32.

Feuerstein, Guenther: Modern? Postmodern? Traditionell? Eklektizistisch? Terminologischer Versuch zu den neuesten Architekturströmungen, in: *Transparent,* 12/1–2 (1981) S. 26–34.

Fischer, Günther u. a.: *Abschied von der Postmoderne, Beiträge zur Überwindung der Orientierungskrise,* Braunschweig/Wiesbaden 1987.

Fischer, Volker: Post-Modernism and Consumer Design, in: Papadakis, Andreas (Hrsg.): *The Post-Modern Object, Art & Design,* 3/3–4 (1987) S. 68–72.

Fisher, Thomas: The Uses of Steel, in: *Progressive Architecture* (Juli 1987) S. 100–105.

Five Architects. Eisenman, Peter/Graves, Michael/Gwathmey, Charles/Hejduk, John/Meier, Richard, New York 1972 (Einl.: Colin, Rowe, Essay: Kenneth Frampton).

Frampton, Kenneth: Towards a Critical Regionalism: Six Points for an Architecture of Resistance, in: Foster, Hal (Hrsg.): *The Anti-Aesthetic: Essays on Postmodern Culture,* Port Townsend (Wash.) 1983, S. 16–30.

(dt.): Kritischer Regionalismus – Thesen zu einer Architektur des Widerstandes, in: Huyssen, Andreas/Scherpe, Klaus (Hrsg.): *Postmoderne,* Reinbek b. Hamburg 1986, S. 151–171.

Frascina, Francis (Hrsg.): *Pollock and After: The Critical Debate,* New York 1985.

Fuller, Peter: *Beyond the Crisis in Art,* London 1980.

– *Aesthetics after Modernism,* London 1983.

Galard, Jean: De la fonction à la fiction, notes sur le postmoderne en architecture, in: Varga, A. Kinédi (Hrsg.): *Littérature et postmodernité,* Groningen 1986, S. 45–54.

Gandelsonas, Mario: On Reading Architecture, in: *Progressive Architecture,* 53/3 (1972) S. 68–88.

Ghirardo, Diane: Past or Post Modern in Architectural Fashion, in: *Telos,* 62 (1984/85) S. 187–195.

Goldberger, Paul: Post-Modernismo: un'introduzione, in: Bell, Daniel u. a.: *Immagini del Post-Moderno. Il dibattito sulla società post-industriale e l'architettura,* Venedig 1983, S. 203–208.

Gottlieb, Carla: Self-Portraiture in Postmodern Art, in: *Wallraf-Richartz-Jahrbuch,* 42 (1981) S. 267–303.

Graham, Dan: Nicht Post-Moderne: Konflikt zwischen Geschichte und Geschichtsbewußtsein, europäischer Archetypos und amerikanischer Kommerzialismus, in: *Kunstforum international,* 65 (1983) S. 44–55.

Greenberg, Clement: *Art and Culture,* Boston 1961.

– Avant-Garde and Kitsch, in: Dorfles, Gillo (Hrsg.): *Kitsch,* New York 1969.

– Modern and Post-Modern, in: *Arts Magazine* (Febr. 1980) S. 64–66.

Groat, Linda: Meaning in Postmodern Architecture: An Examination Using the Multiple Sorting Task, in: *Journal of Environmental Psychology,* 2/1 (1982) S. 3–22.

Groat, Linda/Canter, David: Does Post-Modernismus Communicate? A Study of Meaning, in: *Progressive Architecture,* 60/12 (1979) S. 84–87.

Guillerme, Jacques: The Idea of Architectural Language: A Critical Inquiry, in: *Oppositions,* 10 (1977) S. 21–26.

Habermas, Jürgen: Moderne und postmoderne Architektur, in: *Der Architekt,* 2 (1982) S. 55–58, erw. Fassung in: Habermas, Jürgen: *Die Neue Unübersichtlichkeit,* Frankfurt a. M. 1985, S. 11–29.

The Harvard Architecture Review, 1 (1980) (darin: Beyond the Modern Movement, S. 4–9).

Hermand, Jost: Pop oder die These vom Ende der Kunst, in: Hermand, Jost (Hrsg.): *Stile, Ismen, Etiketten,* Wiesbaden 1978, S. 111–124.

Hoesterey, Ingeborg: Die Moderne am Ende? Zu den ästhetischen Positionen von Jürgen Habermas und Clement Greenberg, in: *Zeitschrift für Ästhetik und allgemeine Kunstwissenschaft*, 29/1 (1984) S. 19-32.
Hollein, Hans: Post-Modern Performance Art, in: Papadakis, Andreas (Hrsg.): *The Post-Modern Object, Art & Design*, 3/3-4 (1987) S. 78 ff.
Huart, Annabelle d' (Hrsg.): *Ricardo Bofill, Taller de Araquitectura*, Barcelona 1985.
 (dt.): *Die Gestaltung der Stadt, Industrie und Klassizismus*, Stuttgart 1985 (darin: Ventos, Xaver Rupert de: Die Postmoderne und Ricardo Bofill; Vorwort).
Hudnut, Joseph: the post-modern house, in: Hudnut, Joseph: *Architecture and the Spirit of Man*, Cambridge 1949.
Huxtable, Ada Louise: Is Modern Architecture Dead?, in: *New York Review of Books*, 16. Juli 1981, S. 17-20.
– After Modern Architecture, in: *New York Review of Books*, 8. Dez. 1983, S. 29-35.
– L'archittetura moderna è morta?, in: Bell, Daniel u. a.: *Immagini del Post-Moderno. Il dibattito sulla società post-industriale e l'architettura*, Venedig 1983, S. 231-250.
Les Immatériaux, Katalog der Ausstellung im Centre Pompidou, Paris 1985.
Implosion. Ett postmodernt perspektiv/A Postmodern Perspective (schw./engl.), (Hrsg.) Lars Nittre, Uddevalla 1987.
Irgens, Paul: Det post-moderne, in: *Arkitekten*, 81/21 (1979) S. 504-507.
Jencks, Charles: *Architecture – inner Town Government*, Eindhofen 1975.
– *The Language of Postmodern Architecture*, New York 1977, Dritte erw. Auflage 1981.
 (dt.): *Die Sprache der postmodernen Architektur*, Zweite erw. Auflage Stuttgart 1980, Dritte Auflage Stuttgart 1988.
– (Hrsg.): *Post-Modernism, Architectural Design*, 47/4 (1977).
– (Hrsg.): *Post-Modern History, Architectural Design*, 48/1 (1978).
– *Late-Modern-Architecture*, New York 1980.
 (dt.): *Spätmoderne Architektur*, Stuttgart 1981.
– (Hrsg.): *Post-Modern Classicism: The New Synthesis, Architectural Design*, 50/5-6 (1980).
– (engl./it.): Pragmatic classicism, in: *Domus*, 619 (1981) S. 12-21 (frz. Referat).
– (dän.): Slaget om etiketterne – Late-Modern versus Post-Modern, in: *Arkitekten*, 83/23 (1981) S. 527-532.
– Chicago Post-Modern Classicism. Universalism between Mies and Free Style, in: Jencks, Charles (Hrsg.): *Free-Style Classicism, Architectural Design*, 52/1-2 (1982) S. 32-38.
– Post-modern architecture – the true inheritor of modernism, in: *Transactions*, 3 (1983) S. 26-41.
– Classicismo postmoderno, in: Bell, Daniel u. a.: *Immagini del Post-Moderno. Il dibattito sulla società post-industriale e l'architettura*, Venedig 1983, S. 209-230.
– The Casual, The Shocking and the Well Ordered Acropolis. A review of James Stirling's New Staatsgalerie Stuttgart, in: *Architectural Design*, 54 (1984) S. 40-55.
– Post-Modern Classicism – The Synthesis, in: *Architectural Design*, 54 (1984) S. 61-63 (Interview).
– *What is Post-Modernism?*, London 1986.
– Post-Modern und Spät-Modern. Einige grundlegende Definitionen, in: Koslowski, Peter/Spaemann, Robert/Löw, Reinhard (Hrsg.): *Moderne oder Postmoderne?*, Weinheim 1986, S. 205-236.
– Post-Modernism and Discontinuity, in: *Architectural Design*, 57/1-2 (1987) S. 5-8.
– Post-Modernism and Eclectic Continuity, in: *Architectural Design*, 57/1-2 (1987) S. 25.
– (dt.): *Die Postmoderne. Der neue Klassizismus in Kunst und Architektur*, Stuttgart 1988.
Jencks, Charles/Baird, George (Hrsg.): *Meaning in Architecture*, New York 1969.
Jencks, Charles/Chaitkin, William: *Current Architecture*, London 1982.

Jencks, Charles/Farrell, Terry (Hrsg.): *Designing a House, Architectural Design*, 55/9-10 (1985).
Johnson, Philip: On Style and the International Style: On Post-Modernism: On Architecture, in: *Oppositions,* 10 (1977) S. 15-19.
- (it.): Riflessione: sullo Stile e lo Stilo Internayionale: sul Post-Modernismo: sull' Archittetura, in: Bell, Daniel u. a.: *Immagini del Post-Moderno. Il dibattito sulla società post-industriale l'archittetura,* Venedig 1983, S. 297-308.
Kähler, Gerd: Die Krypto-Postmoderne in ihren Anfängen, in: *Bauwelt,* 73/26 (1982) S. 1068-1071.
- Funktion, Funktionalismus, Postmoderne?, in: *Jahrbuch für Architektur* (1985/86) S. 55-70.
Klotz, Heinrich: ‚Post-Moderne'?, in: *Jahrbuch für Architektur* (1980/81) S. 7-9.
- (Hrsg.): *Kunst und Gesellschaft. Grenzen der Kunst,* Frankfurt a.M. 1981.
- Die Historie und das Bauen, in: *Jahrbuch für Architektur* (1981/82) S. 7-11.
- Ein Plädoyer für Pluralismus in der Architektur, in: *Jahrbuch für Architektur* (1981/82) S. 55-57 (Gespräch mit Otto Steidle).
- Ästhetischer Eigensinn, in: *ARCH+,* 63/64 (1982) S. 92-93.
- (Hrsg.): *Die Revision der Moderne. Postmoderne Architektur 1960-1980,* Frankfurt a.M. 1984.
- *Moderne und Postmoderne. Architektur der Gegenwart 1960-1980,* Braunschweig/Wiesbaden 1985.
- (Hrsg.): *Revision of The Modern, Architectural Design,* 55/3-4 (1985).
- (Hrsg.): *Vision der Moderne. Das Prinzip Konstruktion,* München 1986.
- Revision of the Modern – Vision of the Modern, in: *Architectural Design,* 56/6 (1986) S. 22-32.
- Architektur als Staatsrepräsentation der Bundesrepublik Deutschland, in: *Merkur,* 40 (1986) S. 761-767.
Klotz, Heinrich/Cook, John W.: *Architektur im Widerspruch. Bauen in den USA – von Mies van der Rohe bis Andy Warhol,* Zürich 1981 (2).
Klotz, Heinrich/Pehnt, Wolfgang: Die Sprache der postmodernen Architektur, in: *Kunst und Kirche,* 42/3 (1979) S. 110-112 (Gespräch).
Kramer, Hilton: Postmodern: Art and Culture in the 1980ths, in: *The New Criterion,* 1/1 (1982) S. 36-42.
Krauss, Rosalind E.: *The Originality of the Avant-Garde and Other Modernist Myths,* Cambridge (Mass.)/London 1985.
Krier, Rob: *Urban Space,* London 1979.
Kühne, Lothar: Über Postmodernismus, in: Kühne, Lothar: *Haus und Landschaft,* Berlin 1985, S. 187-199.
Kurokawa, Kishno N.: Japanese Culture and Post-Modernist Architecture, in: *Japan Architect,* 58/4 (1983) S. 4-6.
Kuspit, Donald B.: *Clement Greenberg: Art Critic,* Madison 1979.
- Postmodernism, Plurality and the Urgency of the Given, in: *The Idea: At the Henry,* 2 (April 1981) S. 13-24.
Lynch, Kevin: *The Image of the City,* Cambridge (Mass.) 1960.
Lyotard, Jean-François: Contribution des tableaux de Jacques Monory à l'intelligence de l'economie politique libidinale du capitalisme dans son rapport avec le dispositif pictural et inversement, in: Lamarche-Vadel, Bernard (Hrsg.): *Figurations 1960/1973,* Paris 1973, S. 154-238.
- Par-delà représentation, in: Ehrenzwig, Anton: *L'ordre caché de l'art,* Paris 1974, S. 9-24.
- (frz./dt.): Où l'on considère certaines parois comme les éléments potentiellement célibataires de quelques machines simples, in: Szeemann, Harald/Clair, Jean (Hrsg.): *Junggesellenmaschinen/Les machines célibataires,* Venedig 1975, S. 98-109 (Ausstellungskatalog).
- Marcel Duchamp ou le grand sophiste, in: *L'Art Vivant,* 56 (1975) S. 34-35.

- *Les Transformateurs Duchamp*, Paris 1977.
  (dt.): *Die Transformatoren Duchamp*, Stuttgart 1987.
- La philosophie et la peinture à l'ère de leur expérimentation, in: *rivista di estetica*, 9 (1981) S. 3-15.
  (dt.): Philosophie und Malerei im Zeitalter ihres Experimentierens, in: Lyotard, Jean-François: *Philosophie und Malerei im Zeitalter ihres Experimentierens*, Berlin 1986, S. 51-77.
- *Monory*, Paris 1981.
- Presenting the unpresentable: The sublime, in: *Artforum*, 20 (1982) S. 64-69.
- Règles et paradoxes, in: *babylone*, 1 (1983) S. 67-80.
  (dt.): Regeln und Paradoxa, in: Lyotard, Jean-François: *Philosophie und Malerei im Zeitalter ihres Experimentierens*, Berlin 1986, S. 97-107.
- On dirait qu'une ligne... Préface à Adami. Peintures récentes, in: *Repères. Cahiers d'Art Contemporain*, 6 (1983) S. 3-38.
- La peinture du secret à l'ère postmoderne. Baruchello, in: *Traverses*, 29/30 (1983) S. 95-101.
  (dt.): Malerei des Geheimnisses im Zeitalter der Postmoderne. Baruchello, in: Lyotard, Jean-François: *Philosophie und Malerei im Zeitalter ihres Experimentierens*, Berlin 1986, S. 109-127.
- *Longitude 180°W or E. Preface à Arakawa. Padiglione d'arte contemporanea*, Mailand 1984.
- Die Immaterialien. Manifest eines Projektes am Centre Georges Pompidou, in: *Das Abenteuer der Ideen. Architektur und Philosophie seit der industriellen Revolution*, Berlin 1984, S. 185-194.
- *L'Assassinat de l'expérience par la peinture, Monory*, Pantin 1984.
- (dt.): Über fünf Bilder von René Guiffrey, in: *Konkursbuch*, 13 (1984) S. 177-183.
- (dt.): Vorstellung, Darstellung, Undarstellbares, in: Lyotard, Jean-François: *Immaterialität und Postmoderne*, Berlin 1985, S. 91-102.
- (ital./engl.): Ripetizione, complessità, anamnesi, in: *Casabella*, 517 (1985) S. 44-45.
- L'instant, Newman, in: *Palais des Beaux Arts*, Brüssel 1984 (Ausstellungskatalog).
  (dt.): Der Augenblick, Newman, in: Baudson, Michel (Hrsg.): *Zeit – Die vierte Dimension in der Kunst*, Weinheim 1985, S. 99-105.
- *La Partie de peinture*, Malakoff 1986.
- (dt.): *Philosophie und Malerei im Zeitalter ihres Experimentierens*, Berlin 1986.
- (dt.): *Über Daniel Buren*, Stuttgart 1987.

Lyotard, Jean-François/Ayme, Albert: *Sur la constitution du temps par la couleur dans les œuvres récentes d'Albert Ayme*, Paris 1981.
Lyotard, Jean-François/Francken, Ruth: *L'Histoire de Ruth*, Pantin 1984.
Lyotard, Jean-François/Maccheroni, Henri: *La partie de peinture*, Cannes 1980.
Lyotard, Jean-François/Monory, Jacques: *Récits tremblants*, Paris 1977.
MacKean, John/Smith, Colin Stansfield: The education style. Post or late modern? Part two – the images of school, in: *Architecture Journal*, 171/12 (1980) S. 56-580.
Macrae-Gibson, Gavin: *The Secret Life of Buildings: An American Mythology for Modern Architecture*, Cambridge 1985.
Mainardi, Patricia: Postmodern History at the Musée d'Orsay, in: *October*, 41 (1987) S. 31-52.
Masheck, Joseph: Judy Rifka and ‚Postmodernism' in Architecture, in: *Art in America* (Okt. 1984) S. 148-163.
McLeod, Mary: Architecture, in: Trachtenberg, Stanley (Hrsg.): *The Postmodern Moment. A Handbook of Contemporary Innovation in the Arts*, Westport (Conn.)/London 1985, S. 19-52.
Meschonnic, Henri: *Modernité modernité*, Paris 1988.

Montuori, Francesco: Un contributo alla discussione sul postmodernisimo, in: *Contraspazio*, 2 (1981) S. 95-96.
Moore, Charles W./Allen, Gerald: *Dimensions: Space, Shape and Scale in Architecture*, New York 1976.
Moore, Charles W./Lyndon, Donlyn: *The Place of Houses:* New York 1974.
- Inclusivo ed Esclusivo, in: Bell, Daniel u.a.: *Immagini del Post-Moderno. Il dibattito sulla società post-industriale e l'architettura*, Venedig 1983, S. 273-280.
Moos, Stanislaus von: Rund um die Fernsehantenne des ‚Guild House'. Anmerkungen zum Thema Architektur, Zeichensprache und Massenkultur, in: *Grenzbereiche der Architektur (Festschrift Adolf Reinle)*, Stuttgart 1985, S. 221-242.
Müller, Grégoire: *The New Avant-Garde: Issues for the Art of the Seventies*, New York 1972.
Müller, Michaela: *Architektur und Avantgarde. Ein vergessenes Projekt der Moderne?*, Frankfurt a.M. 1984.
Muschamp, Herbert: Ground Up — Parabuilding — the Postmodern tick on the Modern elephant, in: *Artforum* (Jan. 1986) S. 9.
Neumann, Gerd: (dt./engl.): Wie die Wolke dem Walfisch gleicht — über Eklektizismus und vom Sinn des Bewahrens, in: *Daidalos*, 8 (1983) S. 83-97.
O'Brien, Glenn: Modern-Postism, in: *Artforum* (Ok. 1984) S. 62-63.
O'Doherty, Brian: What is Post-Modernism?, in: *Art in America*, 59 (1971) S. 19.
Oliva, Achille Bonito: *Europe/America: The Different Avant-Gardes*, Mailand 1976.
- *The Italian Trans-avantgarde/La Transavanguardia Italiana*, Mailand 1980.
  (dt.): Die italienische Trans-Avantgarde, in: Oliva, Achille Bonito: *Im Labyrinth der Kunst*, Berlin 1982, S. 54-100.
- Il labirinto come opera d'arte, in: *Luoghi del silenzio imparziale*, Mailand 1981 (Ausstellungskatalog).
  (dt.): Das Labyrinth als Kunstwerk, in: Oliva, Achille Bonito: *Im Labyrinth der Kunst*, Berlin 1982, S. 7-53.
- (dt.): *Im Labyrinth der Kunst*, Berlin 1982.
Owens, Craig: Earthwords, in: *October*, 10 (1979) S. 120-132.
- The Allegorical Impulse: Toward a Theory of Postmodernism, in: *October*, 12 (1980) S. 67-86 u. 13 (1980) S. 59-80.
- Representation, Appropriation, Power, in: *Art in America*, 70/5 (1982) S. 9-21.
Paoletti, John T.: Art, in: Trachtenberg, Stanley (Hrsg.): *The Postmodern Moment. A Handbook of Contemporary Innovation in the Arts*, Westport (Conn.)/London 1985, S. 53-80.
Papadakis, Andreas u.a.: *Current Architecture. Charles Jencks*, London 1982.
- (Hrsg.): *Post-Modernism and Discontinuity, Architectural Design*, 57/1-2 (1987).
- (Hrsg.): *The Architecture of Democracy, Architectural Design*, 57/9-10 (1987).
- (Hrsg.): *The Post-Modern Object, Art & Design*, 3/3-4 (1987).
Peterson, Steven: Space and Anti-Space, in: *Harvard Architecture Review*, 1 (1980) S. 89-113.
Pevsner, Nikolaus: Architecture in Our Time. The Anti-Pioneers, in: *The Listener*, 29. Dez. 1966 u. 5. Jan. 1967.
Pincus-Witten, Robert: *Post-Minimalism*, New York 1977.
- *Entries (Maximalism)*, New York 1983.
Podrecca, Boris: Modern — Post-Modern — Prä-Antik. Über die erste Architektur-Biennale 1980 in Venedig ‚Die Präsenz der Vergangenheit', in: *bauforum*, 13/81 (1980) S. 19-25.
Pommer, Richard: Some Architectural Ideologies after the Fall, in: *Art Journal*, 40/1-2 (1980) S. 353-361.
Porphyros, Demetri (Hrsg.): *Classicism Is Not a Style, Architectural Design*, 52/5-6 (1982).
- (Hrsg.): *Houses, palaces, cities. Leon Krier, Architectural Design*, 54 (1984).

Portoghesi, Paolo: Post-modern mosque. Portoghesi and Gigliotto, in: *Architectural Design*, 50/1-2 (1980) S. 24-29 (Vorwort v. Charles Jencks).
- *Dopo l'architettura moderna*, Bari 1985.
  (dt.): *Ausklang der modernen Architektur. Von der Verödung zur neuen Sensibilität*, München 1982, Zürich 1983 (2).
- *After Modern Architecture*, New York 1982.
- (dt.): Die Wiedergeburt der Archetypen, in: *ARCH+*, 63/64 (1982) S. 89-91.
- *Postmodern. L'architettura nella società post-industriale*, Mailand 1982.
  (engl.): *Postmodern: The Architect of the Postindustrial Society*, New York 1983.
- Introduzione, in: Bell, Daniel u.a.: *Immagini del Post-Moderno. Il dibattito sulla società post-industriale e l'architettura*, Venedig 1983, S. 7-20.

Portoghesi, Paolo (u.a.): *The Presence of the Past: First International Exhibition of Architecture*, Venice Biennale, 1980, Venedig/London 1980.

Prigge, Walter/Herterich, Frank: Skyline: Zeichen der Stadt, Moderner und postmoderner Städtebau, in: Scherpe, Klaus (Hrsg.): *Die Unwirklichkeit der Städte*, Reinbek b. Hamburg 1988, S. 304-324.

Post-Modernism at the Tate, in: *Architectural Design*, 57/11-12 (1987) S. II-IV (ohne Autorenangabe).

Progressive Architecture, 10 (1981) (Themenheft: The New Classicism).

Rajchman, John: The Postmodern Museum, in: *Art in America* (Okt. 1985) S. 111-117 u. 171.

Rellecke, Horst: *Der Glaselefant. Pop und Postmoderne. Auf dem Weg zu einer spielerischen Architektur*, Wiesbaden 1986.

Richter, Gerhard: *Mögliche Aspekte eines postmodernen Bewußtseins*, Essen 1986.

Roberts, John: Post-Modernism: Arrivals and Departures, in: *Art Monthly*, 55 (1982) S. 27-28.

Robinson, Cervin/Herschman, Joel: *Architecture Transformed*, Cambridge 1987.

Rossi, Aldo: *L'Architettura della città*, Padua 1966.
  (engl.): *The Architecture of the City*, Cambridge (Mass.) 1982.

Rossler, Martha: The System of the Postmodern in the Decade of the Seventies, in: *The Idea: At the Henry*, 2 (April 1981) S. 25-48.

Rowe, Colin/Koetter, Fred: *Collage City*, Cambridge (Mass.) 1978.

Safdie, Moshe: Private Jokes in Public Places: Some Serious Questions about the Attitudinal as Well as Stylistic Demeanor of the Post-Modern Coterie of Form Givers, in: *Inland Architect*, 25/9 (1981) S. 20-27.

Sandler, Irving: Modernism, Revisionism, Pluralism, and Post-Modernism, in: *Art Journal*, 40 (1980) S. 345-347.

Schädlich, Christian: Der Postmodernismus – eine alternative Architektur?, in: *Architektur DDR*, 31/6 (1982) S. 340-346 (Zusammenfass. in engl/frz./russ.).

Schmidt-Wulffen, Stephan: Ablehnung alter Zwänge, Wiederkehr des Schönen, in: *art*, 2 (1988) S. 44-47.
- Auf der Suche nach dem postmodernen Bild, in: Kemper, Peter (Hrsg.): *‚Postmoderne' oder Der Kampf um die Zukunft. Die Kontroverse in Wissenschaft, Kunst und Gesellschaft*, Frankfurt a.M. 1988, S. 275-293.

Schneider, Bernhard/Neumann, Gerd/Venturi, Robert/Rauch, John/Smith, Thomas Gordon: Die Wiedereinführung der Säule, in: *Jahrbuch für Architektur* (1981/82) S. 174-199.

Schwartz, Mladen: Der Prophet der Postmoderne. Der Maler Francis Bacon, in: *Criticón*, 94 (1986) S. 84-85.

Schwarz, Hans-Peter: Architektur als Zitat-Pop? Zur Vorgeschichte der postmodernen Architektur, in: Kemper, Peter (Hrsg.): *‚Postmoderne' oder Der Kampf um die Zukunft. Die Kontroverse in Wissenschaft, Kunst und Gesellschaft*, Frankfurt a.M. 1988, S. 253-274.

Schwarz, Ulrich: Semantische Potentiale in der Architektur, oder – mit wem spricht die Postmoderne?, in: *arcus,* 5 (1983) S. 219–225 (Zusammenfass. in engl.).
Scully, Vincent: Robert A. M. Stern. Perspecta to post-modernism, in: *Architectural Design,* 51/12 (1981) S. 98–99.
Searing, Helen: *Speaking a New Classicism,* Northampton (Mass.) 1981.
Shane, Graham: Contextualism, in: *Architectural Design,* 11 (1976) S. 676–679.
Silbermann, Robert: East Meets West, Postmodern Style, in: *Art in America* (Mai 1987) S. 13–19.
Smith, C. Ray: *Supermannerism: New Attitudes in Post-Modernism Architecture,* New York 1977.
Sondheim, Alan: *Individuals: Post-movement Art in America,* New York 1977.
Spalding, Frances: Simon Watney and his friends in a post-modernist age: a reply, in: *The Burlington Magazine,* 129/4 (1987) S. 251–252.
Stern, Robert: *New Directions in American Architecture,* New York/London 1969, Neuauflage mit einem Anhang zur Postmoderne, 1977.
– The Doubles of Post-Modern, in: *The Harvard Architecture Review,* 1 (1980) S. 75–87.
– (Hrsg.): *American Architecture: After Modernism,* A&U 1981.
– (Hrsg.): *(Gray architecture as post-modernism or up and down from orthodoxy) L'Architecture d'aujourd'hui,* 186 (1976).
– Al margini del Post-Modernismo, in: Bell, Daniel u. a.: *Immagini del Post-Moderno. Il dibattito sulla società post-industriale e l'architettura,* Venedig 1983, S. 281–288.
Sturm, Hermann: Die Farbe in der Postmoderne, in: *Kunstforum international,* 57 (1983) S. 75–92.
Throll, Manfred u. a.: *Kulturforum und zentraler Bereich Berlin. Zur Auseinandersetzung zwischen Moderne und Postmoderne im Zentrum Berlins,* Berlin 1986.
Tzonis, Alexis/LeFaivre, Liane: The Narcissist Phase in Architecture, in: *The Harvard Architecture Review,* 1 (1980) S. 53–61.
Vattimo, Gianni: Identità, differenza, con-fusione, in: *Casabella,* 518 (1985) S. 42–43.
Venturi, Robert: *Complexity and Contradiction in Architecture,* New York 1966 u. 1977 (2). (dt.): *Komplexität und Widerspruch in der Architektur,* Braunschweig 1978.
Venturi, Robert/Brown, Denise Scott/Izenour, Steven: *Learning from Las Vegas,* Cambridge (Mass.) 1972.
(dt.): *Lernen von Las Vegas. Zur Ikonographie und Architektursymbolik der Geschäftsstadt,* Braunschweig/Wiesbaden 1979.
– Imparare da Lutyens, in: Bell, Daniel u. a.: *Immagini del Post-Moderno. Il dibattito sulla società post-industriale e l'architettura,* Venedig 1983, S. 251–258.
Venturi, Robert/Brown, Denise Scott/Moos, Stanislaus von: Ridre, per non piangere, in: Bell, Daniel u. a.: *Immagini del Post-Moderno. Il dibattito sulla società post-industriale e l'architettura,* Venedig 1983, S. 259–272.
Wallis, Brian (Hrsg.): *Art After Modernism: Rethinking Representation,* New York 1985.
Watney, Simon: Roger Fry and his friends in a post-modernist age: a reply to Dr. Frances Spalding, in: *The Burlington Magazine,* 129/4 (1987) S. 250–251.
Webber, Melvin: *Explorations in the Urban Structure,* Philadelphia 1964.
Welsch, Wolfgang: Eine andere Postmoderne. Gebrochener Mythos und komplexe Anschauung, in: *Katalog Stein-Berger,* Würzburg 1984, S. 3–23.
– Tradition und Innovation in der Kunst. Philosophische Perspektiven der Postmoderne, in: *Zeitschrift für Ästhetik und allgemeine Kunstwissenschaft,* 30/1 (1985) S. 79–100.
– Postmoderne: Tradition und Innovation, modifizierter Begriff, philosophische Perspektiven, in: *Jahrbuch für Architektur* (1985/86) S. 93–108.

- Postmoderne und das Technologische Zeitalter, in: *Baukultur,* 2/3 (1987) S. 2-5.
Werner, Frank: Das Déjàvu, in: *Archithese,* 15/6 (1985) S. 3-11.
Wolfe, Tom: The Rise of Post-Modern Architecture, in: *Architectural Association Quarterly* (Sommer 1976) S. 7-14.
- *From Bauhaus to Our House,* New York 1981.
  (dt.): *Mit dem Bauhaus leben,* Frankfurt a. M. 1986 (2).
Wright, Lance: Il Post-industrialismo e l'archittetura d'interni, in: Bell, Daniel u.a.: *Immagini del Post-Moderno. Il dibattito sulla società post-industriale e l'architettura,* Venedig 1983, S. 317-326.
Zimmerli, Walther Ch.: Wie autonom kann Kunst sein? Photorealismus und postmoderne Ästhetik, in: Kamper, Dietmar/Reijen, Willem van (Hrsg.): *Die unvollendete Vernunft: Moderne versus Postmoderne,* Frankfurt a.M. 1987, S. 403-426.

5. Musik, Tanz, Theater, Film und andere Kunstformen

Abbas, M.A.: Photography/Writing/Postmodernism, in: *Minnesota Review,* 23 (1984) S. 91-111.
Alpert, Barry: Post-Modern Oral Poetry: Buckminster Fuller, John Cage and David Antin, in: *boundary 2,* 3/3 (1975) S. 665-681.
Andraschke, P.: Traditionsmomente in Kompositionen von Cristobal Halffter, Klaus Huber und Wolfgang Rihm, in: Brinkmann, R.: *Die neue Musik und die Tradition,* Mainz 1978, S. 130-152.
Andre, Linda: The Politics of Postmodern Photography, in: *Minnesota Review,* 23 (1984) S. 17-35.
Arthur, Paul: Structural Film: Revisions, New Versions and The Artifact, Part I, *Millenium Film Journal,* 2 (1978). Part II, *Millenium Film Journal,* 4-5 (Winter/Frühjahr 1979).
Ballet Dance (April/Juli 1980) (Themenheft: Postmoderner Tanz).
Banes, Sally: *Terpsichore in Sneakers: Post-Modern Dance,* Boston 1980.
- Dance, in: Trachtenberg, Stanley (Hrsg.): *The Postmodern Moment. A Handbook of Contemporary Innovation in the Arts,* Westport (Conn.)/London 1985, S. 81-100.
Barthes, Roland: *Système de la mode,* Paris 1967.
  (dt.): *Die Sprache der Mode,* Frankfurt a.M. 1984.
- (engl.): *Image Music Text,* New York 1977.
- *La Chambre claire,* Paris 1980.
  (dt.): *Die helle Kammer. Bemerkungen zur Photographie,* Frankfurt a.M. 1986.
- (dt.): *Der Text und das Bild,* München 1987.
Bellour, Razmond: *L'Analyse du Film,* Paris 1979.
Benamou, Michel/Caramello, Charles (Hrsg.): *Performance in Postmodern Culture,* Madison (Wisc.) 1977.
Blau, Herbert: *Blooded Thought: Occasions of Theatre,* New York 1982.
- *Take up the Bodies: Theater at the Vanishing Point,* Urbana Champaign 1985.
Bowmann, Stanley J.: Photography, in: Trachtenberg, Stanley (Hrsg.): *The Postmodern Moment. A Handbook of Contemporary Innovation in the Arts,* Westport (Conn.)/London 1985, S. 177-208.
Boyd-Bowmann, Susan: Open the Box, in: *Framework,* 32-33 (1986) S. 146-159.
Bruno, Guiliana: Ramble City: Postmodernism and Blade Runner, in: *October,* 41 (1987) S. 61-74.

Cage, John: *Silence: Lectures and Writings,* Middletown (Conn.) 1961.
Carney, Raymond: Writing in the Dark: Film Criticism Today, in: *Chicago Review,* 34/1 (1983) S. 89–110.
Carroll, No 1: Avant-garde Film and Film Theory, in: *Millenium Film Journal,* 4–5 (Sommer/Herbst 1979).
– Post-Modern Dance and Expression, in: Fancher, Gordon/Myers, Gerald (Hrsg.): *Philosophical Essays in Dance,* Brookly 1981, S. 95–104.
– The Future of Allusion: Hollywood in the Seventies (and Beyond), in: *October,* 20 (1982).
– The Return of The Repressed: The Re-emergence of Expression in Contemporary American Dance, in: *Dance Theatre Journal,* 2/1 (1984) S. 16–19 u. 27.
– Film, in: Trachtenberg, Stanley (Hrsg.): *The Postmodern Moment. A Handbook of Contemporary Innovation in the Arts,* Westport (Conn.)/London 1985, S. 101–134.
Clarke, Garry E.: Music, in: Trachtenberg, Stanley (Hrsg.): *The Postmodern Moment. A Handbook of Contemporary Innovation in the Arts,* Westport (Conn.)/London 1985, S. 157–176.
Cohen, Selma Jeanne: Avant-Garde Choreography, in: *Criticism,* 3 (1981) S. 16–35.
Copeland, Roger: Postmodern Dance and the Repudiation of Primitivism, in: *Partisan Review,* 50/1 (1983) S. 101–121.
– Postmodern Dance/Postmodern Architecture/Postmodernism, in: *Performing Arts Journal,* 19 (1983) S. 27–43.
Couturier, Maurice: *Representation and Performance in Postmodern Fiction,* Montpellier 1983.
Crawford, Larry: Monstruos Criticism: Finding, Citing – Analyzing Film, in: *Diacritics,* 15/1 (1985) S. 60–73.
Crimp, Douglas: The Photographic Activity of Postmodernism, in: *October,* 15 (1980) S. 91–101.
Daniel, Charles: *John Cage oder Die Musik ist los,* Berlin 1979.
Danuser, Hermann: Moderne, Postmoderne, Nachmoderne – ein Ausblick, in: Danuser, Hermann: *Die Musik des 20. Jahrhunderts,* Laaber 1984, S. 392–406, Anm. S. 409.
Derrida, Jacques/Plissart, Marie-François: *Droit de regard,* Paris 1985.
  (dt.): *Recht auf Einsicht,* Wien 1985.
The Drama Review, 19/1 (1975) (Themenheft zu postmodernem Tanz).
Eco, Umberto: (engl.): A guide to the Neo-Television of the 1980s, in: *Framework,* 25 (1984) S. 18–27, aus: L'Espresso, 30.1.1983.
– ,Casablanca': Cult Movies and Intertextual Collage, in: *SubStance,* 47 (1985) S. 3–12.
Elam, Keir: *The Semiotics of Theatre and Drama,* London 1980.
Elsaesser, Thomas: Myth as the Phantasmagoria of History: H.J. Syberberg, Cinema and Representation, in: *New German Critique,* 24–25 (1981/82) S. 108–154.
– American Graffiti und Neuer Deutscher Film – Filmemacher zwischen Avantgarde und Postmoderne, in: Huyssen, Andreas/Scherpe, Klaus (Hrsg.): *Postmoderne,* Reinbek b. Hamburg 1986, S. 302–328.
– *The New German Cinema,* London 1986.
Freadman, Anne: Reading the Visual, in: *Framework,* 30–31 (1986) S. 134–157.
Gidal, Peter: The Anti Narrative, in: *Screen,* 20 (1979).
– (Hrsg.): *Structural Film Anthology,* London 1976.
Guzetti, Alfred: Christian Metz and the Semiology of the Cinema, in: *Journal of Modern Literature,* 3/2 (1973) S. 292–308.
Heister, Hanns W.: Sackgasse oder Ausweg aus dem Elfenbeinturm. (Zu Rihms ,Jakob Lenz'), in: Kolleritsch, Otto (Hrsg.): *Zur ,Neuen Einfachheit' in der Musik,* Wien/Graz 1981, S. 106–125.
Hutcheon, Linda: Subject in/of/to History and His Story, in: *Diacritics,* 16/1 (1986) S. 78 ff.
Huyssen, Andreas: The Cultural Politics of Pop, in: *New German Critique,* 4 (1975) S. 77–97.

Jameson, Frederic: ‚In the Destructive Element Immerse': Hans-Jürgen Syberberg and Cultural Revolution, in: *October,* 17 (1981) S. 99-118.
- On Magic Realism in Film, in: *Critical Inquiry,* 12 (1986) S. 301-325.
Kaufmann, H.: Strukturen im Strukturlosen. (Über Ligetis ‚Atmosphères'), in: Kaufmann, H.: *Spurlinien,* Wien 1969, S. 130-158.
Kemper, Peter: Flucht nach vorn oder Sieg des Vertrauten. Postmoderne Tendenzen im Jazz und Avantgarde-Rock, in: Kemper, Peter (Hrsg.): ‚*Postmoderne*' *oder Der Kampf um die Zukunft. Die Kontroverse in Wissenschaft, Kunst und Gesellschaft,* Frankfurt a.M. 1988, S. 313-328.
Kirby, Michael: Post-Modern Dance Issue: An Introduction, in: *Drama Review,* 19 (1975) S. 3-4.
Klemm, Eberhardt: Nichts Neues unter der Sonne, in: *Musik und Gesellschaft,* 37 (1987) S. 400-403.
Konold, Wulf: Komponieren in der ‚Postmoderne', in: *Hindemith Jahrbuch,* 10 (1981) S. 73-85.
Kostelanetz, Richard: *American Imaginations. Ives, Stein, Cage, Cunningham, Wilson,* Berlin 1983.
Kühn, C.: *Das Zitat in der Musik der Gegenwart,* Hambug 1972.
Lauretis, Teresa de: *Alice Doesn't: Feminism, Semiotics, Cinema,* Bloomington (Ind.) 1984.
Lawson, Sylvia: ‚Serious Undertakings': Deconstruction, Demolitions, in: *Framework,* 24 (1984) S. 122-127.
LeGrice, Malcolm: *Abstract Film and Beyond,* Cambridge (Mass.) 1977.
Lehmann, Hans-Thies: Eisberg und Spiegelkunst. Notizen zu Hans Magnus Enzensbergers Lust am Untergang der Titanic, in: *Berliner Hefte,* 11 (1975) S. 2-19.
- Die Raumfabrik — Mythos im Kino und Kinomythos, in: Bohrer, Karl Heinz (Hrsg.): *Mythos und Moderne,* Frankfurt a.M. 1983, S. 572-609.
Lio, Thomas de: Structural Pluralism: Some Observations on the Nature of Open Structures in the Music and Visual Arts of the Twentieth Century, in: *Musical Quarterly,* 67 (1981) S. 527-543.
Lipman, Samuel: *Music after Modernism,* New York 1979.
Lyotard, Jean-François: The Unconscious as Mise-en-scène, in: Benamou, Michel/Caramello, Charles (Hrsg.): *Performance in Postmodern Culture,* Madison (Wisc.) 1977, S. 87-98.
- Deux métamorphoses du séduisant au cinéma, in: *La séduction,* Paris 1980, S. 93-100.
Mac Cabe, Colin: *Traching the Signifier. Theoretical Essays: Film, Linguistics, Literature,* Minneapolis 1985.
Marincola, Paul (Hrsg.): *Image Scavengers: Photography,* Philadelphia 1982.
Mellencamp, Patricia: Uncanny Feminism. The Exquisite Corpes of Cecilia Condit, in: *Framework,* 32-33 (1986) S. 104-122.
Metz, Christian: *Essais sur la signification au cinéma,* Paris 1968.
- *Language and Cinema,* Paris 1971, 1974 (2).
- *The Imaginary Signifier,* Bloomington 1982.
Morrisette, Bruce: Post-Modern. Generative Fiction: Novel and Film, in: *Critical Inquiry,* 2 (1975) S. 253-262.
Musik und Gesellschaft, 37 (Aug. 1987) (Themenheft: Das ‚Postmoderne' in der Musik).
Nyman, Michael: *Experimental Music: Cage and Beyond,* New York 1974.
Ostendorf, Berndt: Bebop und die Beat Generation: Avantgarden oder Subkulturen?, in: *Amerikastudien,* 30/4 (1985) S. 509-535.
Palmer, Richard: Toward a Postmodern Hermeneutics of Performance, in: Benamou, Michel/Caramello, Charles (Hrsg.): *Performance in: Postmodern Culture,* Madison (Wisc.) 1977, S. 19-32.

Penley, Constance: The Avantgarde and its Imaginary, in: *Camera Obscura*, 2 (1977) S. 5-12.

Polan, Dana: ‚Above All Else to Make You See'; Cinema and the Ideology of Spectacle, in: *boundary 2*, 11/1 (1982) S. 129-144.

Post-modern dance: Trisha Brown, Lucina Childs, Moly Danès, Douglas Dunn, Simone Forti, Andrew De Groat, Yvonne Rainer, Bob Wilson, Paris 1980.

Rexroth, Dieter: Der ‚Neoklassizismus' in den zwanziger Jahren und die ‚stilistische Rückentwicklung' in der Musik der Gegenwart, in: Kolleritsch, Otto (Hrsg.): *Zur ‚Neuen Einfachheit' in der Musik*, Wien/Graz 1981, S. 169-184.

Rihm, Wolfgang: Verständlichkeit und Popularität – künstlerische Ziele?, in: *Hindemith Jahrbuch*, 10 (1981) S. 57-72.

Rodowick, D.N.: The Figure and The Text, in: *Diacritics*, 15/1 (1985) S. 34-53.

Rose, Jacqueline: Paranoia and the Film System, in: *Screen*, 17/4 (1976/77) S. 85-104.

Samama, Leo: Neoromantik in der Musik: Regression oder Progression?, in: Kamper, Dietmar/Reijen, Willem van (Hrsg.): *Die unvollendete Vernunft: Moderne versus Postmoderne*, Frankfurt a.M. 1987, S. 446-475.

Schechner, Richard: *The End of Humanism: Writings on Performance*, New York 1982.

Scherer, Wolfgang: Sound – Buchstaben und Diskurse in den Neuen Wellen, in: Hörisch, Jochen/Winkels, Hubert (Hrsg.): *Das schnelle Altern der neuesten Literatur*, Düsseldorf 1985, S. 248-286.

Schlueter, June: Theatre, in: Trachtenberg, Stanley (Hrsg.): *The Postmodern Moment. A Handbook of Contemporary Innovation in the Arts*, Westport (Conn.)/London 1985, S. 209-228.

Schmalzriedt, Siegfried: Bemerkungen zum Gebrauch des Begriffs ‚Neue Einfachheit', in: Kolleritsch, Otto (Hrsg.): *Zur ‚Neuen Einfachheit' in der Musik*, Wien/Graz 1981.

Schmidt, Jochen: Fairytale Dreams And Apocalyptic Visions, in: *ballett international*, 7/4 (1984) S. 14-19.

Schneider, Frank: Postmoderne, neueste Musik – und wir?, in: *Musik und Gesellschaft*, 37 (1987) S. 394-400.

Silverstein, Norman: Film Semiology, in: *Salmagundi*, 13 (1970) S. 73-80.

– Film and Language, Film and Literature, in: *Journal of Modern Literature*, 2 (1971) S. 154-160.

Simard, Rodney: *Postmodern Drama: Contemporary Playwrights in American and Britain*, Landham 1984.

Sitney, Paul Adam: *Visionary Film. The American Avant-Garde*, New York 1974.

Starenko, Michael: Whats An Artist To Do? A Short History of Postmodernism and Photography, in: *Afterimage* (Jan. 1983) S. 4-5.

Steiner, Wendy: Postmodernist Portraits, in: *Art Journal*, 46/3 (1987) S. 173-177.

Tatham, Campbell: Mythotherapie and Postmodern Fictions: Magic is Afoot, in: Benamou, Michel/Caramello, Charles (Hrsg.): *Performance in: Postmodern Culture*, Madison (Wisc.) 1977, S. 137-157.

Thornton, Gene: The New Photography: Turning Traditional Standards Upside Down, in: *Artnews* (April 1978) S. 76.

– Postmodern Photography: It Doesn't Look Modern at All, in: *Artnews* (April 1979) S. 64-68.

Tomkins, Calvin: *The Scene: Reports on Post-Modern Art*, New York 1976.

Utrecht, Luuk: Postmoderne-Tanz, in: Kamper, Dietmar/Reijen, Willem van (Hrsg.): *Die unvollendete Vernunft: Moderne versus Postmoderne*, Frankfurt a.M. 1987, S. 427-445.

Virilio, Paul: *Guerre et cinéma*, Bd. 1: *Logistique de la perception*, Paris 1984.
  (dt.): *Krieg und Kino. Logistik der Wahrnehmung*, München 1986.

Wartofsky, Max: Cameras Can't See: Representatin, Photography, and Human Vision, in: *Afterimage* (April 1980) S. 10-11.
Willemen, Paul: An Avant-Garde for the Eighties, in: *Framework*, 24 (1984) S. 53-73.
– Postscript. Terms for a Debate, in: *Framework*, 30-31 (1986) S. 131-133.
Wollen, Peter: *Readings and Writings: Semiotic Counter-Strategies*, London 1982.
– Countercinema: Vent D'Est, in: *Afterimage*, 4 (1972) S. 6-16.

Bibliographische Notiz
Erstveröffentlichungen der einzelnen Beiträge

Ihab Hassan
Postmoderne heute

Erschienen unter dem Titel „Noch einmal. Die Postmoderne (1985)" in *Der zeitgenössische amerikanische Roman, Bd. 3: Autoren.* Herausgegeben von Gerhard Hoffmann. Wilhelm Fink Verlag, München 1988, S. 365-373.

Leslie A. Fiedler
Überquert die Grenze, schließt den Graben! Über die Postmoderne

Erschienen in *Mammut März Texte* 1 & 2 1969-1984. Herausgegeben von Jörg Schröder. März-Verlag, Herbstein 1984, S. 673-697.

Umberto Eco
Postmodernismus, Ironie und Vergnügen

Erschienen in Umberto Eco: *Nachschrift zum „Namen der Rose".* Hanser Verlag, München 1984, S. 76-82.

Robert Venturi
Komplexität und Widerspruch in der Architektur

Erschienen in Robert Venturi: *Komplexität und Widerspruch in der Architektur.* Herausgeben von Heinrich Klotz. Vieweg-Verlag, Braunschweig 1978, S. 23-30 (gekürzt).

Charles Jencks
Die Sprache der postmodernen Architektur

Erschienen in Charles Jencks: *Die Sprache der postmodernen Architektur. Die Entstehung einer alternativen Tradition.* 2., erweiterte Auflage. Deutsche Verlagsanstalt, Stuttgart 1980, S. 6-8, 40, 45, 46, 48, 50, 52, 143 und 146 (gekürzt).

Heinrich Klotz
Moderne und Postmoderne

Erschienen in Heinrich Klotz: *Moderne und Postmoderne. Architektur der Gegenwart 1960-1980*. 2., durchgesehene Auflage. Vieweg-Verlag, Braunschweig/Wiesbaden 1985, S. 13-17, 45-46, 134-136, 421-423 (gekürzt).

Jürgen Habermas
Moderne und postmoderne Architektur

Erschienen in *Der Architekt*, 2 (1982), S. 55-58. Wieder abgedruckt in Jürgen Habermas: *Die Neue Unübersichtlichkeit. Kleine Politische Schriften V.* Suhrkamp-Verlag, Frankfurt 1985, S. 11-29.

Achille Bonito Oliva
Die italienische Trans-Avantgarde

Erschienen in Achille Bonito Oliva: *Im Labyrinth der Kunst.* Merve-Verlag, Berlin 1982, S. 54-69, 88-93 (gekürzt).

Arnold Gehlen
Über kulturelle Kristallisation

Erschienen in Arnold Gehlen: *Studien zur Anthropologie und Soziologie.* Luchterhand Verlag, Neuwied/Berlin 1963 (© Luchterhand Literaturverlag, Darmstadt 1988), S. 311-328 (gekürzt).

Daniel Bell
Die nachindustrielle Gesellschaft

Erschienen in Daniel Bell: *Die nachindustrielle Gesellschaft.* Campus Verlag, Frankfurt 1985, S. 29-56 (gekürzt).

Jean Baudrillard
Die Simulation

Erschienen in Jean Baudrillard: *Der symbolische Tausch und der Tod.* Matthes & Seitz, München 1982, S. 90-91, 97, 112-119 (gekürzt).

Dietmar Kamper
Nach der Moderne — Umrisse einer Ästhetik des Posthistoire

Bisher unveröffentlicht.

Jürgen Habermas
Die Moderne — ein unvollendetes Projekt

Erschienen in Jürgen Habermas: *Kleine Politische Schriften (I-IV).* Suhrkamp-Verlag, Frankfurt 1981, S. 444-464.

Jean-François Lyotard
Beantwortung der Frage: Was ist postmodern?

Erschienen in *Tumult*, Heft 4 (1982), S. 131-142.

Jean-François Lyotard
Die Moderne redigieren
Benteli Verlag, Bern 1988.

Jacques Derrida
Am Nullpunkt der Verrücktheit — Jetzt die Architektur

Erschienen in Jacques Derrida: *Psyché. Inventions de l'autre.* Galilée, Paris 1987, S. 477-493; deutsche Erstveröffentlichung.

Gianni Vattimo
Nihilismus und Postmoderne in der Philosophie

Die deutsche Übersetzung des Werkes Gianni Vattimo: *La fine della modernità,* aus dem dieser Beitrag das 10. Kapitel ist, wird in Kürze im Reclam-Verlag, Stuttgart, erscheinen.

Albrecht Wellmer
Kunst und industrielle Produktion. Zur Dialektik von Moderne und Postmoderne

Erschienen in Albrecht Wellmer: *Zur Dialektik von Moderne und Postmoderne. Vernunftkritik nach Adorno,* Suhrkamp-Verlag, Frankfurt 1985, S. 115-134 (gekürzt).

Peter Sloterdijk
Nach der Geschichte

Erschienen in Peter Sloterdijk: *Euro-Taoismus. Zur Kritik der politischen Kinetik.* Suhrkamp-Verlag, Frankfurt 1988.

Für die Abdruckgenehmigungen der genannten Beiträge sei allen Verlagen gedankt.

Namenregister

Die *kursiven* Seitenzahlen verweisen auf die Abbildungen

Aalto, Alvar 84, 111
Adorno, Theodor W. 115 f., 166, 177–180, 185, 187, 192, 194, 198, 212, 236, 251–254, 257 f., 260
Albers, Josef 79
Alexander, Christopher 81
Anders, Günther 171, 267
Angreß, Gina 251
Antin, David 47
Apollinaire, Guillaume 201
Aristoteles 204
Armstrong, Louis 71
Arnold, Matthew 60
Artaud, Antonin 156
Augustinus 199

Baker, Houston A. Jr. 50
Bachtin, Michail M. 49, 52 f.
Bakunin, Michail A. 189
Baldwin, James 60
Balzac, Honoré de 202
Bandmann, Günther 102
Barlach, Ernst 138
Barth, John 10, 57, 65 f., 77
Barthes, Roland 49, 167
Bataille, George 191

Baudelaire, Charles 178 f., 186 f., 189, 194
Baudrillard, Jean 18–20, 27–29, 32, 41, 55, 153, 163 f., 171 f., 214
Beauvoir, Simone de 62
Behrens, Peter 177, 248
Bell, Daniel 11 f., 27 f., 30, 48, 86, 144, 181 f.
Bellow, Saul 60, 68
Benjamin, Walter 112, 180, 190, 195, 198, 211 f., 236
Benn, Gottfried 134, 141, 167, 192
Berger, Thomas 65
Bergson, Henri 179
Bismarck, Otto von 133
Blackmur, Richard P. 58
Blanchot, Maurice 231
Bleich, David 49
Bloch, Ernst 212, 236, 259, 267
Bloch, Felix 149
Bloom, Harold 49
Blumenberg, Hans 170
Bogart, Humphrey 71
Booth, Wayne 52
Borges, Jorge Luis 52, 77
Borromini, Francesco 84
Botta, Mario *98*
Bouglé, Célestin 26, 166
Branca, Alexander von 111

Braque, George 77, 201
Brecht, Bertolt 190
Breton, André 3
Brook, Harvey 150
Brooke-Rose, Christine 47
Brown, Norman O. 58 f.
Bruce, Lenny 68, 71
Burckhardt, Jacob 234
Burckhardt, Lucius 247, 260
Bürger, Peter 180
Burgess, Anthony 66
Burke, Kenneth 51 f., 54, 58, 83
Burkhardt, François 11
Burroughs, William 65 f., 76
Butterfield, William 84

Cage, John 76, 207
Calinescu, Matei 48, 53
Campell, Joan 247
Caramello, Charles 50
Carroll, Lewis 64
Carter, Jimmy 87
Cézanne, Paul 201
Chapman, John Watkins 7
Che Guevara 64
Chia, Sandro 126
Chirico, Giorgio de 201
Clark, Colin 145 f.

Namenregister

Clemens, Samuel 63
Clemente, Francesco 126
Cohen, Leonard 10, 65, 69, 71, 73f.
Cook, John 106
Cournot, Antoine Augustin 26, 166f.
Cucchi, Enzo 126

Darwin, Charles 135
De Maria, Walter 126
Derrida, Jacques 7, 29, 33f., 41, 52, 173f., 191, 215, 219, 222, 225, 230
Descartes, René 199
Dickens, Charles 61
Diderot, Denis 61, 200
Dilthey, Wilhelm 17, 268
Doesburg, Theo van 116
Donne, John 57
Dostojewski, Fjodor M. 67
Drucker, Peter F. 9
Duchamp, Marcel 196, 201
Dumas, Père Alexandre 75
Durand, Régis 53
Duve, Thierry de 197
Dylan, Bob 69

Eco, Umberto 22, 75, 91
Einstein, Albert 137
Eisenman, Peter 119
Eliot, Thomas Stearns 9, 57–59, 78
Ernst, Max 77
Etzioni, Amitai 11
Euripides 59
Eyck, Aldo van 254

Fabbri, Paolo 201
Farina, Richard 71
Faulkner, William 62
Federman, Raymond 52
Feyerabend, Paul 19, 21, 49, 256
Fiedler, Leslie A. 6, 10f., 22, 50, 57, 78

Filarete 87
Filler, Martin 94
Fischer, Wend 247
Fish, Stanley 49
Flaubert, Gustave 202
Foucault, Michel 167, 191, 218
Fourier, Charles 116
Frampton, Kenneth 254
Freud, Sigmund 32, 114, 135, 200, 206f., 209–211, 213, 216, 225, 229
Fried, Michael 53
Fuller, Buckminster 66, 72
Furness, Frank 84

Gadamer, Hans-Georg 180, 244f.
Gaudi, Antoni 86
Gehlen, Arnold 26–29, 40, 133, 167, 181, 265
Géricault, Théodore 190
Ginsberg, Allen 57
Gleick, James 55
Gloor, Frank 259
Gödel, Kurt 49, 79
Goldberger, Paul 86
Golding, William 66
Goodman, Nelson 54f.
Graves, Michael 119
Gris, Juan 77
Gropius, Walter 111, 116, 248

Habermas, Jürgen 3f., 6, 24f., 29–31, 35f., 48, 100f., 105, 110, 177, 194, 200, 253f.
Hadrian 93
Hagen, Nina 20
Harlow, Jean 71
Hassan, Ihab 21, 47, 54
Hawksmoor, Nicholas 84
Hawthorne, Nathaniel 62
Heckscher, August 81

Hegel, Georg Wilhelm Friedrich 167, 194, 203, 230, 235
Heidegger, Martin 34, 52, 167, 208, 219f., 228, 233, 236, 239–246
Heisenberg, Werner 49
Hemingway, Ernest 62f.
Hermand, Jost 103
Hertzberger, Herman 254
Higgins, Dick 7
Hitler, Adolf 71, 104
Hofstadter, Douglas R. 55
Hölderlin, Friedrich 206
Holland, Norman N. 49
Hollein, Hans 95, 119
Holquist, Michael 53
Homer 75
Hopkins, Gerard Manley 58
Horkheimer, Max 166
Howe, Irving 9
Hübsch, Heinrich 107
Hudnut, Joseph 10

Illich, Ivan 258
Isaias 73
Iser, Wolfgang 49

Jacobs, Jane 251
James, Henry 61f., 64
James, William 49, 54f.
Jameson, Fredric 52f.
Jauß, Hans Robert 4f., 178f.
Jencks, Charles 10f., 19, 23f., 32, 35, 85, 102, 110, 119, 172, 197, 253–256
Johnson, Philip 82
Jonas, Hans 192
Joyce, James 9, 57f., 60, 77, 201f.
Jünger, Ernst 167, 169
Junghans, Kurt 247

Kahn, Louis 82, 84, 88
Kamper, Dietmar 28f., 41, 163

Kant, Immanuel 17, 30, 51, 185f., 197, 199f., 203, 211-213, 217, 235
Karl der Große 178
Kennedy, John F. 71
Kesey, Ken 65, 71f.
Klotz, Heinrich 11, 24f., 99, 101, 106, 172
Köhler, Michael 8
Kojève, Alexandre 167
Kraus, Karl 249
Krishnamurti, Jiddu 268
Kristeva, Julia 47, 51
Kuhn, Thomas S. 49

Lacan, Jacques 124, 213
La Capra, Dominick 48
Laermann, Klaus 174
Lasch, Christopher 54
Lawrence, David H. 59, 63
Lear, Edward 64
Le Corbusier 81, 84, 88, 90, *96*, 106, 111, 116, 177, 250, 252
Ledoux, Claude Nicolas 84
Leibniz, Gottfried Wilhelm 153, 208
Lennon, John 69
Levin, Harry 9
Levinas, Emmanuel 265
Lévi-Strauss, Claude 161, 167
Liala (Pseudonym für Liana Cambiasi Negretti) 76
Longinus 59
Loos, Adolf 111, 115, 248f., 258
Lorenzen, Paul 185
Lutyens, Edwin 84, 88
Lyotard, Jean-François 6, 12, 14, 19f., 29-35, 41, 49-51, 159, 163, 165, 169, 171, 173, 193, 204, 207, 209

Macdonald, George 64
Magritte, René 89
Mailer, Norman 10, 63, 65, 67, 71
Malamud, Bernard 68
Malevitch, Kasimir 116, 200
Man, Hendrik de 49, 52, 166
Mann, Thomas 57f., 60, 77, 134
Marcuse, Herbert 187, 200
Marquard, Odo 3f.
Marx, Karl 13, 135, 167, 188, 206, 208, 250, 268
McCarthy, Mary 60
McLuhan, Marshall 55, 58-60, 66
Melville, Herman 62
Meyer, Eva 173
Michelangelo 84
Michener, James 77
Mies van der Rohe, Ludwig 81f., 88, 90, 111, 177
Mondrian, Piet 116
Monroe, Marilyn 71
Montaigne, Michel de 203, 211
Moore, Charles W. 88, 93f., *97*, 106
Moro, Aldo 22
Morris, William 113
Morson, Gary Saul 52
Müller, Heiner 47
Mumford, Lewis 89
Musil, Robert 16, 127, 134
Muthesius, Hermann 252

Nietzsche, Friedrich 8, 30, 34, 50, 54, 59, 76, 127, 134, 136f., 141, 189, 191, 199, 202, 208f., 223, 233-245, 271

Niggemeyer, Elisabeth 251
Novalis 72

Ockham, Wilhelm von 22
Oliva, Achille Bonito 25, 32, 121
Oníz, Federico de 8
Ortega y Gasset, José 54f.
Oswald, Lee 71
Otto, Nikolaus 133
Oud, Jacobus Johannes Pieter 116
Owen, Robert 116

Paladino, Mimmo *97*, 126f.
Palladio, Andrea 84, 88
Pannwitz, Rudolf 8
Pareto, Vilfredo 140
Parker, Charlie 71
Pascal, Blaise 151
Paulus 269f.
Paz, Octavio 179f., 257, 260
Pehnt, Wolfgang 177
Pelli, Cesar 91, *96*
Petronius 201
Pevsner, Nikolaus 10, 86, 90
Picasso, Pablo 76f., 201
Platon 208, 242
Poe, Edgar Allan 179
Poirier, Richard 54
Ponson du Terrail, Pierre-Alexis 75
Popper, Karl R. 54, 184
Portoghesi, Paolo 53, 101, 172
Posener, Julius 250
Pound, Ezra 9, 58
Pries, Christine 31
Proust, Marcel 57f., 60, 201f., 211

Rabelais, François 53, 77
Rabi, Isidor Isaac 149

Ransom, John Crowe 58
Rapoport, Anatol 151
Richards, Ivor Armstrong 58
Richardson, Samuel 61, 70
Riesman, David 143
Robbe-Grillet, Alain 51
Robespierre, Maximilien de 180
Rosenberg, Harold 49
Rossi, Aldo 11
Roth, Philip 67f.
Rousseau, Jean-Jacques 141
Ruby, Jack 71
Rudolph, Paul 81f.
Ruskin, John 113

Sade, Marquis de 61
Sanders, Ed 69
Sartre, Jean-Paul 62, 241
Saussure, Ferdinand de 116
Schechner, Richard 53
Scheler, Max 134
Schiller, Friedrich von 187
Schinkel, Karl Friedrich 93, 106f., 177
Schleiermacher, Friedrich 243
Schmitt, Carl 167, 170, 192
Schnädelbach, Herbert 39
Schöffer, Nicolas 155f.
Schopenhauer, Arthur 208
Schwab, Alexander 259
Schwarz, Felix 259
Scott Brown, Denise 11
Sedlmayr, Hans 102
Seelye, John 63
Seidenberg, Roderick 166
Selby, Hubert 66
Serres, Michel 29, 163f., 169

Shakespeare, William 78, 89, 91, 93
Siedler, Wolf J. 250f.
Simmel, Georg 237
Sitte, Camillo 118
Sloterdijk, Peter 36, 41, 262
Soane, John 84
Somervell, David C. 8
Sontag, Susan 10, 51
Southern, Terry 66
Spaemann, Robert 192
Spengler, Oswald 134, 167
Spieker, Helmut 104
Stalin, Josef 71
Steinfels, Peter 182
Stendhal 212
Stern, Robert 10, 88
Sterne, Laurence 53, 77
Stevenson, Robert Louis 61
Stirling, James 90
Strauss, Leo 192
Sue, Eugène 75
Suger, Abt von Saint-Denis 106
Sullivan, Louis 84
Sypher, Wylie 50

Taut, Bruno 105, 116
Teilhard de Chardin, Pierre 55
Teneson, Carol 204
Toynbee, Arnold 8f.
Tschumi, Bernard 33, 215–218, 221–226, 228f., 231
Twain, Mark 63

Uhlig, Claus 48
Updike, John 60, 68

Valéry, Paul 14f., 57
Vanbrugh, John 84

Vasari, Giorgio 87f.
Vattimo, Gianni 34, 41, 233
Venturi, Robert 7, 11, 23–25, 79, 88, 92, 102, 111, 119
Verne, Jules 65
Vian, Boris 10, 61f.
Vitruv 79
Vogt, Adolf M. 259
Vonnegut, Kurt Jr. 66

Wagner, Richard 234
Wallace, Irving 77
Wallmann, Walter 192
Warhol, Andy 158, 160f.
Weber, Max 14f., 133, 181, 183, 185, 191
Weiss, Peter 190
Wellershoff, Dieter 187
Wellmer, Albrecht 30, 35, 41, 190, 194, 247
Wells, Herbert George 65
White, Hayden 49, 51f., 54
Whitehead, Alfred North 150
Wilde, Alan 52
Wilson, Angus 59
Wittgenstein, Ludwig 192, 194, 249, 254
Wittkower, Rudolf 102
Wolff, Eugen 2
Woodward, Kathy 204
Wright, Frank Lloyd 80f., 111, 177

Yamasaki, Minoru 83
Yeats, William Butler 9

Zapf, Wolfgang 15
Zappa, Frank 69
Zwi, Sabbatai 268

Standardwerke zur Postmoderne

Wege aus der Moderne

Schlüsseltexte der Postmoderne-Diskussion
Herausgegeben von Wolfgang Welsch

1988. VIII, 324 Seiten mit 6 Abbildungen. Broschur. DM 38,–. ISBN 3-527-17619-5

Dieser Sammelband erscheint zu einem Zeitpunkt, da Grabenkämpfe und Polemik zurücktreten und die Stunde der sachlichen Auseinandersetzung gekommen ist. Die bisherige Debatte krankte daran, daß sie weithin ohne Kenntnis der entscheidenden Texte geführt wurde. Hier schafft dieser Band Abhilfe, indem er die zum Teil schwer zugänglichen und verstreuten "musts" der internationalen Diskussion vorstellt. Neben „klassischen" Beiträgen von Fiedler, Eco, Venturi, Jencks, Klotz, Oliva, Baudrillard und Lyotard finden sich Haupttexte zu den Stichworten „Posthistoire" (Gehlen) und „postindustrielle Gesellschaft" (Bell), kritische Stellungnahmen von Verteidigern der Moderne wie Habermas und Wellmer, neuere Beiträge von Hassan, Vattimo, Kamper und Sloterdijk sowie erstmals in deutscher Sprache erscheinende jüngste Interventionen von Lyotard und Derrida.

Im Unterschied zu einseitigen Aufsatzsammlungen und im Gegensatz zum feuilletonistischen "small talk" präsentiert dieses Buch herausragende Texte der unterschiedlichsten Positionen. Von ihnen steht zu erwarten, daß sie für die künftige Diskussion obligatorisch sein werden.

Wolfgang Welsch

Unsere postmoderne Moderne

Zweite, durchgesehene Auflage

1988. XII, 344 Seiten mit 7 Abbildungen. Broschur. DM 29,–. ISBN 3-527-17672-1

Frankfurter Allgemeine Zeitung
Bestechend durch Vielseitigkeit ebenso wie durch Klarheit und Übersichtlichkeit, empfiehlt sich dieses Buch als künftiges Standardwerk.

die tageszeitung
„Unsere postmoderne Moderne" ist nicht nur ein weiteres Buch zur Postmoderne, sondern das Buch zur Postmoderne.

Die Welt
Welsch schaut weit über den philosophischen Zaun hinaus und analysiert das Phänomen Postmoderne mit großer Kompetenz und Souveränität.

Die Zeit
Die umfangreiche und streitbare Studie des Philosophen Wolfgang Welsch zur Postmoderne ist nach vielen Jahren eher verwirrender Debatten die lange erwartete Überblicksdarstellung, von Darstellungsbreite und Niveau her ohne Zweifel das Beste, was zu diesem Thema gegenwärtig auf dem deutschsprachigen Buchmarkt zu haben ist.

Süddeutsche Zeitung
Welschs Buch steht konkurrenzlos da. Für den, der sich informieren will, ist es unentbehrlich; für den, der die Auseinandersetzungen sucht, grundlegend.

Stand der Preise: September 1988. Preisänderung vorbehalten.

Acta humaniora